BACHILLERATO
Código Bruño

CULTURA CIENTÍFICA

1

Juan Eduardo Panadero Cuartero (Coordinador)
Aurora Lozano Montero
Antonio Olazábal Flórez
Alejandro Santos Lozano
Juan Ángel Argüello González
María del Rosario Fuente Flórez

Bruño

Índice

Estructura del libro

La unidad

Presentación

Fotografía y texto motivador
Fomenta el interés por reflexionar sobre los contenidos de la unidad.

Índice de contenidos
Enumeración de los contenidos que se desarrollan en la unidad.

Desarrollo

Contenidos
La exposición de contenidos y la explicación de los conceptos, principios y teorías se complementa con:

- Ilustraciones, esquemas y fotografías explicativas. Acompañan y complementan a los textos de la unidad.
- Rutinas de competencias. Complementan a los contenidos y se repiten a lo largo de todas las unidades para trabajar las distintas competencias.

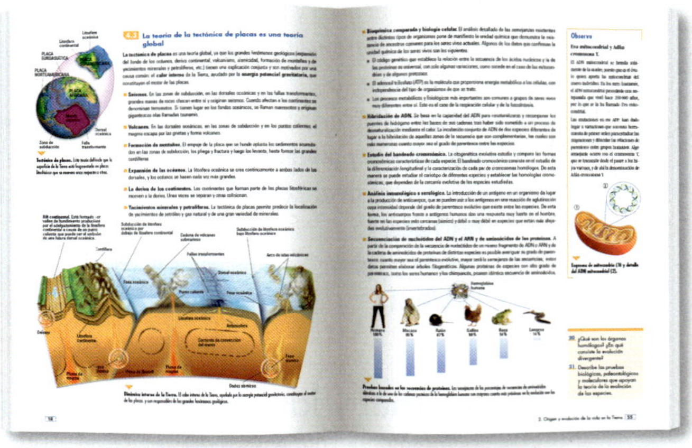

Observa
Compara los principios o teorías generales con fenómenos cotidianos o situaciones conocidas, y ayudan a identificar semejanzas y diferencias, agrupar, contrastar, ordenar, etc. (CMCBCT, AA y SIEE).

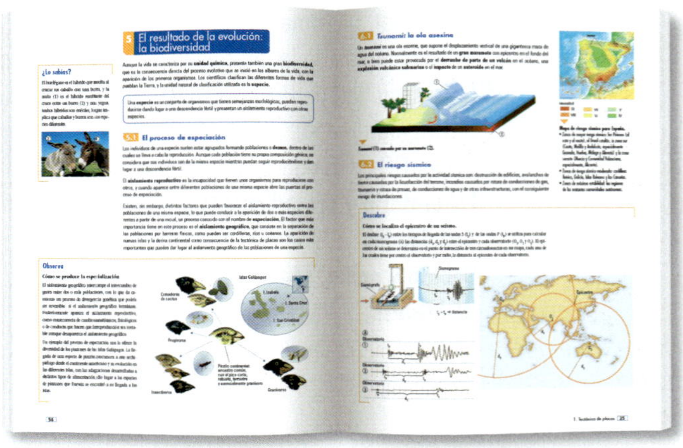

Descubre
Nos invita a emitir hipótesis, interpretar la información, inferir, predecir, observar regularidades, establecer relaciones causa-efecto, obtener conclusiones… (CMCBCT, AA y SIEE).

¿Lo sabías?
Proporciona información complementaria o un dato sorprendente o peculiar que fomenta la formulación de preguntas (AA y CSC).

Historia de la ciencia y Contexto histórico

Muestra cómo influyen las ideologías de la sociedad en el desarrollo de la ciencia y la época en que vivieron los hombres y las mujeres dedicados a la actividad científica (CL, CSC y CEC).

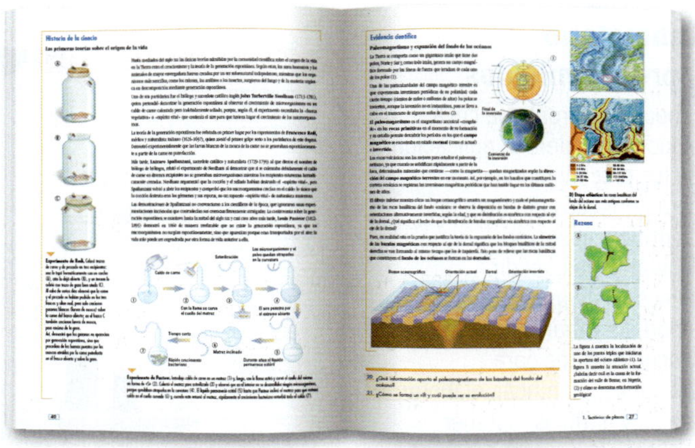

Evidencia científica

Son ejemplificaciones que destacan el carácter predictivo de la ciencia y la fundamentación científica y tecnológica que ha permitido la construcción de teorías y la elaboración de modelos explicativos (CMCBCT y SIEE).

Razona

Los conceptos y procedimientos ya trabajados se exponen de nuevo en contextos diferentes. Esta reiteración favorece la transferencia y la funcionalidad de lo aprendido (CMCBCT y AA).

Pseudociencia

Son ejemplificaciones que muestran las falsedades que subyacen en las pseudociencias y desmienten las aparentes verdades con que pretenden disfrazarse (CMCBCT, CSC y CEC).

Errores de la ciencia y Fraudes de la ciencia

Muestran el carácter antidogmático, abierto e inacabado de la ciencia, las dudas y los fracasos y, a veces, también los fraudes; en definitiva, las luces y sombras que acompañan el quehacer científico (CMCBCT, AA, CSC y CEC).

Actividades

Son ejercicios de aplicación inmediata encaminados a buscar nuevas fuentes de información, organizar las ideas, comprobar el grado de adquisición de conocimiento y desarrollar estrategias para resolver problemas (CMCBCT, AA y SIEE).

Estructura del libro

Conclusión

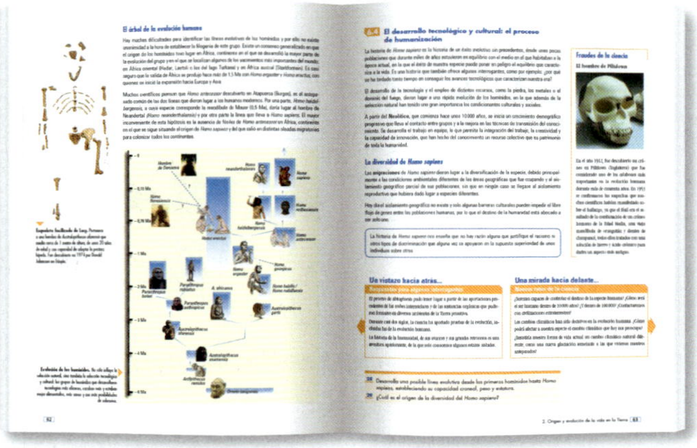

Un vistazo hacia atrás... Una mirada hacia adelante

Se repasan las respuestas a los principales interrogantes planteados en el pasado y se proponen algunos de los nuevos retos a los que debe enfrentarse la ciencia del futuro (CMCBCT, CSC, CEC).

Laboratorio y procedimientos

Propone un problema cuya solución requiere la aplicación de los procedimientos característicos del método científico: observar regularidades, medir, seleccionar variables, emitir hipótesis y realizar procedimientos para validarlas, planificar, elaborar tablas y gráficos, obtener conclusiones y comunicar resultados (CMCBCT, AA, CD y SIEE).

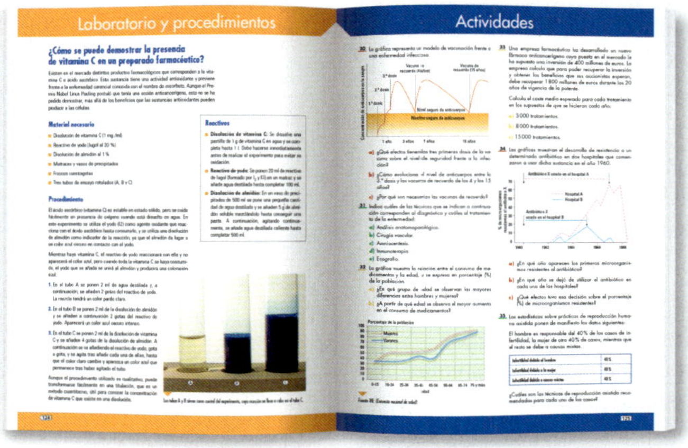

Actividades finales

No están alejadas de las capacidades del alumnado ni resultan excesivamente familiares. Con tres niveles de dificultad, están encaminadas a la comprobación del grado de adquisición de conocimiento y a estimular el análisis crítico, y facilitar que los conocimientos adquiridos se puedan aplicar en contextos diferentes (CMCBCT, AA y SIEE).

Debate y opina

Son textos para debatir en clase que proporcionan información adicional y plantean problemáticas sociales y hábitos culturales en relación con la actividad científica (CL, CMCBCT, CSC y CEC).

Webquest

Son actividades que se llevan a cabo con recursos de Internet y se basan en un proceso de investigación, selección y análisis de información, así como de planificación para llevar a cabo una tarea en el tiempo asignado (CL, CMCBCT y CD).

1 Tectónica de placas

1. El nacimiento de las ciencias geológicas.
2. Formación de la Tierra y del sistema solar.
3. La estructura del interior de la Tierra.
4. Tectónica de placas: la superficie cambiante.
5. Volcanes: montañas de fuego.
6. Seísmos: cuando la Tierra tiembla.
7. Dorsales oceánicas: expansión del fondo del océano.
8. Zonas de subducción: colisión entre placas.
9. Deriva continental: el puzle en acción.
10. Tectónica de placas, ciencia y sociedad.

A los geólogos antiguos tiene que haberles parecido casi tan improbable que las leyes de los terremotos algún día arrojarían luz sobre el origen de las montañas, como a los primeros astrónomos que la caída de una manzana les ayudaría a explicar los movimientos de la Luna.

CHARLES LYELL: *Principles of Geology (1830-3)*, Vol. 3, 5.

Erupción volcánica.

Impacto de meteorito. Actualmente ha cobrado importancia la teoría del neocatastrofismo. Considera que, además de los cambios graduales que propone el uniformismo o el actualismo, también han existido catástrofes puntuales, como los impactos de cometas y meteoritos, que explican fenómenos como la extinción de los dinosaurios.

1 El nacimiento de las ciencias geológicas

El relato bíblico del diluvio universal ejerció notable influencia en muchos pensadores y fue considerado por buena parte de los naturalistas de los siglos XVI y XVII como un acontecimiento global e inobjetable que era imprescindible para comprender la formación de las rocas, el origen de los fósiles y el cambio geológico.

Una teoría errónea sobre el origen de las rocas, heredera de esta concepción diluvianista, fue el **neptunismo** (de Neptuno, dios del mar), cuyo representante más conocido fue Abraham G. Werner (1749-1817). Para los partidarios de esta teoría, todas las rocas de la corteza terrestre, incluidas las de origen volcánico, se habían formado por un proceso de sedimentación y cristalización en los mares primitivos.

Otra teoría errónea fue el **catastrofismo,** propuesta por Georges Cuvier (1769-1832), que explicaba la formación de los fósiles y la forma actual de nuestro planeta por la acción de sucesivas catástrofes, súbitas y violentas, como el diluvio universal.

James Hutton (1726-1797) refutó las ideas propuestas tanto por el neptunismo como por el catastrofismo. Hutton y sus seguidores eran partidarios del **plutonismo** (de Plutón, dios de las profundidades), una teoría que explicaba la consolidación de los sedimentos y el origen de las rocas volcánicas y plutónicas por enfriamiento del magma procedente del interior de la Tierra.

En contraposición al catastrofismo, Hutton propuso la teoría del **uniformismo o actualismo,** que más tarde fue desarrollada por Charles Lyell (1797-1875), cuyo principio es que las fuerzas naturales actuaron en el pasado de manera uniforme y son las mismas que operan en la actualidad («el presente es la clave del pasado»). Es decir, aunque algunos acontecimientos de la historia de la Tierra pueden haber sido provocados por catástrofes, como las erupciones volcánicas o los terremotos, los procesos geológicos responsables de los cambios de la superficie terrestre que ocurren hoy en día son los mismos que actuaron en el pasado.

Desde mediados del siglo XIX se han formulado las teorías **fijistas** o **verticalistas,** que solo aceptan movimientos en la vertical de la corteza terrestre, y las teorías **movilistas** u **horizontalistas,** basadas en los movimientos horizontales de bloques de la corteza. Entre estas destaca la **teoría de la tectónica de placas,** que es la teoría geológica más avanzada, y ha supuesto para la geología un cambio revolucionario, similar al provocado por la teoría de la evolución en biología o la del Big Bang en cosmología y astronomía.

Contexto histórico

James Hutton
(1726-1797)

Partidario del plutonismo. Propuso la teoría del uniformismo o actualismo.

Abraham G. Werner
(1749-1817)

Defensor del neptunismo, demostró la sucesión cronológica de los estratos rocosos.

1808
Guerra de la independencia española

George Cuvier
(1769-1832)

Fijista y defensor de la teoría del catastrofismo es considerado el padre de la paleontología.

C. Lyell
(1769-1832)

Desarrolló la teoría del uniformismo o actualismo («el presente es la clave del pasado»).

A. Wegener
(1880-1930)

En 1912 propuso la teoría de la deriva continental.

1.1 Desarrollo de la teoría de la tectónica de placas

La teoría de la **tectónica de placas** proporciona una explicación conjunta de los grandes fenómenos geológicos y, a diferencia de otras teorías, no se atribuye a una única persona, ya que es el producto del esfuerzo personal de numerosos científicos geólogos, geofísicos, sismólogos, etc., y de la colaboración internacional.

Tiene sus antecedentes en la hipótesis de la **deriva continental** formulada por Wegener en 1912, que concebía el movimiento horizontal de los continentes como si fueran barcos en un mar que sería el manto. Aunque no llegó a demostrar el mecanismo responsable del movimiento de los continentes, ya que propuso que estaba causado por una fuerza resultante de la fuerza centrífuga y de la gravedad, que alejaba los continentes de los polos, a la que llamó fuerza polófuga.

Más tarde, en 1945, A. Holmes propuso un modelo teórico, sin datos experimentales que lo apoyaran: la existencia de **corrientes de convección en el manto** como causa del movimiento de los continentes y de la continua formación de corteza oceánica. Durante la Segunda Guerra Mundial se llevaron a cabo exploraciones del fondo marino, necesarias por razones estratégicas para la navegación de los submarinos, y se descubrió un relieve peculiar formado por dorsales, grandes fosas oceánicas, etc.

Después de la guerra, en 1962, H. Hess, antiguo marino y profesor de geología formuló la hipótesis de la **expansión del fondo de los océanos.** El fondo de los océanos se crea en las dorsales, se desplaza y se destruye en las zonas de subducción. Esta hipótesis tuvo poca aceptación entre los geofísicos, a excepción unos pocos, como Tuzo Wilson, que la apoyó y, además, justificó la existencia de algunos archipiélagos volcánicos, como Hawái, por la acción de las plumas magmáticas procedentes del manto profundo.

La hipótesis de H. Hess se legitimó con el descubrimiento de la distribución en bandas de las anomalías magnéticas a ambos lados de las dorsales realizado a principios de los años 60 del siglo pasado por F. Vine, D. Matthews, por un lado, y L. Morley y A. Larochelle por otro; y también con los datos suministrados por los proyectos DSDP *(deep sea drilling project)* y ODP *(ocean drilling project)* sobre la edad de los basaltos y de los sedimentos del fondo oceánico (más antiguos cuanto más lejos de la dorsal). Primero, Jason Morgan, en 1964, y más tarde, D. Mc Kenzie, R. Parker y X. Le Pichon, desarrollaron las ideas que mostraban la superficie de la Tierra dividida en grandes placas litosféricas que se movían unas respecto a las otras.

Historia de la ciencia

Ciencia y religión son dos compañeras mal avenidas. Un ejemplo nos lo ofrece el obispo anglicano James Usher. En 1650 calculó, basándose en el Génesis, que el origen de la Tierra y la creación fue el 23 de octubre del año 4004 antes de Cristo, a las 9 de la noche.

La interpretación literal de la Biblia dio lugar a concepciones y teorías erróneas de los fenómenos naturales; pero en el transcurso del tiempo, se han gestado nuevas teorías, muchas veces contrapuestas. Los partidarios de unas y otras suscitaron debates y, a veces, discusiones acaloradas, que han contribuido a la construcción del pensamiento científico.

El establecimiento del método científico y la separación entre ciencia y religión ha sido el resultado de la evolución del conocimiento humano.

1 ¿Qué ha supuesto la teoría de placas para la geología?

(1939-1945) Segunda Guerra Mundial

Se desarrollan nuevas técnicas que mejoran y aumentan el conocimiento de los fondos oceánicos.

Arthur Holmes
En 1945 propuso la existencia de las corrientes de convección del manto.

Harry Hess y Robert Dietz
Entre 1960 y 1962 formularon la hipótesis de la expansión de los fondos oceánicos.

F. Vine, D. Matthews
En 1963 confirmaron la expansión de los fondos oceánicos mediante los estudios de paleomagnetismo.

Jason Morgan, D. Mc Kenzie, R. Parker y X. Le Pichon
Al final de la década de los años 60 del siglo pasado dan la forma definitiva a la teoría de la tectónica de placas.

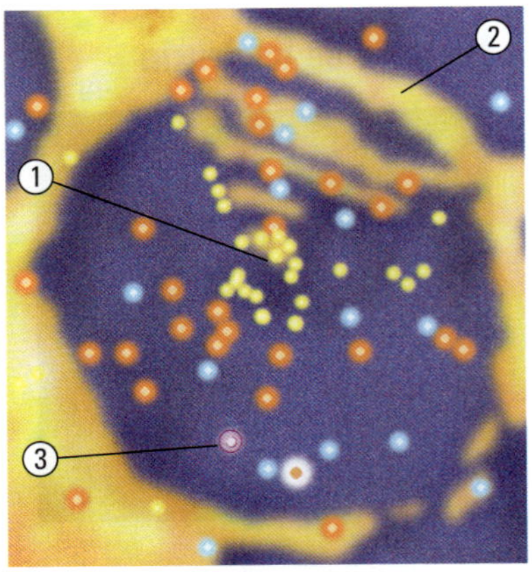

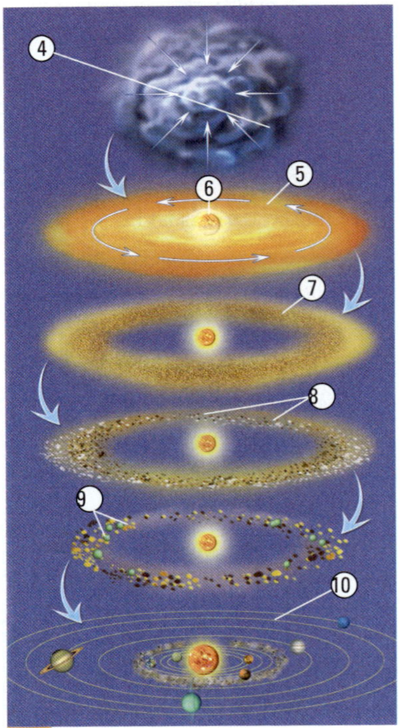

Formación del sistema solar. El sistema solar está constituido por nuestra estrella, el Sol, sus ocho planetas (Mercurio, Venus, Tierra, Marte, Júpiter, Saturno, Urano y Neptuno), tres planetas enanos (Plutón, Eris y Ceres) y gran cantidad de cuerpos pequeños: satélites, asteroides, cometas, gas y polvo cósmico.

2 Formación de la Tierra y del sistema solar

El modelo teórico más aceptado actualmente por los científicos y astrónomos que explica la formación del sistema solar es el de la **teoría de la acreción,** propuesta por Otto Schmidl en 1944, aunque a finales de los 60 y principios de los 70 cobró fuerza gracias a Viktor Safronov. Se basa en la antigua hipótesis de la condensación formulada por Laplace en el siglo XVIII quien, a su vez, recogió las ideas aportadas previamente por Descartes y Kant.

El sistema solar (1), junto con otras estrellas de nuestro «barrio galáctico», se encuentra inmerso en una gigantesca burbuja, llamada **Burbuja Local** (2), formada probablemente por las explosiones de varias supernovas en los últimos millones de años, como la que dio lugar al **púlsar Geminga** (3).

Del mismo modo que explotaron estas supernovas en tiempos relativamente recientes, hace unos 5 000 millones de años, la **supernova** que marcó la muerte de una estrella gigante, situada en el extremo de uno de los brazos de la **Vía Láctea,** pudo representar el nacimiento del **sistema solar.**

La onda expansiva generada por esta gigantesca explosión, tal vez originó la compactación de una inmensa **nebulosa** de gas (4), enriquecida con el **polvo cósmico** generado por la supernova, que comenzó a girar y se transformó en un gigantesco disco (5):

- El centro del disco se contrajo hasta formar una bola de gas hidrógeno y helio, principalmente, que se fue compactando y calentado cada vez más, hasta alcanzar unas temperaturas tan elevadas que, en determinado momento, dieron inicio a las **reacciones nucleares** en su interior: en este instante, el **Sol** se «encendió» y comenzó a emitir gran cantidad de **energía radiante** (6).
- Las regiones periféricas del disco se desgajaron y formaron turbulentos remolinos, que atraparon el polvo cósmico, los gases, el hielo y las partículas rocosas, donde tuvieron lugar dos tipos de procesos:
  - **Coagulación.** Las partículas de polvo cósmico o cóndrulos colisionaron y se pegaron unas a otras, hasta formar partículas mayores denominadas planetesimales (7).
  - **Acreción de planetesimales.** La fuerza de la gravedad actuó sobre estos planetesimales del disco y provocó el impacto de unos cuerpos sobre otros, lo que favoreció la constitución gradual de estructuras cada vez mayores, que evolucionaron y dieron lugar a «embriones planetarios» de dimensiones cada vez mayores (8).

En cada región del disco comenzó a dominar un solo gran **protoplaneta,** ya que los cuerpos más grandes «barrieron» los fragmentos más pequeños que encontraban en su órbita, al ir chocando con ellos (9). La aglomeración de estos cuerpos, mediante impactos sucesivos, permitió más tarde la aparición de los **planetas, satélites** y demás **cuerpos astrales,** que capturaron gases del disco para formar sus atmósferas gaseosas (10).

Durante millones de años los impactos de los planetesimales, junto con el calor desprendido por la desintegración de elementos radiactivos del interior terrestre, mantuvieron a la Tierra y al resto de los planetas en estado de fusión, lo que permitió la diferenciación por densidades.

Los elementos pesados, como el níquel y el hierro, se hundieron hacia el centro y formaron el **núcleo,** sobre el cual se situaron otros materiales menos densos que constituyeron el **manto;** los más ligeros, fundamentalmente los silicatos, ascendieron hacia la superficie, que, poco a poco, se fue enfriando hasta formar una **corteza** sólida.

El vapor de agua emitido por la gran actividad volcánica de la Tierra primitiva, junto con la que aportaron los cometas y meteoritos, dio lugar al agua de la **hidrosfera.** Otros gases también liberados por las emanaciones volcánicas formaron la **atmósfera** primitiva, carente de oxígeno y rica en vapor de agua, amoníaco, metano y nitrógeno.

3 La estructura del interior de la Tierra

Hasta ahora sabemos que la Tierra es un planeta rocoso y conocemos las rocas que afloran en su superficie. Incluso tenemos conocimiento directo de los tipos de rocas que se encuentran a pocos kilómetros de profundidad a partir de ciertas minas y de algunos sondeos y perforaciones. Pero, ¿cómo podemos averiguar si la Tierra posee este mismo material rocoso en todo su interior y en qué estado se encuentra?

Para desvelar los misterios que encierran las profundidades, Julio Verne concibió un viaje fantástico hasta el corazón de la Tierra. Pero los geólogos no pueden obtener información solo con la fantasía y la imaginación. Y, puesto que no existe ningún procedimiento que nos permita tener un conocimiento directo de las profundidades de la Tierra, se hace necesario utilizar métodos de investigación indirectos: uno de los más utilizados consiste en el estudio de la propagación de las ondas sísmicas generadas de forma natural por los seísmos o provocadas mediante explosiones controladas.

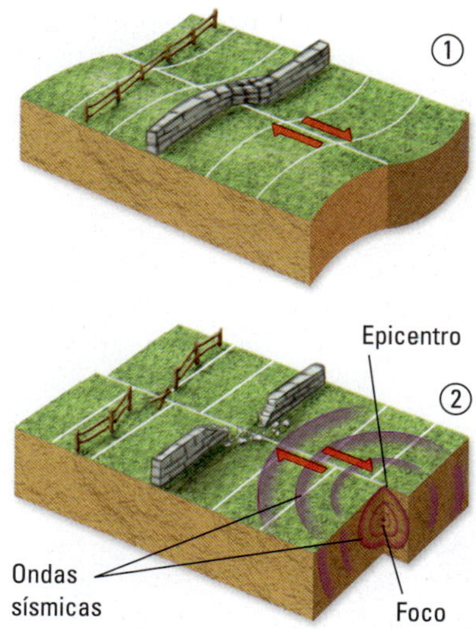

Ondas sísmicas. La energía se acumula en zonas rocosas sometidas a esfuerzos opuestos (1). Cuando se supera el límite de plasticidad, las rocas se fracturan, la energía se libera súbitamente en forma de vibraciones (2) y se originan ondas sísmicas P y S, que se propagan a partir del foco. Cuando estas ondas alcanzan el epicentro generan ondas L superficiales.

3.1 El método sísmico: deducción de la estructura de la Tierra

Algunos seísmos están provocados por las erupciones volcánicas o por el hundimiento de cavernas, pero la mayor parte se deben a sacudidas brutales del suelo a causa de la fracturación de las rocas en profundidad, que libera súbitamente grandes cantidades de energía lentamente acumulada a lo largo de los años.

Las vibraciones originadas se propagan en forma de **ondas sísmicas** que forman frentes de ondas esféricos y recorren el interior del globo terráqueo de parte a parte, en todas las direcciones. Las ondas sísmicas se generan en una zona puntual denominada **foco** o **hipocentro,** que se localiza a varios kilómetros de profundidad, y al cabo de un tiempo se pueden captar mediante receptores denominados **sismógrafos** que registran la llegada de las ondas mediante unos gráficos llamados **sismogramas;** el **epicentro** es la zona de la superficie terrestre situada directamente sobre el foco.

Tipos de ondas sísmicas

Las ondas sísmicas son ondas materiales, como las ondas sonoras, que necesitan medios físicos para propagarse a través de ellos. Cuando se produce un terremoto se generan tres tipos de ondas sísmicas:

- **Ondas P o primarias.** Son ondas de compresión que provocan en las rocas una sucesión de compresiones y expansiones, hacia atrás y hacia adelante, en la misma dirección en que se mueve la onda. Son las primeras en llegar a un punto determinado y las que se registran en primer lugar en los sismogramas. Se propagan por todos los medios, sólidos, líquidos y gases.
- **Ondas S o secundarias.** Son ondas transversales que provocan en las rocas movimientos de arriba abajo, perpendicularmente a la dirección en que se desplaza la onda. Se registran en segundo lugar en los sismogramas y no se propagan a través de los medios fluidos (líquidos y gases).
- **Ondas L o de superficie.** Cuando las ondas P y S alcanzan el epicentro generan ondas superficiales, también llamadas L o lentas porque son las últimas en llegar. Se propagan por la superficie desde el epicentro y son de dos clases: las **ondas Rayleigh,** que producen un movimiento elíptico que sacude a las rocas de arriba abajo y de atrás adelante, y las **ondas Love,** que provocan movimientos horizontales de un lado a otro.

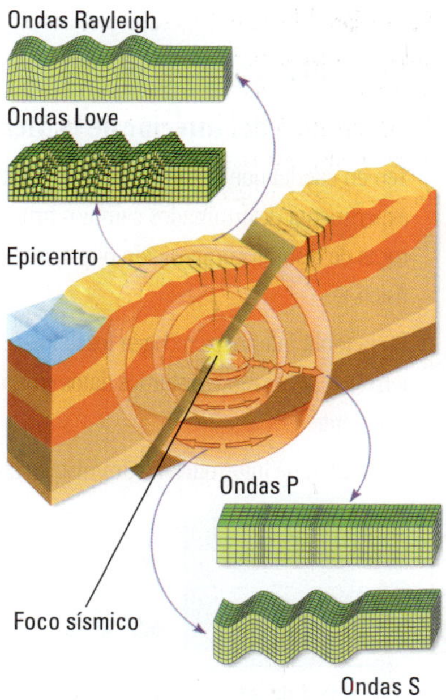

Ondas sísmicas.

2 ¿En qué consiste la acreción de planetesimales?

3 ¿Dónde se localiza el epicentro? ¿Qué son las ondas L y de dónde proceden?

4 ¿Por qué las ondas P se denominan primarias o de compresión?

3.2 La sismicidad en el interior de la Tierra

Cuando los geólogos interpretan los **sismogramas** (ver página 25) obtienen información indirecta de la naturaleza rocosa del interior de la Tierra y de su estado físico, de la misma manera que el médico obtiene información del estado de salud de un paciente al interpretar las ondas eléctricas generadas por su corazón que son captadas y registradas en un electrocardiograma.

En los sismogramas se comprueba que las **ondas sísmicas** que atraviesan la Tierra se **reflejan** y se **refractan** a lo largo de sus trayectorias, experimentando determinados cambios en la velocidad y en la dirección de propagación, relacionados con la naturaleza y las propiedades de las rocas que atraviesan. Cuando los frentes de ondas sísmicas se encuentran superficies de separación entre materiales rocosos de distinta naturaleza o con propiedades físicas diferentes, pueden experimentar dos tipos de fenómenos físicos:

- **Reflexión.** Cuando las ondas sísmicas chocan con una superficie que no pueden atravesar, «rebotan», y cambian de dirección.
- **Refracción.** Cuando las ondas atraviesan la superficie de separación de dos medios distintos y «se quiebran», al cambiar su velocidad y su dirección.

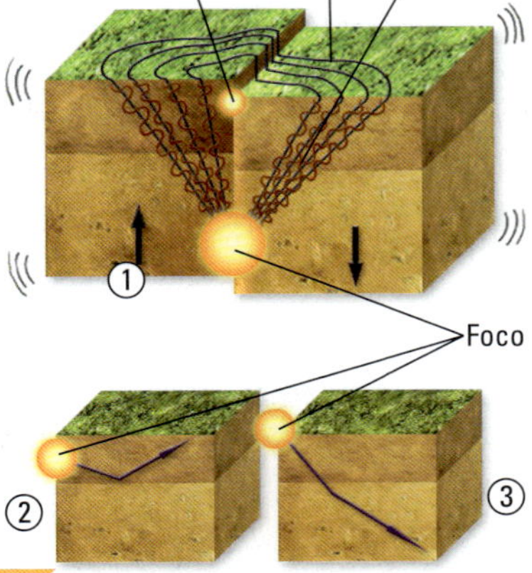

Propagación de las ondas sísmicas. Las ondas sísmicas P y S se propagan desde el foco (1) y experimentan reflexiones (2) y refracciones (3).

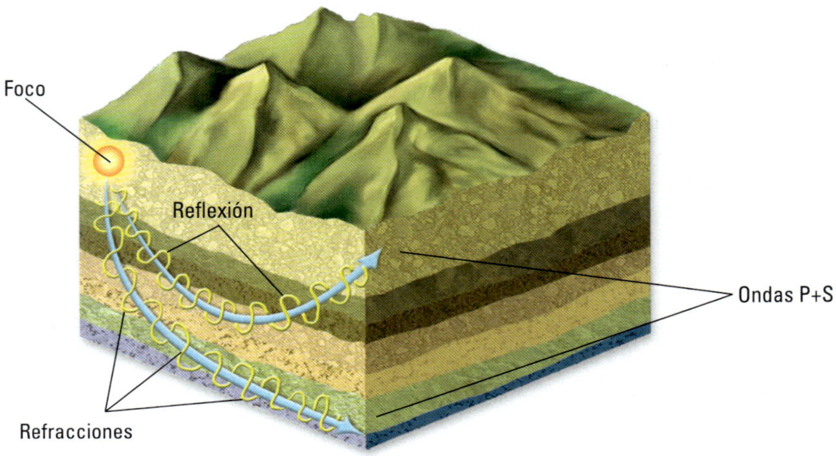

Curvatura de las trayectorias de las ondas sísmicas P y S. Se debe a las sucesivas refracciones y reflexiones que experimentan las ondas sísmicas cuando atraviesan materiales rocosos cuya densidad y rigidez varían con la profundidad.

Descubre

Estructura del interior de la Tierra deducida a partir de las velocidades de propagación de las ondas P y S.

Ten en cuenta que las ondas P y S se utilizan para obtener información del interior de la Tierra, pues, cuando se estudia la velocidad a la que se propagan, esta experimenta determinados cambios bruscos que ponen de relieve la presencia de discontinuidades. Estas son superficies de separación entre zonas que poseen rocas de distinta composición o que, aun teniendo la misma naturaleza rocosa, presentan distintas propiedades físicas, como la rigidez, la densidad o el estado físico.

En la tabla inferior se recogen los datos de la variación de la velocidad de propagación de las ondas sísmicas P y S a distintas profundidades del interior del globo terrestre. Debes representar los datos en un papel milimetrado (la velocidad en el eje de ordenadas y la profundidad en el de abscisas) y obtener la gráfica correspondiente.

Así pues, ¿qué información suministran las ondas sísmicas? ¿Cuántas discontinuidades eres capaz de apreciar? ¿Qué conclusiones sacas?

Profundidad (km)	0	35	35	200	400	400	670	670	2 000	2 800	2 900	2 900	5 100	5 100	6 371
Velocidad de las ondas P (km/s)	5,5	6	8,1	7,5	8,5	9,3	9,5	11	13	13,7	13	8	9	10	10,4
Velocidad de las ondas S (km/s)	3,5	3,8	4,7	4	4,5	5	5,5	6,2	6,8	7	5,5	0	0	3,8	4,2

3.3 Modelo estático del interior de la Tierra

El **modelo estático o geoquímico** concibe el interior de la Tierra como una gigantesca estructura rocosa distribuida en capas concéntricas **(corteza, manto** y **núcleo)** separadas por **discontinuidades,** que son zonas de separación entre capas que presentan distinta **composición química** (corteza, manto y núcleo), distinta **composición mineralógica** (manto externo y manto interno) o **estado físico** diferente (núcleo externo y núcleo interno).

Puedes comprobar que a determinadas profundidades se producen cambios bruscos de velocidad debidos a la presencia de discontinuidades, lo cual indica que el interior de la Tierra no es homogéneo.

- **Discontinuidad de Mohorovicic.** Aparece a una profundidad media de unos 35 km (puede encontrarse a 70 km de profundidad bajo los continentes o a tan solo 10 km bajo los océanos). Se pone de manifiesto cuando las ondas P y S aumentan bruscamente su velocidad (desde 6 hasta 8,1 km/s, y desde 3,8 hasta 4,7 km/s, respectivamente). Constituye la superficie de separación entre los materiales rocosos menos densos de la corteza y más densos del manto.
- **Discontinuidad de Repetti.** Aparece a los 670 km de profundidad, en el límite de separación entre el manto superior y el manto inferior. Se pone de relieve cuando las ondas P y S aumentan bruscamente su velocidad (desde 9,5 hasta 11 km/s, y desde 5,5 hasta 6,2 km/s, respectivamente).
- **Discontinuidad de Gutenberg.** Se manifiesta a los 2 900 km de profundidad, cuando las ondas P disminuyen bruscamente su velocidad, desde 13 hasta 8 km/s, y las ondas S dejan de propagarse (su velocidad alcanza el valor 0). De aquí se deduce que las ondas sísmicas pasan de un medio rígido (el manto) a otro líquido (el núcleo externo).
- **Discontinuidad de Weichert-Lehman.** Aparece a los 5 100 km de profundidad, cuando las ondas P aumentan su velocidad desde 9 a 10 km/s. Aunque las ondas S dejaron de propagarse a través del núcleo externo líquido, sin embargo, es posible deducir por mediciones indirectas que ahora se propagan de nuevo y alcanzan la velocidad de 3,8 km/s, llegando a 4,2 km/s en el centro de la Tierra. Esto significa que existe un núcleo interno, con la misma composición química que el externo, pero en estado sólido.

Ⓐ

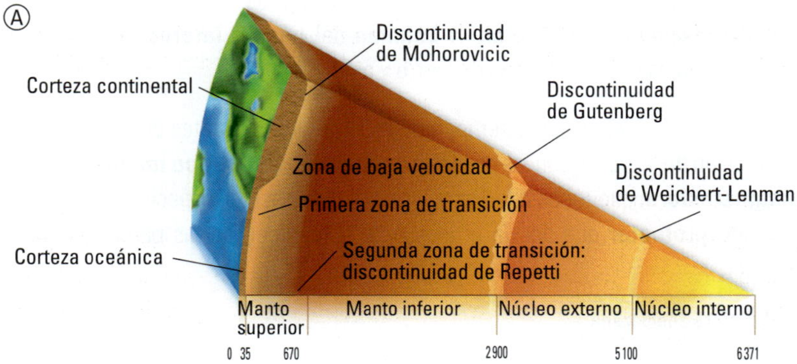

Ⓑ

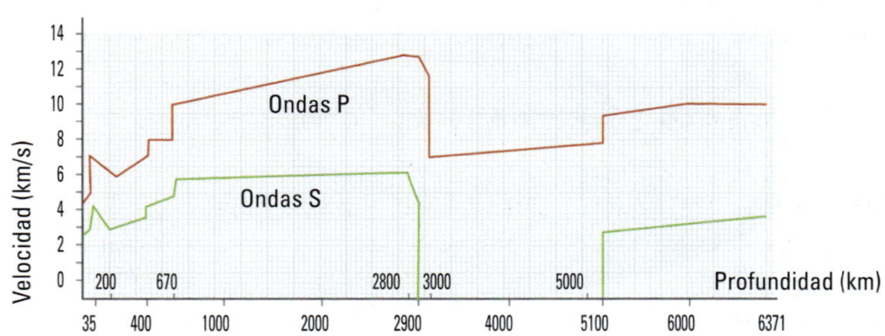

Estudio de la propagación de las ondas sísmicas. Permite deducir la estructura del interior de la Tierra y pone de manifiesto la existencia de tres grandes discontinuidades:

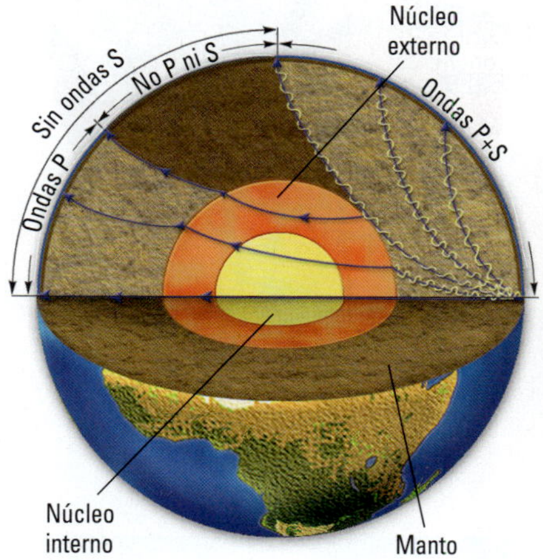

Las ondas S no atraviesan el núcleo externo líquido. Indirectamente se puede calcular su velocidad de propagación a través del núcleo interno sólido.

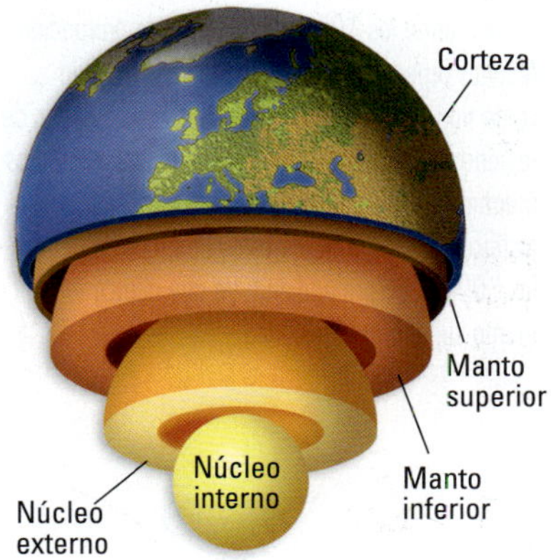

Estructura en capas de la Tierra.

5 ¿A qué se debe la curvatura que experimentan las trayectorias de las ondas sísmicas?

6 ¿Cuántas discontinuidades se aprecian en el modelo geoquímico de la Tierra?

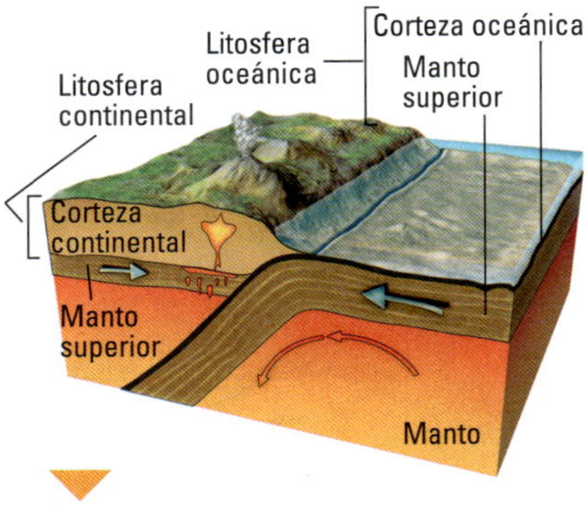

Litosfera. Está formada por materiales rocosos de la corteza (oceánica o continental) y de una parte del manto superior.

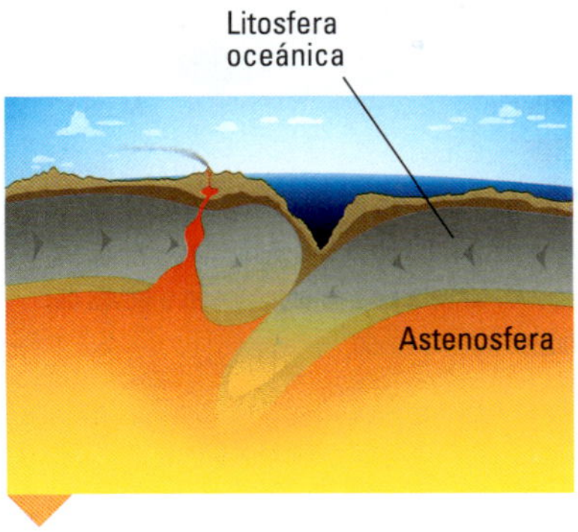

Astenosfera. Es una zona de baja viscosidad situada entre los 100 y los 300 km de profundidad. Algunos autores han cuestionado su existencia como una capa uniforme, ya que tal vez se trata de regiones donde persisten restos de antiguas plumas magmáticas; pero investigaciones recientes justifican la existencia de esta capa, que sobrepasa los 300 km de profundidad, ya que abarca todo el manto superior no litosférico.

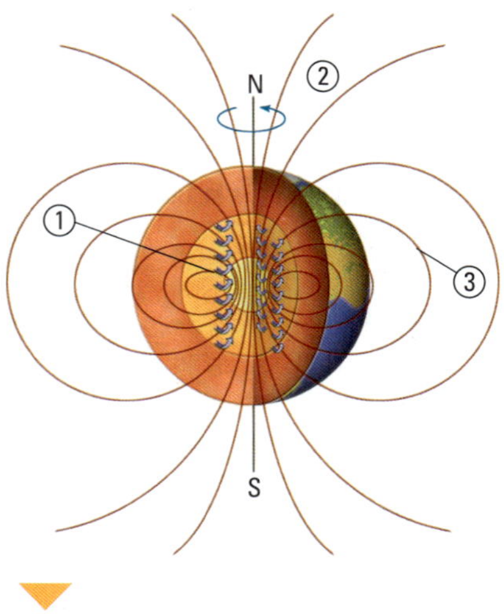

Campo magnético terrestre. El movimiento de los fluidos del núcleo externo, producido por las corrientes de convección (1) y por el movimiento de rotación de la Tierra (2), probablemente induce corrientes eléctricas que generan el campo magnético terrestre (3).

Corteza

Es la capa más externa, que se extiende hasta la **discontinuidad de Mohorovicic** (a una profundidad media de unos 35 km); está formada fundamentalmente por **silicatos de aluminio, calcio, sodio y potasio** y puede ser de dos tipos: continental y oceánica.

- **Corteza continental:** puede alcanzar hasta los 70 km de profundidad en los continentes. Está formada por un conjunto de rocas sedimentarias, metamórficas y magmáticas, entre las que abundan rocas del tipo del **granito** y la **andesita.** Las más antiguas tienen más de 3 800 Ma.
- **Corteza oceánica:** cuyo espesor oscila entre los 6 y los 12 km, está constituida fundamentalmente por rocas más densas del tipo de los **basaltos** y los **gabros.** Las rocas más antiguas no sobrepasan la edad de 180 Ma.

Manto

Es la zona comprendida entre la **discontinuidad** de **Mohorovicic** y la de **Gutenberg;** está constituido fundamentalmente por rocas del grupo de las **peridotitas** (silicatos ferromagnésicos) cuyo mineral más abundante es el **olivino.** La **presión** y la **temperatura** aumentan hasta tal punto en el interior del manto que los átomos de los minerales se ven obligados a reorganizarse, formando estructuras más compactas y densas, lo que se conoce como **zonas** de **transición** o **cambio de fase,** que ponen de manifiesto la aparición de dos **discontinuidades.**

- **Primera transición.** Tiene lugar a los 400 km de profundidad, cuando los componentes del **olivino** cambian de fase y originan la estructura más compacta de la **espinela.**
- **Segunda transición.** Se denomina **discontinuidad de Repetti,** que marca el límite de separación entre el manto superior y el manto inferior. Se produce a los 670 km de profundidad, cuando la **espinela** cambia de fase y se transforma en el mineral **perovskita.**

Núcleo

Se extiende desde la **discontinuidad** de **Gutenberg** hasta el centro de la Tierra. El **núcleo externo líquido,** compuesto fundamentalmente por hierro, níquel, y algo de azufre, silicio y oxígeno, está separado por la **discontinuidad** de **Weichert-Lehman** del **núcleo interno sólido,** constituido probablemente por cristales de una aleación de hierro y níquel.

El movimiento de los fluidos del núcleo externo, producido por las corrientes de convección y por el movimiento de rotación de la Tierra, son las causas más probables del **campo magnético terrestre,** denominado **magnetosfera,** que rodea a la Tierra y se extiende hacia el espacio exterior. Constituye un invisible **escudo protector** que desvía el incesante bombardeo de las partículas energéticas procedentes del Sol.

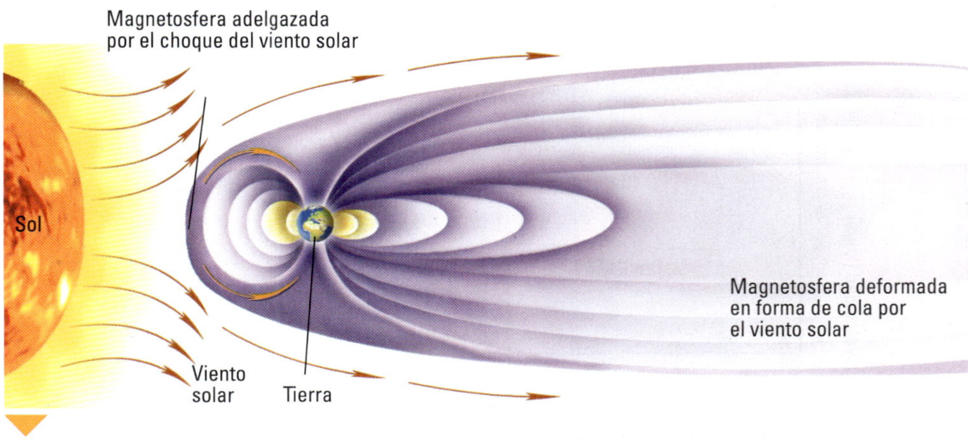

Magnetosfera. Está deformada por el choque de las partículas procedentes del Sol que constituyen el viento solar.

4 Tectónica de placas: la superficie cambiante

La imagen «petrificada» que nos proporciona el modelo estático no es suficiente para comprender el incesante cambio de la superficie terrestre; en realidad, la tierra que pisas bajo tus pies está en constante movimiento. La teoría de la **tectónica de placas** considera que los materiales rocosos de la corteza y de la parte superior del manto constituyen una unidad rígida y quebradiza, que recibe el nombre de **litosfera,** cuyo espesor medio es de unos 100 km.

Pero la litosfera no forma una capa continua sino que se encuentra fragmentada en trozos, llamados **placas litosféricas,** que encajan entre sí como en un gigantesco puzle. Cada placa puede estar formada únicamente por **litosfera oceánica** o ser mixta, donde hay parte de litosfera oceánica y parte de litosfera continental. Las placas litosféricas están limitadas por **bordes de placa** que pueden ser de tres tipos: **dorsales oceánicas, zonas de subducción** o **fallas transformantes.**

Las **placas litosféricas** flotan sobre el **manto superior** y no son estáticas: se mueven, se crean y se destruyen, separan los continentes y vuelven a juntarlos, aplastan las rocas y levantan montañas en lugares que antes eran mares. Las causas de este **movimiento** incesante y sus consecuencias geológicas se explican mediante la **teoría** de **la tectónica de placas:** la **litosfera oceánica** se crea en las **dorsales** y se destruye en las **zonas de subducción.** El motor que mueve horizontalmente las placas litosféricas es el **calor interno** de la Tierra, procedente del núcleo y del manto, junto con el tirón gravitatorio que ejerce la litosfera oceánica cuando se hunde en el manto, en las zonas de subducción.

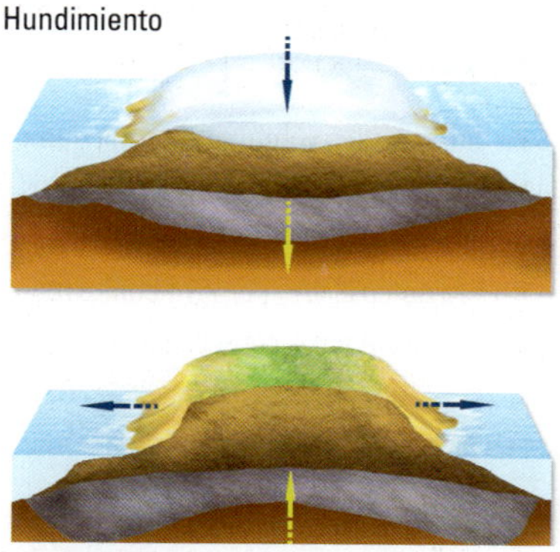

Isostasia. Las placas litosféricas flotan sobre el manto superior fluido y mantienen un equilibrio de flotación que recibe el nombre de isostasia.

7. ¿Cuáles son los bordes de las placas litosféricas?

8. Describe los bordes de cuatro placas formadas solo por litosfera oceánica.

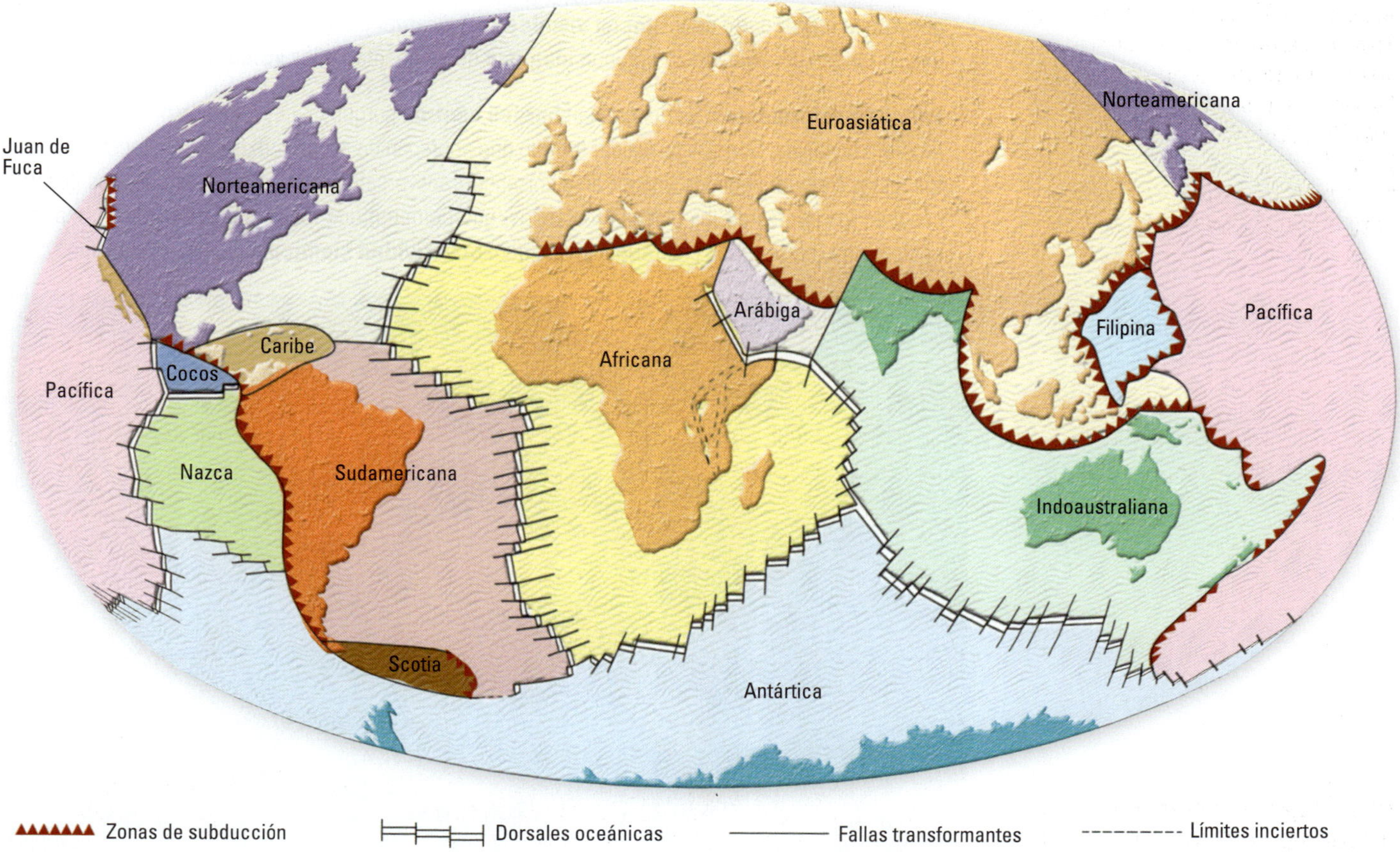

Placas litosféricas y sus bordes. La superficie del planeta se encuentra fragmentada en 14 grandes placas: pacífica, nazca, cocos, Juan de Fuca, norteamericana, sudamericana, caribe, euroasiática, africana, arábiga, filipina, indoaustraliana, Scotia y antártica.

Razona

La falla Azores-Gibraltar es una falla transformante responsable de diversos terremotos. ¿Sabrías decir qué terremoto tuvo lugar en el año (1755) y cuáles fueron sus dramáticas consecuencias?

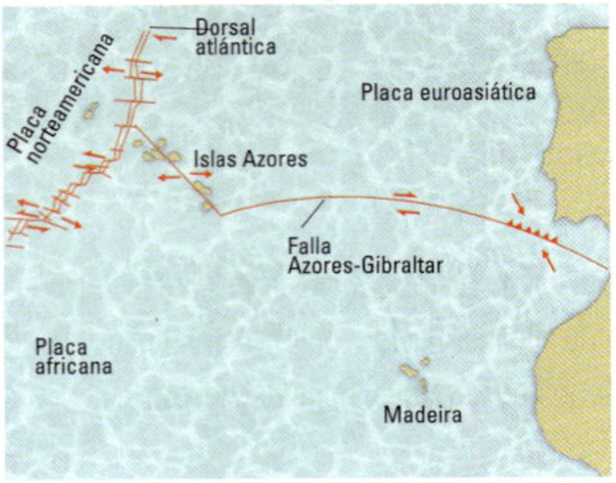

4.1 Fenómenos geológicos relacionados con los bordes de las placas litosféricas

Si la litosfera se encuentra fragmentada en placas, ¿dónde podemos encontrar los bordes que marcan el final de una placa y el comienzo de otra? Si analizas el mapa de abajo podrás obtener la respuesta a esta pregunta. En realidad, los cinturones de terremotos y volcanes no son más que la manifestación geológica asociada a los **bordes de las placas: dorsales oceánicas** (donde se crea litosfera oceánica), **zonas de subducción** (donde se destruye litosfera oceánica) o **fallas transformantes** (donde una placa se desliza respecto de otra a través de una gran fractura del terreno).

- **Dorsales oceánicas.** Son relieves submarinos, que se extienden por todo el globo terrestre, y presentan un intenso **vulcanismo submarino** que no cesa de emitir **magma** procedente de la fusión parcial de la zona superior del manto. Estas hendiduras en la litosfera oceánica se denominan **bordes constructivos,** porque cuando el magma se enfría y solidifica forma rocas de composición **basáltica,** que se añaden a ambos lados de la dorsal, creando **nueva litosfera oceánica.** El eje de las dorsales no es una línea continua, ya que se encuentra interrumpido y fragmentado transversalmente por numerosas **fallas transformantes,** cuyo movimiento es responsable de gran cantidad de **seísmos.**

- **Zonas de subducción.** Se denominan **bordes destructivos,** pues son sumideros situados en los abismos de los océanos, donde se destruye la litosfera oceánica de forma continua y se forman las alargadas **fosas oceánicas.** La litosfera oceánica se crea en las dorsales, pero conforme se aleja, envejece, se enfría, se hace más delgada y densa, se carga de sedimentos y en algunas zonas se hunde, volviendo de nuevo al manto, hasta la zona de separación entre el núcleo externo y el manto inferior, denominada capa D". En su camino de regreso a las profundidades, los materiales rocosos de la litosfera oceánica describen un plano inclinado, denominado **plano de Benioff,** donde se generan la mayor parte de los **focos sísmicos.** Al alcanzar cierta profundidad, las rocas subducidas se funden parcialmente y originan **magmas** que alimentan a los **volcanes.**

- **Fallas transformantes.** Se denominan **bordes neutros** porque no hay creación ni destrucción de litosfera oceánica. Son desgarres del terreno que aparecen en zonas sometidas a esfuerzos opuestos. Estas fracturas pueden encontrarse cortando transversalmente el eje de las dorsales oceánicas y en los bordes de las placas litosféricas, que permiten que las **placas** se deslicen una respecto a otra, en sentidos contrarios, lo que genera **actividad sísmica,** pero sin vulcanismo.

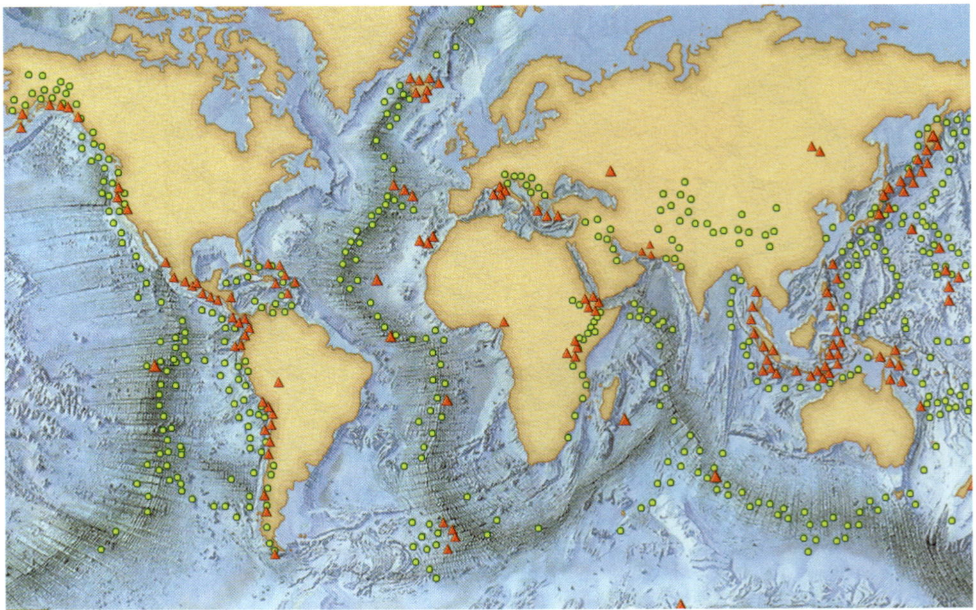

Mapa de distribución de los focos de actividad sísmica y volcánica en el globo terrestre. La distribución de la mayoría de los terremotos (•) coincide con la de la mayor parte de los volcanes (▲) y ambas se agrupan en forma de cinturones.

4.2 El motor que mueve las placas

Los materiales rocosos que constituyen la Tierra, desde el núcleo hasta la litosfera, están en constante movimiento, impulsados por dos poderosas fuerzas internas: el **tirón gravitatorio** que ejerce la litosfera oceánica cuando subduce en el manto (el peso del extremo subducido tira del resto de la litosfera oceánica y la arrastra), junto con el **calor interno** de la Tierra (restos del **calor primordial** atrapado durante la formación del planeta y de la **desintegración** de **elementos radiactivos** presentes en el manto). Este calor interno se propaga mediante celdas de convección y genera dos tipos de flujos convectivos:

- El principal flujo convectivo se debe a la **subducción de la litosfera oceánica,** que enfría el manto superior y desciende hasta la **capa D",** lo que provoca el ascenso de materiales calientes mediante corrientes de convección del manto. Este incesante movimiento se hace posible porque en estas condiciones de presión y temperatura tan grandes, aunque los materiales rocosos se mantienen en estado sólido, adquieren ciertas características de los **fluidos.**
- El segundo flujo convectivo se debe a que una gran parte del calor acumulado durante millones de años en la **capa D"** escapa de forma errática y episódica, como a borbotones. Cada burbuja origina un **chorro** o **pluma** de **magma** profundo y muy cálido que asciende a través del manto, perfora la litosfera y origina un **punto caliente** con intensa actividad volcánica (ver página 19). Los puntos calientes participan en la fragmentación de los continentes mediante dorsales oceánicas, pero por lo general no alimentan los magmas de estos bordes constructivos.

La consideración de la **astenosfera** como una zona dúctil y de baja viscosidad que abarca el manto superior infralitosférico permite explicar, por un lado, el deslizamiento superficial de las placas litosféricas sobre una zona de baja fricción y, por el otro, el descenso de grandes fragmentos de litosfera oceánica, procedentes de la subducción, hacia el interior de la Tierra.

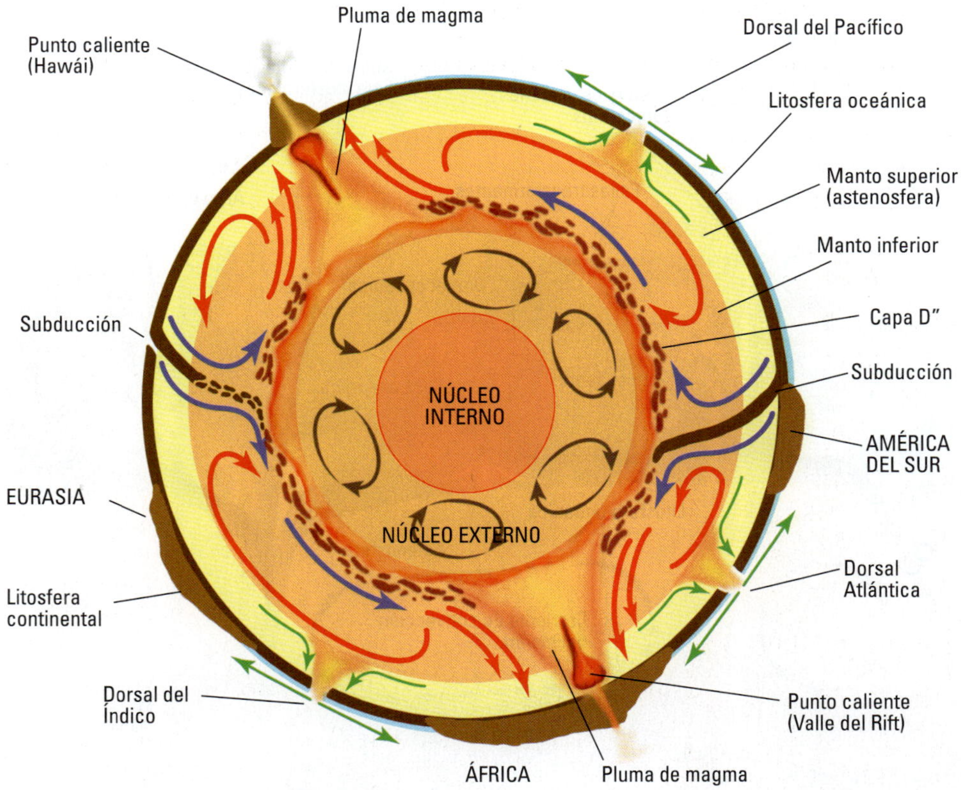

Celdas de convección. Se inician en el cálido núcleo, que alcanza temperaturas de unos 4 500 °C, y el calor se acumula en la zona de separación entre el núcleo externo y el manto inferior, denominada capa D"; de aquí se propaga a través de nuevas celdas de convección que se establecen en el manto, hasta la litosfera que es la capa más fría y externa.

Observa

El movimiento de la placa que subduce.

La subducción de la litosfera oceánica es responsable, junto con el calor interno de la Tierra, del movimiento de las placas litosféricas, pues el peso del extremo subducido tira del resto de la litosfera oceánica y la arrastra. Tal como lo haría una toalla extendida sobre una mesa que tiene un extremo colgando y sumergido en agua: a medida que se empapa, aumenta de peso y arrastra al resto de la toalla.

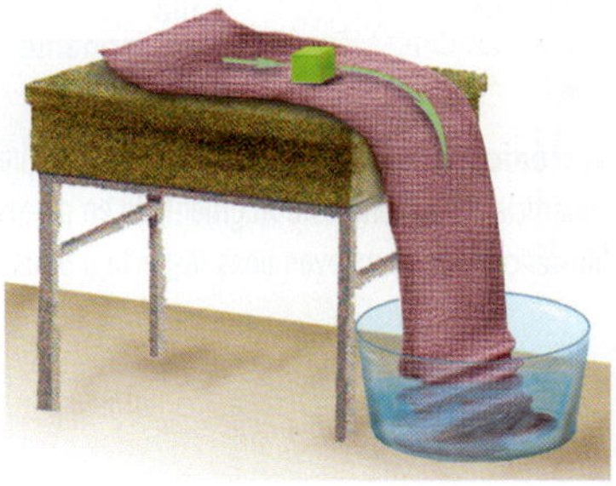

9 ¿En qué tipos de bordes de placa tienen lugar los seísmos?

10 ¿En qué borde de placa se localiza el plano de Benioff?

11 ¿Dónde se originan las plumas de magma y qué consecuencias tienen?

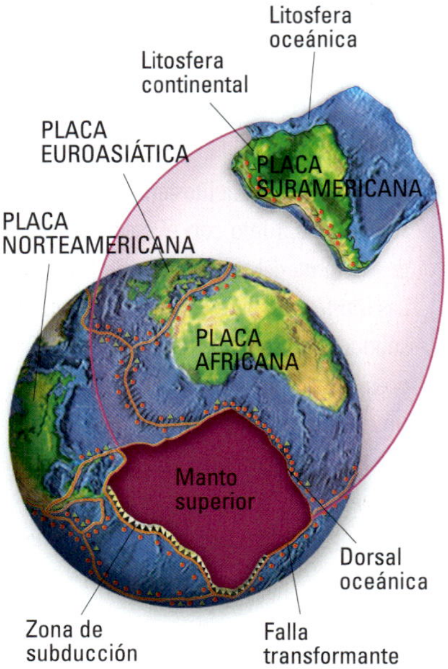

Tectónica de placas. Esta teoría defiende que la superficie de la Tierra está fragmentada en placas litosféricas que se mueven unos respecto a otras.

4.3 La teoría de la tectónica de placas es una teoría global

La tectónica de placas es una teoría global, ya que los grandes fenómenos geológicos (expansión del fondo de los océanos, deriva continental, vulcanismo, sismicidad, formación de montañas y de yacimientos minerales y petrolíferos, etc.) tienen una explicación conjunta y son motivados por una causa común: el **calor interno** de la Tierra, ayudado por la **energía potencial gravitatoria,** que constituyen el motor de las placas.

- **Seísmos.** En las zonas de subducción, en las dorsales oceánicas y en las fallas transformantes, grandes masas de rocas chocan entre sí y originan seísmos. Cuando afectan a los continentes se denominan terremotos. Si tienen lugar en los fondos oceánicos, se llaman maremotos y originan gigantescas olas llamadas tsunamis.
- **Volcanes.** En las dorsales oceánicas, en las zonas de subducción y en los puntos calientes, el magma escapa por las grietas y forma volcanes.
- **Formación de montañas.** El empuje de la placa que se hunde aplasta los sedimentos acumulados en las zonas de subducción, los pliega y fractura y luego los levanta, hasta formar las grandes cordilleras.
- **Expansión de los océanos.** La litosfera oceánica se crea continuamente a ambos lados de las dorsales, y los océanos se hacen cada vez más grandes.
- **La deriva de los continentes.** Los continentes que forman parte de las placas litosféricas se mueven a la deriva. Unas veces se separan y otras colisionan.
- **Yacimientos minerales y petrolíferos.** La tectónica de placas permite predecir la localización de yacimientos de petróleo y gas natural y de una gran variedad de minerales.

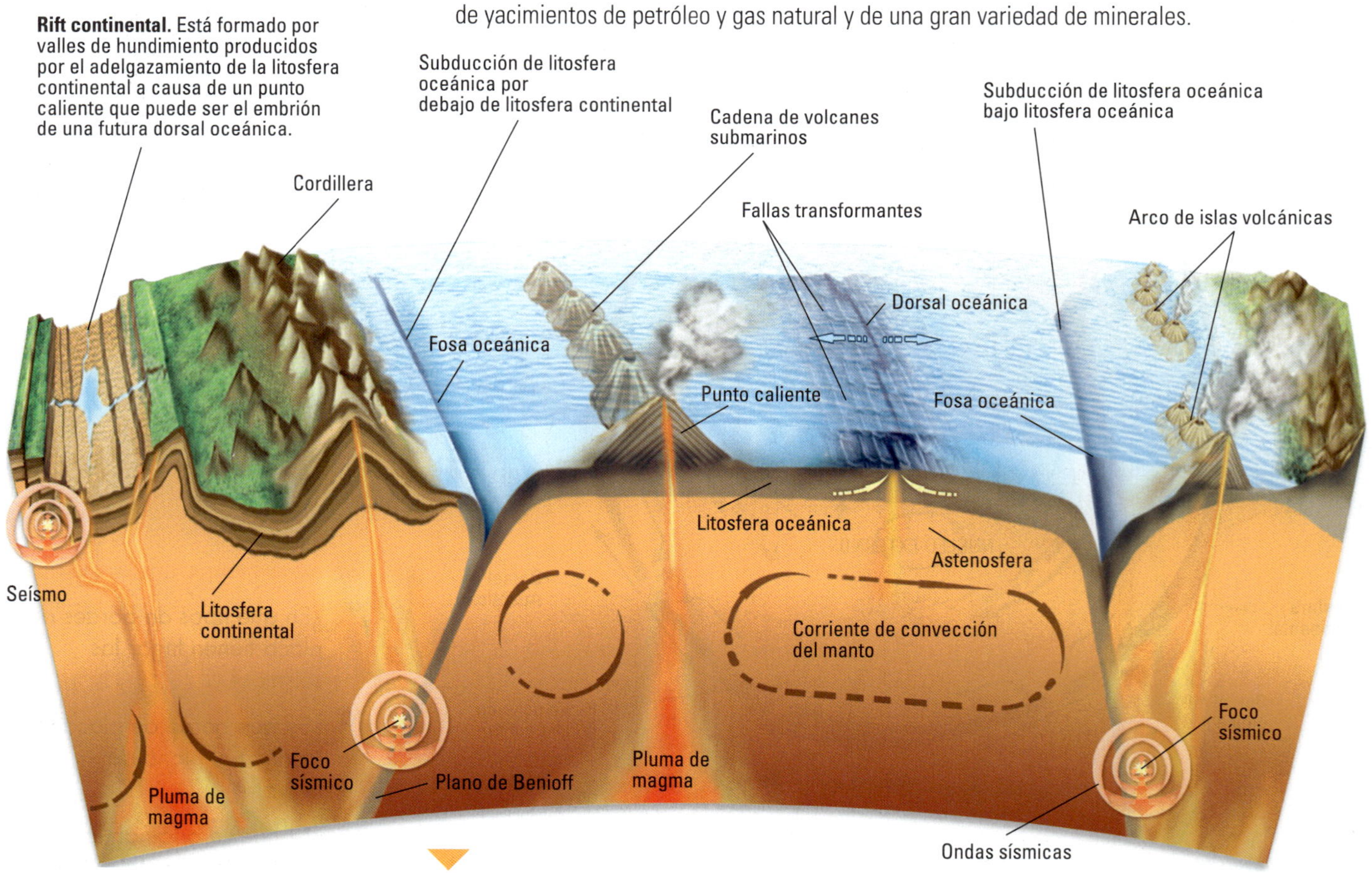

Dinámica interna de la Tierra. El calor interno de la Tierra, ayudado por la energía potencial gravitatoria, constituyen el motor de las placas. y son responsables de los grandes fenómenos geológicos.

5 Volcanes: montañas de fuego

La actividad volcánica, así como actividad sísmica, son procesos paroxísticos en los que se produce una liberación súbita de grandes cantidades de energía procedentes del interior de la Tierra. El ascenso de materiales calientes procedentes del manto y la disminución de la presión provocan la formación de **magma,** que es una mezcla caliente y fluida (alrededor de 1 000 °C) formada por materiales rocosos fundidos, fundamentalmente del tipo de los silicatos, que suele contener, además, partículas sólidas de minerales, fragmentos de rocas y diversos gases disueltos.

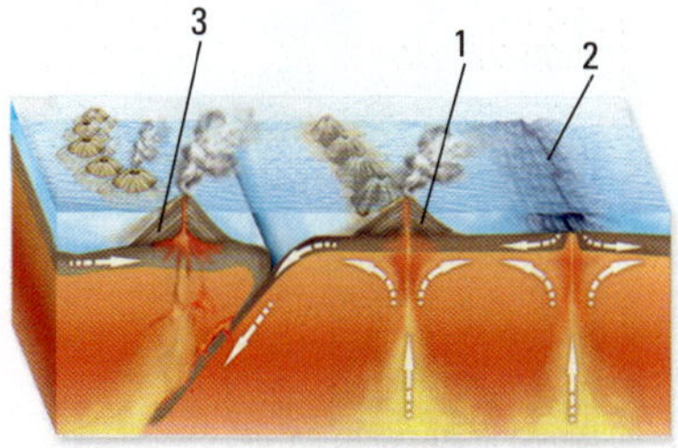

Volcanes. Se localizan en los puntos calientes (1), en las dorsales (2) y en las zonas de subducción (3).

Los **volcanes** se forman cuando el **magma** procedente del manto asciende hasta la superficie a través de las fisuras de la corteza oceánica o continental, se enfría y da lugar a erupciones de **gases,** productos sólidos **(piroclastos)** y coladas de roca fundida, denominada **lava.**

Los volcanes, igual que los terremotos, se localizan en determinadas regiones del globo terráqueo: dentro de las placas (en los **puntos calientes**) y en los bordes de las placas litosféricas (en las **dorsales** y en las **zonas de subducción).**

5.1 Vulcanismo en los puntos calientes

Cuando una **pluma de magma** profundo y caliente alcanza la **litosfera,** actúa como un soplete y origina un **punto caliente.** Se pueden dar tres tipos de situaciones:

- **Origen de las grandes provincias ígneas o basálticas.** Son extensas zonas del planeta sepultadas por lavas basálticas, emitidas en un período de tiempo relativamente corto (de 1 a 5 millones de años) por la potente actividad volcánica de un **punto caliente.** Estas emisiones han tenido lugar en diferentes épocas del pasado y se caracterizan por la formación de inmensas capas de basaltos superpuestas, de varios kilómetros de espesor, que cubren miles de kilómetros cuadrados de superficie, como el Trapp del Decán, en la India.
- **Adelgazamiento de la litosfera continental y formación de un rift.** El punto caliente actúa, como si fuera un soplete, sobre la litosfera que se abomba y adelgaza hasta originar tres fracturas radiales que convergen en un punto, denominado **punto triple.** Estas fracturas se pueden convertir en depresiones o valles de hundimiento, denominados **rift** (por ejemplo, Valle del Rift africano), que en el futuro pueden dar lugar a una **dorsal** (ver página 26).
- **Perforación de la litosfera oceánica y aparición de una cadena de volcanes.** Si el punto caliente permanece fijo, la litosfera oceánica se va perforando conforme se desplaza. Esto origina una cadena de volcanes submarinos, que son más jóvenes y activos cuanto más cerca están del **punto caliente,** y pierden actividad, envejecen y se erosionan conforme se alejan (se convierten en pequeños montículos o **guyots** y en **atolones).** Si la actividad del punto caliente es muy intensa, los volcanes emergen y se forman **cadenas de islas volcánicas** (por ejemplo, las islas Hawái). Suelen dar lugar a **conos volcánicos** aplanados en forma de **escudo.**

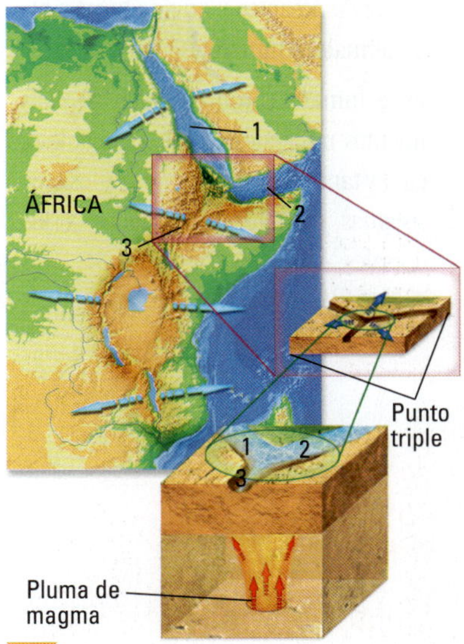

Punto triple. El mar Rojo (1), el golfo de Aden (2) y el valle de Rift (3) son las tres fracturas radiales de un punto triple formado por un punto caliente.

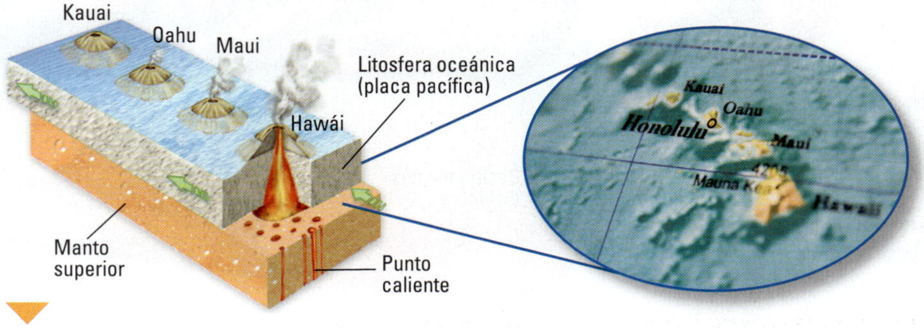

Cadena de islas volcánicas (Hawái). Están formadas por un punto caliente que perfora la placa Pacífica.

12 ¿Por qué la teoría de la tectónica de placas es una teoría global?

13 ¿Cuál es el origen de los puntos calientes y qué fenómenos geológicos originan?

¿Lo sabías?

En las zonas próximas a las dorsales oceánicas el agua se filtra y se convierte en vapor de agua. En su trayectoria ascendente disuelve los minerales que encuentra, hasta que escapa por las fisuras del fondo oceánico y origina fuentes hidrotermales o fumarolas (1).

Estas fumarolas son el origen de yacimientos minerales (cobre, manganeso, etc.) y también fuente de vida de los ecosistemas submarinos asociados a las dorsales.

5.2 Vulcanismo en las dorsales oceánicas

A lo largo de las **dorsales,** en el fondo de los océanos, se encuentran los **volcanes de fisura.** Sus erupciones son efusivas y tranquilas y la lava fluye a partir de enormes fisuras en forma de coladas que forman capas horizontales. Cuando se enfría, origina rocas basálticas que constituyen la litosfera oceánica.

5.3 Vulcanismo en las zonas de suducción

Gran parte de los volcanes asociados a las zonas de subducción se encuentran en el **cinturón de fuego del Pacífico** que bordea la cuenca de este océano, donde podemos encontrar dos situaciones diferentes:

- La subducción de litosfera oceánica por debajo de litosfera oceánica da lugar a un **archipiélago de islas en forma de arco** con intensa actividad volcánica, como Japón y Filipinas.
- La subducción de litosfera oceánica por debajo de litosfera continental origina un **arco volcánico continental** asociado a una cordillera, como los Andes.

En las zonas de subducción las erupciones volcánicas no suelen ser tan tranquilas y los **volcanes** tienen la forma de gigantescos **conos,** que pueden estar formados por acumulación de fragmentos sólidos de lava sin cohesionar, llamados piroclastos **(conos de cenizas),** o por la superposición de capas de lava solidificada y materiales piroclásticos **(estratovolcanes).**

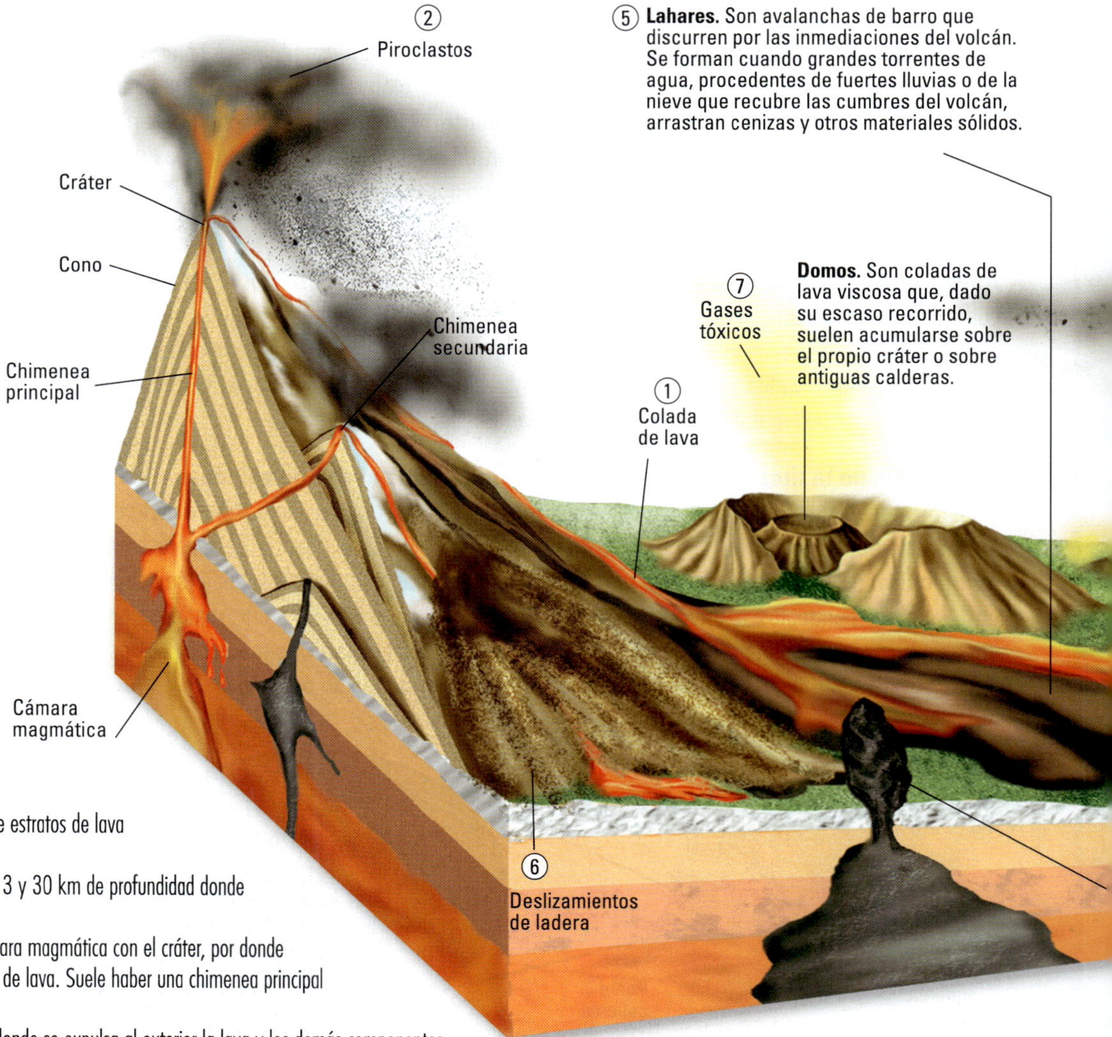

Estructura de un estratovolcán:
- El cono volcánico se forma por la superposición de estratos de lava y de materiales piroclásticos.
- La cámara magmática es una bolsa situada entre 3 y 30 km de profundidad donde se acumula el magma.
- La chimenea es el conducto que comunica la cámara magmática con el cráter, por donde asciende el magma que será expulsado en forma de lava. Suele haber una chimenea principal y otras secundarias o adventicias.
- El cráter, que suele tener forma de embudo, por donde se expulsa al exterior la lava y los demás componentes sólidos y gaseosos.

5.4 Las erupciones volcánicas

La **erupción volcánica** es un conjunto de fenómenos que tiene lugar cuando el magma alcanza la superficie terrestre. Cuando el **magma** procedente del manto o de la corteza profunda se encuentra próximo a la superficie, se estanca y forma una bolsa llamada **cámara magmática,** situada entre 3 y 30 km de profundidad. Los gases que estaban disueltos en el magma dejan de estarlo, aumentan la presión de la cámara y empujan al magma. Este asciende a través de uno o más conductos, llamados **chimeneas,** y sale por el **cráter,** que es la abertura externa en forma de embudo situada en la cumbre del cono volcánico. El magma, al enfriarse, puede originar diversos productos:

- Los magmas fluidos están relacionados con las dorsales y los puntos calientes. Tienen bajo contenido en gases y forman **coladas de lava.** Dan lugar a erupciones efusivas y tranquilas.
- Los magmas viscosos suelen estar relacionados con las zonas de subducción. Tienen alto contenido en gases y, cuando alcanzan la superficie, provocan violentas explosiones. El gas escapa brutalmente y arroja al exterior, a veces a gran altura y distancia, trozos de lava y fragmentos de la chimenea volcánica. Estos fragmentos sólidos, llamados **piroclastos,** reciben distintos nombres según su tamaño: **cenizas** (< 3 mm), **lapilli** (entre 3 y 30 mm) y **bombas volcánicas** (entre 3 y 30 cm).

Los volcanes activos suelen mostrar una actividad discontinua en el tiempo: alternan periodos de actividad con otros más o menos largos de interrupción en los que parecen apagados, pero en realidad están dormidos. Cuando permanecen inactivos durante muy largos períodos de tiempo, se dice que están **apagados o extinguidos.**

Entre los principales riesgos causados por las erupciones volcánicas se encuentran: las **coladas de lava** (1), la **lluvia de piroclastos** (2), la formación de **nubes ardientes** (3), las **explosiones** que pueden provocar el hundimiento del cono y la formación de una caldera (4), los **lahares** (5), **el deslizamiento** de las laderas del cono volcánico (6), los **gases tóxicos** y asfixiantes (7), los **terremotos** (8) y los **maremotos,** que pueden originar olas gigantescas o **tsunamis** (9).

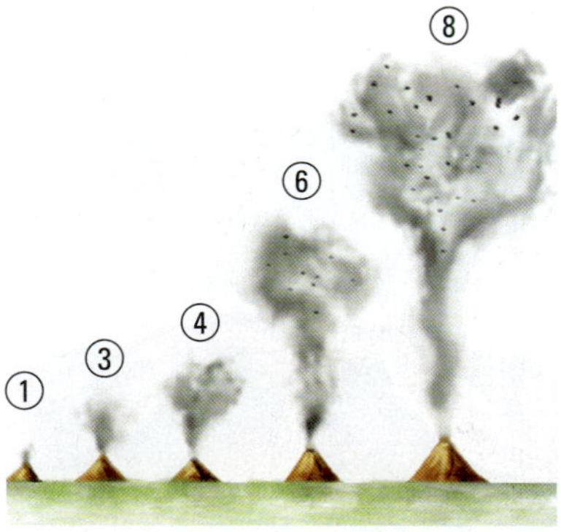

Peligrosidad de un volcán. Se mide por su índice de explosividad volcánica (IEV), que depende de la cantidad de material emitido y de la altura que alcanza la columna de gases y piroclastos. Tiene una escala de 8 grados: 0, no explosiva (Mauna Loa, Hawái). 1, suave (Estrómboli, Italia). 2, explosiva (Galeras, Colombia). 3, severa (Nevado del Ruiz, Colombia). 4, cataclísmica (La Soufrière, isla de Montserrat). 5, paroxística (Vesubio, Italia). 6, colosal (Pinatubo, Filipinas). 7, supercolosal (Tambora, Indonesia). 8, megacolosal (Caldera de Toba).

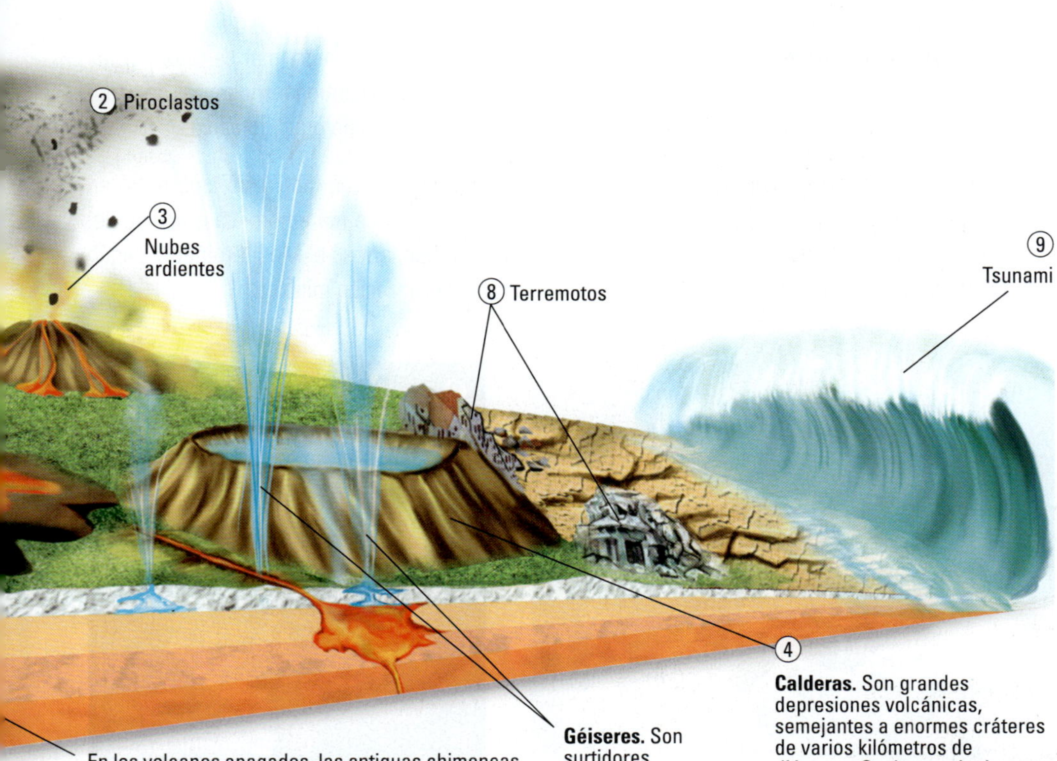

Calderas. Son grandes depresiones volcánicas, semejantes a enormes cráteres de varios kilómetros de diámetro. Suelen producirse por hundimientos o explosiones que destruyen casi la totalidad del cono volcánico.

Géiseres. Son surtidores que arrojan intermitentemente vapor de agua a cierta altura.

En los volcanes apagados, las antiguas chimeneas rellenas de lava solidificada pueden quedar al descubierto a causa de la erosión y forman columnas verticales que resaltan en el paisaje. En las islas Canarias se denominan roques.

14 ¿Qué tipo de vulcanismo se da en las dorsales y en las zonas de subducción?

15 ¿Qué se entiende por materiales piroclásticos y en qué erupciones se forman?

16 ¿Cómo se forman las fuentes hidrotermales y qué importancia tienen?

5.5 Tipos de erupciones volcánicas

Un mismo volcán puede experimentar a lo largo de su historia diferentes tipos de erupciones, desde las efusivas hasta las más explosivas.

Según la naturaleza de la lava y del contenido en gases del magma, se han descrito distintos tipos de erupciones volcánicas, entre los que destacan los siguientes: **hawaiano, estromboliano, vulcaniano, pliniano, peleano** y **freato-magmático.**

- **Tipo hawaiano.** Se caracteriza por erupciones efusivas, silenciosas y apacibles, debido a la baja viscosidad del magma y al bajo contenido en gases. Las coladas de lava se derraman por las laderas de un cono volcánico aplanado, en forma de escudo, que suele tener numerosos cráteres alineados a lo largo de fisuras.

- **Tipo estromboliano.** Son erupciones en las que se alternan coladas de lava viscosa con explosiones esporádicas que arrojan al exterior materiales piroclásticos (cenizas, lapilli y bombas volcánicas que explotan en el aire).

- **Tipo vulcaniano.** Se caracteriza por erupciones de lava tan viscosa que no suele formar coladas. La presión de los gases atrapados provoca violentas explosiones que arrojan a gran altura inmensas nubes oscuras de piroclastos.

- **Tipo peleano.** La lava es tan viscosa que se expulsa prácticamente solidificada y forma un enorme pitón o aguja que obstruye el cráter e impide la salida de los gases. La presión acumulada provoca explosiones que dejan escapar nubes ardientes formadas por gases y materiales piroclásticos incandescentes que descienden por las laderas del volcán.

- **Tipo pliniano.** Son erupciones de lavas muy viscosas con alto contenido en gases que provocan violentas explosiones y arrojan nubes ardientes de piroclastos a gran altura. En ocasiones se vacía la cámara magmática, lo que da lugar al hundimiento del cono volcánico y a la formación de una caldera.

- **Tipo freato-magmático.** Estas erupciones se producen cuando el agua del mar se filtra por las grietas del fondo marino, se pone en contacto con el magma y origina cantidades ingentes de vapor de agua, lo que genera altísimas presiones que provocan explosiones de gran violencia.

  Un ejemplo es el volcán **Krakatoa,** en la isla de su mismo nombre, en Indonesia, que entró en erupción en 1883, destruyó dos tercios de la isla y generó un enorme maremoto. La erupción del volcán de la isla de Santorini, hace 3 500 años, fue del mismo tipo: arrasó el Mediterráneo y, según algunos científicos, pudo ser la causa de la destrucción de la civilización minoica.

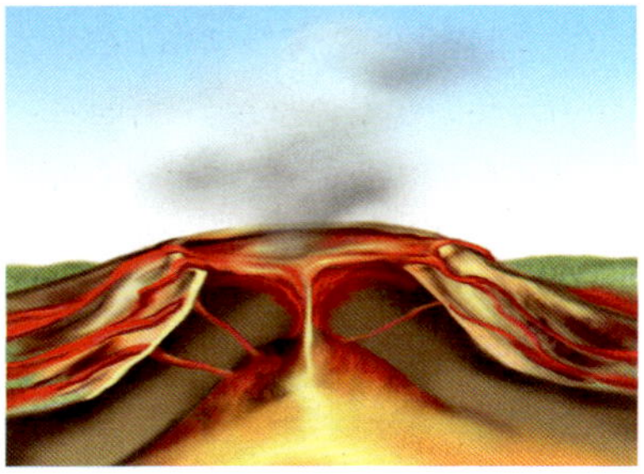

Tipo hawaiano.

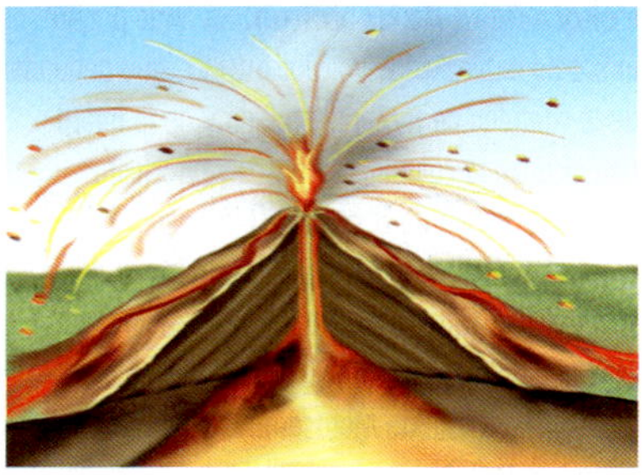

Tipo estromboliano.

Tipo vulcaniano.

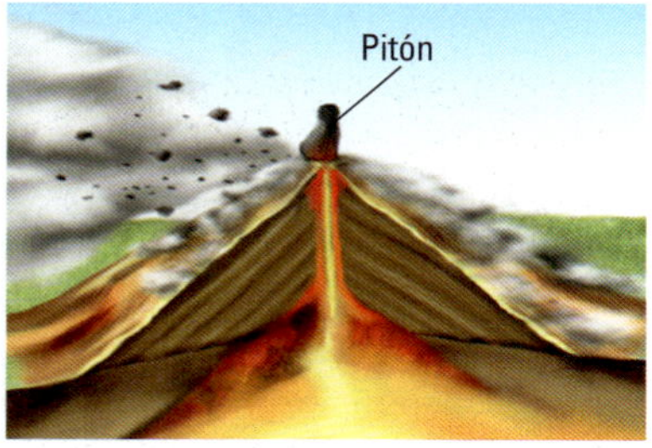

Tipo peleano.

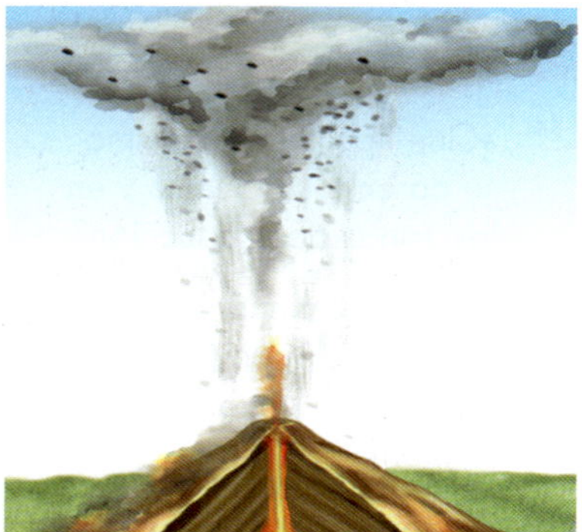

Tipo pliniano.

Isla de Santorini. En el año 1627 a. C., hace unos 3 500 años, tuvo lugar en esta isla (antigua Thera) (A) una de las mayores erupciones volcánicas freato-magmáticas de la prehistoria reciente, que destruyó el cono volcánico y dejó una enorme caldera (B) rodeada por sedimentos de ceniza volcánica .

Supervolcanes

Los **supervolcanes** son difíciles de localizar, pues no tienen cono ni existe cráter, tan solo se aprecian inmensos valles circulares, de entre 30 y 60 kilómetros de diámetro, que son las reliquias de las gigantescas **calderas volcánicas** formadas por las terribles explosiones de volcanes cientos de veces más violentos que cualquiera de los actuales volcanes activos. En un supervolcán el magma no encuentra vía de escape a la superficie, por lo que se acumula en la cámara magmática en el transcurso de miles de años, aumentando la presión y adelgazando el techo de la cámara, hasta que vence la resistencia del techo, explota y provoca una supererupción.

El último supervolcán que entró en erupción fue el de la **Caldera Toba,** en la isla de Sumatra, hace unos 74 000 años. Arrojó más de 2 800 km^3 de lava y cenizas que oscurecieron el Sol durante casi seis años y provocaron una **glaciación que duró más de mil años.** Según algunos científicos, este cambio climático estuvo a punto de extinguir a los humanos primitivos; solo unos pocos sobrevivieron a este infierno volcánico. **Yellowstone,** en Estados Unidos, es otro supervolcán cuya inmensa caldera está alimentada por un **punto caliente.**

5.6 Vulcanismo de las Islas Canarias

Las **Islas Canarias** son un archipiélago de origen volcánico formado por siete islas principales. Su origen es controvertido, aunque la **teoría del punto caliente** goza de gran aceptación entre los especialistas. Según esta teoría, las islas se formaron a partir de una **pluma de magma** procedente del manto que perforó la litosfera oceánica del Atlántico y originó un **punto caliente** que permanece fijo.

La formación del archipiélago comenzó cuando la pluma de magma originó un **domo térmico** en la litosfera oceánica y, después, una fractura de **punto triple.** El magma comenzó a fluir por esos volcanes submarinos de triple fractura en forma de láminas o diques de lava, que se fue acumulando, aumentando en anchura y altura hasta emerger fuera del agua y formar una isla volcánica.

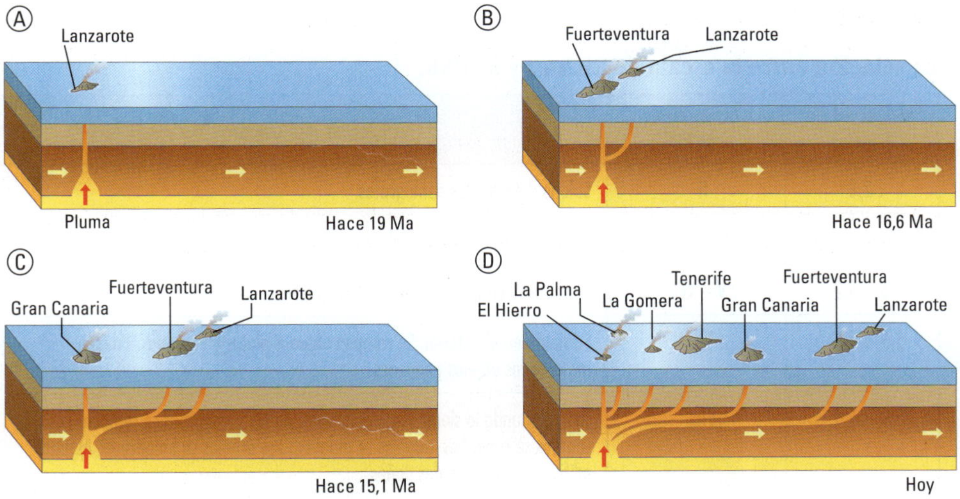

Teoría del punto caliente. Las islas se fueron formando de oeste a este, sucesivamente, conforme la placa atlántica se iba expandiendo. Por esta razón, las islas occidentales, como El Hierro, la Gomera y La Palma son más modernas y con mayor actividad volcánica que las más orientales, como Lanzarote y Fuerteventura.

Descubre

El supervolcán Yellowstone

Yellowstone es un supervolcán alimentado por un punto caliente (1). El magma (2) se acumula en la cámara magmática (3) en el transcurso de miles de años, aumentando la presión y adelgazando el techo de la cámara, hasta que vence la resistencia del techo, explota y provoca una supererupción, con la terrible ferocidad equivalente a más de 1 000 bombas de Hiroshima.

Según los datos registrados en los estratos rocosos, este supervolcán ha entrado en erupción tres veces a lo largo de su historia: la primera hace aproximadamente 1 800 000 años, la segunda hace 1 200 000 años y la tercera hace unos 600 000 años.

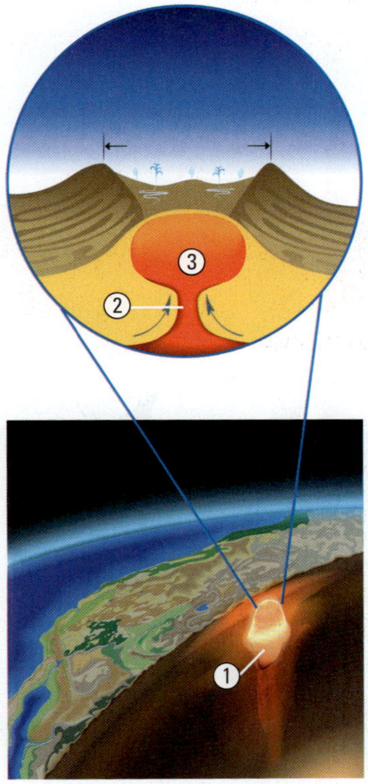

- Si el intervalo de recurrencia es de unos 600 000 años, calcula cuándo podría tener lugar la próxima erupción, cuyas consecuencias climáticas serían catastróficas para los humanos actuales.

17 ¿Cómo se forman los lahares y las calderas volcánicas?

18 ¿Qué características presenta el vulcanismo de las dorsales?

19 ¿Qué consecuencias tuvo la erupción del supervolcán de Toba?

¿Qué composición básica tienen los distintos tipos de erupciones?

Curvas isosistas. Representan las diferentes intensidades alcanzadas en las localidades próximas al epicentro.

6 Seísmos: cuando la Tierra tiembla

La dinámica de las placas litosféricas en las dorsales, en las zonas de subducción y en las fallas transformantes es la responsable de la mayor parte de los seísmos. Unas placas se separan, otras colisionan y algunas se deslizan junto a otras en sentidos contrarios, lo que genera tensiones que se acumulan lentamente. Esto provoca deformaciones elásticas en las rocas, hasta que se supera el límite de elasticidad, se fracturan y liberan súbitamente la energía almacenada en forma de vibraciones que dan lugar a los seísmos.

Existen diferentes escalas que permiten medir la energía liberada por un seísmo y evaluar los daños que ocasiona, como la de **Richter** y la **MSK:**

- **Escala de Richter.** Mide la **magnitud** de un terremoto, que es la medida de la energía liberada por el seísmo (se calcula a partir de un sismograma midiendo la amplitud máxima de las ondas P y S). El valor de la magnitud de Richter carece de límites y teóricamente puede alcanzar todos los valores (1, 2, 3, 4, 5, 6, 7, 8, etc.) en función de la energía liberada, aunque no se han registrado terremotos de magnitud superior a 9,6 (terremoto de Valdivia, Chile, 1960).

  Para comparar grandes seísmos se utiliza la **escala sismológica de magnitud de momento (MW),** que coincide con los parámetros de la escala de Richter, pero no se satura cerca de valores altos de magnitud, por encima de los cuales todos los grandes terremotos reflejan magnitudes muy similares.

- **Escala MSK (Medvedev, Sponheuer y Karnik).** Consta de doce grados ordenados con números romanos del I al XII y mide la **intensidad** de un terremoto, que es una estimación subjetiva de los efectos que produce el terremoto sobre las personas, los objetos, las construcciones y el terreno (los daños son mayores en zonas pobres, superpobladas y con viviendas de baja calidad). La intensidad es distinta en cada lugar ya que varía con la distancia al epicentro; así, un terremoto tendrá una magnitud única e intensidades diferentes en cada localidad. Los puntos de una zona que presentan la misma intensidad se unen mediante curvas llamadas **isosistas.**

Observa

La relación entre la escala de Richter y la MSK.

Magnitud de Richter	Intensidad MSK	Efectos que provoca
< 2,8	II	Solo lo detectan los sismógrafos.
2,9 - 4	III – IV	Se balancean los objetos colgados.
4,5 – 5,2	V – VI	Vibran las ventanas, los platos y las puertas.
5,5 – 5,8	VII	Se siente en el exterior. Se rompen algunos platos y ventanas. Pueden moverse los objetos pequeños.
5,9 – 6,4	VIII	Todo el mundo lo siente. Las cristalerías, platos y ventanas se rompen. Los cuadros se caen. Los muebles se mueven. Los árboles se balancean. Algunos edificios sufren grandes daños.
6,5 – 7,1	IX	Destrucción de edificios de baja calidad. Rotura de tuberías subterráneas. Grietas en el suelo. Pánico general.
7,2 – 7,6	X	Destrucción de los edificios de mediana calidad y puentes de madera. Los raíles se deforman. Se producen grandes desprendimientos. El agua de ríos, lagos y embalses se desborda.
7,7 – 8,2	XI	Se destruyen la mayoría de los edificios. Las tuberías subterráneas se destrozan totalmente.
> 8,2	XII	Se desplazan grandes masas de rocas. Destrucción casi total. Cambios en el paisaje. Enormes grietas en el suelo.

Seísmo en Japón (2011). Alcanzó una magnitud de 9,0 en la escala de Richter.
Su epicentro se ubicó en el mar, frente a la costa oriental de Japón y creó olas de tsunami de más de 10 m que penetraron hasta 5 km tierra adentro, arrasando todo cuanto encontraron a su paso.
Ha provocado miles de muertos y desaparecidos (más de 16 000) y causado graves destrozos, entre otros, la central nuclear de Fukushima, lo que ha creado alerta nuclear por riesgo de contaminación radiactiva, especialmente en el mar.

6.1 *Tsunami:* la ola asesina

Un ***tsunami*** es una ola enorme, que supone el desplazamiento vertical de una gigantesca masa de agua del océano. Normalmente es el resultado de un **gran maremoto** con epicentro en el fondo del mar, o bien puede estar provocada por el **derrumbe de parte de un volcán** en el océano, una **explosión volcánica submarina** o el **impacto** de un **asteroide** en el mar.

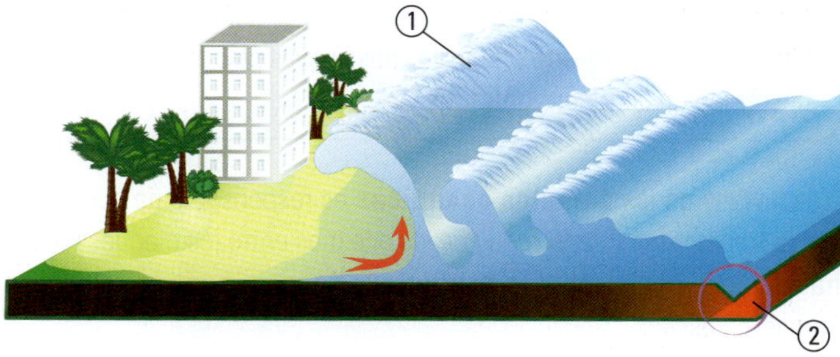

***Tsunami* (1) causado por un maremoto (2).**

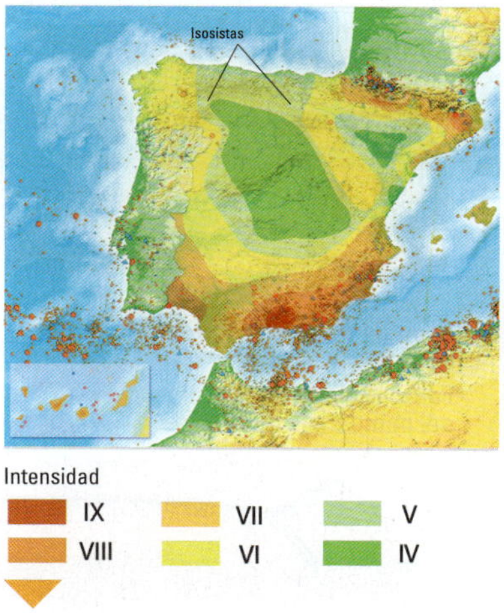

Mapa de riesgo sísmico para España.

- Zonas de mayor riesgo sísmico: los Pirineos (al este y al oeste), el litoral catalán, la zona sur (Ceuta, Melilla y Andalucía, especialmente Granada, Huelva, Málaga y Almería) y la zona sureste (Murcia y Comunidad Valenciana, especialmente, Alicante).
- Zonas de riesgo sísmico moderado: cordillera Ibérica, Galicia, Islas Baleares y las Canarias.
- Zonas de máxima estabilidad: las regiones de las restantes comunidades autónomas.

6.2 El riesgo sísmico

Los principales riesgos causados por la actividad sísmica son: destrucción de edificios, avalanchas de tierra causadas por la licuefacción del terreno, incendios causados por rotura de conducciones de gas, tsunamis y rotura de presas, de conducciones de agua y de otras infraestructuras, con el consiguiente riesgo de inundaciones.

Descubre

Cómo se localiza el epicentro de un seísmo.

El desfase (t_S - t_P) entre los tiempos de llegada de las ondas S (t_S) y de las ondas P (t_P) se utiliza para calcular en cada sismograma (A) las distancias (d_1, d_2 y d_3) entre el epicentro y cada observatorio (O_1, O_2 y O_3). El epicentro de un seísmo se determina en el punto de intersección de tres circunferencias en un mapa, cada una de las cuales tiene por centro el observatorio y por radio, la distancia al epicentro de cada observatorio.

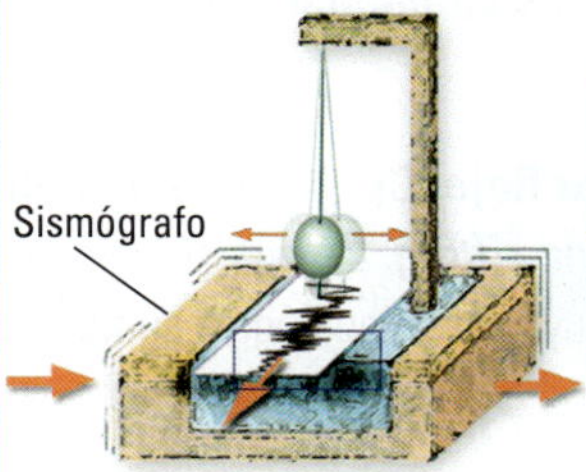

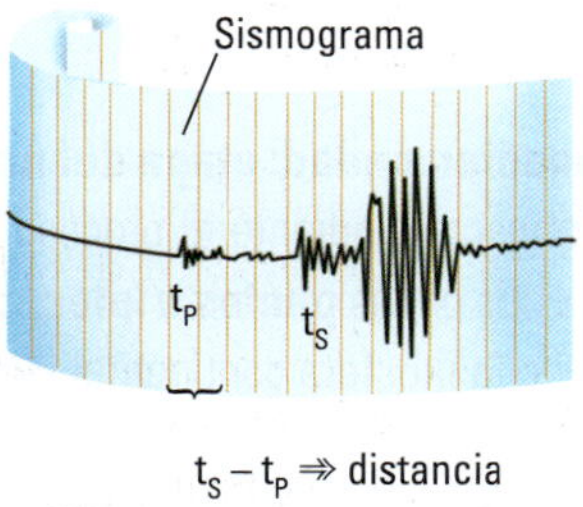

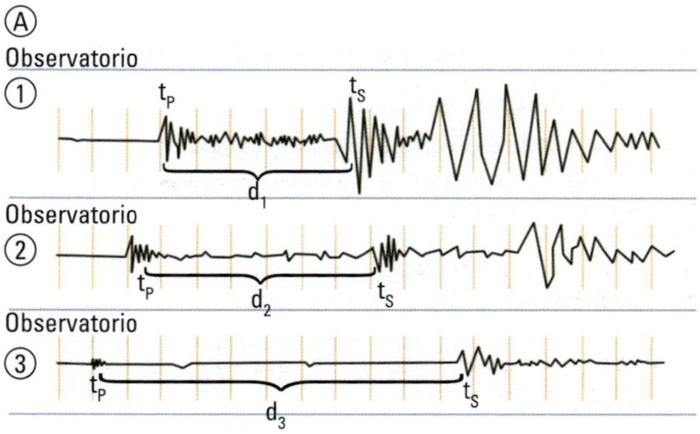

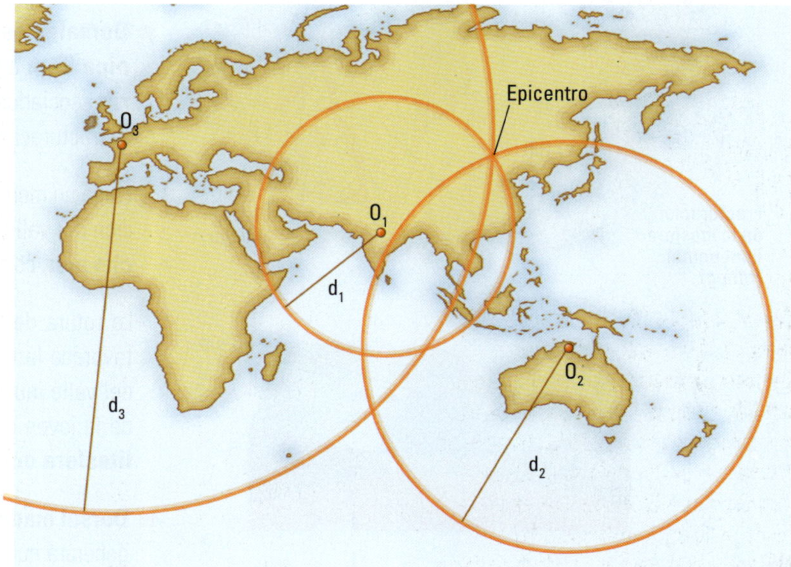

A) Etapa de abombamiento.

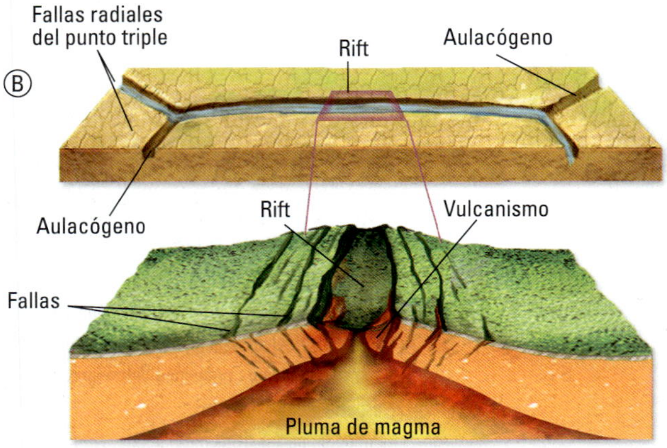

B) Etapa del rift: generalmente, solo dos de las tres fracturas del punto triple se unen para formar el rift que dará lugar a una dorsal; la tercera fractura suele ser un rift abortado, llamado aulacógeno, que se llena de sedimentos o forma un valle fluvial.

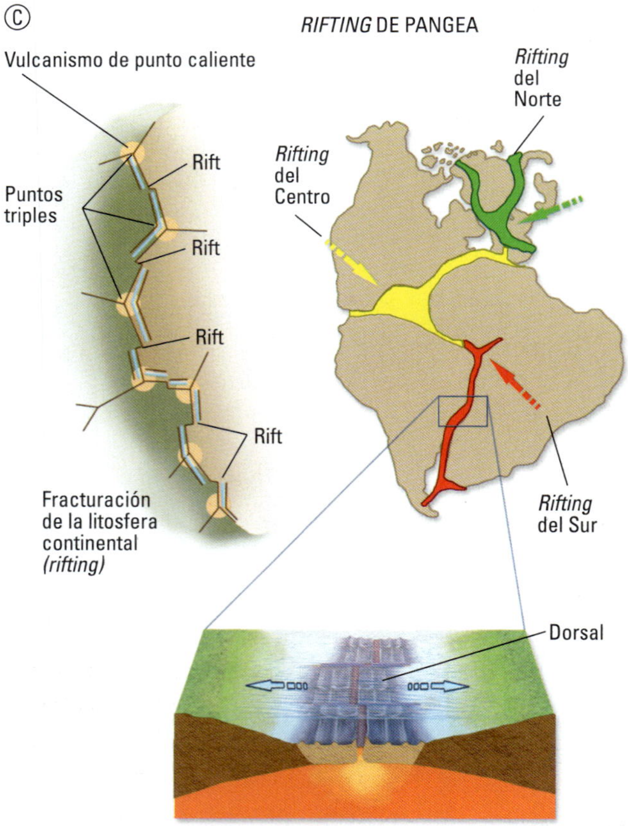

C) Etapa del mar Rojo: los rift asociados a varios puntos triples forman una dorsal.

7 Dorsales oceánicas: expansión del fondo del océano

A partir de las dorsales se genera continuamente litosfera oceánica a ambos lados del eje de la dorsal, lo que da lugar a la **expansión del fondo de los océanos,** por lo que también se denominan **bordes constructivos** o **divergentes,** pues las dos nuevas placas divergen cuando se desplazan en sentidos contrarios.

La actividad de las **dorsales oceánicas** es responsable de que los continentes se fragmenten y se formen nuevos océanos entre los bloques continentales fragmentados. En el proceso de **apertura de un océano** se distinguen cuatro etapas sucesivas:

- **Inicio de la dorsal: etapa de abombamiento (A).** Las corrientes ascendentes de una **pluma de magma,** procedentes del manto profundo, chocan con la **litosfera continental,** que se abomba y forma un **domo térmico** (como el valle del Río Grande, en Estados Unidos).

- **Dorsales jóvenes: proceso de *rifting* (B).** En el domo térmico, la litosfera se estira y adelgaza, hasta que se fractura y da lugar a un **punto triple.** Este sistema de fracturación de la litosfera abombada se compone de tres grandes fallas radiales, que pueden evolucionar hacia la formación de valles de hundimiento, denominados **rift.**

  El **rift** (como el Valle del Rift africano), es una depresión o fosa tectónica que se forma por el hundimiento de los bloques centrales generados por el sistema de fallas escalonadas situadas a ambos lados del valle de hundimiento, que le dan a este valle el aspecto de una enorme escalinata.

  En algunas zonas del rift, el magma escapa a través de las fisuras y puede acumularse en el fondo del valle, lo que origina **llanuras** o **coladas basálticas,** o bien da lugar a la formación de **conos volcánicos** (como el Kilimanjaro, en África).

- **Dorsales de mediana edad: etapa del mar Rojo (C).** Una **dorsal oceánica** llega a formarse mediante el proceso de ***rifting,*** cuando se unen los **rift** asociados a dos o más **puntos triples,** cuya actividad llega a completar la fracturación de la litosfera continental.

  Llega un momento en que el continuo hundimiento del rift provoca la inundación del valle por las aguas marinas y da lugar a la formación de un **estrecho mar,** como el mar Rojo.

  La rotura de la litosfera disminuye la presión en el manto superior, lo que favorece la formación de **magma,** que asciende y se extiende por el fondo del valle inundado, a ambos lados de la dorsal. Este vulcanismo submarino de la joven dorsal origina rocas basálticas que son el embrión de la futura **litosfera oceánica.**

- **Dorsal madura: etapa atlántica (D).** Si la actividad de la dorsal continúa, se generará nueva litosfera oceánica que **expandirá el fondo del océano,** y el estrecho mar evolucionará hasta convertirse en un gran **océano** como el Atlántico, que separa dos bloques continentales fracturados anteriormente unidos.

Evidencia científica

Paleomagnetismo y expansión del fondo de los océanos

La Tierra se comporta como un gigantesco imán que tiene dos polos, Norte y Sur y, como todo imán, genera un campo magnético formado por las líneas de fuerza que irradian de cada uno de los polos (1).

Una de las particularidades del campo magnético terrestre es que experimenta inversiones periódicas de su polaridad: cada cierto tiempo (cientos de miles o millones de años) los polos se invierten, aunque la inversión no es instantánea, pues se lleva a cabo en el transcurso de algunos miles de años (2).

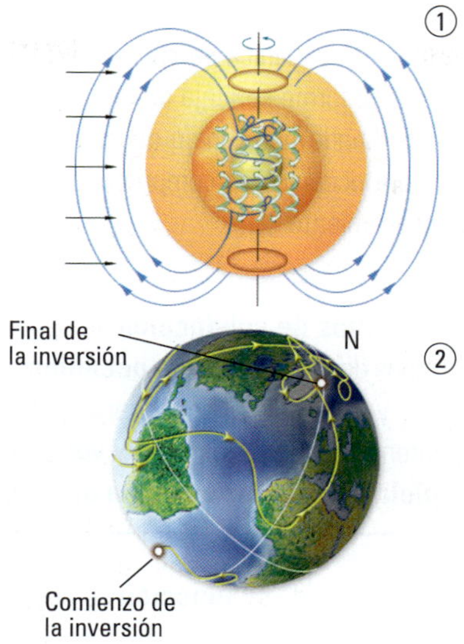

El **paleomagnetismo** es el magnetismo ancestral «congelado» en las **rocas primitivas** en el momento de su formación y su estudio permite descubrir los períodos en los que el **campo magnético** se encontraba en estado **normal** (como el actual) o **invertido.**

Las rocas volcánicas son las mejores para estudiar el paleomagnetismo, ya que cuando se solidifican rápidamente a partir de la lava, determinados minerales que contiene —como la magnetita— quedan magnetizados según la **dirección** del **campo magnético terrestre** en ese momento. Así, por ejemplo, en los basaltos que constituyen la corteza oceánica se registran las inversiones magnéticas periódicas que han tenido lugar en los últimos millones de años.

El dibujo inferior muestra cómo un buque oceanográfico arrastra un magnetómetro y mide el paleomagnetismo de las rocas basálticas del fondo oceánico: se observa la disposición en bandas de distinto grosor con orientaciones alternativamente invertidas, según la edad, y que su distribución es simétrica con respecto al eje de la dorsal. ¿Qué significa el hecho de que la distribución de bandas magnéticas sea simétrica con respecto al eje de la dorsal?

Pues, en realidad esta es la prueba que justifica la teoría de la expansión de los fondos oceánicos. La **simetría** de las **bandas magnéticas** con respecto al eje de la dorsal significa que los bloques basálticos de la mitad derecha se van formando al mismo tiempo que los de izquierda. Esto pone de relieve que las rocas basálticas que constituyen el **fondo de los océanos** se forman en las **dorsales.**

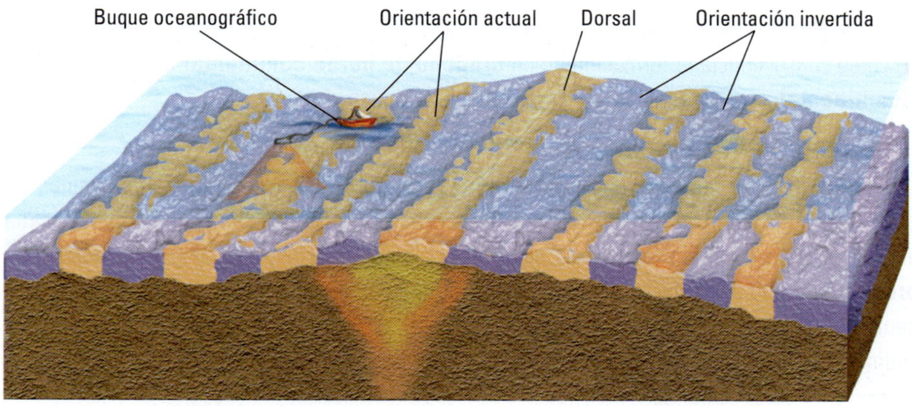

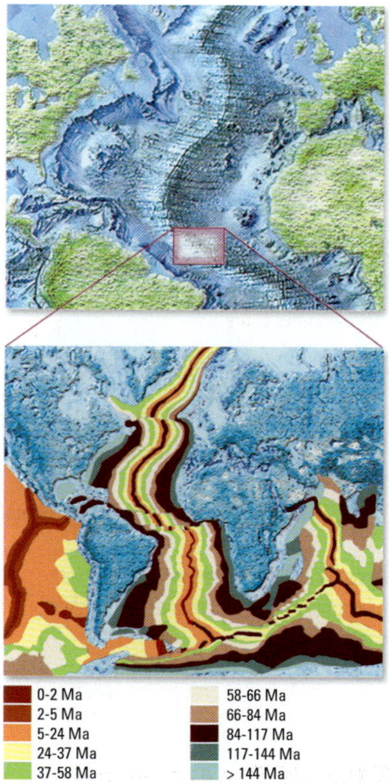

D) Etapa atlántica: las rocas basálticas del fondo del océano son más antiguas conforme se alejan de la dorsal.

Razona

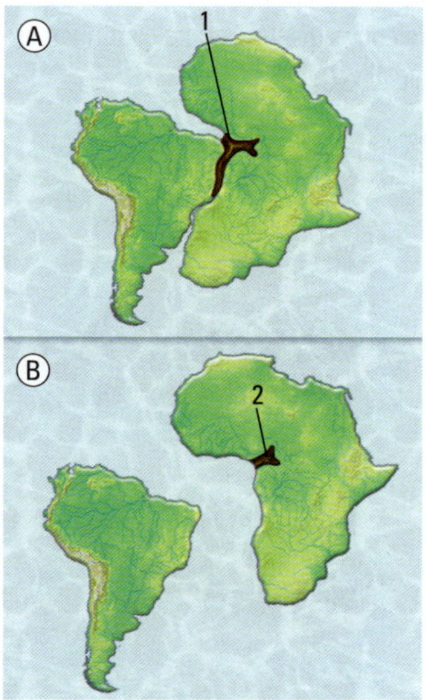

La figura A muestra la localización de uno de los puntos triples que iniciaron la apertura del océano Atlántico (1). La figura B muestra la situación actual. ¿Sabrías decir cuál es la causa de la formación del valle de Benue, en Nigeria, (2) y cómo se denomina esta formación geológica?

20 ¿Qué información aporta el paleomagnetismo de los basaltos del fondo del océano?

21 ¿Cómo se forma un rift y cuál puede ser su evolución?

8 Zonas de subducción: colisión entre placas

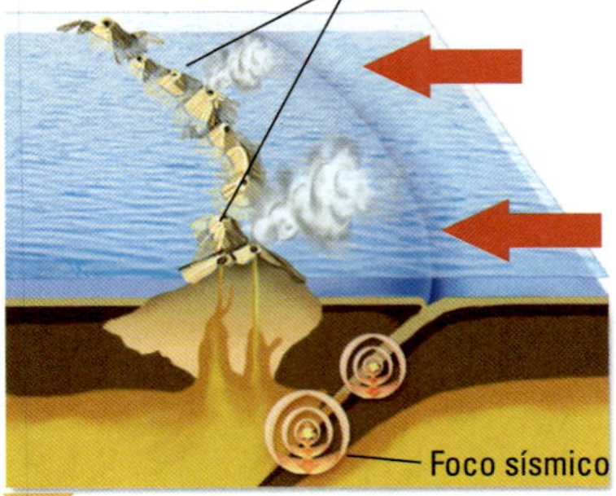

Arco de islas volcánicas. Se forma por subducción de litosfera oceánica bajo litosfera oceánica.

La litosfera oceánica se encuentra en un constante **proceso de renovación.** Se enfría paulatinamente conforme se aleja del eje de la dorsal, se hace más densa y se carga de **sedimentos,** por lo que se hunde por debajo de otra placa y acaba siendo «engullida» en el manto. Al descender, la litosfera oceánica se comprime, se hace más densa y tira del resto de la placa, lo que provoca su desplazamiento.

Las **zonas de subducción** se denominan **bordes destructivos** o **convergentes** porque son zonas donde la **litosfera oceánica** se está destruyendo continuamente y las dos placas convergen y colisionan al desplazarse en sentidos contrarios. El proceso de subducción da lugar a una intensa actividad **sísmica** y **volcánica** y también a la formación de **fosas oceánicas, archipiélagos de islas en forma de arco** y al proceso de **orogénesis** o formación de las cordilleras.

En el proceso de **subducción** se pueden dar las tres situaciones siguientes: subducción de litosfera oceánica bajo litosfera oceánica, subducción de litosfera oceánica bajo litosfera continental y colisión intercontinental.

8.1 Subducción de litosfera oceánica bajo litosfera oceánica

Un ejemplo es la **placa pacífica,** que desaparece por subducción al oeste y forma las islas Marianas y las Filipinas. El resultado es la formación de una **fosa oceánica** de gran profundidad. Al ser engullida por el manto, la placa subducida se funde parcialmente y origina **magma.** Parte de él asciende a la superficie a través de las fisuras y da lugar sobre la placa que no subduce a un archipiélago de **islas en forma de arco** con gran **actividad volcánica** y **sísmica.**

8.2 Subducción de litosfera oceánica bajo litosfera continental

La placa de Nazca, que desaparece por debajo de América del Sur, es un fenómeno de este tipo que tiene como consecuencia la formación de un **orógeno de borde continental activo** o **cordillera pericontinental,** como los Andes, con gran actividad sísmica y volcánica.

Los **orógenos** son las **cordilleras montañosas** que se extienden centenares o miles de kilómetros a lo largo de los **bordes convergentes** entre las **placas.** Adoptan esta forma alargada y dan lugar a **cinturones orogénicos** porque surgen mediante el **proceso de orogénesis,** que consiste en el plegamiento de grandes cantidades de **sedimentos,** procedentes de la erosión de los continentes cercanos, arrastrados por las placas que subducen y acumulados en los profundos abismos de las **fosas oceánicas.**

En el dibujo superior de la página siguiente puedes observar que cuando la placa que subduce alcanza cierta profundidad, puede llegar a fundirse para originar **magma,** parte del cual escapa por las fracturas y origina un **arco volcánico continental** (1). Los sedimentos acumulados en la **fosa oceánica** (2) se comprimen lateralmente y se pliegan y fracturan por el empuje de la placa litosférica, formando el **prisma de acreción,** que emerge y se adosa al arco volcánico (3). Todo el conjunto se levanta y, donde antes había una fosa, se forma un **orógeno de borde continental** o **cordillera pericontinental** (4), con intrusiones de **vulcanismo** (5) y **actividad sísmica** (6), como los Andes.

Observa

Cómo se forma un atolón coralino.

Los corales crecen alrededor de una isla volcánica (A). Cuando el volcán se apaga, comienza a erosionarse su cono (B), mientras que los corales continúan creciendo (C)

Ⓐ

Ⓑ

Ⓒ

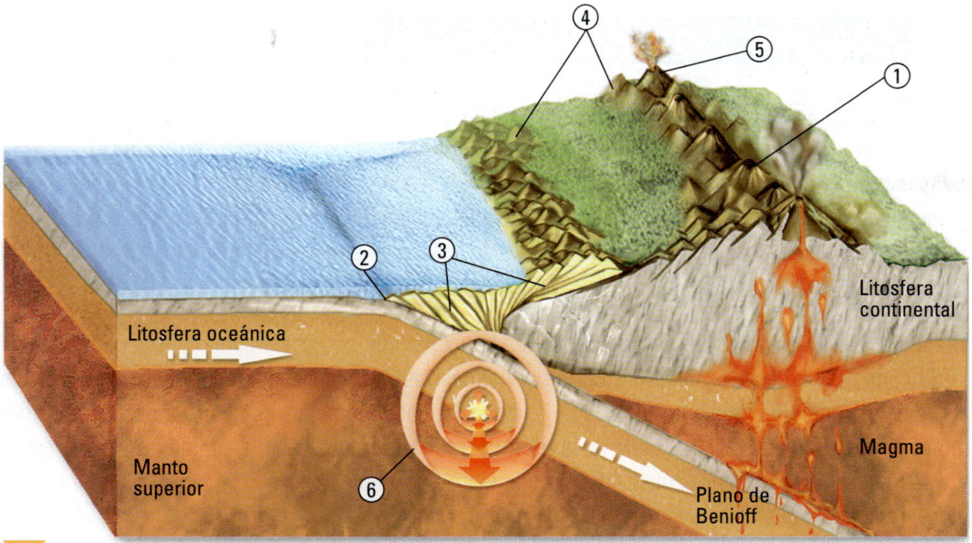

Cordillera pericontinental. Se forma por subducción de litosfera oceánica bajo litosfera continental.

8.3 Colisión intercontinental

Conforme avanza el proceso de subducción en una **placa mixta** y se agota la litosfera oceánica, el océano situado entre los dos continentes se va «encogiendo» (1) hasta que desaparece: las dos masas continentales quedan enfrentadas, colisionan y dan lugar a una cadena montañosa que se denomina **orógeno intercontinental** o de **colisión,** como el Himalaya o los Alpes. Esto se debe a que los **sedimentos** acumulados en el pequeño mar se pliegan, se fracturan y forman un **prisma de acreción** (2), cuyo tamaño va aumentando hasta que emerge y da lugar a una **cadena montañosa** (3).

En un principio, una parte de los materiales subducidos se funden y se transforman en **magma** (4), pero cuando se produce la colisión ya no puede ascender, pues las posibles fisuras por donde podría hacerlo quedan selladas por la violenta colisión entre los continentes; entonces se enfría lentamente en profundidad y da lugar a rocas plutónicas (5). Por esta razón no existe **vulcanismo** en este tipo de cordilleras, pero sí tiene lugar una importante **actividad sísmica** (6).

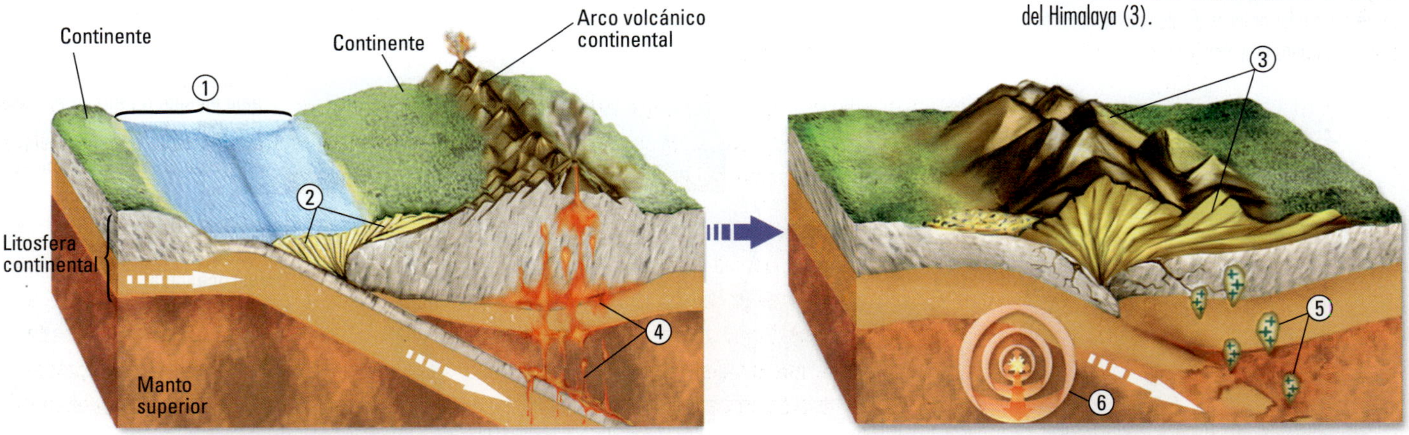

Cordillera intercontinental. Se forma por colisión de dos masas continentales que quedan enfrentadas.

22 ¿Cuál es el origen del archipiélago del Japón y en que se diferencia del archipiélago de Hawái?

23 ¿Cómo se origina un arco volcánico continental?

24 ¿Por qué en el Himalaya no hay actividad volcánica pero sí actividad sísmica?

Razona

¿Cuál crees que pudo ser el origen de la cordillera de los Alpes?

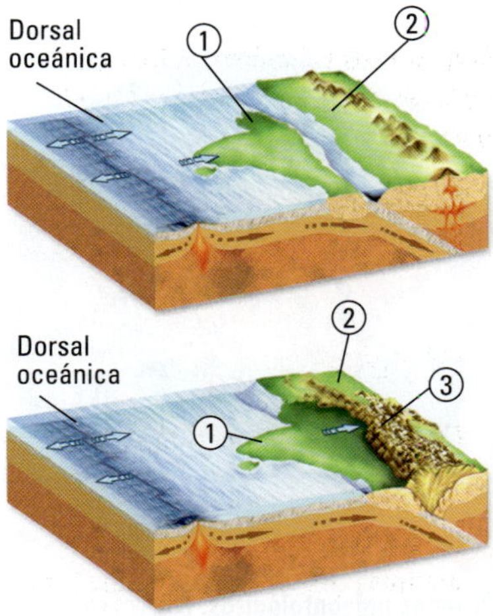

Formación del Himalaya. En el pasado, el fragmento que hoy es la India (1) colisionó con el continente Euroasiático (2), originando la cordillera del Himalaya (3).

9 Deriva continental: el puzle en acción

Pruebas geográficas. Si unimos los continentes por el borde de sus plataformas continentales (1) existe un acoplamiento casi perfecto.

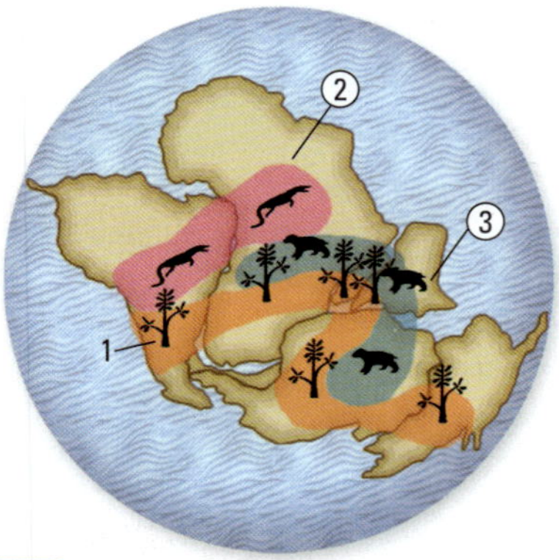

Pruebas paleontológicas. Basadas en la identidad de fósiles de plantas, como Glossopteris (1), y de animales terrestres, como Mesosaurus (2) y Lystrosaurus (3), aparecidos en distintos continentes que actualmente se encuentran separados por los océanos. En tiempos remotos todos estos organismos ocupaban un hábitat común.

Pruebas geológicas y paleoclimáticas. Esta unión permite explicar la continuidad de cadenas montañosas y de depósitos rocosos entre la Antártida y los continentes sudamericano y africano, así como la distribución de los depósitos glaciares (de color blanco) datados hace 250 Ma.

El meteorólogo alemán **Alfred Wegener** llevó a cabo diversas expediciones en busca de pruebas que le permitieron formular por primera vez, en 1912, la hipótesis de la **deriva continental** sobre el **desplazamiento de los continentes:** estos se mueven a la deriva como barcos a través del manto. Presentó pruebas consistentes (paleontológicas, paleoclimáticas, geográficas y geológicas), con argumentos sólidos y coherentes, la mayor parte de los cuales eran y siguen siendo correctos. Murió exhausto en 1930, en su tercera expedición a Groenlandia.

La hipótesis tuvo muchos adeptos, pero también críticos severos, cuyos argumentos se centraban en la dificultad de explicar la naturaleza de las enormes fuerzas responsables del movimiento de los continentes (en aquel momento todavía no se conocían los fenómenos geológicos responsables del movimiento de las **placas).** La teoría de la **tectónica de placas** ha venido a dar la razón a Wegener y a responder a sus interrogantes: los continentes que forman parte de las placas litosféricas se mueven a la deriva: unas veces se separan y otras colisionan.

9.1 El ciclo de Wilson

Sobre la base de los datos aportados por el paleomagnetismo y por la datación de las rocas, que permiten inferir las posiciones relativas de los continentes en tiempos pasados, J. Tuzo Wilson y W. Jason Morgan desarrollaron la hipótesis del **ciclo supercontinental** o **ciclo de Wilson.**

El **ciclo de Wilson** es un ciclo evolutivo que explica la apertura y el cierre de las cuencas oceánicas y los cambios en la distribución de los continentes y de los océanos a lo largo del tiempo.

Los mismos procesos tectónicos que provocan la **fragmentación** de un **supercontinente** y su dispersión en **bloques continentales erráticos,** son causa de su posterior **reunificación** en un nuevo supercontinente, en ciclos que duran unos 500 Ma. Hace unos 750 Ma. existía un gran supercontinente, llamado **Rodinia,** que se fragmentó. Los fragmentos resultantes se volvieron a reunificar, hace 250 Ma, en otro supercontinente denominado **Pangea,** cuya fragmentación ha dado lugar a la distribución actual de continentes y océanos.

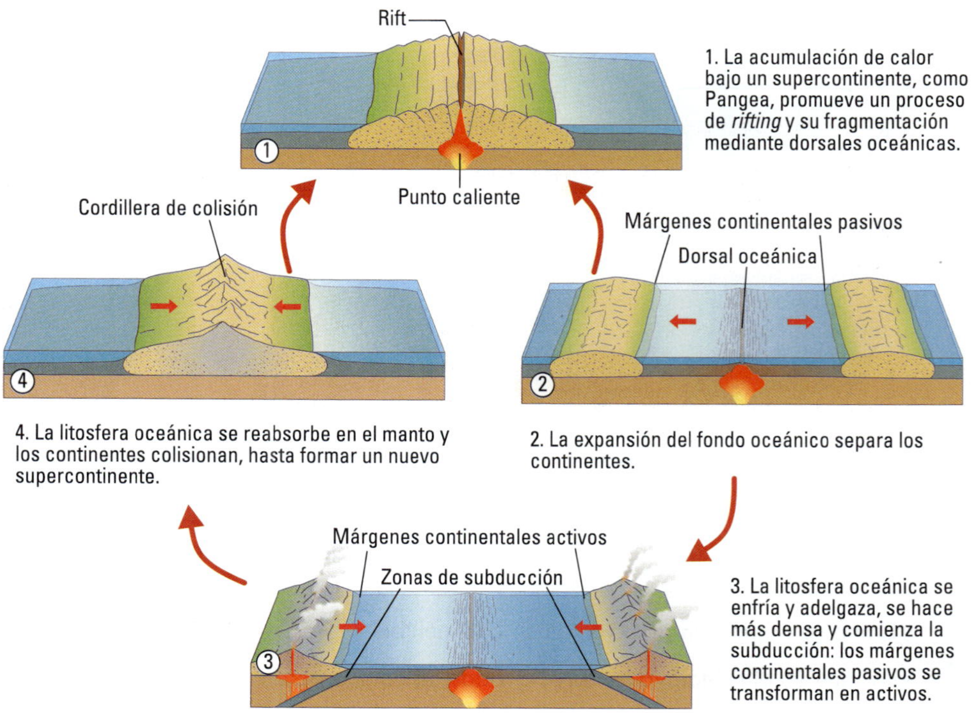

Observa

El desplazamiento o deriva de los continentes.

1. El supercontinente más antiguo se conoce con el nombre de **Rodinia.** Hace 750 Ma, durante el **Precámbrico,** Rodinia comenzó a fragmentarse y los bloques continentales viajaron erráticos en un océano llamado **Japeto.** Empujados por la actividad de las dorsales y las zonas de subducción, estos bloques colisionaron unos con otros, reuniéndose de nuevo en masas continentales mayores.

2. Hace unos 400 Ma, al final del Silúrico, colisionó **Laurentia** (América del Norte) con **Báltica** (norte de Europa) y **Avalonia** (Gran Bretaña y Nueva Inglaterra) y dio lugar a la **orogenia Caledoniana (Cal),** una cordillera que se extiende por Irlanda, Escocia, Terranova, Norteamérica, Escandinavia y Groenlandia.

3. Hace 300 Ma, durante el **Carbonífero,** colisionaron **Laurasia y Gondwana,** lo que produjo la **orogenia Hercínica (Her),** que rejuveneció el relieve apalachiense en Norteamérica y dio lugar a una gran cordillera que se extendió por el oeste de Europa y el noroeste de África. Hace 250 Ma, durante el **Pérmico,** la colisión entre Laurasia y Siberia originó la **cordillera de los Urales (Ur).** La aglomeración de todos los fragmentos continentales dio lugar a un nuevo supercontinente llamado **Pangea,** rodeado de un vasto océano: **Panthalassa.**

4. Hace 180 Ma, durante el **Jurásico,** surgió una gran dorsal que dividió Pangea en dos continentes: al norte **Laurasia,** que abarcaba América del Norte, Groenlandia y Eurasia; al sur **Gondwana,** formado por América de Sur, África, la Antártida, Oceanía y la India. Nuevas dorsales permitieron la aparición del Atlántico Norte y del océano Índico. Al mismo tiempo, lo que en el futuro sería la India, se separa de África y Australia, desplazándose a gran velocidad hacia el norte, donde una gran zona de subducción estaba cerrando el **mar de Tethys.** También comenzará en el sur la separación de un fragmento formado por la Antártida y Australia unidas. Cuando finalizó este proceso, Gondwana se había fragmentado.

5. Durante el **Cretácico** y el **Terciario,** la placa africana colisionó con el sur de Europa, y la India, en su desplazamiento hacia el norte, chocó con la zona suroriental de Asia. Esto provocó el cierre del mar de Tethys al situarse la placa arábiga como una cuña entre África y Asia. Los restos de este primitivo mar originaron el actual mar Mediterráneo y se produjo la **orogenia Alpina (Alp)** que dio lugar a los Alpes y al Himalaya. Al mismo tiempo, el alejamiento de América del Sur hacia el noroeste completó la apertura del océano Atlántico y, uniéndose con América del Norte a través de una estrecha franja, se formó América Central. Groenlandia quedó como una gran isla entre América del Norte y Eurasia y, en el sur, la Antártida se separó de Australia.

6. El proceso de deriva no ha cesado; por lo que aún continúa en nuestros días. En el futuro, dentro de varios millones de años, el océano Pacífico puede cerrarse, por subducción de la placa Pacífica, y el Atlántico se ensanchará notablemente. Y tal vez, dentro de 250 millones de años, se formará de nuevo otro gran supercontinente al colisionar América del Norte y del Sur con Eurasia.

①
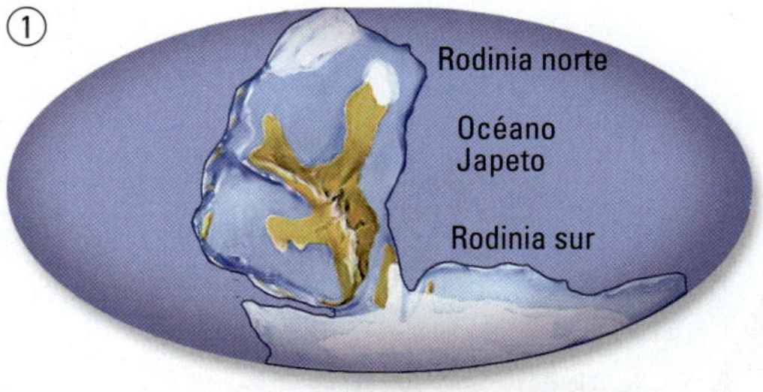

②

③
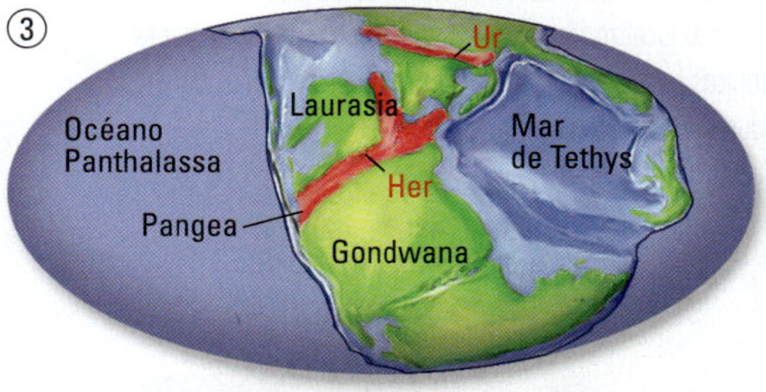

④
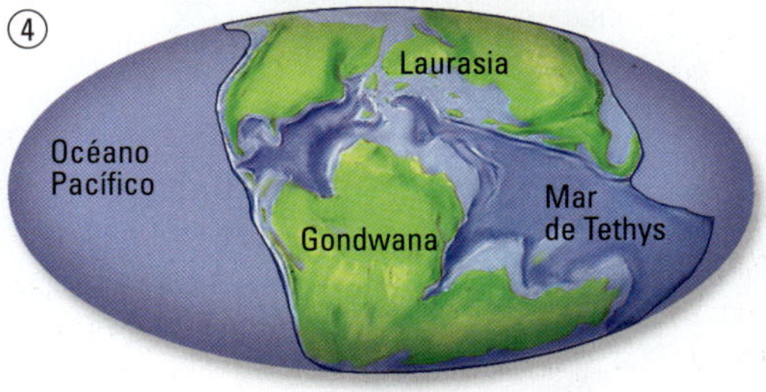

⑤

⑥
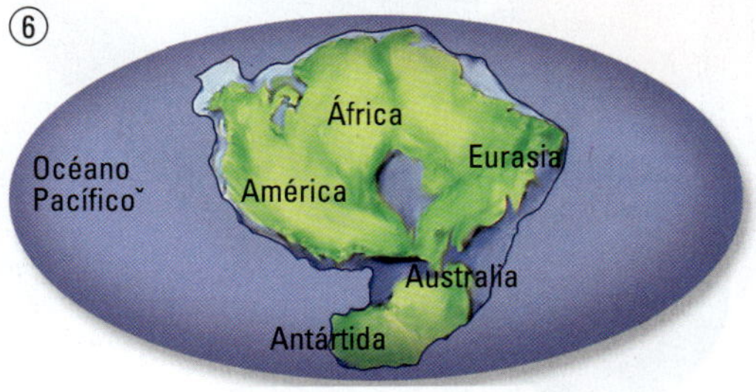

25 ¿Qué pruebas aportó Wegener para justificar la deriva continental?

26 ¿Cómo y cuándo se formó la orogenia Hercínica?

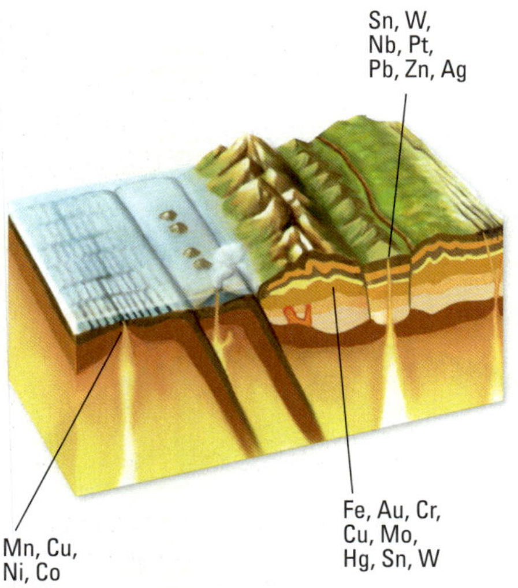

Yacimientos minerales. La tectónica de placas ayuda a predecir su localización, frecuentemente en antiguas regiones volcánicas relacionadas con dorsales oceánicas, zonas de subducción y puntos calientes.

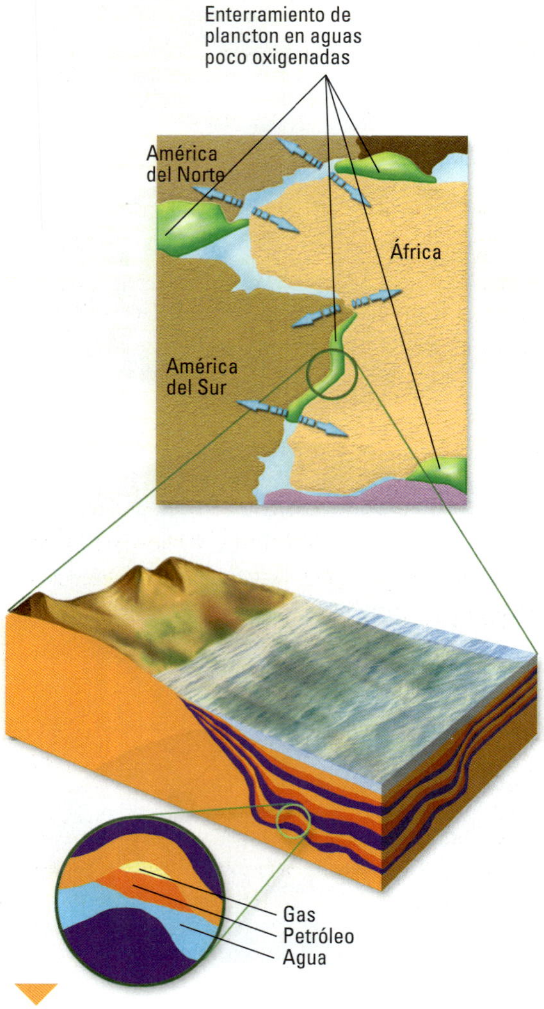

Yacimientos de gas y petróleo. La tectónica de placas permite realizar estudios que facilitan la localización de los yacimientos de gas y petróleo en los lugares en los que tuvo lugar la fragmentación de los continentes y la formación de nuevos océanos.

10 Tectónica de placas, ciencia y sociedad

La actividad de las placas litosféricas, que describe la **teoría de la tectónica de placas,** permite concebir la Tierra como un sistema global e integrado, y no como un conjunto de sucesos aleatorios y aislados. La dinámica de nuestro planeta, que nos hace ocupar un lugar especial en el sistema solar, es la responsable del suministro de **recursos** (energéticos, minerales, etc.); pero también nos expone a **riesgos** asociados a las grandes catástrofes naturales (vulcanismo, sismicidad...) y, además, genera **impactos ambientales** (incremento del efecto invernadero, cambio climático, etc.).

10.1 Recursos generados por la dinámica interna de la Tierra

Muchos de los **recursos naturales** que han impulsado la evolución tecnológica de los seres humanos y han facilitado el desarrollo de las civilizaciones se han generado por la dinámica asociada a los bordes de las placas litosféricas y a los puntos calientes, entre los que se destacan los siguientes:

- **Yacimientos minerales.** Gran parte de los minerales que se explotan como menas metálicas de oro, plata, cobre, zinc, plomo y mercurio se localizan en zonas asociadas a la actividad magmática de antiguas zonas de subducción o de puntos calientes. Los fluidos calientes, generados por el ascenso del magma, disolvieron los minerales que estaban dispersos y los concentraron en vetas metalíferas superficiales de la corteza terrestre.

  El magmatismo de las dorsales oceánicas también es responsable de la formación de **depósitos minerales** de hierro, cobre, zinc y níquel, entre otros. Un ejemplo son los yacimientos de cobre en Chipre, una isla formada por la antigua dorsal que separó Laurasia de Gondwana.

- **Combustibles fósiles.** El carbón, el petróleo y el gas natural se han formado en épocas pasadas mediante procesos geológicos de enterramiento y descomposición de materia orgánica relacionados con la tectónica de placas. Los depósitos de carbón se formaron hace millones de años, cuando la Tierra estaba cubierta por grandes bosques, que se inundaron y quedaron enterrados entre gruesas capas de sedimentos en cuencas sedimentarias continentales, a veces próximas al mar. La descomposición de la celulosa y otros componentes de la madera, en ausencia de oxígeno, y el aumento de la temperatura y de la presión por el peso de las capas superiores formaron el carbón.

  El petróleo y el gas natural proceden de la acumulación de sedimentos marinos y del enterramiento de grandes concentraciones de organismos planctónicos, en condiciones de ausencia de oxígeno y aumento de la presión y la temperatura, que tuvo lugar, en la mayor parte de los casos, en los estrechos mares formados tras la etapa de rifting (como el actual mar Rojo).

- **Energía geotérmica.** Se emplea en países que tienen amplia actividad volcánica, como Islandia, donde se puede utilizar el **calor interno** de la Tierra para transformar el calor del agua y generar electricidad. También se puede utilizar el agua caliente para los circuitos de calefacción de las viviendas.

- **Suelos fértiles.** En las regiones volcánicas, la meteorización de las rocas volcánicas ha originado, en el transcurso del tiempo, algunos de los suelos más fértiles para la agricultura, como en las islas Hawái o en Canarias.

10.2 Riesgos asociados a la dinámica interna de la Tierra

Algunas civilizaciones antiguas y gran parte de la población mundial se ubican en los fértiles suelos volcánicos, a la sombra de volcanes activos, o en zonas próximas a fallas activas, por lo que están expuestas a catástrofes periódicas, como la actividad volcánica o sísmica, que pueden causar daño y destrucción.

- **Riesgo volcánico.** Muchas erupciones son devastadoras y provocan gran cantidad de víctimas, por lo que se convierten en un grave **riesgo** para las personas que habitan en esa región y sus bienes.

- **Riesgo sísmico.** Es la probabilidad de que ocurra un seísmo de una magnitud determinada en una zona concreta. Las ondas sísmicas y, en especial, las devastadoras **ondas L** generadas por estos fenómenos violentos que hacen vibrar la Tierra, agrietan o desmoronan las casas y arrasan vías de comunicación, edificios y poblaciones enteras y, lo que es aún peor, llegan a cobrarse miles de vidas humanas.

Terremotos. Las construcciones que no cumplen las normas sismorresistentes sufren mayores daños.

10.3 Impactos ambientales generados por la dinámica interna de la Tierra

Gracias a que la Tierra presenta **tectónica de placas** existe **actividad volcánica,** responsable de la emisión de grandes cantidades de **dióxido de carbono** (y otros gases atmosféricos). Este, a su vez, es la causa del **efecto invernadero,** gracias al cual existe agua líquida y una temperatura media de unos 15 °C, que permitió la aparición de la **vida** en los mares primitivos.

Pero el incremento de la actividad volcánica en algunos períodos de la historia de la Tierra provocó el aumento de las emisiones de **CO_2** y, por tanto, el incremento del efecto invernadero que, junto con las emisiones de enormes cantidades de **cenizas volcánicas,** dieron lugar a importantes **cambios climáticos** en el pasado. Así, el vulcanismo, responsable del origen de la vida, ha sido también una de las causas que pudo contribuir a las **extinciones masivas** de seres vivos (junto con otras causas, como los impactos de meteoritos).

Un vistazo hacia atrás...

Respuestas para algunos interrogantes

Los esfuerzos de los científicos para comprender la dinámica de nuestro planeta han encontrado su recompensa con la tectónica de placas, una teoría revolucionaria y global que proporciona una explicación conjunta de los grandes fenómenos geológicos.

Los conocimientos que nos proporciona la tectónica de placas y el desarrollo de nuevas tecnologías permiten minimizar los efectos devastadores de las catástrofes geológicas, como las erupciones volcánicas o los seísmos, mediante medidas de predicción, de prevención y de corrección.

La tectónica de placas facilita la localización de recursos energéticos y minerales y favorece el desarrollo de actividades económicas, como la minería y las prospecciones de gas y petróleo.

Una mirada hacia delante...

Nuevos retos de la ciencia

Todavía quedan por resolver numerosos interrogantes. ¿Cuál es la causa de las inversiones periódicas de la dinamo terrestre? ¿Existe alguna relación entre estas inversiones y la dinámica interna de la Tierra, como la actividad volcánica?

El estudio de la tomografía sísmica ha revelado que el manto es mucho más complejo de lo que en principio de suponía. ¿Conoceremos con exactitud la dinámica de las corrientes de convección entre el manto y la litosfera y sus consecuencias geológicas?

Actualmente podemos predecir las erupciones volcánicas, pero ¿seremos capaces de desarrollar la tecnología necesaria para predecir con la misma exactitud los fenómenos sísmicos?

27 ¿Cómo se pueden identificar los entornos propicios para la formación de gas y petróleo?

28 ¿Qué riesgos van asociados a la utilización de recursos, como los fértiles suelos volcánicos?

¿Cómo se puede calcular la magnitud de un seísmo, medida en la escala de Richter?

Los seísmos se detectan mediante los sismógrafos, que son aparatos que registran en una gráfica, llamada sismograma, la hora de llegada de los diferentes grupos de ondas sísmicas P, S y L y la amplitud de sus vibraciones. La **magnitud,** que es la medida de la energía liberada por el seísmo, se puede calcular a partir de los datos que proporciona el sismograma.

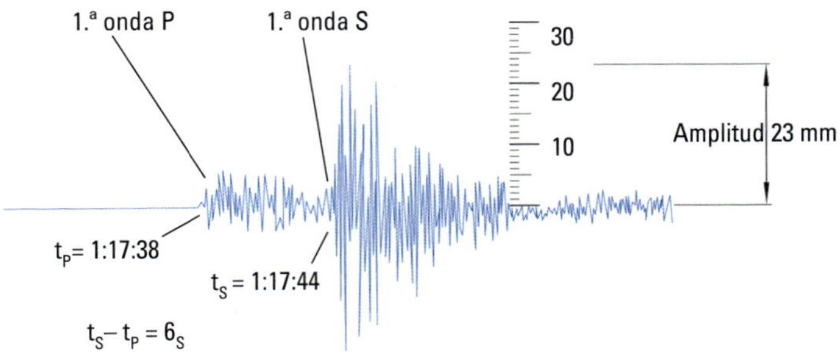

Material necesario

- Sismogramas.
- Nomograma para el cálculo de la magnitud.
- Regla y lápiz.

Procedimiento

1. En primer lugar, se calcula el **desfase** entre el tiempo de llegada de las ondas P (t_P) y el de las ondas S (t_S), y se expresa en segundos (t_S - t_P).
2. En segundo lugar, se mide con una regla la *amplitud máxima* de las **ondas S** y se expresa su valor en milímetros.
3. Con estos datos (amplitud y tiempo de desfase), se puede calcular la **magnitud** en la **escala de Richter.** Para ello, se puede utilizar el nomograma de la figura 1.

   La magnitud del seísmo se obtiene al unir con una recta el tiempo del desfase (t_S - t_P) expresado en segundos y la amplitud máxima de las ondas S, expresado en milímetros.

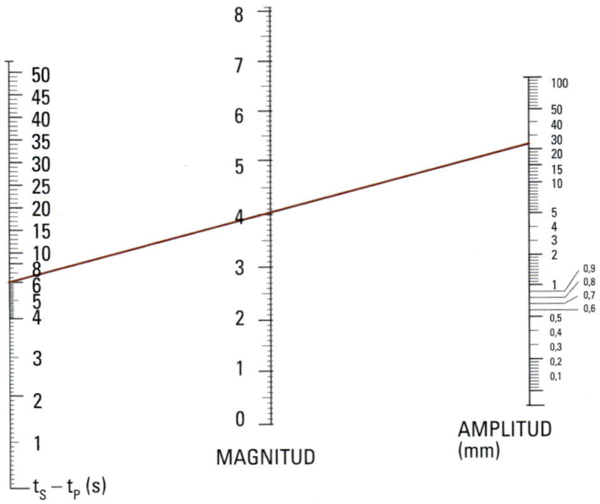

Figura 1. Un nomograma es una representación gráfica que permite realizar con rapidez cálculos numéricos, ya que facilita la lectura de una variable dependiente (en este caso, la magnitud) en función de dos variables independientes (en este caso, el tiempo de desfase S-P y la amplitud máxima de las ondas S).

Calcula la magnitud de los seísmos registrados en los siguientes sismogramas y la intensidad que tendrá cada uno de estos seísmos en la zona próxima al epicentro. ¿En qué escala se mide?

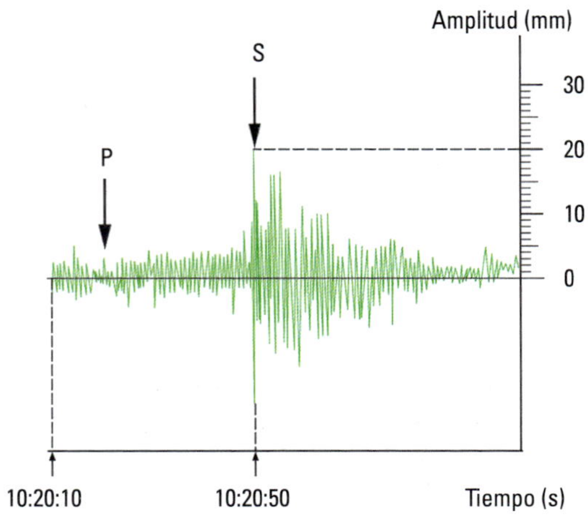

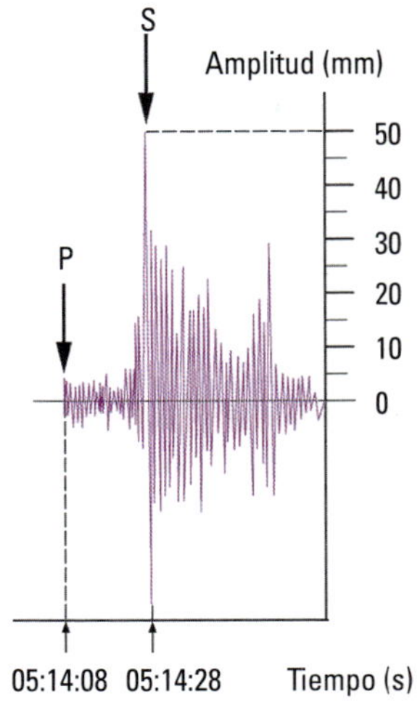

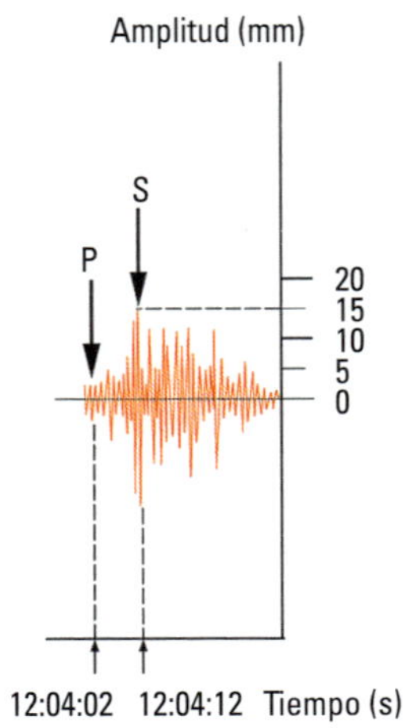

29 Analiza el siguiente mapa y compara las edades de las rocas de la corteza continental con las edades de los basaltos de la corteza oceánica.

a) ¿Qué edad pueden alcanzar las rocas más antiguas de la corteza continental?

b) ¿Dónde se localizan las rocas más antiguas de la corteza oceánica? ¿Y las más jóvenes?

c) ¿A qué puede deberse que la edad de los basaltos oceánicos no supere los 180 Ma?

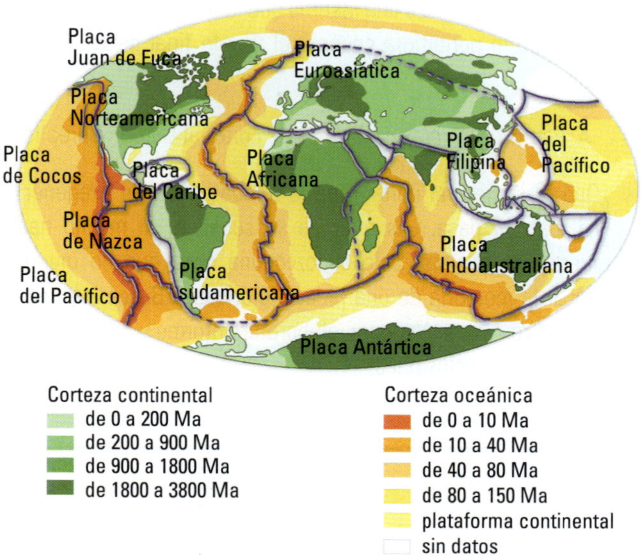

30 El mapa siguiente muestra el archipiélago de las Antillas Menores, en el que se indica la presencia de volcanes.

a) ¿Qué forma tiene este archipiélago y cuál es la causa de su formación?

b) ¿Qué fenómenos geológicos, además del vulcanismo, tienen lugar en estos archipiélagos?

31 Las gráficas de la figura A muestran los desfases (t_S-t_P) entre los tiempos de llegada de las ondas P (t_P) y de las ondas S (t_S). Estos desfases se utilizan para calcular las distancias (d_1, d_2 y d_3) entre el epicentro y cada observatorio (O_1, O_2 y O_3).

a) ¿Cómo se determina la localización del epicentro de un seísmo en el mapa de la figura B a partir de las distancias calculadas en las gráficas de la figura A?

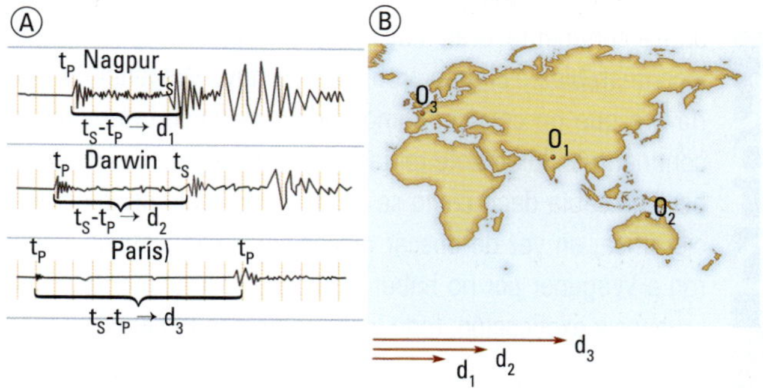

32 Escribe en tu cuaderno el nombre correspondiente a cada uno de estos números, que indican los procesos geológicos causantes de la actividad volcánica.

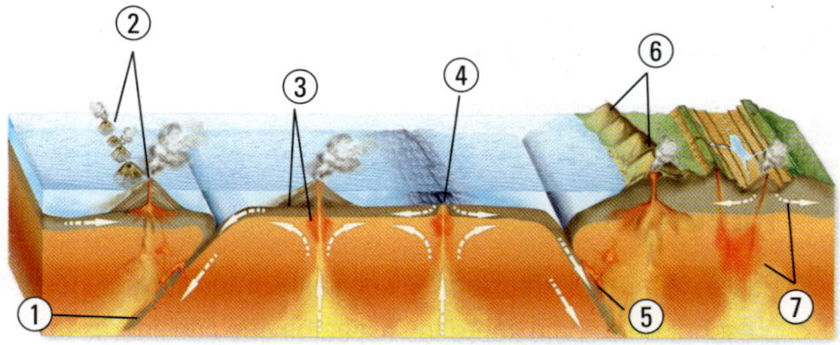

33 Este mapa muestra cómo se encontraban los continentes en el pasado.

a) ¿Qué nombre recibe este supercontinente y cuándo se formó?

b) ¿Qué científico aportó pruebas sobre su existencia y qué tipo de pruebas presentó para demostrarla?

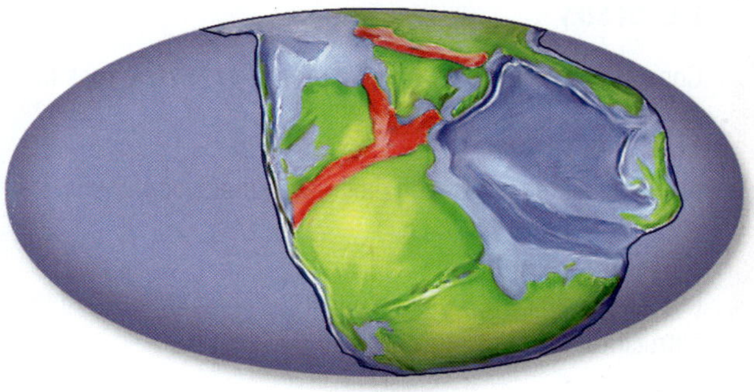

34 Analiza el papel que tiene la investigación geológica como motor de nuestra sociedad y su importancia a lo largo de la historia.

DEBATE Y OPINA

Alfred Wegener: un hereje de la Ciencia

«Uno de sus compañeros de expedición, Lange Koch, explicó que a Wegener se le ocurrió la idea de la deriva continental al ver cómo se rompían los témpanos de hielo en el mar. Nunca se ha confirmado si esto ocurrió así, lo que no deja de estar inspirado en cierto aire romántico. Wegener empezó a sospechar que los continentes se movían lateralmente en 1910 al ver en un mapa las curiosas coincidencias entre los contornos continentales de ambos lados del Atlántico.

... Las pruebas que Wegener presentó a favor de su teoría de la deriva continental eran muy numerosas y el tiempo las ha vuelto incontestables... El gran problema que tuvo Wegener con su teoría era que no conocía cómo podían moverse lateralmente los continentes. Solamente tenía un montón de pruebas de la deriva, pero no sabía decir cómo se producía. El resto de la comunidad científica, en vez de buscar mecanismos explicativos, condenaron a Wegener por no haber explicado todo el modelo. Querían pruebas y explicación, todo junto en un bonito paquete.

El paso de las décadas trajo, al fin, la teoría de la tectónica de placas, que sí explica el modelo de la deriva continental de Wegener. Durante las décadas de los cincuenta y los sesenta las ideas del denostado geólogo alemán fueron aceptadas y reconocidas por la ciencia, constituyendo hoy el modelo central de la geofísica.

Las investigaciones del fondo marino han probado que éste se expande en las dorsales oceánicas unos pocos centímetros al año. El estudio de los materiales de la corteza marina ha proporcionado una cronología para el movimiento de los continentes muy exacta... Es una lástima que la prematura muerte de Wegener no le permitiera conocer el triunfo final de su genial intuición».

A. Polanco: *Herejes de la Ciencia.* Editorial Corona Borealis.

- ¿Qué te sugiere el epitafio de la tumba de Alfred Wegener: «La materia pasa. Las estirpes se suceden; tú mismo has muerto como ellas. Solo conozco una cosa que no muere nunca: la memoria de una muerte gloriosa»? Busca información sobre Alfred Wegener, elabora un informe y defiende en público tus conclusiones.

WebQuest

Tarea

Busca, analiza, selecciona y contrasta información. Redacta y presenta un trabajo sobre los aspectos que consideres más destacables de la tectónica de placas en formato Word/Writer o en PowerPoint/Impress. Incluye en él fotografías, gráficos, animaciones o secuencias de video. Utiliza tanto los soportes tradicionales como Internet.

Proceso

Reúne información sobre los siguientes temas:

- Pruebas de la deriva continental y de la expansión de los fondos oceánicos.
- La teoría de la tectónica de placas.
- Sismicidad y vulcanismo.
- Orogénesis.
- Localización de yacimientos de minerales, gas y petróleo.

Recursos

Consulta libros de la biblioteca, prensa y revistas, y visita las siguientes páginas web:

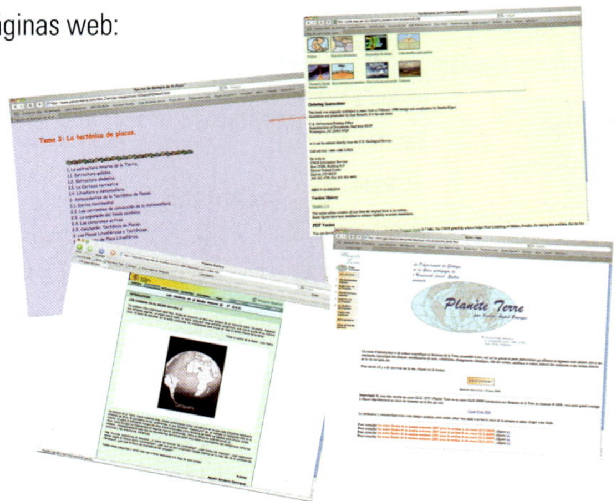

El interior terrestre
http://docentes.educacion.navarra.es/metayosa/1bach/Tierra1.html

Proyecto Biosfera
http://recursos.cnice.mec.es/biosfera/alumno/1bachillerato/estrucinternatierra/index.htm

This Dynamic Earth
http://pubs.usgs.gov/gip/dynamic/dynamic.html#anchor4161180

Planète Terre
http://www.ggl.ulaval.ca/personnel/bourque/intro.pt/planete_terre.html

2 Origen y evolución de la vida en la Tierra

1. El origen de la vida en la Tierra.
2. Evolución celular.
3. La evolución de los seres vivos.
4. Las pruebas de la evolución.
5. El resultado de la evolución: la biodiversidad.
6. El origen de la especie humana.

¿Es nuestra galaxia un enjambre de criaturas vivas porque la materia tiene la tendencia a formar estructuras más y más complejas cuyas propiedades incluyen el potencial de modificarse y reproducirse a sí mismas? ¿O bien la criatura más simple de la Tierra encarna una cadena de causas tan improbables que el cosmos, con sus miles de millones de planetas, únicamente los ha permitido una sola vez?

GOULD, STEPHEN JAY y COL.
El libro de la vida.
Editorial Crítica

Recreación de la Tierra primitiva.

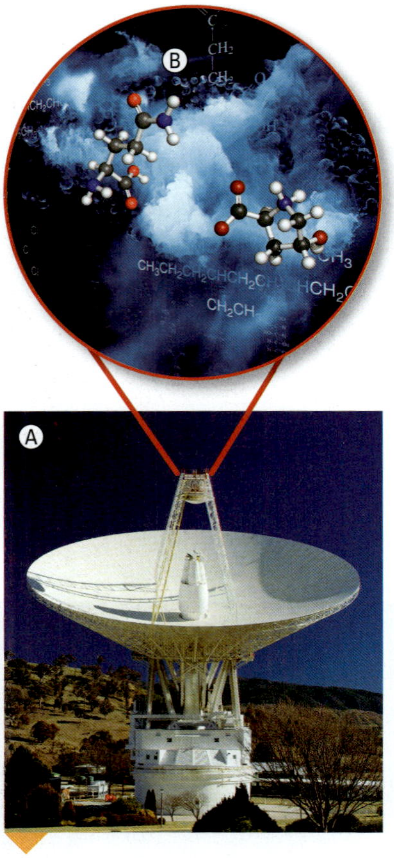

Astrobiología. Los astrobiólogos, con los espectrómetros incorporados en los radiotelescopios (A) escrutan el firmamento en busca de moléculas orgánicas sintetizadas en las nubes interestelares (B).

1 El origen de la vida en la Tierra

Nuestro planeta debe su existencia no solo a las primitivas supernovas, sino que además la materia orgánica que contiene procede también de estos antiguos colosos. cuya luminosa extinción creó los gérmenes de la vida. En este sentido cabe decir que todos los seres, vivos e inanimados, somos polvo de estrellas: el calcio de los huesos, el hierro de la sangre, el fósforo del ADN, el carbono de las estructuras moleculares, el oxígeno que respiramos y el oro de nuestros anillos y joyas se fraguaron en una especie de alquimia estelar en el corazón de inmensas estrellas que, hace miles de millones de años, desaparecieron para convertirse en materia y energía y, tal vez, dejaron un residuo denso y compacto que aún existe actualmente bajo la forma de una estrella de neutrones o de un agujero negro.

Aunque no existe un **modelo** generalizado que explique el origen de la vida, los datos aportados por la astrobiología, los hallazgos encontrados en los meteoritos, los experimentos que simulan las condiciones de la Tierra primitiva por medio de ordenadores **(experimentos *in silico*)** y la recreación en el laboratorio de las reacciones químicas hipotéticas que especulan sobre la posible transición de la materia inanimada a la vida **(experimentos *in vitro*),** sugieren que la respuesta al enigma de la vida se halla en la combinación de **factores terrestres** y **extraterrestres.**

1.1 La vida: un imperativo cósmico

Carl Sagan dijo en una ocasión: «Todos estamos hechos de material estelar», y es que la posibilidad de que exista vida en otras regiones remotas del universo siempre ha fascinado a la humanidad. Para poder comprender los orígenes cósmicos de la vida, debemos dar respuestas a numerosos interrogantes: ¿La presencia de la vida en el universo es poco común o es un fenómeno frecuente, una consecuencia más de la evolución del universo? ¿Cómo surgió la vida en la Tierra? ¿Existe la vida en alguna parte del universo además de la Tierra? ¿Qué condiciones debe reunir un planeta para que pueda albergar la vida?

Los astrobiólogos han identificado decenas de **moléculas orgánicas** en el **medio interestelar,** como el formaldehído y el ácido cianhídrico, y han demostrado que la química orgánica es universal. Tal vez el universo esté lleno de **vida** porque la vida es un **imperativo cósmico,** un proceso químico inevitable cuando se dan las condiciones necesarias.

La **astrobiología,** una nueva disciplina que integra los conocimientos de la física, la geología, la astronomía, la química, la biología, la ingeniería, etc., trata de dar respuesta a todos estos interrogantes: estudia el origen, la evolución, la distribución y el destino de la vida en el universo. Parece probable que la vida sea una manifestación obligatoria de la materia y puede surgir en cualquier planeta situado en la **zona de habitabilidad** de una estrella que reúna las mismas condiciones de la Tierra primitiva.

La **vida** es una propiedad que **emerge** de las interacciones moleculares que se establecen entre los componentes organizados de un sistema complejo, capaces de utilizar una fuente de energía.

La complejidad de las moléculas orgánicas, base de la vida, proviene de un proceso de **abiogénesis** o **evolución química,** que consiste en la síntesis prebiótica de moléculas orgánicas precursoras de la vida. Este proceso pudo tener lugar a partir, tanto de las aportaciones exógenas procedentes de las nubes interestelares, como de las sustancias orgánicas que pudieron formarse en diversos ambientes de la Tierra primitiva.

El progresivo aumento de la complejidad molecular, desde la materia inorgánica hasta las primeras células vivas, pudo desarrollarse en varias etapas sucesivas: **síntesis prebiótica, polimerización y emergencia de sistemas moleculares organizados, organización de protocélulas y organización celular y emergencia de la vida.**

Observa

Las zonas de habitabilidad galáctica y estelar

La zona de habitabilidad galáctica es una región extensa en forma de anillo situada en el disco de la galaxia (en nuestro caso es la **Vía Láctea**), que se encuentra a una distancia de entre 15 000 y 38 000 años luz del centro galáctico, alejada de la intensa radiación que emite este y de las zonas donde hay intensa actividad de formación de estrellas. Esta es la región de la galaxia donde la probabilidad de que exista vida es mayor, pues se dan las condiciones más favorables para la aparición y posterior desarrollo de la vida en planetas adecuados, localizados en la zona de habitabilidad de su estrella.

La zona de habitabilidad de una estrella es una región situada alrededor de una estrella y a cierta distancia de ella, en función de su tamaño y temperatura, en la que orbitan uno o más planetas cuyas condiciones climáticas permiten que exista agua en estado líquido en su superficie para que la vida pueda prosperar en él. Para que un planeta pueda albergar vida debe reunir las siguientes condiciones:

- Encontrarse en la **zona de habitabilidad galáctica** y a una **distancia adecuada** de la estrella dentro de su zona de habitabilidad. Más cerca, la temperatura sería tan alta que toda el agua estaría en fase de vapor, como en Venus. Más lejos, las bajas temperaturas mantendrían el agua en forma de hielo, como en Marte.
- Poseer un **tamaño** y una **masa** determinados que generen la fuerza de gravedad suficiente para retener los gases y generar una **atmósfera,** necesaria para la aparición y el mantenimiento de la vida.
- La dinámica interna del planeta debe presentar **tectónica de placas,** responsable de la actividad volcánica, que reponga los suministros vitales de **dióxido de carbono** (CO_2) y genere un **efecto invernadero** que mantenga una temperatura adecuada para la vida. Aunque existen organismos vivos que no requieren oxígeno (bacterias anaerobias), es necesario para que evolutivamente surjan formas pluricelulares más complejas, y para formar este gas hacen falta organismos fotosintéticos que consuman CO_2.

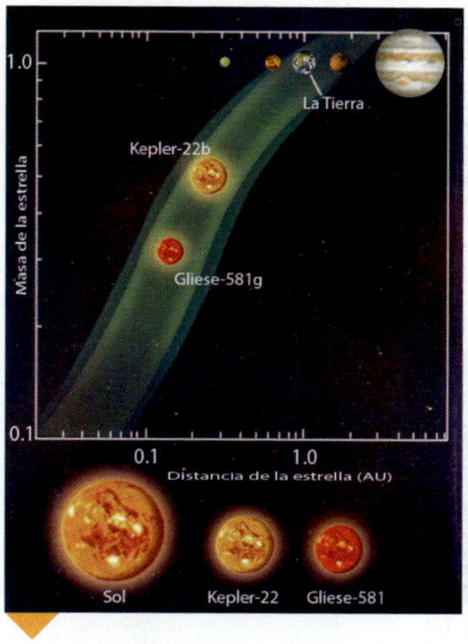

Zona de habitabilidad estelar. Para distintos tipos de estrellas (el Sol, Kepler-22 y Gliese-581) en función de la distancia (en U. A.). La Tierra está dentro de la zona de habitabilidad de su estrella, así como algunos exoplanetas o planetas extrasolares, como Kepler-22b y Gliese-581g.

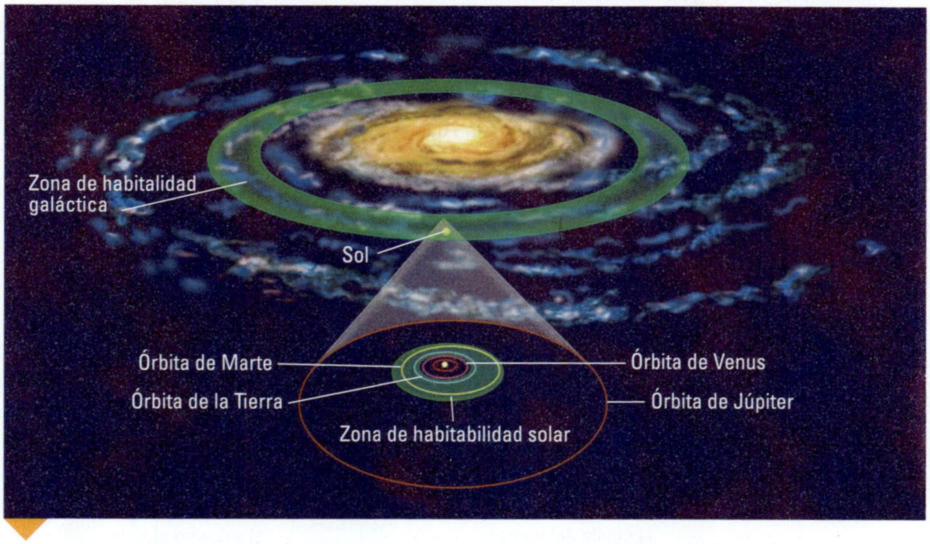

Zona de habitabilidad galáctica y detalle ampliado de la zona de habitabilidad del Sol . Los astrobiólogos investigan la existencia de zonas privilegiadas para el nacimiento y la evolución de la vida alrededor de las estrellas. La zona habitable del sistema solar se encuentra entre las órbitas de Venus y Marte, que es el lugar que ocupa la Tierra.

1 ¿Qué es la astrobiología y qué estudia esta disciplina?

2 ¿Qué se entiende por zona de habitabilidad galáctica y zona de habitabilidad de una estrella?

3 ¿Qué condiciones deben reunir los posibles mundos candidatos para que exista vida en ellos?

Historia de la ciencia

Las primeras teorías sobre el origen de la vida

Experimento de Redi. Colocó trozos de carne y de pescado en tres recipientes: uno lo tapó herméticamente con un corcho (A), otro lo dejó abierto (B), y un tercero lo cubrió con trozo de gasa bien atada (C). Al cabo de varios días observó que la carne y el pescado se habían podrido en los tres frascos y olían mal, pero solo crecieron gusanos blancos (larvas de mosca) sobre la carne del frasco abierto; en el frasco C también crecieron larvas de mosca, pero encima de la gasa.
Así, demostró que los gusanos no aparecían por generación espontánea, sino que procedían de los huevos puestos por las moscas atraídas por la carne putrefacta en el frasco abierto y sobre la gasa.

Hasta mediados del siglo XIX las únicas teorías admitidas por la comunidad científica sobre el origen de la vida en la Tierra eran el creacionismo y la teoría de la generación espontánea. Según estas, los seres humanos y los animales de mayor envergadura fueron creados por un ser sobrenatural todopoderoso, mientras que los organismos más sencillos, como los ratones, los anfibios o los insectos, surgieron del fango y de la materia orgánica en descomposición mediante generación espontánea.

Uno de sus partidarios fue el biólogo y sacerdote católico inglés **John Turberville Needham** (1713-1781), quien pretendió demostrar la generación espontánea al observar el crecimiento de microorganismos en un caldo de carne calentado pero indebidamente sellado, porque, según él, el experimento necesitaba la «fuerza vegetativa» o «espíritu vital» que contenía el aire para que tuviera lugar el crecimiento de los microorganismos.

La teoría de la generación espontánea fue refutada en primer lugar por los experimentos de **Francesco Redi,** médico y naturalista italiano (1626-1697), quien asestó el primer golpe serio a los partidarios de este dogma. Demostró experimentalmente que las larvas blancas de la mosca de la carne no se generaban espontáneamente a partir de la carne en putrefacción.

Más tarde, **Lazzaro Spallanzani,** sacerdote católico y naturalista (1729-1799) al que dieron el nombre de biólogo de biólogos, refutó el experimento de Needham al demostrar que si se calentaba debidamente el caldo de carne en diversos recipientes no se generaban microorganismos mientras los recipientes estuvieran herméticamente cerrados. Needham argumentó que la cocción y el sellado habían destruido el «espíritu vital», pero Spallanzani volvió a abrir los recipientes y comprobó que los microorganismos crecían en el caldo: lo único que la cocción destruía eran los gérmenes y sus esporas, no un supuesto «espíritu vital» de naturaleza misteriosa.

Las demostraciones de Spallanzani no convencieron a los científicos de la época, que ignoraron unas experimentaciones incómodas que contradecían sus creencias firmemente arraigadas. La controversia sobre la generación espontánea se mantuvo hasta la mitad del siglo XIX y casi cien años más tarde, **Louis Pasteur** (1822-1895) demostró en 1860 de manera irrefutable que no existe la generación espontánea, ya que los microorganismos no surgían espontáneamente, sino que aparecían porque eran transportados por el aire: la vida solo puede ser engendrada por otra forma de vida anterior a ella.

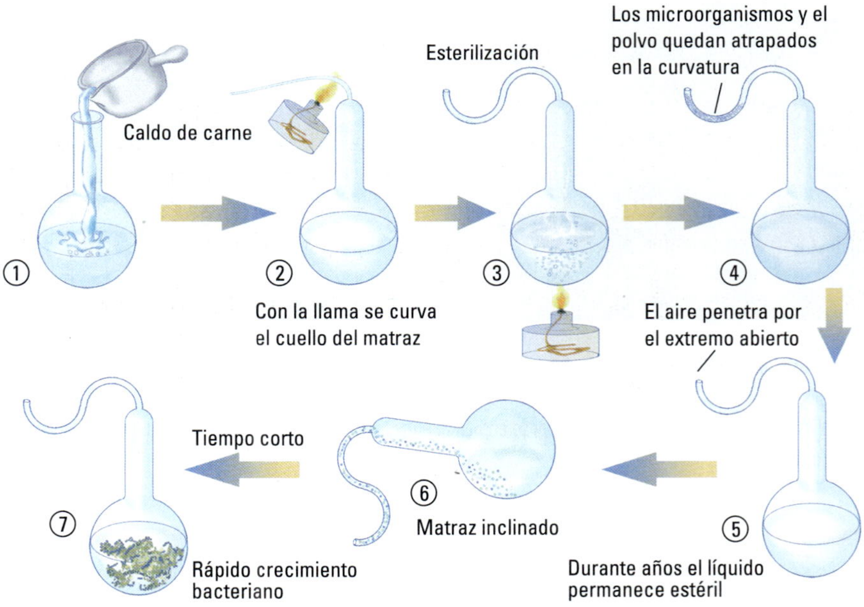

Experimento de Pasteur. Introdujo caldo de carne en un matraz (1) y, luego, con la llama estiró y curvó el cuello del mismo en forma de «S» (2). Calentó el matraz para esterilizarlo (3) y observó que en el interior no se desarrollaba ningún microorganismo, porque quedaban atrapados en la curvatura (4). El líquido permaneció estéril (5) hasta que Pasteur inclinó el matraz para que entrara caldo en el cuello curvado (6) y, cuando este retornó al matraz, rápidamente el crecimiento bacteriano enturbió todo el caldo (7).

1.2 Síntesis prebiótica: emergencia de moléculas orgánicas simples

Entre las hipótesis que tratan de explicar el origen de las primeras moléculas orgánicas, destacan las de la sopa primordial, las fuentes hidrotermales y la panspermia.

Hipótesis de la sopa primordial

El bioquímico ruso A. Oparin y el fisiólogo británico J. B. S. Haldane expusieron al mismo tiempo en 1929, aunque de manera independiente, esta hipótesis en la que proponen que las evidencias del origen de la vida hay que buscarlas en las pequeñas **moléculas gaseosas** presentes en la **atmósfera primitiva** y en las particulares condiciones ambientales de la Tierra hace unos 4 600 Ma.

Sugirieron que la **atmósfera primitiva** debió ser distinta a la actual, carente de oxígeno y de capa de ozono, y muy rica en gases reducidos, como el **amoníaco (NH_3)**, el **metano (CH_4)** y el **sulfuro de hidrógeno (H_2S)**, además de otros gases como el **dióxido de carbono (CO_2)** y el **vapor de agua (H_2O)**. La falta de **oxígeno** en la primitiva atmósfera terrestre, a causa de su combinación con otros elementos para formar óxidos, permitió que esta atmósfera tuviera carácter reductor, condición indispensable para la estabilidad de las futuras **moléculas orgánicas.**

Es probable que a partir de estos compuestos gaseosos de la atmósfera, bombardeados por una intensa **radiación** (ultravioleta, rayos cósmicos, chispas eléctricas de las tormentas, etc.), se formasen de manera espontánea las **biomoléculas** propias de todos los seres vivos, como los glúcidos, los lípidos, las proteínas, los ácidos nucleicos y otras muchas sustancias más.

Estas sustancias químicas se disolvieron en el mar, y dieron lugar a lo que los científicos han llamado la **sopa** o **caldo primordial:** un conjunto de **moléculas orgánicas** disueltas en el agua de los mares primitivos. Y, tal vez, en algunas charcas intermareales calentadas por la actividad volcánica, se concentraron y reaccionaron unas con otras, originando compuestos cada vez mayores y más complicados, formando los «ladrillos de la vida». Esta hipótesis de la sopa primordial ganó credibilidad con los experimentos diseñados por S. Miller y H. Urey, J. Oró, R. Shapiro, J. Sutherland, G. Wächtershäuser y otros.

Hipótesis de las fuentes hidrotermales

Actualmente se sospecha que las condiciones de la atmósfera primitiva no eran tan reductoras como se suponía, por lo que se ha propuesto otro ambiente distinto donde también es posible que tuviese lugar la síntesis prebiótica de moléculas orgánicas gracias a la existencia de componentes en estado reducido: son las **fuentes hidrotermales submarinas** que aparecen en las regiones próximas a las **dorsales oceánicas,** pues se ha demostrado que la vida puede prosperar en ambientes muy extremos.

En estos lugares, donde reina la oscuridad más absoluta y se pueden alcanzar temperaturas muy altas, las fuentes hidrotermales emiten una gran variedad de **gases** procedentes de la actividad magmática de la dorsal, como **H_2, CO_2, CH_4** y **H_2S.** Se ha demostrado que estos gases, disueltos en agua y en condiciones extremas, burbujean a través de cavidades ricas en **piritas** (sulfuros de hierro), cuyas superficies metálicas son capaces de catalizar la formación de **moléculas orgánicas sencillas,** posibles ingredientes para la vida, que podrían haber enriquecido notablemente la sopa primordial.

4 Describe los postulados de las primeras teorías sobre el origen de la vida.

5 ¿Qué crítica se le hace al experimento de Miller-Urey?

6 ¿Cómo se complementan las hipótesis de las fuentes hidrotermales y de la sopa primordial?

Evidencia científica

Experimento de Miller-Urey

S. Miller y H. Urey introdujeron en un matraz con agua hirviendo (1) una mezcla de gases similares a los que suponían que debían existir en la atmósfera primitiva (metano, amoníaco, hidrógeno y vapor de agua) (2). Mediante unos electrodos hicieron pasar descargas eléctricas a través de la mezcla (3) y después de enfriarla (4) comprobaron que se habían sintetizado algunas moléculas características de la materia viva, como los aminoácidos (5).

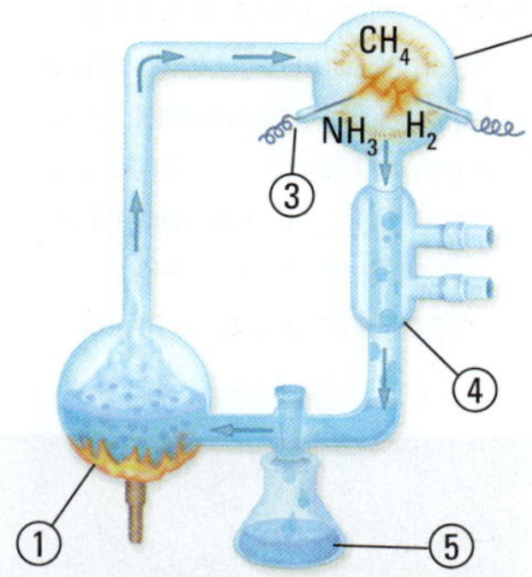

Hoy los científicos consideran que la atmósfera primitiva no era tan reductora y que la mezcla de gases que Miller y Urey introdujeron en el matraz no representaba a los componentes de la atmósfera primitiva. Aun así, este experimento realizado en 1952 sirvió para destacar que es posible sintetizar componentes orgánicos a partir de los gases atmosféricos en ausencia de enzimas.

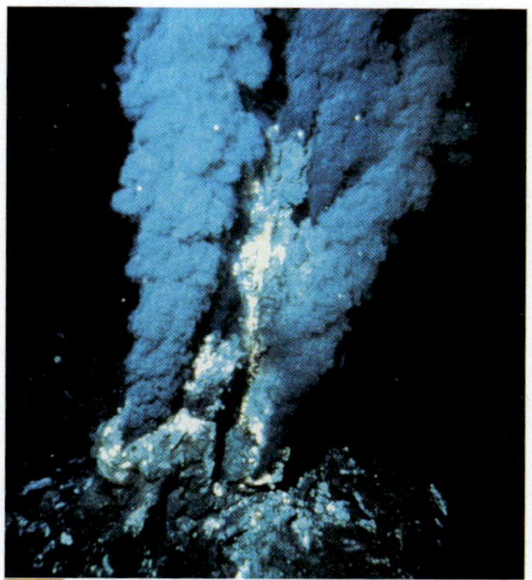

Fuente hidrotermal submarina.

Hipótesis de la panspermia

Esta hipótesis, propuesta inicialmente por H. E. Richter en 1865 y desarrollada por S. A. Arrhenius en 1906, sugiere que la vida es de origen extraterrestre, de manera que podría haber surgido en un lugar determinado y después haberse extendido a otros planetas habitables, como la Tierra.

El **origen extraterrestre de la vida** ha sido retomado recientemente por científicos como J. Oró, C. Sagan, F. Hoyle y C. Wickramasinghe, apoyándose en el descubrimiento proporcionado por la astrobiología de la existencia de **reacciones químicas complejas** que conducen a la síntesis de numerosos **componentes orgánicos** en las densas nubes de gas y polvo del **medio interestelar,** donde nacen las estrellas y los planetas, junto con los análisis de **meteoritos, cometas** y **polvo cósmico.**

- **Síntesis de materia orgánica en las nubes densas del espacio interestelar.** Los astrobiólogos han detectado una gran variedad de sustancias en las nubes interestelares: H_2O, polvo cósmico y moléculas orgánicas, como fullerenos, etano, aminoácidos, acetileno, ácido cianhídrico, monóxido de carbono, ácido fórmico, hidrocarburos aromáticos policíclicos (PAH), que son precursores del ARN, etc.

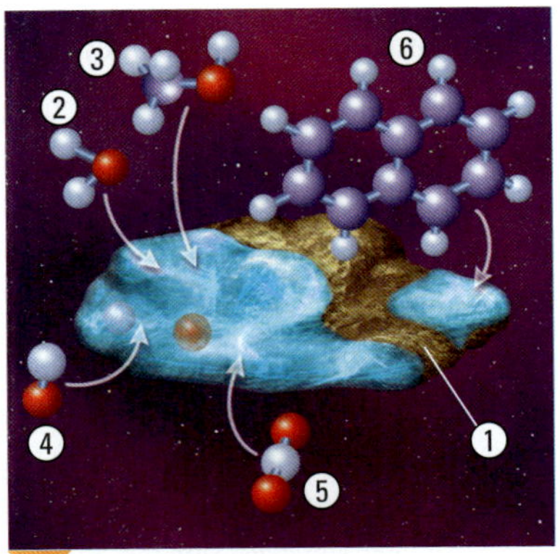

Estructura del polvo cósmico. En las nubes más oscuras y frías del espacio interestelar existe gran cantidad de polvo cósmico en forma de pequeños granos de silicatos (1) recubiertos con una capa de de hielo (2) que contienen en su interior una gran variedad de moléculas orgánicas, como metanol (CH_3OH) (3), monóxido de carbono (CO) (4), dióxido de carbono (CO_2) (5), hidrocarburos aromáticos policíclicos (6), etc.

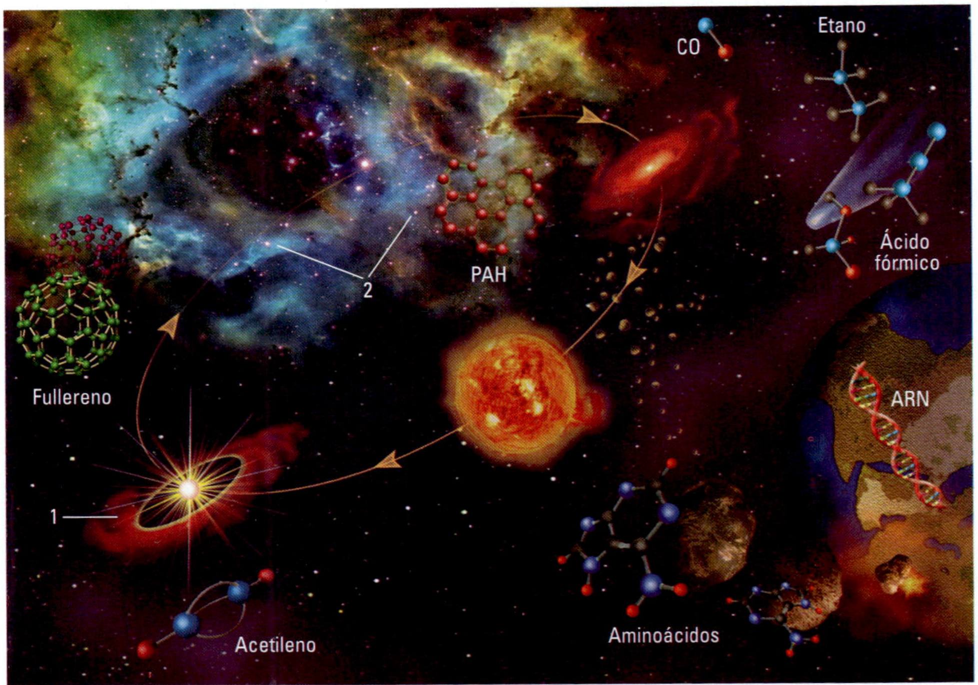

Formación de moléculas orgánicas en las nubes interestelares. Las moléculas orgánicas de las nubes densas del espacio interestelar se forman mediante reacciones entre moléculas ionizadas generadas por la acción de los rayos cósmicos galácticos, procedentes de alguna supernova (1), que calientan e ionizan los componentes moleculares gaseosos de las nubes interestelares (2).

Cometa Hale Bopp. Algunas moléculas orgánicas sintetizadas en las nubes densas del espacio interestelar se incorporaron a la superficie de la Tierra primitiva a través de cometas, meteoritos y polvo cósmico.

- **Bombardeo de meteoritos, cometas y polvo cósmico.** Otra prueba que apoya el origen extraterrestre de la vida es la presencia de signos de agua líquida y de numerosas sustancias orgánicas, como aminoácidos, ácidos carboxílicos, purinas, pirimidinas, polialcoholes, hidrocarburos, compuestos derivados de la ribosa y de la desoxirribosa y otras muchas moléculas presentes en algunos **meteoritos** caídos en la Tierra, como el meteorito Murchison (Australia), cuya antigüedad se estima en unos 4 600 millones de años.

  Gran parte de las biomoléculas orgánicas, junto con el agua, pudieron llegar a bordo de **cometas, meteoritos** y **polvo cósmico** durante el período de intenso bombardeo (hace entre 4 600 y 3 800 millones de años) que experimentó un planeta rocoso como la Tierra, situado en la zona de habitabilidad de una estrella como el Sol; este **«polvo de estrellas»** que cayó en los albores del mundo pudo ayudar a iniciar la **química prebiótica** en nuestro planeta.

Condrita carbonácea. Es un tipo de meteorito rico en moléculas orgánicas.

1.3 Polimerización, ARN, proteínas y membranas

Algunas biomoléculas sencillas pudieron experimentar reacciones de **polimerización** que formaron polímeros de interés biológico. Así, los **aminoácidos** darían lugar a pequeñas **cadenas proteicas** y los **nucleótidos,** a pequeños fragmentos de **ácidos ribonucleicos (ARN).** Este proceso pudo ser favorecido y protegido de la degradación por la acción catalítica de las superficies minerales, como la **pirita** y los **feldespatos,** o del interior de sustratos de **arcillas,** como la zeolita, localizadas en el fondo de los mares primitivos y calentadas por manantiales termales. Del mismo modo se pudieron formar moléculas como los **fosfolípidos,** que se autoensamblaron para formar bicapas y se convirtieron en vesículas membranosas capaces de diferenciar un medio acuoso interno del ambiente externo.

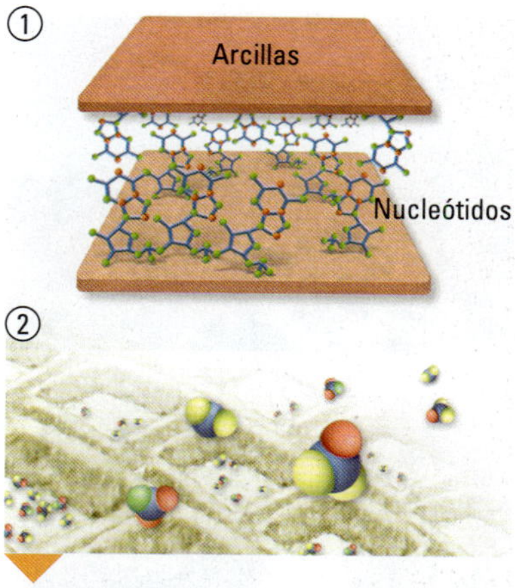

Polimerización. La estructura en capas de las arcillas (1) ofrece una enorme superficie de adsorción donde se fijan los nucleótidos, y presenta iones metálicos que pudieron actuar como centros catalíticos para la síntesis y polimerización de moléculas, como el ARN. Las superficies rugosas de los feldespatos (2) poseen pequeñas cavernas que podrían albergar moléculas orgánicas y protegerlas de las radiaciones destructivas.

El mundo ARN

Las investigaciones recientes sugieren que el **ARN** ha desempeñado un papel esencial como cuna de la vida en la Tierra primitiva, ya que existen pequeñas moléculas de ARN dotadas de una triple capacidad:

- Almacenar **información genética** (se comportan como **genes).**
- Manifestar **actividad enzimática** (las **ribozimas)** y catalizar determinadas reacciones, lo que constituye la base del **metabolismo.**
- **Autorreplicarse** y originar copias idénticas, base de la **reproducción.**

1.4 Organización de las protocélulas

Algunos investigadores proponen que lo que primero emergió en el interior de la protocélula fue el **metabolismo,** conjunto de reacciones bioquímicas catalizadas por enzimas, que permiten adquirir energía y utilizarla para la síntesis de todos sus componentes. Otros sugieren que primero fue el **ARN autorreplicante** (el **«gen»),** aunque recientemente están apareciendo modelos híbridos que combinan ambos aspectos. Según estos, los polímeros sintetizados se ensamblaron y dieron lugar a **protocélulas** formadas por **vesículas membranosas** llenas de agua en cuyo interior albergaban moléculas de **ARN autorreplicantes** y con capacidad **enzimática.** Poco a poco estas protocélulas pudieron desarrollar un metabolismo rudimentario y evolucionaron hasta transformarse en células vivas.

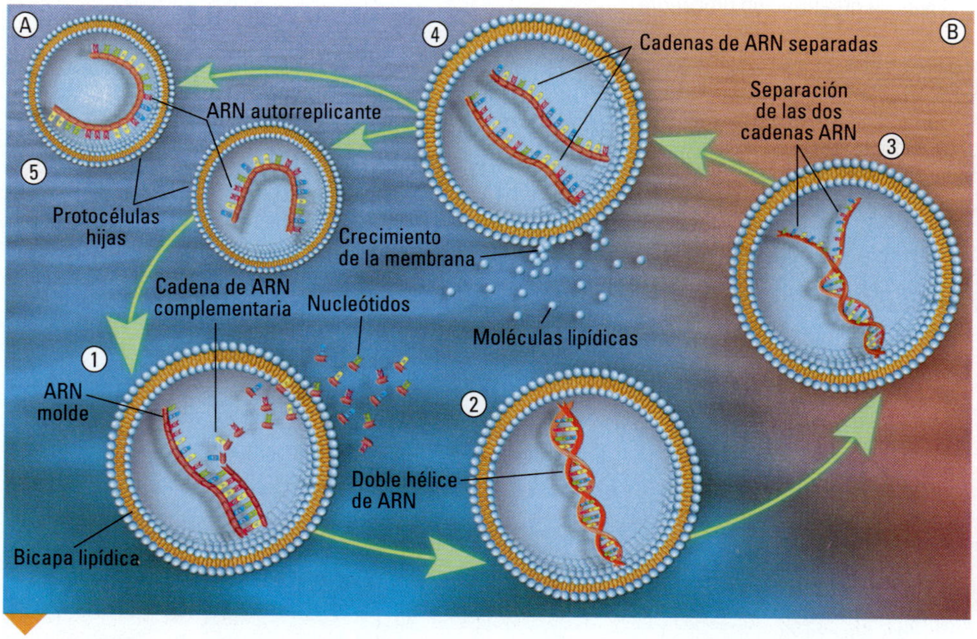

División de una protocélula. En las zonas frías (A), las cadenas de ARN autorreplicante de la protocélula actuarían como molde para la síntesis de una hebra complementaria (1), hasta formar una doble hélice de ARN (2). En las zonas cálidas (B), se separarían las dos cadenas de ARN (3), al mismo tiempo que crecería la membrana de la protocélula (4). Cuando alcanzase un tamaño determinado, la protocélula se dividiría en dos hijas, cada una con una cadena de ARN (5).

7 ¿Qué sustancias se han detectado en el medio interestelar y cómo pudieron ayudar a iniciar la química prebiótica en la Tierra?

8 ¿Qué papel jugó el ARN en el desarrollo de la vida?

1.5 Organización celular: emergencia de la vida

Estromatolitos (1). Son formaciones columnares construidas por la actividad de comunidades de cianobacterias formadoras de tapices gelatinosos. Hay evidencia de primitivas cianobacterias de hace 3 500 Ma acumuladas en los estromatolitos fósiles (2).

Si la Tierra se formó hace unos 4 600 millones de años y la vida emergió en el mundo extraño de nuestro planeta hace unos 3 800 millones de años, ¿qué pudo ocurrir en este viaje de 700 millones de años que convirtió las moléculas orgánicas en células vivas? A continuación se muestra una propuesta de cómo pudieron evolucionar las protocélulas basadas en el ARN hasta formar las células vivas:

1. La sopa primordial se enriqueció con la materia orgánica sintetizada a partir de gases de las nubes interestelares, transportada por cometas, meteoritos y polvo cósmico (1a), y con las aportaciones procedentes de los gases atmosféricos (1b) y de las fuentes hidrotermales (1c).
2. Probablemente, tras los procesos de síntesis abiótica y polimerización, el ARN de las protocélulas experimentó diversas mutaciones y dio comienzo el proceso evolutivo, de manera que el ambiente seleccionaría a los mutantes más aptos.
3. Algunas mutaciones convirtieron moléculas de ARN en ribozimas con capacidad catalítica para llevar a cabo la replicación de la doble hebra de ARN.
4. Otras ribozimas catalizaron reacciones bioquímicas que permitieron el desarrollo gradual del metabolismo, hasta capacitar a las células para nutrirse de los materiales de su entorno, con el fin de obtener energía y utilizarla en la síntesis de nuevos componentes celulares.
5. Un grupo de ribozimas fue capaz de traducir la información genética contenida en las secuencias de nucleótidos del ARN y sintetizar proteínas, dotadas de una enorme versatilidad y capacitadas para desarrollar numerosas tareas, como la catálisis enzimática.
6. Las enzimas están más cualificadas para la catálisis y sustituyeron progresivamente a las ribozimas en las tareas metabólicas.
7. Un grupo de enzimas se especializó en la tarea de sintetizar la doble hélice del ADN, una molécula más estable, que con el tiempo sustituiría al ARN en la tarea de almacenar la información genética.
8. El aumento de la complejidad permitió que, en algún momento, surgieran las primeras células vivas de organización procariota.

9 ¿De dónde proceden las ribozimas y qué funciones pudieron desempeñar?

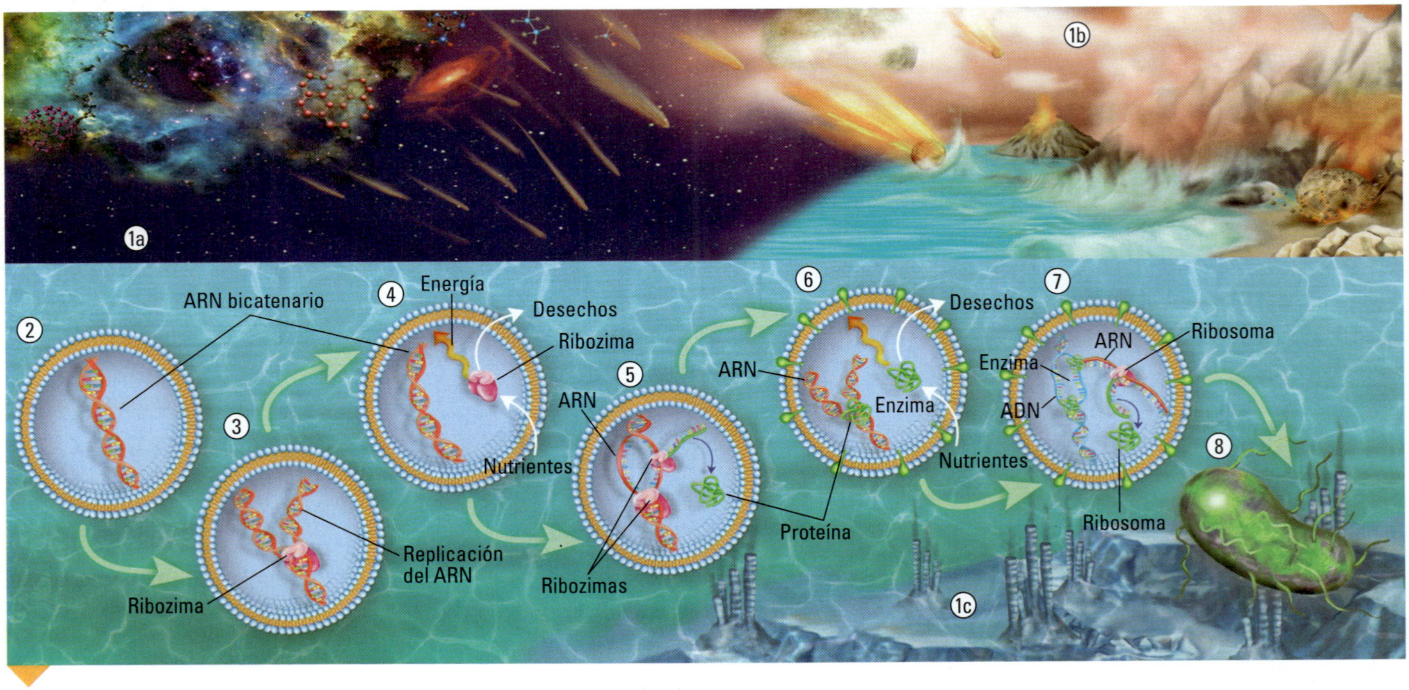

Etapas de la evolución de las protocélulas hasta formar células vivas.

2 Evolución celular

La materia inanimada, generada por evolución molecular a partir de los componentes de la sopa primordial, se transformó en **célula viva** cuando, en primer lugar, se ensambló de forma espontánea una **vesícula membranosa** que separó el medio externo del interno, lo que favoreció la existencia del **ARN autorreplicante.**

En segundo lugar, la aparición de un **metabolismo** rudimentario permitió a la célula ancestral **obtener energía** (mediante **nutrición)** y utilizarla para **crecer, reproducirse,** responder a las variaciones del ambiente **(relación),** mantener su medio intracelular en condiciones relativamente constantes **(homeostasis), adaptarse** a los cambios ambientales y **evolucionar.**

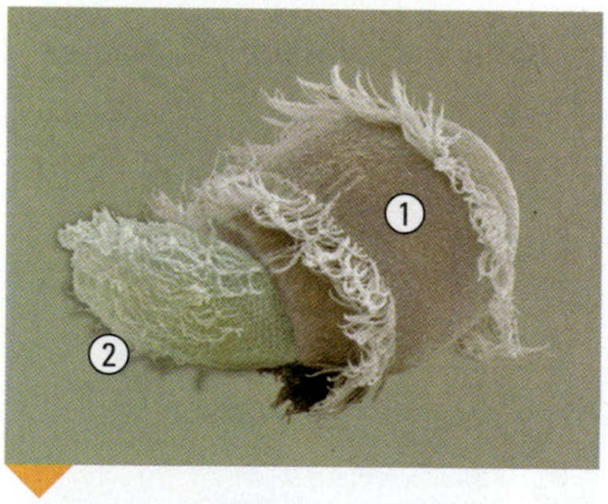

Depredación. Probablemente, la selección natural condujo a algunas estirpes celulares a la depredación de sus congéneres, desarrollando sistemas enzimáticos capaces de desorganizar la estructura de sus presas para utilizar sus componentes moleculares. Algo similar a lo que muestra la microfotografía realizada con el microscopio electrónico de barrido: el protozoo *Didinium* (1) es un voraz depredador de otros protozoos, como *Paramecium* (2)

2.1 Los primitivos heterótrofos

Las primeras células surgieron hace unos 3800 millones de años y, probablemente, fueron bacterias **heterótrofas anaerobias fermentadoras** que obtenían la energía mediante la fermentación de moléculas orgánicas que flotaban en la superficie de la **sopa primordial.** Pero este jugoso alimento molecular empezaría a escasear conforme crecía la población de células heterótrofas y llegaría a convertirse en un recurso escaso y precioso, condicionando así la evolución celular.

El «caldo primitivo» no podía alimentar a un número ilimitado de células, y estas se verían obligadas a competir entre sí para conseguir el alimento necesario para la supervivencia. De este modo, se plantearía por primera vez una gran **crisis ecológica** en la corta historia de los seres vivos y, por primera vez también, apareció un fenómeno que acompañaría desde entonces al desarrollo de la vida sobre la Tierra: la **competencia** y la **lucha por la existencia.**

2.2 El descubrimiento de la fotosíntesis

Todos estos primitivos seres vivos hubieran desaparecido, muertos por el hambre, una vez agotadas las reservas alimenticias, o devorados unos por otros, de no ser porque la evolución celular generó nuevas estirpes de bacterias, las **cianobacterias,** que desarrollaron un «invento» revolucionario para obtener energía: la **fotosíntesis,** mecanismo que utiliza la energía de la **luz solar** gracias a la **clorofila,** para convertir el **dióxido de carbono** en **glúcidos** mediante una reacción que elimina **oxígeno** como producto residual.

La fotosíntesis fue la única oportunidad para sobrevivir, ya que liberó a las primitivas células de su enorme dependencia alimentaria con respecto a las moléculas del «caldo oceánico». La utilización de la luz solar por parte de los organismos fotosintéticos proporcionó una fuente ilimitada de energía; sin embargo, el **oxígeno** residual liberado se convirtió poco a poco en un **veneno** mortal para las **células heterótrofas anaerobias,** destruidas por la presencia de este gas, que presenta un elevado poder oxidante y, por tanto, provoca importantes transformaciones moleculares. Este gas de origen biológico fue acumulándose progresivamente, tanto en la **troposfera** como en la **estratosfera** (en forma de **ozono,** que absorbe gran parte de la radiación ultravioleta), lo que modificó la composición atmosférica.

Hierro bandeado. Hay evidencias indirectas de vida fotosintética de hace 3 800 Ma: el oxígeno liberado no se acumuló inmediatamente en la atmósfera, sino que provocó la oxidación del hierro disuelto en el agua de los océanos. Los óxidos de hierro así formados precipitaron y son el origen de yacimientos actuales (hierro bandeado).

La **vida** constituye un fenómeno tal vez **inevitable** en las condiciones iniciales y que resulta **irrepetible,** ya que, cuando hizo su aparición en la Tierra, modificó la **atmósfera** del planeta y destruyó así las condiciones que habían hecho posible su propia aparición.

10 ¿Qué tipos de células surgieron en primer lugar hace unos 3 800 Ma?

11 ¿Qué supuso para la Tierra primitiva la aparición de las cianobacterias?

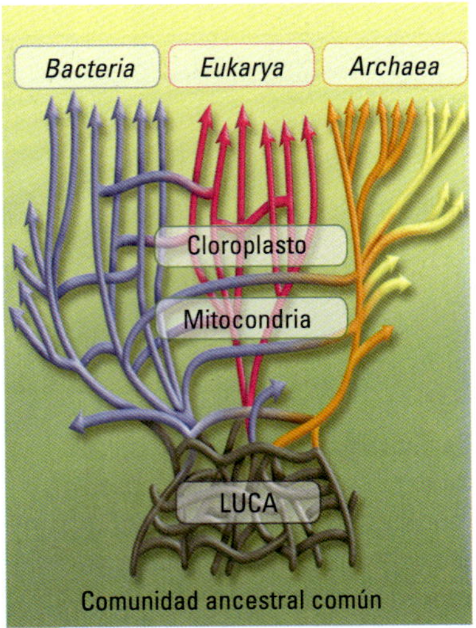

La evolución de la vida. Las células actuales evolucionaron desde un antepasado procariota común, surgido tal vez en los ambientes hipertermófilos de los fondos oceánicos, al que se ha dado el nombre de LUCA (del inglés, *Last Universal Cellular Ancestor:* antepasado común de las células modernas). Este antepasado dio lugar a los tres grandes dominios de seres vivos actuales: *Bacteria*, *Eukarya* y *Archaea*.

2.3 La revolución del oxígeno: los aerobios

La disminución de la intensidad de la **radiación ultravioleta** permitió a las primitivas formas vivas colonizar áreas más superficiales, pues ya no estaban obligadas a vivir protegidas por capas de agua o debajo de las rocas u otros objetos que servían de pantalla frente a la radiación letal. Los seres vivos pudieron así invadir nuevas zonas y extenderse por regiones donde antes no existía la vida.

Pero la gran explosión demográfica que supuso la aparición de una enorme variedad de formas de vida surgió a partir de primitivas células que fueron capaces de utilizar el oxígeno para obtener energía de los nutrientes orgánicos de forma más eficaz.

A partir de los **primitivos heterótrofos anaerobios** se desarrollaron otros nuevos **heterótrofos aerobios,** que ya no empleaban la **fermentación** en su metabolismo (un proceso de oxidación parcial), y usaban el **oxígeno** atmosférico para extraer más energía de la misma cantidad de alimento, mediante un proceso químico llamado **respiración celular,** que desprende CO_2 como producto residual.

Cuando agotaron las reservas orgánicas de la sopa primordial, estos modernos **heterótrofos aerobios** «aprendieron» a obtener los nutrientes de las moléculas sintetizadas previamente por los fotosintéticos.

A lo largo de cientos de millones de años **heterótrofos** y **fotosintéticos** han evolucionado conjuntamente y han sabido reciclar, con beneficio mutuo, los productos de desecho de su metabolismo: los animales y demás heterótrofos utilizan «polución fotosintética» (O_2) y las plantas y otros fotosintéticos consumen «polución animal» (CO_2).

2.4 Origen de las células eucariotas: endosimbiosis seriada

En el proceso evolutivo no siempre se **selecciona** al **más apto** que logra sobrevivir de las relaciones de **competencia** o **depredación.** A veces se selecciona la eficacia que resulta de la relación de **simbiosis** o cooperación mutua entre dos organismos de distintas especies, en la cual ambos resultan beneficiados. Un ejemplo de las ventajas evolutivas de la simbiosis lo encontramos en la complejidad de la **célula eucariota,** que surge evolutivamente como resultado de la simbiosis entre diferentes células bacterianas con organización **procariota** más simple.

La **teoría endosimbiótica** o de la **endosimbiosis seriada,** propuesta por L. Margulis, describe la aparición de las primeras células eucariotas como consecuencia de un proceso de evolución en etapas mediante la incorporación **simbiogenética** sucesiva de diferentes **bacterias** de vida libre, de manera que, en cada incorporación, los **genomas** de los organismos simbiontes se integran y pasan a formar parte del nuevo individuo resultante.

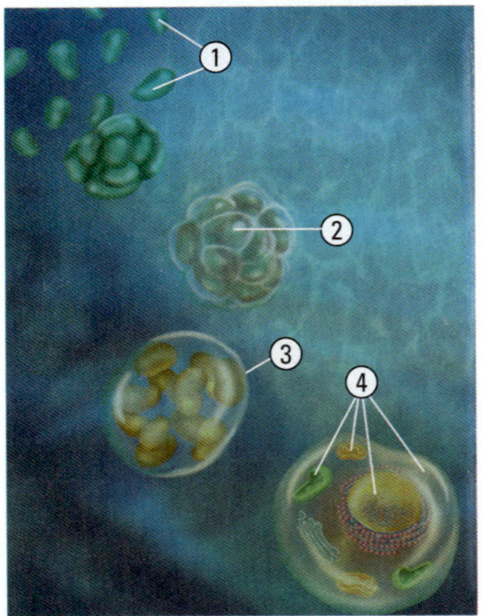

Posible origen de la célula eucariota. Una célula procariota (1) podría haber penetrado en otra célula procariota hospedadora de mayor tamaño (2) mediante un proceso de fagocitosis, como si se tratara de la ingestión de una presa, pero sin digerirla, de manera que en el transcurso del tiempo, el huésped y el hospedador interaccionaron con beneficio mutuo (3), hasta que, más tarde, esta relación se convirtió en una simbiosis (4).

En la actualidad se acepta que los **sistemas internos de membrana** de las células eucariotas, como el **retículo endoplasmático,** se explican mejor mediante procesos de invaginaciones y plegamientos progresivos de la membrana plasmática, mientras que otros orgánulos celulares probablemente surgieron como consecuencia de los **procesos simbiogenéticos** descritos por L. Margulis.

Así, el **núcleo,** los **cilios, flagelos** y **microtúbulos** del **citoesqueleto** tendrían su origen en la fusión de antiguas **arqueobacterias** con bacterias **espiroquetas** ancestrales. Más tarde se incorporarían los **peroxisomas** y las **mitocondrias,** que provienen de primitivas **bacterias aerobias,** y, por último, los **cloroplastos,** que procederían de antiguas **cianobacterias fotosintéticas** (aunque actualmente existen discrepancias sobre el proceso de fusión entre las espiroquetas y las arqueobacterias que dieron lugar al núcleo y a los cilios y flagelos). Pero, ¿cómo pudieron incorporarse los elementos **procarióticos** en un hospedador ancestral hasta formar las primeras **células eucariotas,** precursoras de las células de los animales, vegetales, hongos y protoctistas?

Descubre

Las sucesivas incorporaciones simbiogenéticas que condujeron a la formación de las primitivas células eucariotas

Según la hipótesis de la endosimbiosis seriada, en primer lugar, un tipo de **arqueobacteria** fermentadora (1), que utilizaba el azufre y el calor como fuente de energía, tal vez perdió la pared celular y experimentó un incremento de su tamaño, que fue acompañado por las invaginaciones progresivas de la **membrana plasmática** (2). Esto permitió que se incrementase la superficie celular y que se desarrollasen los **sistemas internos de membrana,** como el **retículo endoplasmático** (3).

Esta arqueobacteria se fusionó más tarde con una bacteria **espiroqueta** nadadora dotada de flagelo (4). El resultado de la fusión (5) daría lugar, por una parte, al **núcleo** (6) característico de la primitiva **célula eucariota** (7), envuelto en la **membrana nuclear** (8).

Por otra parte, los **microtúbulos del flagelo** (9) especializados en la motilidad, se desplazaron a otras partes del citoplasma y dieron lugar al andamiaje de microtúbulos que forman el **citoesqueleto** (10), base de la motilidad celular e imprescindible para los procesos de división celular mediante la mitosis y la meiosis.

Las primitivas células eucariotas continuaban siendo organismos **anaerobios,** por lo que el oxígeno liberado por las cianobacterias era un veneno para ellas. Hasta que la incorporación de nuevos endosimbiontes, **bacterias aerobias** de vida libre (11) que se convirtieron en las actuales **mitocondrias** (12) y **peroxisomas** (13), dotaría a este primitivo eucariota de la capacidad para utilizar el oxígeno en el metabolismo.

Surgen así, hace unos 2000 millones de años, las primeras células con núcleo precursoras de las células de los **protoctistas, animales** y **hongos,** amantes de los medios cálidos y ácidos, capaces de nadar propulsadas por los cilios y flagelos, dividirse mediante la mitosis y respirar oxígeno.

Algunas de estas células primitivas ingirieron **cianobacterias** fotosintéticas (14), que tal vez no pudieron digerir, de manera que en el transcurso del tiempo se convirtieron en **cloroplastos** (15) y dieron lugar a las células precursoras de las **plantas.**

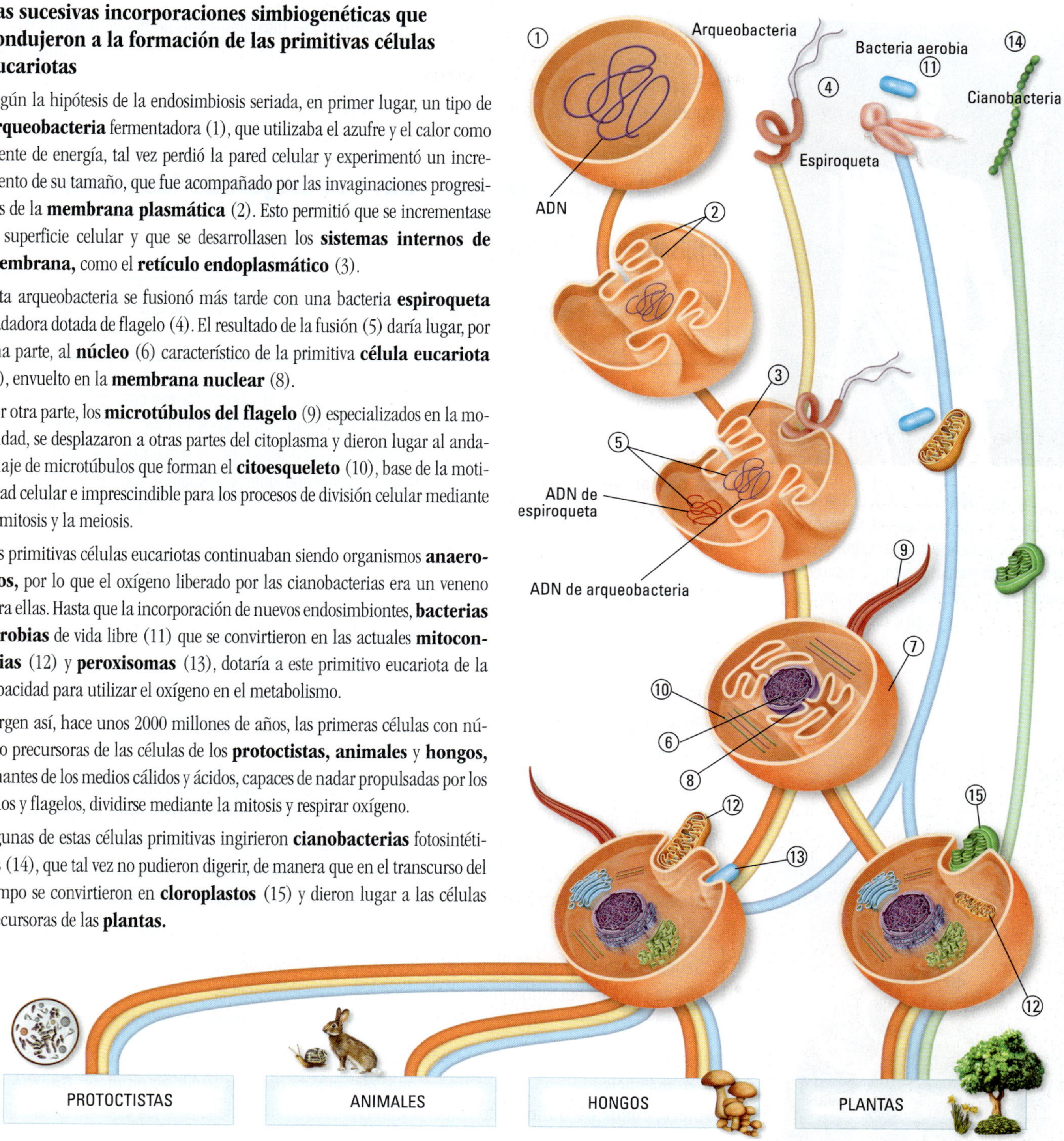

12 ¿Qué capacidades ventajosas desarrollaron los primitivos organismos heterótrofos aerobios?

13 ¿Cómo se explica la formación de los sistemas internos de membrana?

14 ¿Cómo explica la teoría de la endosimbiosis seriada la aparición del núcleo, las mitocondrias y los cloroplastos?

3 La evolución de los seres vivos

Aristóteles (384-322 a.C.). Uno de los más grandes filósofos de la antigüedad, desarrolló el concepto de *Scala Naturae* para explicar que en la creación de los seres vivos había primado una escala de perfección, desde la materia inanimada hasta el hombre, que ocupa la cúspide de esta escala.

Al observar la diversidad de seres vivos, los científicos se han planteado un nuevo interrogante: una vez que surge la vida en la Tierra, ¿cómo han podido aparecer tantas especies de organismos diferentes a partir de una sola célula? Debido a implicaciones filosóficas y religiosas, la respuesta a esta pregunta ha variado mucho de unas épocas a otras.

3.1 Antiguas teorías sobre el origen de las especies

El fijismo o creacionismo

El **fijismo** es una teoría que propone que las especies no cambian, sino que se mantienen básicamente invariables a lo largo del tiempo desde la Creación.

Cada especie animal o vegetal sería, por tanto, inmutable, tal y como fueron creadas, y no es posible ningún cambio en ellas. Esta idea, que predominó durante siglos apoyada en la interpretación literal de libros sagrados como el Génesis, no se concretó como teoría hasta mediados del siglo XVIII con la obra de **Karl von Linneo.** El botánico sueco consideraba que las especies habían sido creadas de manera independiente y negó la posibilidad del origen común de los seres vivos, es decir, que entre ellos no existen relaciones de parentesco.

El catastrofismo

George Cuvier, zoólogo y naturalista, impulsor de la paleontología y de la anatomía comparada, fue otra de las figuras más relevantes del fijismo. Interpretó acertadamente que los fósiles que se descubrían incesantemente en determinados lugares correspondían a restos de organismos que habían existido. Para explicar la diversidad de organismos fósiles que contradecían el fijismo, elaboró la teoría del catastrofismo.

Cuvier propuso que la Tierra había estado expuesta a grandes catástrofes, como el diluvio universal de la Biblia, que originaron de manera brusca la inundación de tierras, la desaparición de mares, la aparición de montañas y la desaparición de los seres vivos. Las especies que aparecían sobre la Tierra permanecían durante largo tiempo sin sufrir ninguna transformación hasta que desaparecían debido a una gran catástrofe. Después de cada cataclismo, Dios creaba nuevas especies animales y vegetales.

Según el **catastrofismo,** cada cataclismo geológico destruye las especies existentes, de forma que se produce posteriormente una creación de nuevas especies.

El estudio de los fósiles y la paleontología. Los fósiles, como el *ammonites* de la fotografía, que se conocían y coleccionaban desde hacía tiempo, se consideraron puras fantasías de la naturaleza hasta que bajo el impulso de Cuvier se convirtieron en el gran campo de estudio de la paleontología.

A finales del siglo XVIII, la teoría creacionista muestra una creciente fragilidad. Cada vez con más frecuencia se manifiesta la idea de una transformación limitada de unas especies en otras. **George Louis Leclerc, conde de Buffon,** intentó dar una interpretación «materialista» a los sucesos de la vida.

Fue uno de los primeros científicos en aportar la teoría de que los seres vivos se transformaban o evolucionaban. Sus ideas irritaron a la Iglesia, que argumentó que sus comentarios iban contra la religión. Hay que tener en cuenta que una de las enseñanzas de la Iglesia Católica era que los seres vivos fueron creados como tales desde sus principios. Leclerc dedicó gran parte de su vida a la elaboración de una enorme obra de referencia llamada *Histoire Naturalle (Historia Natural),* que entre los años 1749 y 1788 se publicó en 36 volúmenes.

A principios del siglo XIX se abandonaron definitivamente los planteamientos catastrofistas al contar con importantes conocimientos que facilitaron, en gran medida, el estudio científico del origen de las especies.

3.2 Teorías evolucionistas

Hipótesis evolucionista de Lamarck

Frente al catastrofismo, **Jean Baptiste de Monet, caballero de Lamarck,** especialista en la paleontología de las numerosas conchas dejadas por los moluscos, contrariamente a Cuvier que estudiaba sobre todo los vertebrados, llegó con sus observaciones a conclusiones completamente opuestas al fijismo. Lamarck se percató de que los rasgos de las especies parecían cambiar de forma gradual con el paso del tiempo. Fue el primer naturalista que se opuso a la inmutabilidad de las especies y que formuló una hipótesis científica para explicar la evolución de los seres vivos.

La **hipótesis evolucionista** de **Lamarck** se denomina **transformismo** y supone que las especies evolucionan al transformarse gradualmente unas en otras.

Esta hipótesis se basa en dos principios fundamentales:

- **La función crea el órgano.** Los organismos están continuamente esforzándose para **adaptarse** mejor a las condiciones del medio en el que viven. Como consecuencia, cada especie va **desarrollando** progresivamente los órganos que más usa para llevar a cabo unas determinadas funciones, mientras que se produce una continua **atrofia** de los órganos menos utilizados.
- **Los caracteres adquiridos se heredan.** Las series de modificaciones y de caracteres adquiridos por un individuo a lo largo de su vida son **heredados** por sus descendientes. Estos cambios son los responsables de que surjan nuevas especies mediante las transformaciones graduales de otras especies preexistentes.

En la actualidad, prácticamente ningún científico acepta el lamarckismo, ya que todos coinciden en el hecho de que un carácter adquirido por un progenitor no puede heredarse.

Las teorías de Lamarck, que sorprendieron a la mayor parte de sus contemporáneos y que suscitaron una gran controversia con Cuvier, tuvieron, sin embargo, una importancia vital, ya que mentalizaron a los naturalistas de su época en el problema de la evolución, lo que llevó a muchos de ellos a realizar estudios que seguirían mejor suerte.

Razona

Mediante una serie de intensos ejercicios, una atleta ha conseguido un espectacular desarrollo muscular.

¿Heredarán sus hijos el mismo desarrollo, tal y como proponía Lamarck?

15 ¿Cómo justifica el catastrofismo el origen y la diversidad de las especies?

16 ¿Por qué se considera errónea la hipótesis evolucionista de Lamarck?

Evolución de las jirafas según Lamarck.
1) Los antepasados más primitivos de las jirafas tenían el cuello corto, patas de longitud normal y se alimentaban del pasto de las praderas.
2) Un cambio en el medio provocó la escasez de pasto, lo que les obligó a alargar el cuello y las patas más y más para alcanzar las hojas más altas de los árboles.
3) El alargamiento adquirido del cuello y de las patas lo heredaron sus descendientes, de modo que estos nacían con el cuello y las patas cada vez más largas. Tras muchas generaciones aparecieron las jirafas actuales.

Evolución de las jirafas según Darwin.

1. Los antepasados más primitivos tenían cuellos cortos y pastaban, pero debido a la variabilidad de la población, algunos individuos nacían con el cuello más largo (a) que otros (b).

2. Ante la escasez de pastos, los individuos que por azar habían heredado el cuello más largo (a) se vieron favorecidos porque estaban mejor adaptados para alcanzar las hojas de los arbustos.

3. Al tener el cuello más largo comían más, estaban más sanos y tenían mayor número de descendientes a los cuales transmitían el carácter «cuello largo». Con el tiempo, los individuos que posean este carácter ventajoso (a) serán seleccionados y tenderán a aumentar en la población frente a los de cuello más corto (b).

Teoría de la evolución de Darwin-Wallace

Aunque fue ampliamente rebatida, la idea de evolución se extendió por el mundo científico. Diversas investigaciones teóricas y experimentales trataron de formular nuevos mecanismos para explicar la transformación de las especies.

Hubo que esperar hasta el siglo XIX para que se hicieran públicos los nuevos estudios sobre **la evolución de las especies** de dos naturalistas ingleses: Charles Darwin y Alfred Wallace. Ambos compartieron sus descubrimientos y los presentaron a la Sociedad Linneana de Londres en 1858. Un año más tarde, Darwin publicó su obra *El origen de las especies por medio de la selección natural*, en la que formulaba la **teoría de la selección natural** para explicar el mecanismo evolutivo.

La teoría de la evolución de Darwin-Wallace se basa en los siguientes principios:

- **Elevada capacidad reproductora de los seres vivos.** Es muy común que en una población nazcan más descendientes de los necesarios para reemplazar a los que mueren. Sin embargo, el tamaño de las poblaciones se mantiene relativamente constante en el tiempo porque los recursos disponibles son limitados. La limitación de recursos establece una lucha por la existencia: los individuos deben **competir** para obtener alimentos y reproducirse.
- **Variabilidad de las poblaciones.** Existe una gran variabilidad entre los individuos de una población, e incluso entre los descendientes de una misma pareja, que presentan determinados **caracteres heredables.** Como resultado de la competencia, solamente unos cuantos individuos tendrán más posibilidad de sobrevivir hasta llegar a la edad reproductora y podrán aparearse.
- **Selección natural.** En un ambiente hostil, entre los individuos de una población se plantea una lucha por la supervivencia, en la cual se eliminan los individuos menos aptos cuyos rasgos les son desfavorables y sobreviven los mejor **adaptados,** que muestran unos **caracteres ventajosos** (distintas habilidades para obtener alimento, para defenderse, para soportar cambios ambientales, etc.). Estos son los que se reproducen y transmiten sus caracteres a la descendencia.
- **Las especies evolucionan.** Los individuos que sobreviven forman la siguiente generación y de esta manera se transmiten los cambios ventajosos a los descendientes de generación en generación. Así, las variaciones se irán acumulando gradualmente en las poblaciones y, con el tiempo, originarán nuevas especies.

La **teoría de la evolución de Darwin-Wallace** crea un vínculo de parentesco entre todos los seres vivos. Las actuales especies son la consecuencia de la progresiva e ininterrumpida **divergencia adaptativa** de especies precedentes.

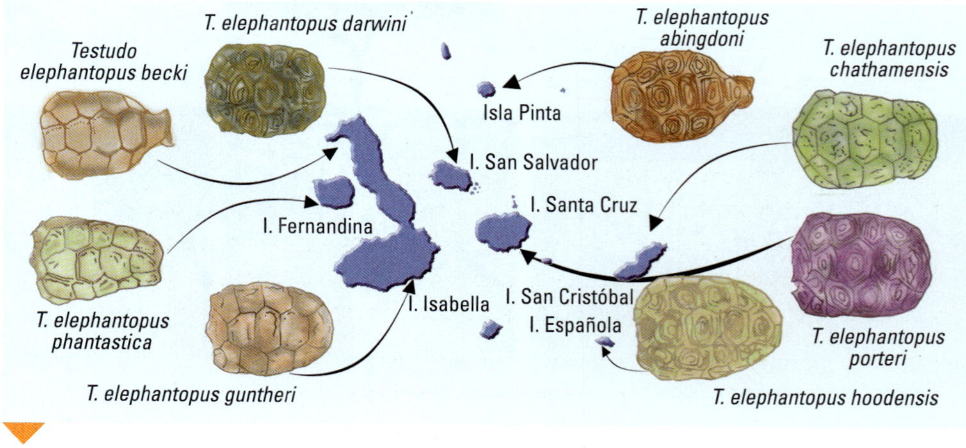

Las tortugas de las islas Galápagos. El estudio de la fauna de estas islas fue la clave de la teoría evolucionista de Darwin. El naturalista observó en cada isla la existencia de distintas especies de tortugas, cada una de ellas con ciertas peculiaridades en sus caparazones debido a la adaptación a distintos medios.

Historia de la ciencia

Las ideas evolucionistas de Darwin

Darwin, infatigable observador, trabajó como naturalista a bordo del HMS Beagle tomando nota de las especies animales y vegetales que encontró durante la travesía que el buque realizó alrededor del mundo entre 1831 y 1836. A partir de 1850, Wallace pasó largo tiempo en el Sudeste Asiático y Sudamérica donde recolectó más de 125 000 especímenes de plantas.

La literatura científica del siglo XIX abarca una gama de interpretaciones evolutivas de la Biología y la Geología. Los escritos de otros científicos también influyeron en el pensamiento de Darwin y Wallace a medida que estos forjaban sus ideas. Darwin recibió la poderosa influencia de los geólogos de su tiempo, como Charles Lyell, que en su obra *Principios de Geología* afirmaba que la Tierra era mucho más antigua de lo que suponían algunas teorías y proponía el principio del actualismo para explicar que las fuerzas que modelan actualmente la Tierra son las mismas que actuaron en el pasado.

De aquí Darwin extrae el concepto de sucesión y cambio a lo largo de las eras geológicas. Las ideas evolucionistas de Darwin también se vieron influidas por las propuestas de Thomas Malthus, economista «pesimista», que en su obra *Ensayo sobre el principio de la población* sostiene que la población aumenta más rápidamente que la producción de alimentos, por lo que el crecimiento exagerado de la población humana puede conducir a una lucha por conseguir el alimento y la supervivencia. De aquí Darwin extrae la idea de que solo sobreviven los organismos mejor adaptados a las condiciones naturales.

En la primera mitad del siglo XX, los grandes avances en el campo de la genética, la bioquímica, la sistemática y la paleontología han consolidado definitivamente el hecho evolutivo y han permitido dar nuevas interpretaciones a teorías y fenómenos ya conocidos.

El HMS Beagle. Era un bergantín de 240 toneladas que, bajo el mando del capitán Robert Fitzroy, zarpó desde Inglaterra en 1831 para realizar una travesía que duró cinco años. El viaje tenía como finalidad cartografiar con mayor detalle las costas de América del Sur.

Neodarwinismo: teoría sintética de la evolución

Darwin desconocía cómo se transmiten los **caracteres hereditarios** de generación en generación, o cuál es la causa de la **variabilidad de las poblaciones** sobre la que actúa la **selección natural.** Durante bastante tiempo la teoría de la evolución quedó paralizada hasta que en el siglo XX, cuando se redescubrieron las leyes de la herencia, propuestas por Mendel en 1865, se lleva a cabo una **síntesis** entre la **teoría de la selección darwiniana** y la **genética mendeliana.** Así surgió el **neodarwinismo,** también conocido como **teoría sintética de la evolución.**

Según el neodarwinismo, teoría propuesta por T. Dobzhansky, la evolución se debe a dos hechos fundamentales:

- Existencia de **variabilidad genética en la población,** es decir, que aunque la mayoría de los genes son comunes a todos los individuos, existe un gran número de genotipos distintos. Esta variabilidad es un proceso aleatorio causado por las **mutaciones** (cambios al azar que se producen en la información genética almacenada en el ADN de un individuo por lo que se pueden transmitir a la descendencia) y por la **recombinación génica** que tiene lugar durante la **reproducción sexual.**
- Actuación de la **selección natural** como base evolutiva, de tal manera que tiende a eliminar de la población los genotipos menos ventajosos que inducen la aparición de características con un valor adaptativo bajo. Asimismo permite la existencia a los individuos que están mejor adaptados y manifiestan una combinación génica beneficiosa (para dejar mayor número de descendientes, para conseguir alimento, etc.). Se habla así de ventajas selectivas de unos individuos frente a otros.

La **selección natural** varía las proporciones de los genes en cada población incrementando las **frecuencias** con que aparecen las **combinaciones ventajosas,** y es por tanto **cada población** en conjunto la que, lenta pero de forma continua, evoluciona al estar cada vez mejor **adaptada** a su ambiente.

17 ¿Cuáles son los principios en los que se basa la teoría de la evolución de Darwin-Wallace y en qué se diferencian de los postulados formulados por Lamarck?

18 ¿Por qué el neodarwinismo también recibe el nombre de teoría sintética de la evolución?

¿Lo sabías?

En la etiqueta de la botella de una bebida española que es una copia de un antiguo frasco de perfume francés, aparece como logo desde 1872 un mono cuyas facciones recuerdan inequívocamente a Darwin.

Descubre

Cómo actúa la selección natural en el caso de la mariposa del abedul *Biston betularia.*

Antes de la revolución industrial, en los bosques de Gran Bretaña la mayoría de las polillas presentaban alas de color claro, idóneas para camuflarse en los líquenes que cubrían los troncos de los árboles (1).

A causa de la revolución industrial, los líquenes murieron y los troncos se oscurecieron y, las hasta entonces raras polillas de alas oscuras, se convirtieron en la forma que mejor se mimetizaba, haciéndose muy frecuentes, a la vez que las polillas claras se hacían cada vez más raras (2).

¿Cuál fue la razón de este cambio? Sus depredadores naturales, los pájaros. El color que tiene el menor contraste con los troncos de los árboles es una ventaja. Actualmente, sin embargo, la mejor calidad ambiental ha originado el restablecimiento de la frecuencia de las polillas claras y oscuras a los valores preindustriales.

Contexto histórico

1668 Experimento de Redi

1745 Experimento de Needham

1769 Experimento de Spallanzani

(1751-1765) Diderot, D'Alembert, Rousseau y Voltaire: Publicación de la Enciclopedia

Recoge el pensamiento de la Ilustración, cuyo propósito era conducir a la humanidad hacia el progreso y sacarla de la superstición y la irracionalidad.

1789 Revolución francesa

Jean Baptiste Lamarck

En 1809, Jean Baptiste de Monet, caballero de Lamarck, publica *Filosofía zoológica* donde presenta la primera teoría completa de la evolución de los seres vivos.

Charles Darwin

En 1859, después de muchos años de recopilación de datos, Charles Darwin publica *El origen de las especies,* donde expone su teoría de la evolución por selección natural.

Louis Pasteur

En 1860 sus experimentos refutaron definitivamente la teoría de la generación espontánea.

3.3 Nuevas teorías sobre la evolución

Actualmente existen distintas teorías que matizan los principios en los que se fundamenta el neodarwinismo, en particular el aspecto que se refiere al ritmo al que se producen los cambios en las poblaciones para originar nuevas especies.

El neutralismo o teoría neutralista

El científico japonés Motoo Kimura propone que la mayoría de las mutaciones que se producen durante la evolución son neutras, indiferentes a la selección natural y que, por el mismo motivo, su distribución en una población corresponde a factores puramente aleatorios.

Según la **teoría neutralista** no es la selección natural sino el **puro azar** el que hace que varíen las poblaciones en las cuales un determinado gen mutado puede dispersarse sin tener ninguna ventaja selectiva.

El equilibrio puntuado o teoría saltacionista

El paleontólogo Stephen J. Gould propone que el cambio evolutivo no opera de manera gradual y por una lenta acumulación de variabilidad, sino que en muchos momentos avanza rápidamente.

A lo largo de la evolución existen grandes períodos de notable estabilidad (períodos de estasis), en los cuales las especies pueden persistir básicamente en la misma forma por millones años, interrumpidos («puntuados») por súbitos episodios de cambios en los que se producen muchas especies nuevas a partir de las existentes y extinciones de otras.

El **equilibrio puntuado** plantea que la ausencia de pasos intermedios en el registro fósil no se debe a que sea incompleto, sino a que, en ocasiones, la evolución se produce «a saltos».

Pseudociencia

El diseño inteligente

El diseño inteligente es un movimiento que apareció y se extendió en los Estados Unidos alrededor de 1987 que afirma que el origen y evolución del universo, la vida y la especie humana son creados por un diseñador inteligente, Dios.

Es considerado como una versión de creacionismo contemporáneo que trata de sustituir el concepto de evolución biológica por una pseudociencia de índole religiosa. En algunos estados norteamericanos estudian darle el mismo prestigio en los planes de enseñanza que al darwinismo.

19 S. Gould, mediante la teoría del equilibrio puntuado no cuestiona la evolución, pero ¿sabrías explicar qué es lo que pone en duda?

Gregor Mendel

En 1866, tras una rigurosa experimentación con diferentes variedades de guisantes, publicó la teoría particulada de la herencia de los factores hereditarios.

1914-1918
Primera guerra mundial

1917
Revolución rusa y derrocamiento del régimen zarista

Alexander Oparin

En 1924 propuso que los compuestos químicos que existían en la atmósfera primitiva sirvieron de materia prima para la síntesis de los compuestos orgánicos más simples de los seres vivos.

Theodosius Dobzhansky

En 1937, Theodosius Dobzhansky escribe la *Genética y origen de las especies*, donde combina la nueva genética con la teoría darwiniana de la selección natural.

Stephen Jay Gould

En 1972, el paleontólogo Stephen Jay Gould formula, junto con Niles Eldridge, el modelo del equilibrio puntuado para el cambio evolutivo.

4 Las pruebas de la evolución

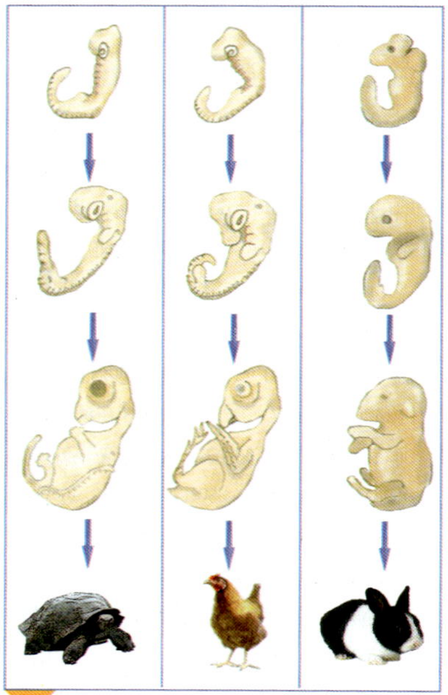

Pruebas embriológicas. La semejanza entre los embriones de distintas clases de vertebrados, en las primeras fases de su desarrollo embrionario, es una prueba de que todos los vertebrados se han desarrollado a partir de un antepasado común.

La ciencia considera que la evolución de las especies es un hecho incuestionable que ha sido avalado por múltiples pruebas. Que la evolución es un hecho significa que todas las especies vivientes experimentan cambios a lo largo del tiempo y están emparentadas entre sí, ya que descienden de un único antepasado común. Entre las principales evidencias destacan las siguientes:

- **Paleontológicas.** La **paleontología** estudia los fósiles, que son restos mineralizados de organismos que han quedado incluidos en las rocas sedimentarias. Los fósiles nos permiten conocer las formas de vida que existieron en el pasado y estudiar su relación evolutiva con las formas de vida actuales, como sucede en el estudio de la evolución humana.

  Algunos fósiles tienen una gran importancia, pues corresponden a formas de vida intermedias entre dos grandes grupos de seres vivos, como es el caso de *Archaeopteryx,* el fósil de un ave primitiva con plumas y con un pico con dientes, que representa un eslabón intermedio entre las aves y los reptiles. Las modernas técnicas de datación geológica nos permiten conocer la edad de los fósiles.

- **Embriológicas.** La **embriología** estudia las primeras etapas del desarrollo de los organismos, que son las que constituyen el desarrollo embrionario. Estos estudios han puesto de relieve que los embriones de distintas clases de vertebrados son muy semejantes entre sí en las primeras fases del desarrollo y se van diferenciando gradualmente, lo que llevó a Ernst Haeckel, científico alemán, a proponer el **principio de recapitulación,** que afirma que el desarrollo embrionario de un animal resume el desarrollo evolutivo de su especie.

- **Taxonómicas.** El sistema de clasificación de los seres vivos, que en un principio tenía una inspiración claramente fijista, se hace agrupando a aquellos organismos que tienen unas características semejantes, lo cual es la consecuencia de un proceso evolutivo común, como sucede con el desarrollo embrionario, por lo que hoy puede ser considerada una evidencia más del proceso evolutivo.

- **Morfológicas.** Se basan en el estudio de la **anatomía comparada,** que permite conocer las semejanzas y diferencias que presenta un mismo órgano en especies diferentes:

  - **Órganos homólogos.** Tienen el mismo origen evolutivo y son el resultado de la **evolución divergente** de un órgano ancestral común que se diferenció como consecuencia de la adaptación a funciones diferentes, como es el caso de las extremidades de los vertebrados.
  - **Órganos análogos.** No tienen el mismo origen evolutivo y son el resultado de la **evolución convergente,** como son el ala de una mariposa y el ala de un ave, y tienen su origen en un proceso de adaptación para desarrollar una función similar, en este caso el vuelo.

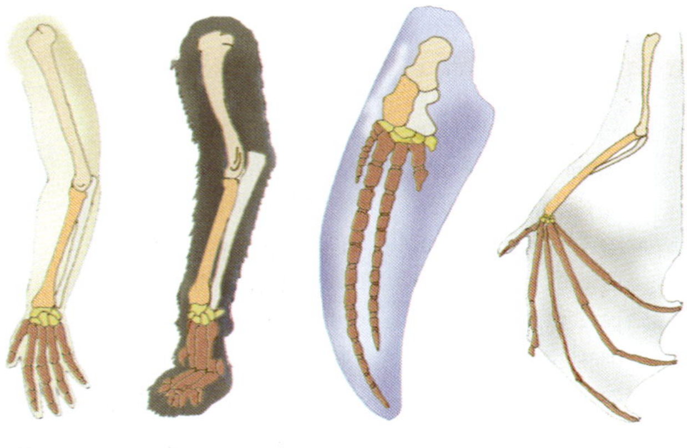

Órganos homólogos. Las extremidades anteriores de varias especies de mamíferos tienen un origen evolutivo común pero no cumplen la misma función.

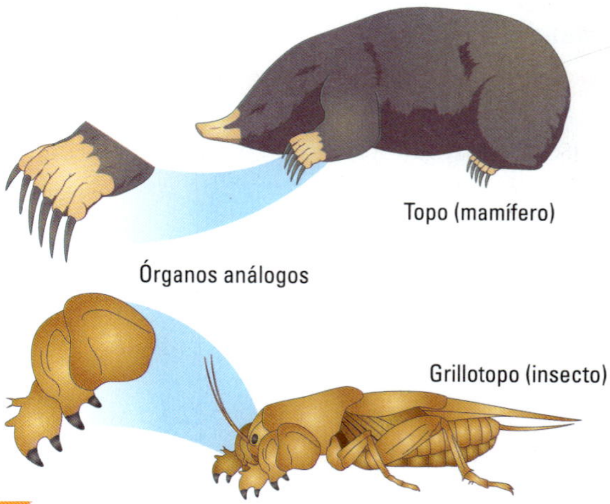

Órganos análogos. Las extremidades anteriores de un topo y de un grillotopo son semejanzas superficiales: no tienen un origen evolutivo común.

- **Bioquímica comparada y biología celular.** El análisis detallado de las semejanzas existentes entre distintos tipos de organismos pone de manifiesto la unidad química que demuestra la existencia de ancestros comunes para los seres vivos actuales. Algunos de los datos que confirman la unidad química de los seres vivos son los siguientes:
    - El código genético que establece la relación entre la secuencia de los ácidos nucleicos y la de las proteínas es universal, con solo algunas variaciones, como sucede en el caso de las mitocondrias y de algunos protozoos.
    - El adenosil trifosfato (ATP) es la molécula que proporciona energía metabólica a las células, con independencia del tipo de organismos de que se trate.
    - Los procesos metabólicos y fisiológicos más importantes son comunes a grupos de seres vivos muy diferentes entre sí. Este es el caso de la respiración celular y de la fotosíntesis.
- **Hibridación de ADN.** Se basa en la capacidad del ADN para renaturalizarse y recomponer los puentes de hidrógeno entre las bases de sus cadenas tras haber sido sometido a un proceso de desnaturalización mediante el calor. La incubación conjunta de ADN de dos especies diferentes da lugar a la hibridación de aquellas zonas de la secuencia que son complementarias, las cuales son más numerosas cuanto mayor sea el grado de parentesco entre las especies.
- **Estudio del bandeado cromosómico.** La citogenética evolutiva estudia y compara las formas cromosómicas características de cada especie. El bandeado cromosómico consiste en el estudio de la diferenciación longitudinal y la caracterización de cada par de cromosomas homólogos. De esta manera se puede estudiar el cariotipo de diferentes especies y establecer las homologías cromosómicas, que dependen de la cercanía evolutiva de las especies estudiadas.
- **Análisis inmunológico o serológico.** La introducción de un antígeno en un organismo da lugar a la producción de anticuerpos, que se pueden unir a los antígenos en una reacción de aglutinación cuya intensidad depende del grado de parentesco evolutivo que existe entre las especies. De esta forma, los anticuerpos frente a antígenos humanos dan una respuesta muy fuerte en el hombre, fuerte en las especies más cercanas (simios) y débil o muy débil en especies que están más alejadas evolutivamente (invertebrados).
- **Secuenciación de nucleótidos del ADN y el ARN y de aminoácidos de las proteínas.** A partir de la comparación de la secuencia de nucleótidos de un mismo fragmento de ADN o ARN y de la cadena de aminoácidos de proteínas de distintas especies es posible averiguar su grado de parentesco: cuanto mayor sea el parentesco evolutivo, mayor será la semejanza de las secuencias; estos datos permiten elaborar árboles filogenéticos. Algunas proteínas de especies con alto grado de parentesco, como los seres humanos y los chimpancés, poseen idéntica secuencia de aminoácidos.

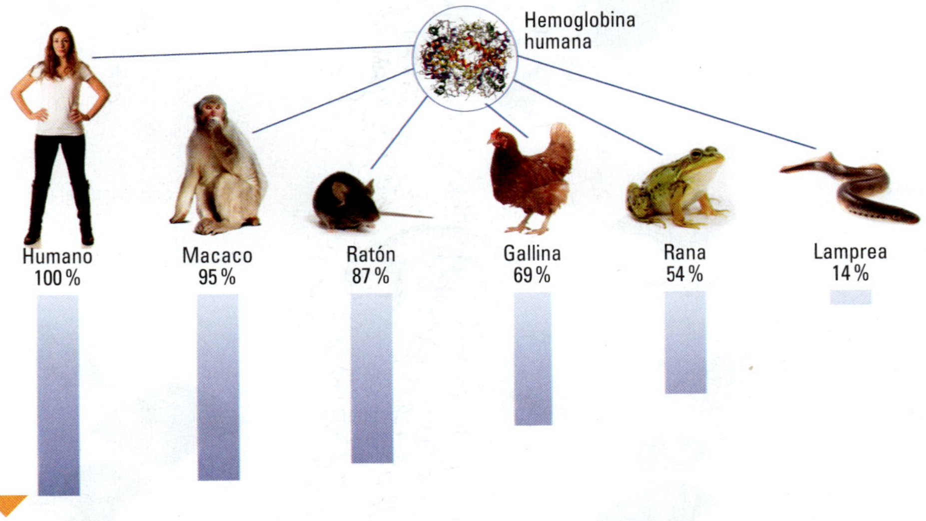

Pruebas basadas en las secuencias de proteínas. Las semejanzas de los porcentajes de secuencias de aminoácidos idénticas a la de una de las cadenas proteicas de la hemoglobina humana son mayores cuanto más próximas en la evolución son las especies comparadas.

Observa

Eva mitocondrial y Adán cromososa Y.

El ADN mitocondrial se hereda solamente de la madre, puesto que es el óvulo quien aporta las mitocondrias del nuevo individuo. En los seres humanos, el ADN mitocondrial procede de una antepasada que vivió hace 200 000 años, por lo que se la ha llamado Eva mitocondrial.

Las mutaciones en ese ADN han dado lugar a variaciones que son una herramienta de primer orden para estudiar las migraciones y dilucidar las relaciones de parentesco entre grupos humanos. Algo semejante ocurre con el cromosoma Y, que se transmite desde el padre a los hijos varones, y de ahí la denominación de Adán cromosoma Y.

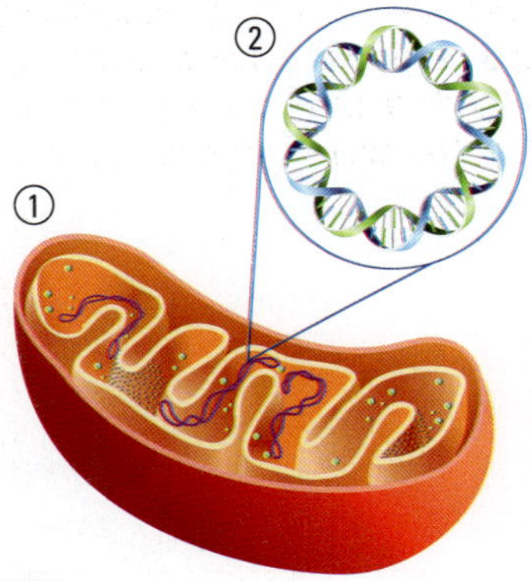

Esquema de mitocondria (1) y detalle del ADN mitocondrial (2).

20 ¿Qué son los órganos homólogos? ¿En qué consiste la evolución divergente?

21 Describe las pruebas biológicas, paleontológicas y moleculares que apoyan la teoría de la evolución de las especies.

5 El resultado de la evolución: la biodiversidad

Aunque la vida se caracteriza por su **unidad química,** presenta también una gran **biodiversidad,** que es la consecuencia directa del proceso evolutivo que se inició en los albores de la vida, con la aparición de los primeros organismos. Los científicos clasifican las diferentes formas de vida que pueblan la Tierra, y la unidad natural de clasificación utilizada es la **especie.**

Una **especie** es un conjunto de organismos que tienen semejanzas morfológicas, pueden reproducirse dando lugar a una descendencia fértil y presentan un aislamiento reproductivo con otras especies.

¿Lo sabías?

El burdégano es el híbrido que resulta al cruzar un caballo con una burra, y la mula (1) es el híbrido resultante del cruce entre un burro (2) y una yegua. Ambos híbridos son estériles, lo que implica que caballos y burros son dos especies diferentes.

5.1 El proceso de especiación

Los individuos de una especie suelen estar agrupados formando poblaciones o **demos,** dentro de las cuales se lleva a cabo la reproducción. Aunque cada población tiene su propia composición génica, se considera que sus individuos son de la misma especie mientras puedan seguir reproduciéndose y den lugar a una descendencia fértil.

El **aislamiento reproductivo** es la incapacidad que tienen unos organismos para reproducirse con otros, y cuando aparece entre diferentes poblaciones de una misma especie abre las puertas al proceso de especiación.

Existen, sin embargo, distintos factores que pueden favorecer el aislamiento reproductivo entre las poblaciones de una misma especie, lo que puede conducir a la aparición de dos o más especies diferentes a partir de una inicial, un proceso conocido con el nombre de **especiación.** El factor que más importancia tiene en este proceso es el **aislamiento geográfico,** que consiste en la separación de las poblaciones por barreras físicas, como pueden ser cordilleras, ríos u océanos. La aparición de nuevas islas y la deriva continental como consecuencia de la tectónica de placas son los casos más importantes que pueden dar lugar al aislamiento geográfico de las poblaciones de una especie.

Observa

Cómo se produce la especiación

El aislamiento geográfico interrumpe el intercambio de genes entre dos o más poblaciones, con lo que da comienzo un proceso de divergencia genética que podría ser reversible si el aislamiento geográfico terminase. Posteriormente aparece el aislamiento reproductivo, como consecuencia de cambios anatómicos, fisiológicos o de conducta que hacen que la reproducción sea inviable aunque desaparezca el aislamiento geográfico.

Un ejemplo del proceso de especiación nos lo ofrece la diversidad de los pinzones de las Islas Galápagos. La llegada de una especie de pinzón precursora a este archipiélago desde el continente americano y su evolución en las diferentes islas, con las adaptaciones desarrolladas a distintos tipos de alimentación, dio lugar a las especies de pinzones que Darwin se encontró a su llegada a las islas.

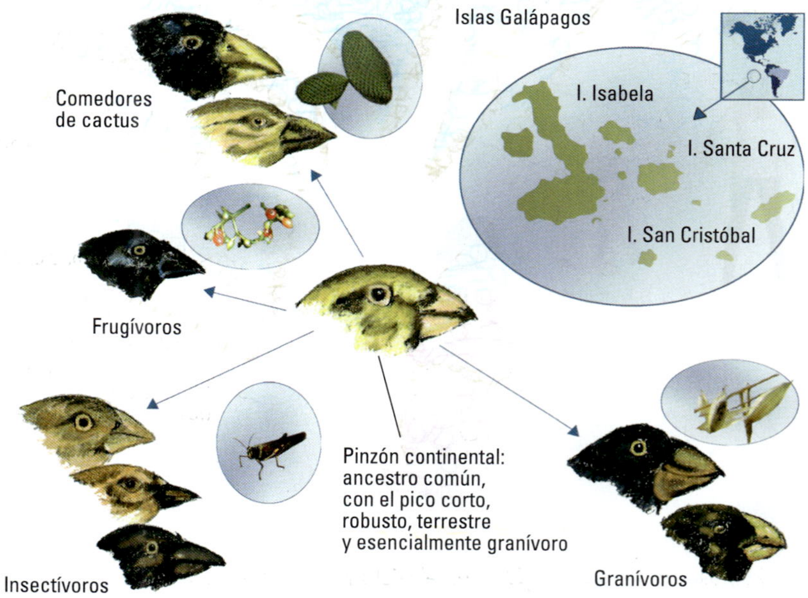

5.2 La clasificación de los seres vivos

La **taxonomía** es la rama de la biología encargada de la clasificación y la nomenclatura de los seres vivos y se hace mediante un sistema jerárquico en el que cada unidad de clasificación, llamada **taxón,** está formada por aquellas unidades de la categoría inferior que están relacionadas evolutivamente. La nomenclatura de cada taxón se hace mediante una palabra, excepto en el caso de la especie, para la que se usa un **sistema binomial** establecido por Linneo.

Según el **sistema binomial,** el nombre de una especie consta de dos palabras latinas escritas en cursiva, la primera de las cuales corresponde al género. Así, la especie humana es llamada ***Homo sapiens*** y pertenece por lo tanto al género ***Homo.***

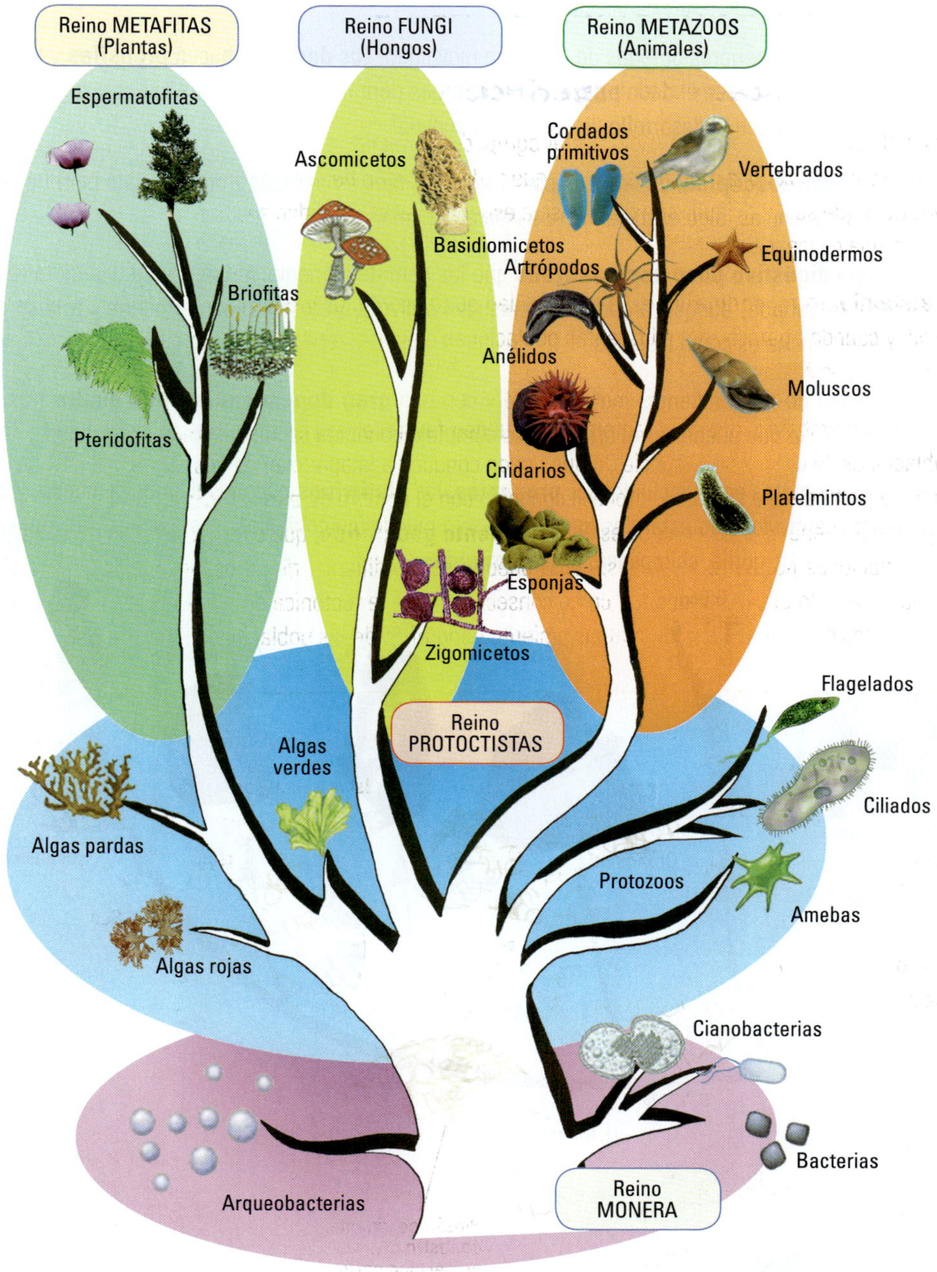

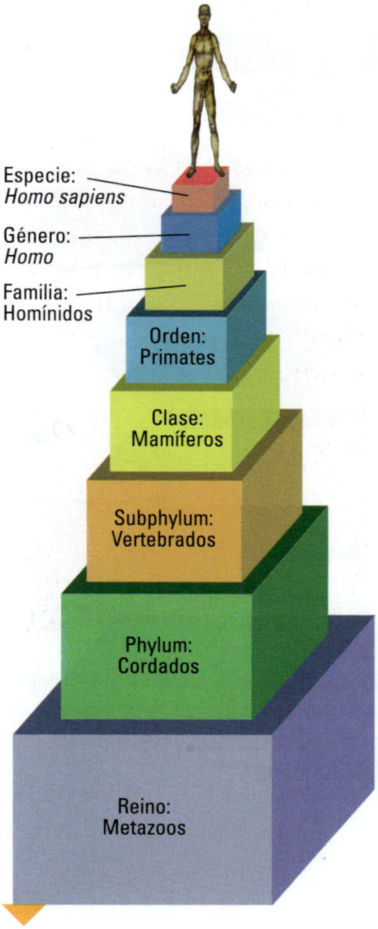

Categorías taxonómicas. Las especies semejantes se agrupan en un mismo género, los géneros se agrupan en familias, las familias en órdenes, los órdenes en clases, las clases en Phylum (plural *phyla* o divisiones, si se trata de plantas) y estos últimos se agrupan para formar los reinos.

Los cinco reinos. Hay varios millones de especies que se agrupan en cinco grandes reinos:

1. Reino Monera. Son las bacterias y cianobacterias (unicelulares procariotas).
2. Reino Protoctista. Incluye a los protozoos y las algas.
3. Reino Fungi. Son los hongos.
4. Reino Metafitas. Son las plantas.
5. Reino Metazoos. Incluye los animales invertebrados y vertebrados.

22 ¿Qué es una especie? ¿Qué es el aislamiento reproductivo?

23 Define taxonomía. ¿Qué es el sistema binomial de nomenclatura?

6 El origen de la especie humana

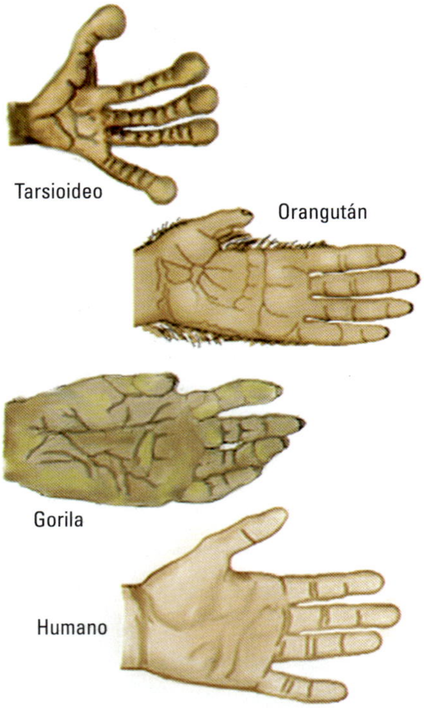

Manos de algunos primates. El dedo pulgar está en oposición a los otros dedos, lo que les permite asirse a las ramas y desarrollar gran habilidad manual.

El ser humano actual, *Homo sapiens,* constituye la única especie viva de la familia de los homínidos, dentro del orden Primates. Sin embargo, la historia de nuestra especie es un largo proceso de evolución en el que cada descubrimiento abre nuevos interrogantes.

6.1 El orden Primates

Los primates son un orden de mamíferos cuyo origen se remonta a hace unos 75 Ma, cuando algunos mamíferos insectívoros semejantes a las actuales musarañas iniciaron una vida arborícola. Como consecuencia de la adaptación a la vida arbórea surgirían las características más importantes de los primates, entre las que destacan las siguientes:

- Extremidades anteriores dotadas de una gran movilidad. Los **dedos** se hacen **prensiles** y tienen uñas planas, y aparece el dedo **pulgar oponible** que permite agarrarse a las ramas y coger objetos, lo que favorece el desarrollo de la destreza manual.
- **Visión estereoscópica,** debido a la posición de los ojos en posición frontal, lo que permite calcular las distancias, algo esencial en una vida arborícola.
- **Sistema digestivo poco especializado** que les permite alimentarse a partir de una dieta relativamente variada, aunque predominantemente herbívora, pero también carroñera y a base de pequeños animales como insectos.
- Un número de descendientes muy limitado y con una **gran dependencia de la madre** tras el nacimiento, lo que puede ser el origen de la compleja conducta social que han desarrollado.

En el orden Primates están incluidos los **prosimios,** los **platirrinos** o monos del nuevo mundo, y los **catarrinos,** entre los que están los monos del viejo mundo (cercopitecos), los gibones, los grandes monos (orangután, gorila, chimpancé) y los **homínidos.**

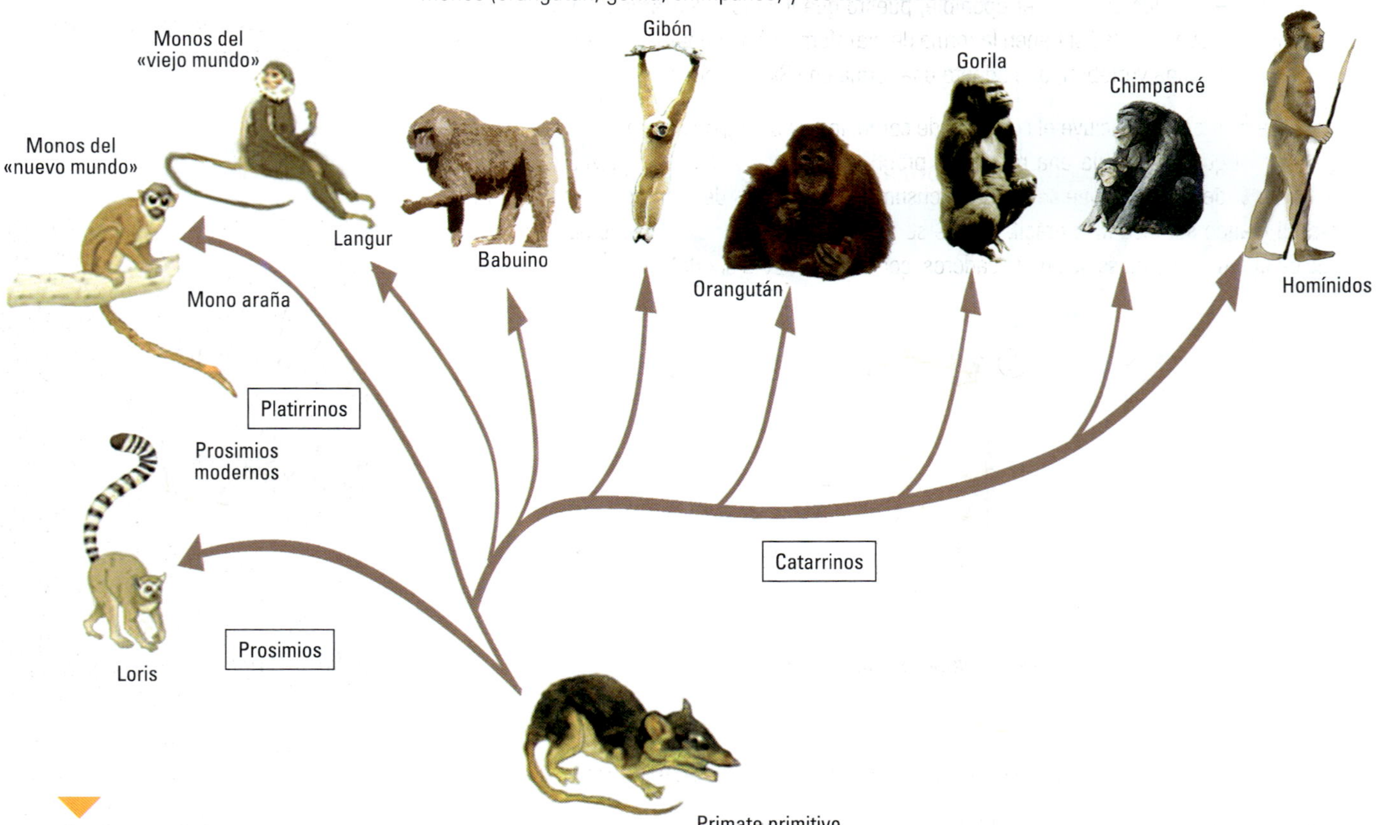

Clasificación de los primates.

6.2 Cambios genéticos condicionantes de la especie humana

La aparición de las características que distinguen a nuestra especie de los demás primates, incluidos nuestros antecesores más recientes, es el resultado de un complejo proceso biológico de selección natural y adaptación conocido como **hominización,** que ha sido acompañado de un proceso de evolución cultural que recibe el nombre de **humanización.**

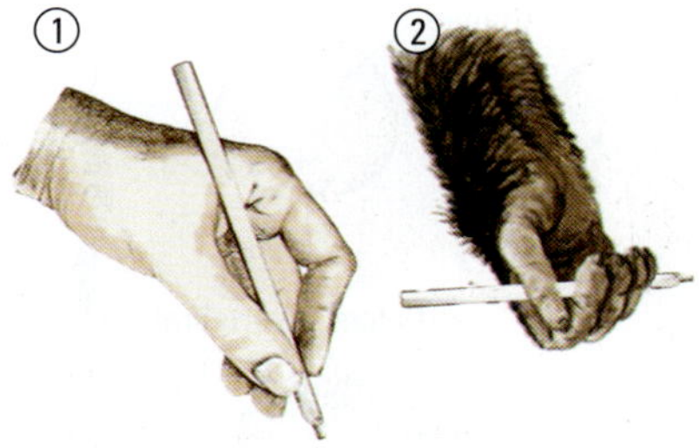

La mano. 1. Pinza de precisión en humanos. 2. Pinza de presión en el chimpancé.

El proceso de hominización

La aparición y posterior evolución de los homínidos está relacionada con un gran cambio climático global que tuvo lugar hace entre 3 y 2,5 Ma y una de cuyas consecuencias fue la sustitución de amplias zonas de la selva africana por la sabana. Este cambio obligó a algunos primates a modificar sus hábitos alimentarios y a abandonar la vida arborícola, lo que pudo haber sido determinante de los grandes cambios que caracterizan al proceso de hominización:

- Se adopta una **postura bípeda** o **erecta,** que además de facilitar la visión por encima del nivel de las plantas herbáceas de la sabana o permitir atravesar cauces de agua poco profundos, permite la liberación de las manos, que pueden así ser usadas para coger y utilizar objetos como herramientas o armas para la caza, además de seguir ofreciendo la posibilidad de trepar a los árboles.
- Las **manos** adquieren mayor movilidad de forma progresiva y consiguen una precisión cada vez mayor, de tal manera que pasan a ser unas pinzas de precisión en vez de las pinzas de presión que son características de otros primates. Por otro lado, la compleja coordinación entre las manos y la vista, junto con la posición de la cabeza sobre una columna vertebral vertical, será uno de los factores que favorecerá el desarrollo posterior del encéfalo y de las funciones superiores que caracterizan a la especie humana.
- Las extremidades inferiores se hacen más largas, la **pelvis** se ensancha y acorta, el fémur se dirige hacia adentro y la articulación de la rodilla se modifica para facilitar la posición erecta. Además, el dedo pulgar de los pies deja de ser oponible, puesto que los pies se usarán solo para caminar y tienen mucha mayor utilidad si tienen la forma de plataformas aplanadas. La postura bípeda afecta también a la columna vertebral, que adopta una forma en «S», con dos curvaturas características.
- La dieta se diversifica e incluye el consumo de carne, lo que da lugar a la remodelación de la **dentición,** en la que se aprecia una reducción progresiva del tamaño de las piezas dentarias, que sufren menor desgaste, lo que se debe al consumo de alimentos de mejor calidad, como frutas y carne. El cráneo se hace más grácil, ya que se reduce su zona facial, la mandíbula inferior y las zonas de unión de los músculos masticadores, como es la cresta sagital.

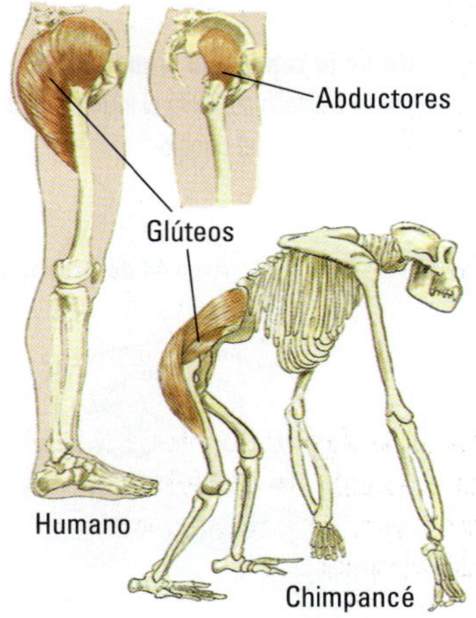

Bipedismo. El mayor desarrollo de la cadera, la forma en que se disponen los músculos glúteos y el desarrollo de los músculos abductores, favorecen la postura erguida y la marcha bípeda en los seres humanos.

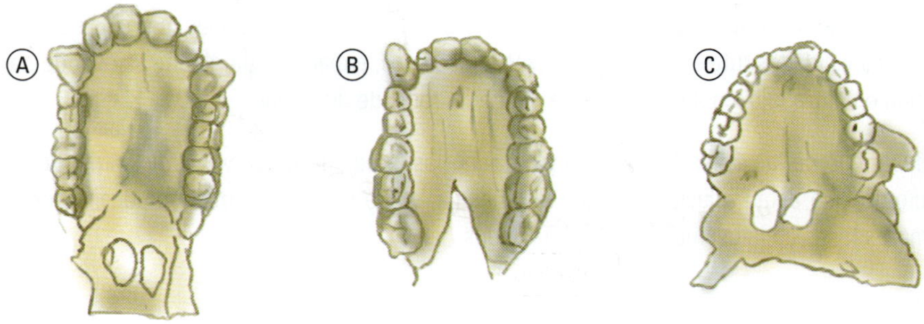

Dentición. De chimpancé (A), *Australopithecus afarensis* (B) y *Homo sapiens* (C).

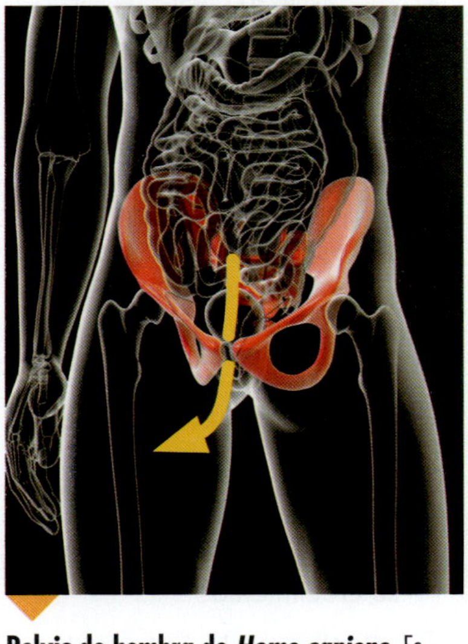
Pelvis de hembra de *Homo sapiens.* Es corta y ancha, pero el canal del parto (flecha en amarillo) es prolongado y sinuoso, lo que dificulta el parto.

24 ¿Qué características desarrollaron los primates a causa de su adaptación?

25 Describe los cambios que caracterizan al proceso de hominización.

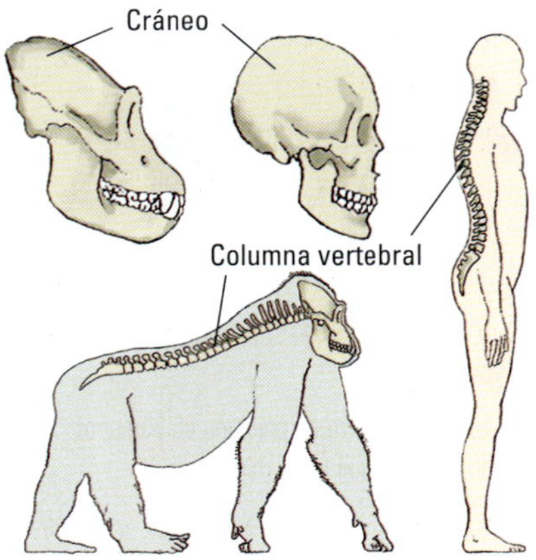

Aumento de la capacidad craneal. La postura erecta o bípeda posibilitó el incremento de la capacidad craneal y del cerebro.

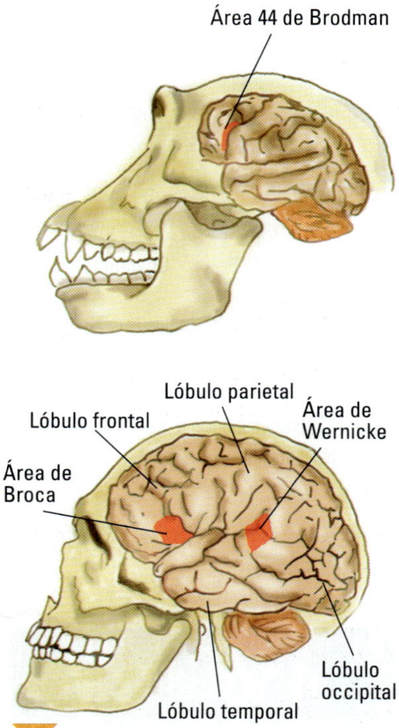

Cerebro de chimpancé y cerebro humano. La principal diferencia, además del tamaño, es el gran desarrollo del lóbulo frontal y de la corteza cerebral, así como de las áreas responsables del lenguaje (áreas de Broca y Wernicke).

26 ¿Qué es el grado de encefalización? ¿Qué factores pudieron influir en su crecimiento?

27 ¿Cuáles son las principales características del cerebro humano?

- El aumento del grado de **encefalización,** que es la relación entre el tamaño del encéfalo y el tamaño corporal, y que es apreciable al estudiar la capacidad craneal en los fósiles de diferentes homínidos, tiene un origen complejo en el que intervienen varios factores:
  - Una dieta más rica y variada, con un mayor aporte de proteínas, debido principalmente a la ingesta de carne.
  - El desarrollo de las actividades sociales y de comunicación que son necesarias para la caza y para compartir los alimentos en el grupo, y que culminaría con el desarrollo del lenguaje, el mayor hito de la evolución humana.
  - El incremento de la tasa de crecimiento cerebral durante el proceso de gestación, cuya limitación está en los condicionantes obstétricos (tamaño del canal del parto).
  - La prolongación de la infancia y de la niñez, etapas en las que el desarrollo del cerebro continúa. Esto supone una mayor duración del intervalo entre nacimientos y la implicación del grupo en el cuidado de los individuos jóvenes, lo que fomenta aún más los lazos sociales y la comunicación.

El cerebro humano

El **cerebro** es la parte del encéfalo responsable de las funciones superiores relacionadas con la inteligencia. Presenta dos hemisferios, derecho e izquierdo, cada uno de los cuales con cuatro lóbulos: frontal, temporal, parietal y occipital.

La parte más externa del cerebro constituye la **corteza cerebral** o **córtex,** formada por un enorme número de neuronas interconectadas.

La corteza cerebral tiene dos partes diferenciadas: el **paleocórtex,** relacionado con la recepción de estímulos olfativos, muy reducido, y el **neocórtex,** característico de los mamíferos y que en la especie humana está muy desarrollado por medio de circunvoluciones y surcos que aumentan enormemente su superficie, lo que permite la gran especialización del cerebro.

Entre las características más importantes del cerebro de los homínidos pueden destacarse los siguientes:

- La existencia de áreas funcionales diferenciadas, responsables de tareas específicas, y la **lateralización,** que diferencia las funciones del hemisferio izquierdo, como son el lenguaje, los movimientos precisos de la mano derecha o la capacidad de análisis, de las del hemisferio derecho, entre las que se encuentran la visión espacial, la expresión de las emociones o los movimientos de la mano izquierda.
- El gran **desarrollo del lóbulo frontal,** que además de controlar funciones motrices es responsable de capacidades intelectuales exclusivas (emociones, capacidad de planificación y de concentración en el trabajo, control y uso de la memoria, toma de decisiones, etc.).
- El desarrollo de las áreas temporales y prefrontales (áreas de Broca y Wernicke) del hemisferio izquierdo, que están relacionadas con el lenguaje, y que pudo comenzar a producirse desde las primeras fases de la evolución de los homínidos.

6.3 La evolución de los homínidos

Hace unos 6 o 7 Ma vivió en África un antecesor común del ser humano y de algunos otros primates actuales (gibones, orangutanes, gorilas, bonobos y chimpancés). A partir de él se considera que comienza la evolución de los homínidos.

Entre las especies más importantes de las que se han encontrado restos fósiles están las que figuran en la tabla que se muestra a continuación:

Orrorin tugenensis es el homínido conocido más antiguo, ya que inició la postura bípeda hace unos 6 Ma. Sus restos se encontraron en África oriental en el año 2000 y se cree que vivía en un hábitat arbolado.

Ardipithecus ramidus es algo más reciente (4,5 a 5 Ma) y vivía en la sabana arbolada y húmeda de África oriental.

Australopithecus. Es un género que vivió desde hace 4 Ma hasta hace 2,5 Ma. Hay varias especies, como ***A. anamensis, A. afarensis, A. africanus*** y ***A. garhi,*** y es probable que de ellos surgiera el género *Homo.* Vivieron en regiones arboladas y sabanas húmedas. Eran bípedos y buscaban refugio en los árboles.

Estatura: De 1,10 a 1,40 m **Peso:** De 30 a 55 kg **Capacidad craneal:** De 350 a 500 cm^3

Paranthropus. Se han encontrado fósiles de varias especies ***(P. aethiopicus, P. boisei, P. robustus),*** que vivieron desde hace 2,7 Ma hasta hace 1 Ma en sabanas arboladas de África oriental *(P. aethiopiopicus* y *P. boisei)* y África austral *(P. robustus).*

Estatura: De 1,20 a 1,50 m **Peso:** De 25 a 55 kg **Capacidad craneal:** De 420 a 530 cm^3

Homo habilis / Homo rudolfensis . Son dos especies que vivieron hace 2,5 Ma en sabanas arboladas húmedas de África oriental (Olduvai) y austral (Swartkrans) y son los primeros homínidos de los que hay conocimiento que empezaron a fabricar utensilios de piedra.

Estatura: De 1,15 a 1,40 m **Peso:** De 25 a 50 kg **Capacidad craneal:** De 550 a 750 cm^3

Una población de *H. habilis* tal vez emigró por primera vez fuera de África y dio lugar a *H. georgicus,* que vivió hace unos 1,8 Ma, su estatura era de unos 1,5 m y su capacidad craneal oscilaba entre 600 y 680 cm^3.

Homo ergaster. Vivió en África (septentrional, oriental y austral), Europa y Asia, desde hace 1,9 Ma hasta hace 1 Ma, en diversos hábitats, como la sabana abierta o la montaña media. Salió de África, lo que se ha relacionado con su bipedación más eficaz, su adaptación a medios abiertos y áridos y su dieta más cárnica.

Estatura: De 1,55 a 1,70 m **Peso:** De 50 a 65 kg **Capacidad craneal:** De 800 a 950 cm^3

Homo erectus. Vivió desde hace 1,6 Ma hasta hace poco más de 100 000 años. Fabricaba objetos de piedra muy perfeccionados, como hachas de mano y otras herramientas y llegó a controlar el uso del fuego. Se extendió por Europa y Asia y llegó hasta Java.

Estatura: De 1,5 a 1,8 m **Peso:** De 40 a 70 kg **Capacidad craneal:** De 900 a 1 300 cm^3

Algunos especialistas sugieren que, hace unos 500 000 años, un grupo de *H. erectus* se asentó en la isla de Flores (Indonesia) y dio lugar a ***H. floresiensis,*** apodado hobbit por su pequeña estatura de no más de 1 m.

Homo antecessor. Descubierto en Atapuerca (Burgos). No se ha encontrado ningún ejemplar en África y es considerado por muchos investigadores como el tronco común del que derivan *Homo neanderthalensis* y *Homo sapiens.* Con 1 millón de años de antigüedad, es considerado el homínido más antiguo de Europa.

Estatura: sin datos **Peso:** sin datos **Capacidad craneal:** Más de 1 000 cm^3

Homo neanderthalensis. Aparece en Europa hace unos 200 000 años. Practicaban ritos funerarios, eran cazadores y recolectores y es posible que desarrollaran un lenguaje articulado. Se extinguieron hace unos 30 000 años, quizás debido a la competencia con *Homo sapiens.*

Estatura: 1,7 m **Peso:** En torno a 70 kg **Capacidad craneal:** 1 500 cm^3

El ADN mitocondrial de los restos óseos encontrados en la cueva de Denisova (Siberia) sugiere la existencia de una nueva especie, el **hombre de Denisova,** que vivió entre hace un millón y 40 000 años y convivió con neandertales y *Homo sapiens.*

Homo sapiens. Es el ser humano actual. Se originó en África hace unos 200 000 años y tuvo una gran expansión demográfica hace 50 000 años. Llegó a Europa (hombre de Cromañón) donde coexistió con *H. neanderthalensis* durante más de 10 000 años, aunque no se sabe si pudo haber cruzamientos entre ellos.

Estatura: De 1,7 a 1,8 m **Peso:** De 70 a 90 kg **Capacidad craneal:** 1 400 cm^3

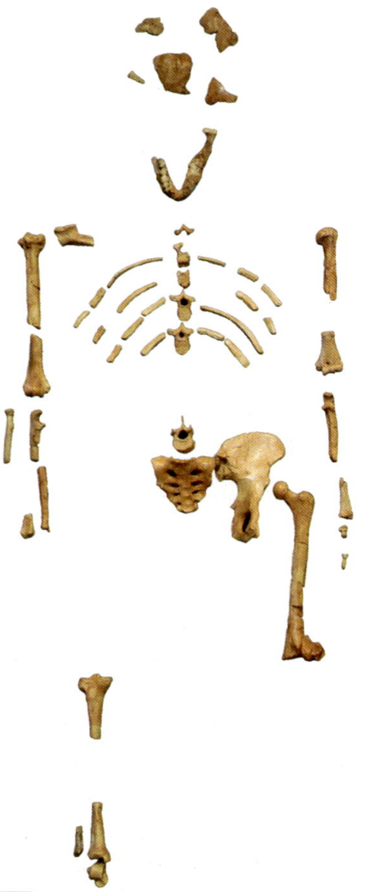

Esqueleto fosilizado de Lucy. Pertenece a una hembra de *Australopithecus afarensis* que medía cerca de 1 metro de altura, de unos 20 años de edad y con capacidad de adoptar la postura bípeda. Fue descubierto en 1974 por Donald Johanson en Etiopía.

El árbol de la evolución humana

Hay muchas dificultades para identificar las líneas evolutivas de los homínidos y por ello no existe unanimidad a la hora de establecer la filogenia de este grupo. Existe un consenso generalizado en que el origen de los homínidos tuvo lugar en África, continente en el que se desarrolló la mayor parte de la evolución del grupo y en el que se localizan algunos de los yacimientos más importantes del mundo: en África oriental (Hadar, Laetoli o los del lago Turkana) y en África austral (Sterkfontein). Es casi seguro que la salida de África se produjo hace más de 1,5 Ma con *Homo ergaster* y *Homo erectus,* con quienes se inició la expansión hacia Europa y Asia.

Muchos científicos piensan que *Homo antecessor* descubierto en Atapuerca (Burgos), es el antepasado común de las dos líneas que dieron lugar a los humanos modernos. Por una parte, *Homo heidelbergensis,* a cuya especie corresponde la mandíbula de Mauer (0,5 Ma), daría lugar al hombre de Neandertal *(Homo neanderthalensis)* y por otra parte la línea que lleva a *Homo sapiens.* El mayor inconveniente de esta hipótesis es la ausencia de fósiles de *Homo antecessor* en África, continente en el que se sigue situando el origen de *Homo sapiens* y del que salió en distintas oleadas migratorias para colonizar todos los continentes.

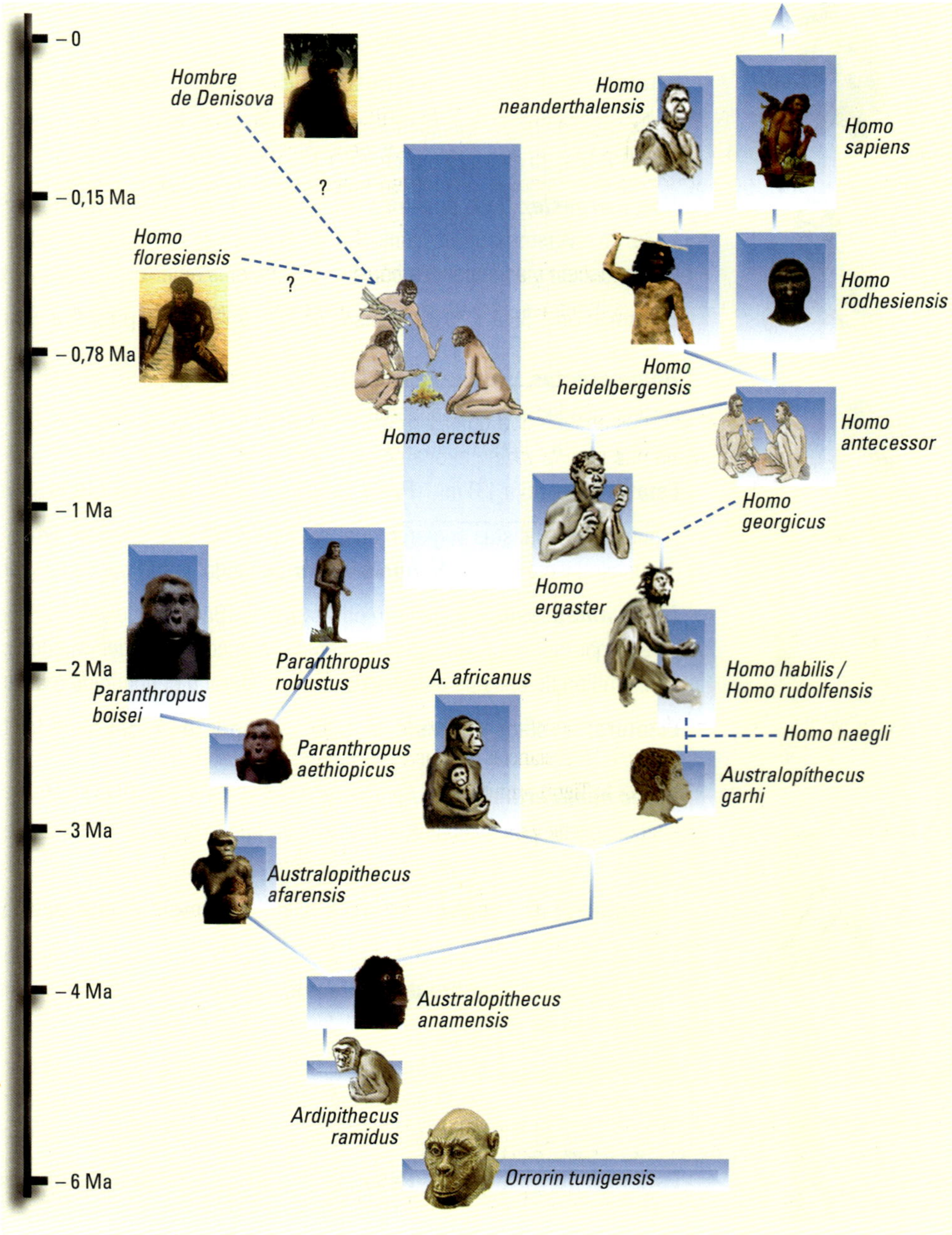

Evolución de los homínidos. No sólo influye la selección natural, sino también la selección tecnológica y cultural: los grupos de homínidos que desarrollaron tecnologías más eficaces, cazaban más y estaban mejor alimentados, más sanos y con más posibilidades de sobrevivir.

6.4 El desarrollo tecnológico y cultural: el proceso de humanización

La historia de *Homo sapiens* es la historia de un éxito evolutivo sin precedentes, desde unas pocas poblaciones que durante miles de años estuvieron en equilibrio con el medio en el que habitaban a la época actual, en la que el éxito de nuestra especie puede poner en peligro el equilibrio que caracteriza a la vida. Es una historia que también ofrece algunos interrogantes, como por ejemplo: ¿por qué se ha tardado tanto tiempo en conseguir los avances tecnológicos que caracterizan nuestra era?

El desarrollo de la tecnología y el empleo de distintos recursos, como la piedra, los metales o el dominio del fuego, dieron lugar a una rápida evolución de los homínidos, en la que además de la selección natural han tenido una gran importancia los condicionantes culturales y sociales.

A partir del **Neolítico,** que comienza hace unos 10 000 años, se inicia un crecimiento demográfico progresivo que lleva al contacto entre grupos y a la mejora en las técnicas de transmisión del conocimiento. Se desarrolla el trabajo en equipo, lo que permite la integración del trabajo, la creatividad y la capacidad de innovación, que han hecho del conocimiento un recurso colectivo que es patrimonio de toda la humanidad.

La diversidad de *Homo sapiens*

Las **migraciones** de *Homo sapiens* dieron lugar a la diversificación de la especie, debido principalmente a las condiciones ambientales diferentes de las áreas geográficas que fue ocupando y al aislamiento geográfico parcial de sus poblaciones, sin que en ningún caso se llegase al aislamiento reproductivo que hubiera dado lugar a especies diferentes.

Hoy día el aislamiento geográfico no existe y solo algunas barreras culturales pueden impedir el libre flujo de genes entre las poblaciones humanas, por lo que el destino de la humanidad está abocado a ser solo uno.

La historia de *Homo sapiens* nos enseña que no hay razón alguna que justifique el racismo ni otros tipos de discriminación que alguna vez se apoyaron en la supuesta superioridad de unos individuos sobre otros.

Fraudes de la ciencia

El hombre de Piltdown

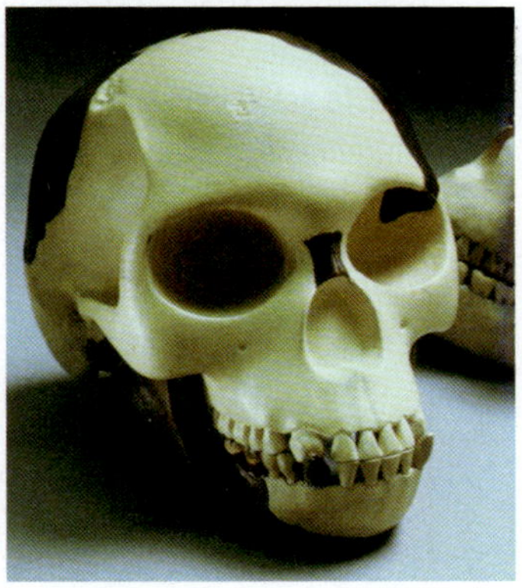

En el año 1912, fue descubierto un cráneo en Piltdown (Inglaterra) que fue considerado uno de los eslabones más importantes en la evolución humana durante más de cuarenta años. En 1953 se confirmaron las sospechas que muchos científicos habían manifestado sobre el hallazgo, ya que el fósil era el resultado de la combinación de un cráneo humano de la Edad Media, una vieja mandíbula de orangután y dientes de chimpancé, todos ellos tratados con una solución de hierro y ácido crómico para darles un aspecto más antiguo.

Un vistazo hacia atrás...

Respuestas para algunos interrogantes

El proceso de abiogénesis pudo tener lugar a partir de las aportaciones procedentes de las nubes interestelares y de las sustancias orgánicas que pudieron formarse en diversos ambientes de la Tierra primitiva.

Durante casi dos siglos, la ciencia ha aportado pruebas de la evolución, incluidas las de la evolución humana.

La historia de la humanidad, de sus avances y sus grandes retrocesos es una aventura apasionante, de la que solo conocemos algunos retazos aislados.

Una mirada hacia delante...

Nuevos retos de la ciencia

¿Seremos capaces de controlar el destino de la especie humana? ¿Cómo será el ser humano dentro de 10 000 años? ¿Y dentro de 100 000? ¿Contactaremos con civilizaciones extraterrestres?

Los cambios climáticos han sido decisivos en la evolución humana. ¿Cómo podrá afectar a nuestra especie el cambio climático que hoy nos preocupa?

¿Resistiría nuestra forma de vida actual un cambio climático natural diferente, como una nueva glaciación semejante a las que vivieron nuestros antepasados?

28 Desarrolla una posible línea evolutiva desde los primeros homínidos hasta *Homo sapiens,* estableciendo su capacidad craneal, peso y estatura.

29 ¿Cuál es el origen de la diversidad del *Homo sapiens*?

La secuencia de las proteínas y la evolución

La investigación del genoma ha permitido poner las secuencias de gran cantidad de genes y de proteínas a disposición de los investigadores. Algunas proteínas de las mitocondrias, como el citocromo b, son codificadas por genes localizados en el ADN mitocondrial, y su estudio puede aportar información sobre la evolución de las especies.

En esta actividad vamos a comparar la secuencia del citocromo b humano con las secuencias de la misma proteína en diferentes especies de primates y con la de ratón (mamífero del orden roedores).

Material necesario

50 PRIMEROS AMINOÁCIDOS DE LA PROTEÍNA MITOCONDRIAL CITOCROMO B

Humano	MTPMRKINPLMKLINHSFIDLPTPSNISAWWNFGSLLGACLILQITTGLF
Capuchino	MTSPRKTHPLMKIINSSFIDLPTPSNISSWWNFGSLLGACLMIQITTGLF
Chimpancé	MTPTRKINPLMKLINHSFIDLPTPSNISAWWNFGSLLGACLILQITTGLF
Gibón	MTPLRKTNPLMKLINHSLIDLPAPSNISMWWNFGSLLGACLILQIITGLF
Gorila	MTPMRKTNPLAKLINHSFIDLPTPSNISTWWNFGSLLGACLILQITTGLF
Lemur	MTNIRKNHPLMKIMNSSFIDLPTPSNISSWWNFGSLLGACLALQIITGLF
Orangután	MTPMRKTNPLMKLINHSLIDLPTPSNISAWWNFGSLLGACLIIQTITGLF
Ratón	MTNMRKTHPLFKIINHSFIDLPAPSNISSWWNFGSLLGVCLMVQIITGLF

Datos tomados de la web del National Center for Biotechnology Information:
http://www.ncbi.nlm.nih.gov/genomes/static/euk.html

Procedimiento

1. Identifica el número de aminoácidos coincidentes (tipo y posición en la secuencia) entre las especies comparadas. Los aminoácidos que difieren de los humanos están señalados en rojo.

   Por ejemplo, entre la proteína humana y la del capuchino hay 9 diferencias, o sea 41 coincidencias, de un total de 50.
2. Calcula el porcentaje de semejanza. En el ejemplo anterior sería un 82 %.
3. Elabora una gráfica de barras en la que se recoja el porcentaje de similitud. Empieza por *Homo sapiens* (100 %) y coloca las demás especies por orden decreciente de semejanza.
4. Compara los resultados obtenidos con la sencilla clasificación del orden Primates de la página 58.

Este procedimiento es solo un acercamiento a algunas de las técnicas bioinformáticas modernas de análisis de semejanzas entre las secuencias de proteínas o de ADN y que permiten conocer el grado de parentesco entre dos o más especies y elaborar árboles filogenéticos de forma automatizada.

NOMBRES DE LAS ESPECIES PRIMATES:

• Catarrinos:	Humano	*Homo sapiens*
	Chimpancé	*Pan troglodytes*
	Gorila	*Gorilla gorilla*
	Orangután	*Pongo pygmaeus*
	Gibón	*Hylobates lar*
• Platirrinos:	Lemur	*Lemur catta*
• Prosimios:	Capuchino	*Cebus albifrons*
ROEDORES:	Ratón	*Mus musculus*

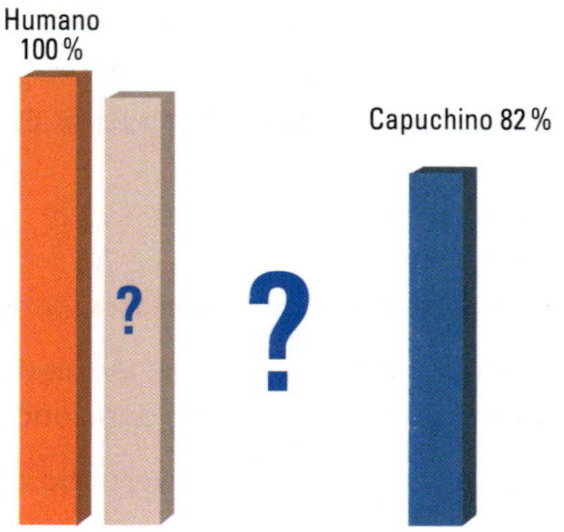

30 ¿Cuál pudo ser el origen de los siguientes orgánulos de la célula eucariota: membrana plasmática (1), retículo endoplasmático (2), flagelo (3), microtúbulos del citoesqueleto (4), núcleo (5), mitocondrias (6), peroxisomas (7) y cloroplastos (8)?

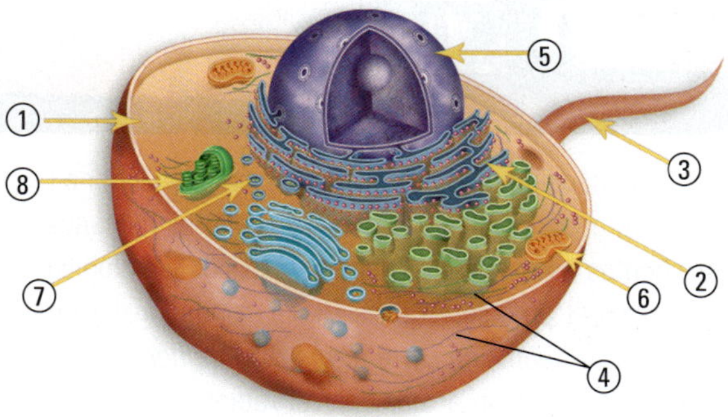

31 En el siguiente dibujo se representan dos árboles evolutivos. El árbol de la izquierda sería un árbol evolutivo según el neodarwinismo y el de la derecha según el equilibrio puntuado.

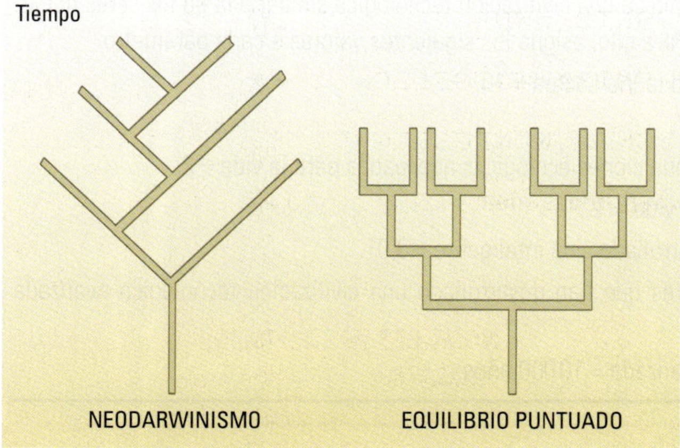

a) ¿Cómo propone cada una de estas dos teorías el ritmo al que se producen los cambios en las poblaciones para originar nuevas especies?

b) Según el equilibrio puntuado, ¿a qué se debe la ausencia de pasos intermedios en el registro fósil?

32 Indica dónde pudo tener lugar la abiogénesis, es decir, la síntesis prebiótica de moléculas orgánicas precursoras de la vida. ¿Qué papel pudieron desempeñar las arcillas, las piritas o los feldespatos en la emergencia de sistemas moleculares organizados?

33 ¿Qué información proporcionan los yacimientos de hierro bandeado sobre las condiciones ambientales de la Tierra primitiva y el origen de las primeras células?

34 La gráfica muestra la divergencia de un reino a partir de un ancestro común representada mediante un árbol filogenético en el que las letras indican algunos de los nodos del árbol.

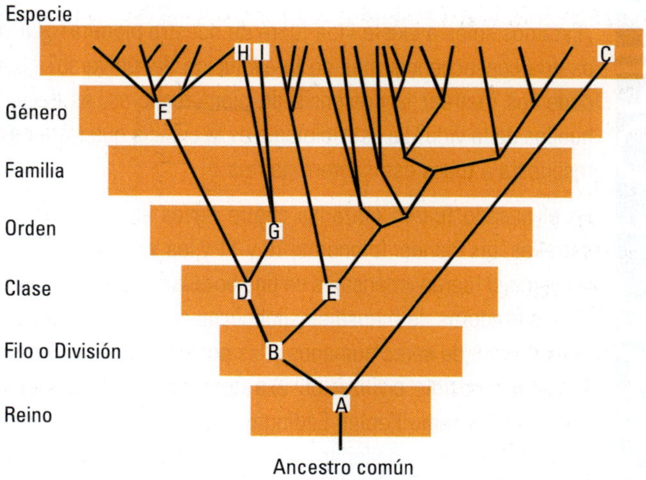

a) ¿Cuál de los nodos da lugar a una biodiversidad mayor de especies, D o E?

b) ¿Qué ancestro más cercano tienen en común la especie H y las especies del género F?

c) ¿Qué se puede decir sobre la taxonomía de la especie C en relación a las demás especies del Reino?

35 El mapa representa la distribución geográfica de tres especies (A, B y C) de un mismo género de mamíferos.

Explica cómo se pudo haber producido la aparición de esas tres especies a partir de un ancestro común.

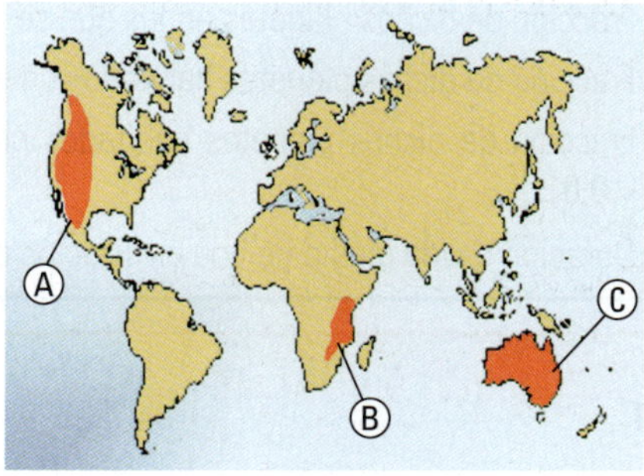

36 Indica cuáles son las diferencias más importantes entre un gorila y un humano que afectan a las estructuras corporales coloreadas.

a) Cráneo y encéfalo
b) Pelvis
c) Manos
d) Pies

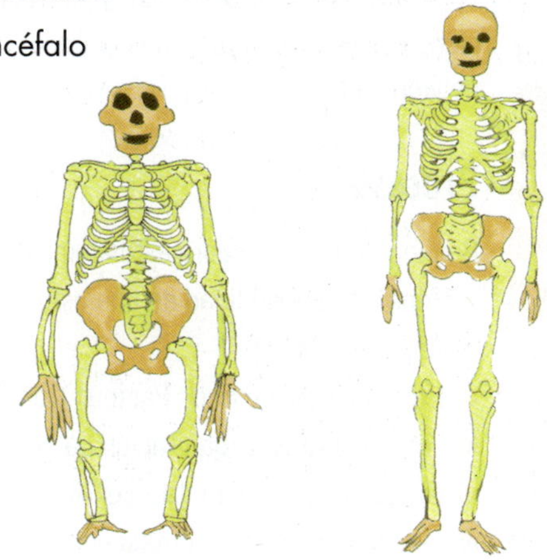

DEBATE Y OPINA

¿Hay alguien ahí?: la búsqueda de vida extraterrestre

¿Estamos solos o existe vida fuera de nuestro planeta? ¿La vida es una consecuencia más de la evolución del universo? ¿Cómo podemos rastrear la presencia de biomarcadores, es decir, las huellas de la vida? La astrobiología es la ciencia que trata de dar respuesta a todos estos interrogantes.

En el pasado fueron lanzadas cuatro naves en dirección a las estrellas, las Pioneer (pioneros) 10 y 11 y las Voyager (viajeros) 1 y 2 como si fueran «mensajes en una botella» interestelar, ya que eran portadoras de mensajes simbólicos con información sobre la existencia de seres humanos y las posiciones de la Tierra y el Sol a una posible civilización extraterrestre. En la actualidad, otras sondas como Kepler, Eddington, Terrestrial Planet Finder y Darwin, rastrearán decenas de miles de estrellas cercanas en busca de planetas habitables de tipo terrestre.

El radiotelescopio gigante de Arecibo (Puerto Rico) emitió en 1974 un mensaje en forma de ondas de radio en dirección al agrupamiento de estrellas conocido como M-13, que dista de nosotros unos 25 000 años-luz. El mensaje estaba cifrado en un código binario, de manera que su traducción daba lugar a un pictograma. En él se incluían datos sobre los seres humanos y sus conocimientos astronómicos, químicos, físicos y biológicos. Fue diseñado por el profesor Francis Drake, fundador del proyecto SETI (del inglés *Search for Extra Terrestrial Intelligences)*. Recientemente ha comenzado a funcionar el radiotelescopio ATA (del inglés, *Allen Telescope Array)*, que rastreará el universo en busca de señales de radio que puedan proceder de civilizaciones extraterrestres. Los proyectos Argus, BETA, Phoenix, SETI@home y Southern SERENDIP están encaminados al mismo fin.

- Busca información sobre la ecuación: $N = R^* \times f_p \times n_e \times f_l \times f_i \times f_c \times L$, del profesor Francis Drake, y utilízala para estimar el número de civilizaciones (N) que pueden haber desarrollado en nuestra galaxia una civilización tecnológica similar a la de los seres humanos. Elabora un informe y defiende en público tus conclusiones. Para ello, asigna los siguientes valores a cada parámetro:

  R^* = Ritmo de formación de estrellas parecidas al Sol cada año en la Vía Láctea = 10.

  f_p = Fracción de estrellas que poseen sistemas planetarios = 0,5.

  n_e = Número de planetas de un sistema planetario que poseen condiciones ecológicas adecuadas para la vida = 2.

  f_l = Fracción de dichos planetas en los que se ha desarrollado la vida = 1.

  f_i = Fracción de dichos planetas habitados en los que se ha desarrollado vida inteligente = 0,01.

  f_c = Fracción de dichos planetas habitados por seres inteligentes que han desarrollado una civilización tecnológica avanzada = 0,01.

  L = Duración o vida media de una civilización con tecnología avanzada = 10 000 años.

WebQuest

Tarea

Busca, analiza, selecciona y contrasta información. Redacta y presenta un trabajo sobre las hipótesis y teorías que consideres más destacables del origen de la vida en la Tierra, en formato Word/Writer o en PowerPoint/Impress para hacer una presentación. Incluye en él fotografías, gráficos, animaciones, secuencias de video, etc.

Proceso

Reúne información sobre estos temas:

- Zona de habitabilidad de una estrella.
- Abiogénesis.
- Experimentos de Redi, Pasteur, Oparin y Miller.
- El mundo ARN. Organización de las protocélulas.
- Los primeros procariotas: LUCA.
- El origen de los eucariotas: endosimbiosis seriada.

Recursos

Consulta libros, prensa y revistas, y visita las siguientes páginas web:

http://cab.inta-csic.es

http://www.astroseti.org/noticia/3242/la_exobiologia_del_origen_vida_vida_universo_i

http://www.laalianzadegaia.com/index.html

http://es.wikipedia.org/wiki/endosimbiosis_seriada

3 La revolución genética: biotecnología

Antes pensábamos que nuestro futuro estaba en las estrellas. Ahora sabemos que está en nuestros genes.

JAMES WATSON

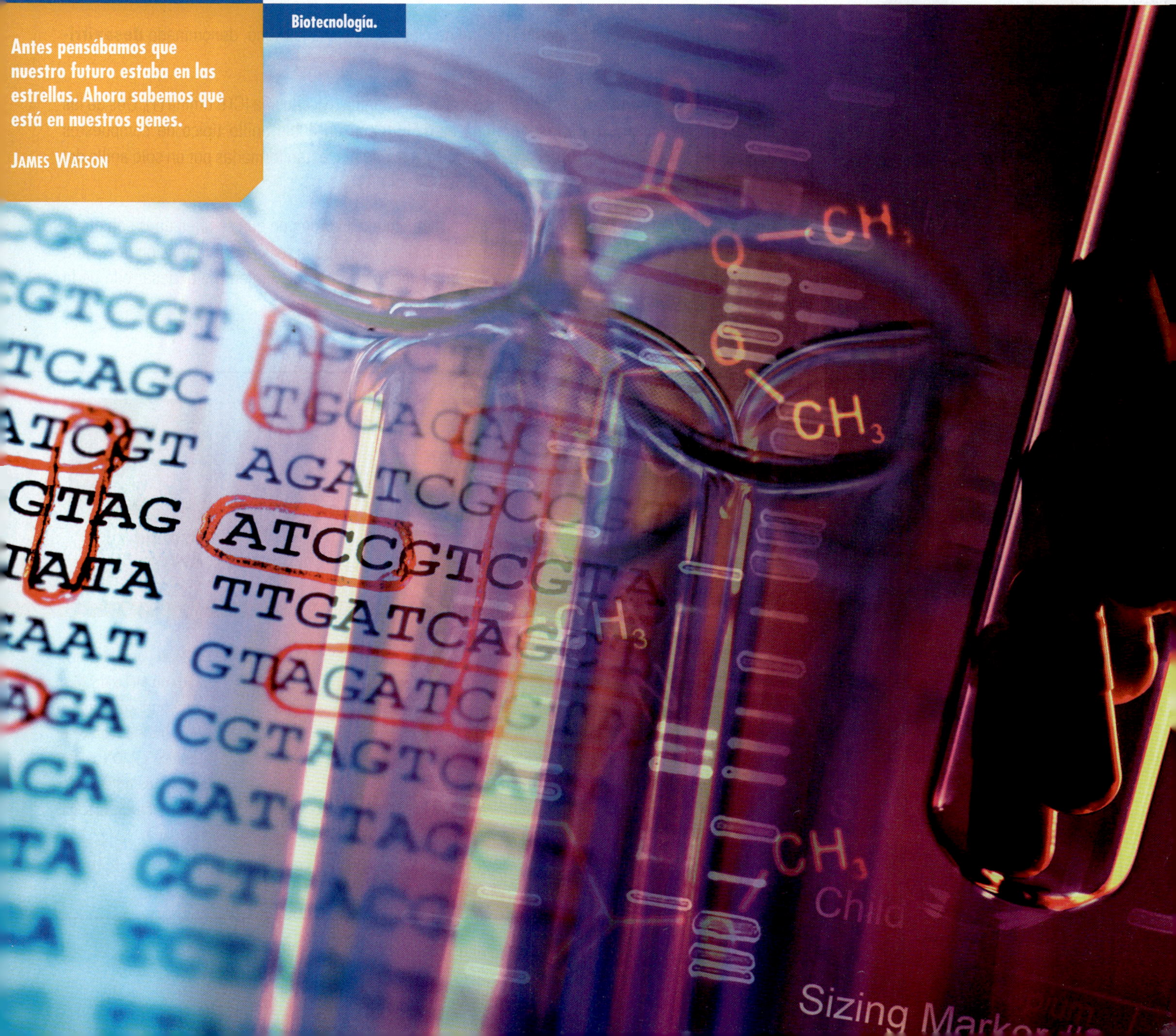

Biotecnología.

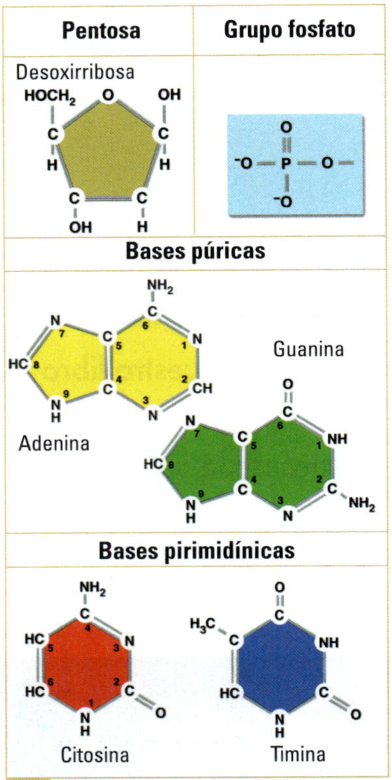

Componentes de un nucleótido y su representación mediante símbolos y colores.

1 El ADN: el secreto de la vida

A lo largo de casi cuatro mil millones de años, el ácido desoxirribonucleico, abreviadamente **ADN,** ha sido el encargado de llevar la información genética de todos los seres vivos. Desde que en 1953 se conoció su estructura hasta la actualidad, muchos de los secretos de la vida han sido desvelados. Los científicos han entendido cómo transmite las órdenes con las que controla a las células de todos los organismos, incluidos nosotros. Pero, ¿sabes qué es el ADN? ¿Cuál es su composición química? ¿Y su estructura?

1.1 Composición química del ADN

El **ADN** es una gran molécula formada por la unión de otras moléculas más sencillas llamadas **nucleótidos.**

Los **nucleótidos,** que equivalen a los eslabones de una larga cadena, están compuestos a su vez por tres tipos de componentes químicos:

- Una molécula de **ácido fosfórico** (en forma de **grupo fosfato).**
- Una pentosa, que es un hidrato de carbono de cinco átomos de carbono, denominado **desoxirribosa.**
- Una **base nitrogenada** que puede ser adenina (A), guanina (G), citosina (C) o timina (T). Dos de las bases, adenina y guanina, presentan una estructura con un doble anillo típico de compuestos denominados **purinas.** Las otras dos bases, citosina y timina, están formadas por un solo anillo del tipo **pirimidina.**

Millones de nucleótidos se unen en cadenas no ramificadas. El orden en que se unen unos con otros, denominado **secuencia,** tiene una gran importancia, ya que en ella reside la información necesaria para la síntesis de las proteínas o, lo que es lo mismo, para el mantenimiento y el desarrollo de la vida.

Contexto histórico

Friedrich Miescher

En 1869, Friedrich Miescher descubre que el núcleo celular contiene una extraña sustancia a la que llamó **nucleína,** posteriormente denominada ácido desoxirribonucleico o ADN.

1914 Primera Guerra Mundial

Fred Griffith

En 1928, Fred Griffith descubrió que si se mezclaban dos tipos de bacterias causantes de la neumonía, unas infecciosas, pero muertas o desactivadas por calentamiento, y otras no infecciosas o inofensivas, pero vivas, la cepa infecciosa pero desactivada podía transformar a la otra cepa viva pero inofensiva en virulenta. A este fenómeno lo llamó **transformación bacteriana** y a la molécula responsable, **«principio transformante».**

1936 Guerra Civil Española

1939 Segunda Guerra Mundial

Oswald Avery

En 1944, Oswald Avery, junto con McLeod y McCarty, purificó el principio transformante e identificó el ADN como la molécula responsable de la transformación bacteriana.

1.2 La estructura del ADN: una espiral especial

El ADN está constituido por dos largas cadenas de nucleótidos enrolladas en una **doble hélice.** Las dos cadenas son **complementarias químicamente.** Esto se debe a la disposición de las bases nitrogenadas, unidas y enfrentadas en la parte interna de la doble hélice. La adenina de una cadena solo se une a la timina de la otra por medio de un doble enlace de puentes de hidrógeno (A=T, T=A), y la citosina de una cadena solo se une a la guanina de la otra mediante un triple enlace de puentes de hidrógeno (C≡G, G≡C). La unión específica de unas bases nitrogenadas con otras se denomina **par de bases.**

- El ADN de los **virus** está formado por una molécula lineal o circular (a veces varias) encerrada en una cubierta proteica denominada **cápsida.**
- El ADN de las **células procariotas,** y también de las **mitocondrias** y de los **cloroplastos** de las células eucariotas, es una **doble hélice circular** (aunque en algunas bacterias es lineal).
- En el interior del núcleo de las **células eucariotas,** el ADN está asociado, generalmente, a unas proteínas especiales llamadas **histonas,** formando la **cromatina.** Durante la división celular, la cromatina se condensa y forma **cromosomas lineales,** estructuras en forma de bastoncillo, de brazos cortos y gruesos. Cada segmento de cromosoma y, por tanto, de ADN con las instrucciones precisas para poder sintetizar una proteína es un **gen.**

1 Describe las características químicas y estructurales de la molécula de ADN.

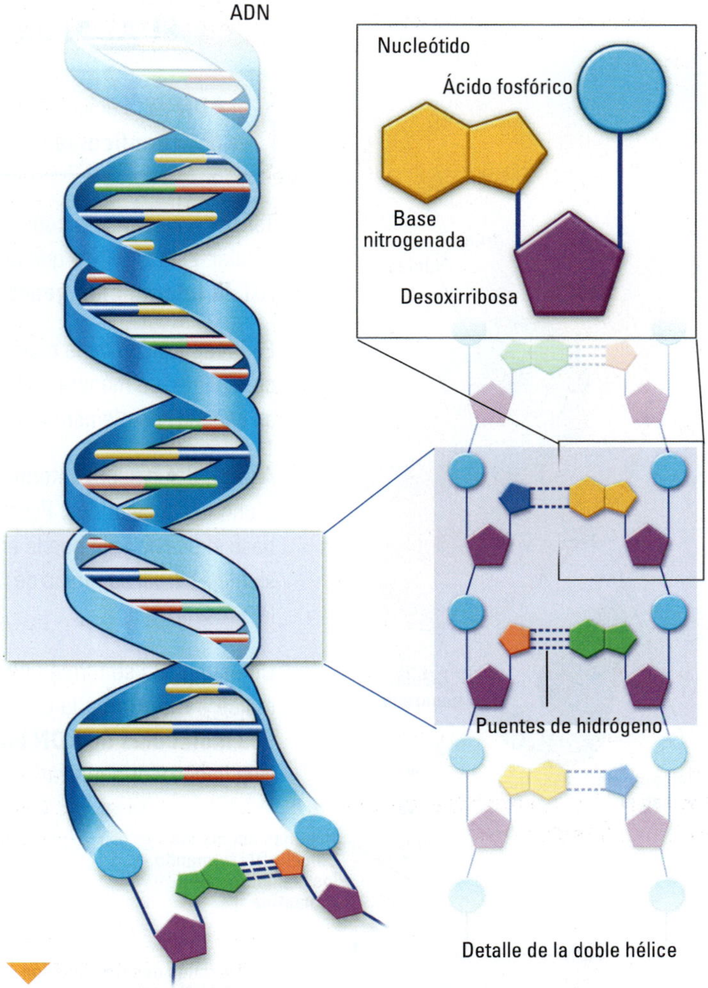

Estructura de la doble hélice del ADN. El ácido fosfórico y la desoxirribosa forman el esqueleto de la cadena en el que se alinean las diferentes bases nitrogenadas.

1945
Acta fundacional de la ONU

1948
Declaración universal de los Derechos Humanos

Martha Chase y Alfred Hershey

En 1952, Martha Chase y Alfred Hershey confirman que el ADN, y no las proteínas, porta las **instrucciones genéticas** de las células.

Rosalind Franklin

En 1952, Rosalind Franklin obtiene una fotografía de difracción de rayos X que sugiere que el ADN está formado por dos cadenas que giran una alrededor de la otra en forma de espiral. Esta imagen, conocida como fotografía 51, fue clave para confirmar el modelo de la molécula del ADN.

James Watson y Francis Crick

En 1953, James Watson y Francis Crick desentrañan la estructura del ADN. Publican su **modelo de la doble hélice del ADN** en la revista *Nature*. Nace la **biología molecular.**

1.3 El ADN se replica

El **ADN** es la única molécula en los seres vivos que puede hacer una copia exacta de sí misma, es decir, **replicarse.**

Tanto en procariotas como en eucariotas, la replicación del ADN sucede justo antes de la división celular. Esto significa que las células hijas heredan la misma dotación genética que la célula madre. Así, **la información genética se transmite de generación en generación.**

En la replicación de la molécula de ADN, la doble hélice se libera de las histonas y se abre como una cremallera, de manera que cada una de las hebras de ADN sirve como **molde** para que se sintetice su cadena complementaria.

A partir de un punto determinado, unas enzimas específicas, las **ADN polimerasas,** van uniendo uno a uno los nucleótidos. Puesto que el sistema de complementariedad de las bases es estricto, cada base expuesta solo puede emparejarse con su complementaria: un nucleótido que contenga adenina se alineará con la timina de la cadena que actúa como molde, y uno que contenga guanina lo hará con la citosina.

De este modo se forma una nueva cadena que es, por tanto, **complementaria** a la que le sirvió de molde e **idéntica** a la cadena que previamente estaba unida a la misma. Al final del proceso habrá **dos moléculas de ADN bicatenario.** Cada una de ellas estará formada por una cadena de la molécula inicial y otra nueva.

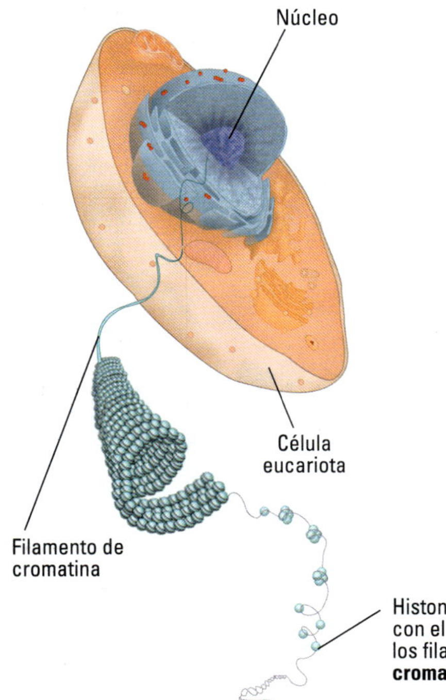

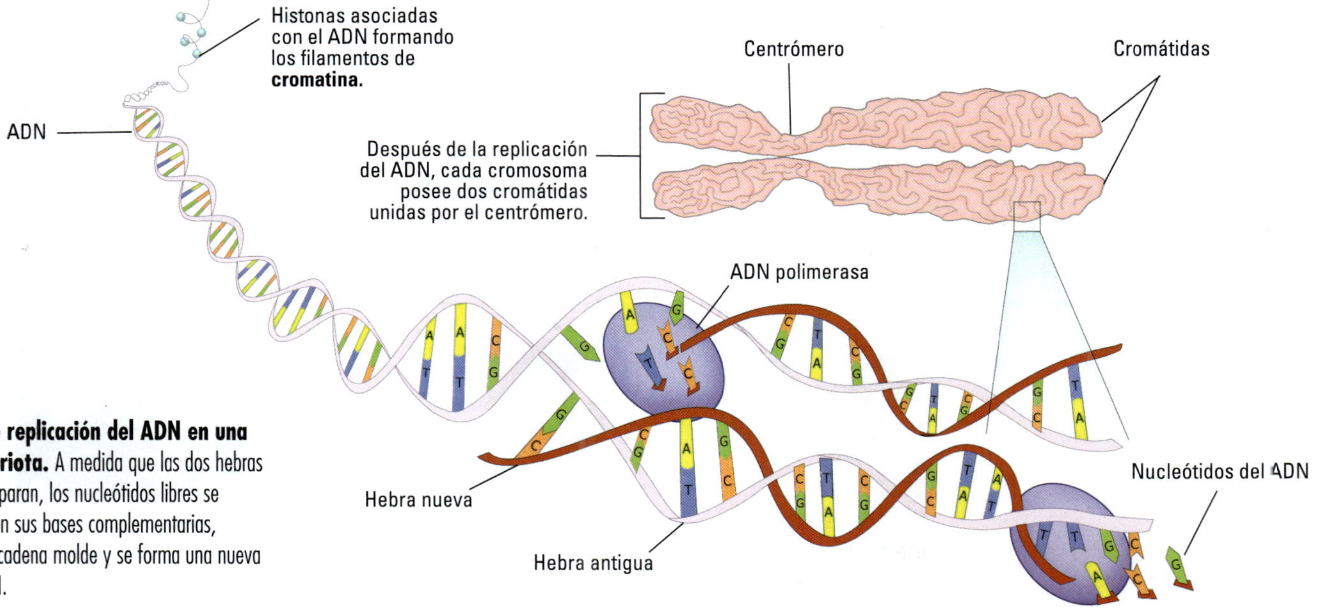

Proceso de replicación del ADN en una célula eucariota. A medida que las dos hebras de ADN se separan, los nucleótidos libres se emparejan con sus bases complementarias, se unen a la cadena molde y se forma una nueva hebra de ADN.

En ocasiones, durante la replicación del ADN se producen errores que dan lugar a **mutaciones.** La mayoría de ellas no tienen consecuencias, otras originan ciertos tipos de enfermedades y procesos degenerativos y malignos, como el cáncer, y otras son las responsables, junto con la selección natural, del proceso evolutivo.

La **trascendencia** de la **complementariedad de bases** es extraordinaria. Por un lado, permite copiar exactamente las cadenas de ADN de una célula madre a una célula hija y por otro, esta propiedad es la base de gran parte de las actuales **técnicas de biología molecular.**

Razona

En una molécula de ADN, la guanina constituye el 18 % del número total de moléculas de bases nitrogenadas.

G	A	C	T
18%	¿?	¿?	¿?

¿Qué proporción habrá de cada una de las otras bases nitrogenadas: A, C y T?

1.4 El ADN transmite su información

Como hemos visto, los genes llevan las instrucciones precisas para la síntesis de una determinada proteína. La compleja maquinaria molecular que utiliza el mensaje codificado en el ADN para fabricar proteínas se encuentra en todas las células de todos los seres vivos. Pero, ¿qué es una proteína?

Las **proteínas** son moléculas de gran tamaño que se forman por la unión de otras más sencillas, los aminoácidos, de los que existen 20 tipos diferentes. Cada proteína se caracteriza por la estructura que adopta en el espacio y por su secuencia, es decir, el número, el tipo y el orden específico en que están dispuestos sus aminoácidos.

Las **funciones** que desempeñan las proteínas en los seres vivos son importantes y muy diversas. Entre estas funciones destacan:

- Forman la mayoría de las **estructuras** del cuerpo, como los músculos, las uñas, el pelo, la cornamenta y las pezuñas. Por ejemplo, la queratina y el colágeno.
- **Transportar** moléculas por la sangre, como la hemoglobina.
- **Defender** al organismo de las infecciones, como los anticuerpos.
- **Catalizar** las reacciones del metabolismo celular, como las enzimas.
- **Regular** y **coordinar** las funciones de diferentes órganos, como las hormonas.

Las proteínas son las moléculas responsables de la **actividad biológica** y las que confieren a cada individuo su **especificidad** (la forma de los guisantes lisa o rugosa, el color de los ojos azules o negros, etcétera).

La expresión de los genes: transcripción y traducción

En las células eucariotas, el ADN se encuentra protegido en el interior del núcleo, del cual no puede salir. La síntesis de proteínas, sin embargo, se realiza en unos orgánulos, los **ribosomas,** situados en el citoplasma celular. Entonces, ¿cómo llegan las instrucciones desde un gen hasta los ribosomas?

Otro ácido nucleico, al ácido ribonucleico o **ARN** es el encargado de leer la información genética que posee el ADN y llevarla desde el núcleo hasta el citoplasma. El ARN está formado por una sola cadena de nucleótidos de ribosa (en lugar de desoxirribosa) y por las mismas bases que el ADN, excepto la timina, que es sustituida por el uracilo (U). Dicho uracilo se une a la adenina (U=A, A=U) como lo hacía la timina, conservando así la complementariedad de bases.

La **expresión de los genes** transcurre en dos etapas sucesivas: la transcripción de la información genética (síntesis de ARN) que es un paso necesario y previo a la **traducción** (síntesis de proteínas).

- **Transcripción.** Es el proceso en el que una de las dos cadenas que componen el ADN de un gen actúa como molde para la biosíntesis de ARN, que tiene una secuencia complementaria. El ARN que sale del núcleo llevando el mensaje genético para dirigir la síntesis de proteínas es el **ARN mensajero** (ARNm).

2 ¿Qué diferencias existen entre los procesos de replicación y trascripción?

3 ¿Qué es un aminoácido? ¿Cuántos tipos diferentes existen? Indica el nombre de varios aminoácidos y sus respectivas representaciones.

Observa

La nomenclatura de los aminoácidos

Cada uno de los veinte aminoácidos recibe un nombre diferente y se representa mediante la abreviatura de dicho nombre.

Aminoácido	Representación
Glicina	Gly
Arginina	Arg
Triptófano	Trp
Cisteína	Cys
Glutámico	Glu
Aspártico	Asp
Lisina	Lys
Asparagina	Asn
Glutamina	Gln
Histidina	His
Tirosina	Tyr
Alanina	Ala
Treonina	Thr
Prolina	Pro
Serina	Ser
Valina	Val
Metionina	Met
Isoleucina	Ile
Leucina	Leu
Fenilalanina	Phe

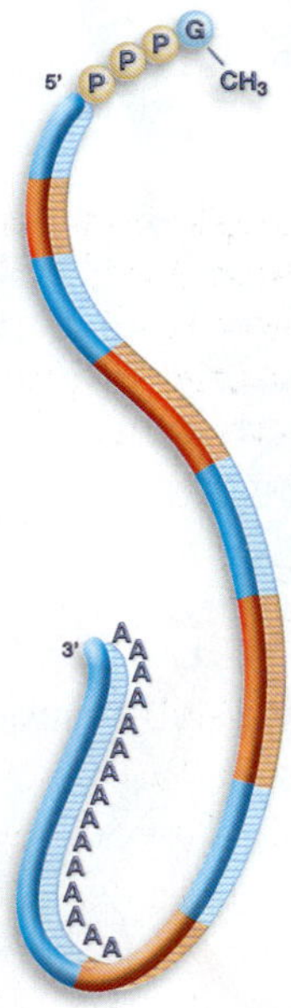

Molécula de ARNm. Es una larga cadena simple de nucleótidos de tamaño variable y aspecto filamentoso.

¿Lo sabías?

El código genético es universal

Todos los seres vivos, desde el ser humano hasta la bacteria más simple, compartimos la misma clave genética para fabricar nuestras proteínas. Esta característica ha sido fundamental en el avance de la biotecnología ya que posibilita sintetizar una proteína humana en las células de otros organismos.

- **Traducción.** Es la etapa en la que el ARNm una vez en el citoplasma, se une a un ribosoma, el cual lee y traduce el mensaje cifrado que utilizará para sintetizar una proteína. En este proceso se usa un «diccionario» llamado **código genético.**

El código genético asigna las equivalencias entre el **lenguaje del ARN$_m$** (secuencia de bases) y el **lenguaje de las proteínas** (secuencia de aminoácidos). A cada grupo de tres bases del ARN$_m$ (que se llama **codón** o **triplete**) le corresponde uno de los 20 aminoácidos que forman las proteínas.

Observa

El código genético: correspondencia entre tripletes y aminoácidos

Segunda base de ARNm

Primera base de ARNm (extremo 5')	U	C	A	G	Tercera base de ARNm (extremo 3')
U	UUU, UUC: Phe; UUA, UUG: Leu	UCU, UCC, UCA, UCG: Ser	UAU, UAC: Tyr; UAA Stop; UAG Stop	UGU, UGC: Cys; UGA Stop; UGG Trp	U C A G
C	CUU, CUC, CUA, CUG: Leu	CCU, CCC, CCA, CCG: Pro	CAU, CAC: His; CAA, CAG: Gln	CGU, CGC, CGA, CGG: Arg	U C A G
A	AUU, AUC, AUA: Ile; AUG Met o Inicio	ACU, ACC, ACA, ACG: Thr	AAU, AAC: Asn; AAA, AAG: Lys	AGU, AGC: Ser; AGA, AGG: Arg	U C A G
G	GUU, GUC, GUA, GUG: Val	GCU, GCC, GCA, GCG: Ala	GAU, GAC: Asp; GAA, GAG: Glu	GGU, GGC, GGA, GGG: Gly	U C A G

De los 64 tripletes, 61 codifican para los 20 aminoácidos y los tres restantes son señales de stop e indican al ribosoma que debe finalizar el proceso de síntesis de la proteína. El codón AUG además de codificar para el aminoácido metionina, constituye también la señal de inicio para poner en marcha el proceso.

Durante la traducción el ribosoma se mueve a lo largo de la cadena del ARNm leyendo codón tras codón y va uniendo los aminoácidos que llegan al ribosoma transportados por otro tipo de ARN llamado **ARN de transferencia** (ARN$_t$). El ARN$_t$ tiene un grupo de tres nucleótidos, llamado **anticodón,** complementario de un codón del ARN$_m$ al que reconoce de forma específica.

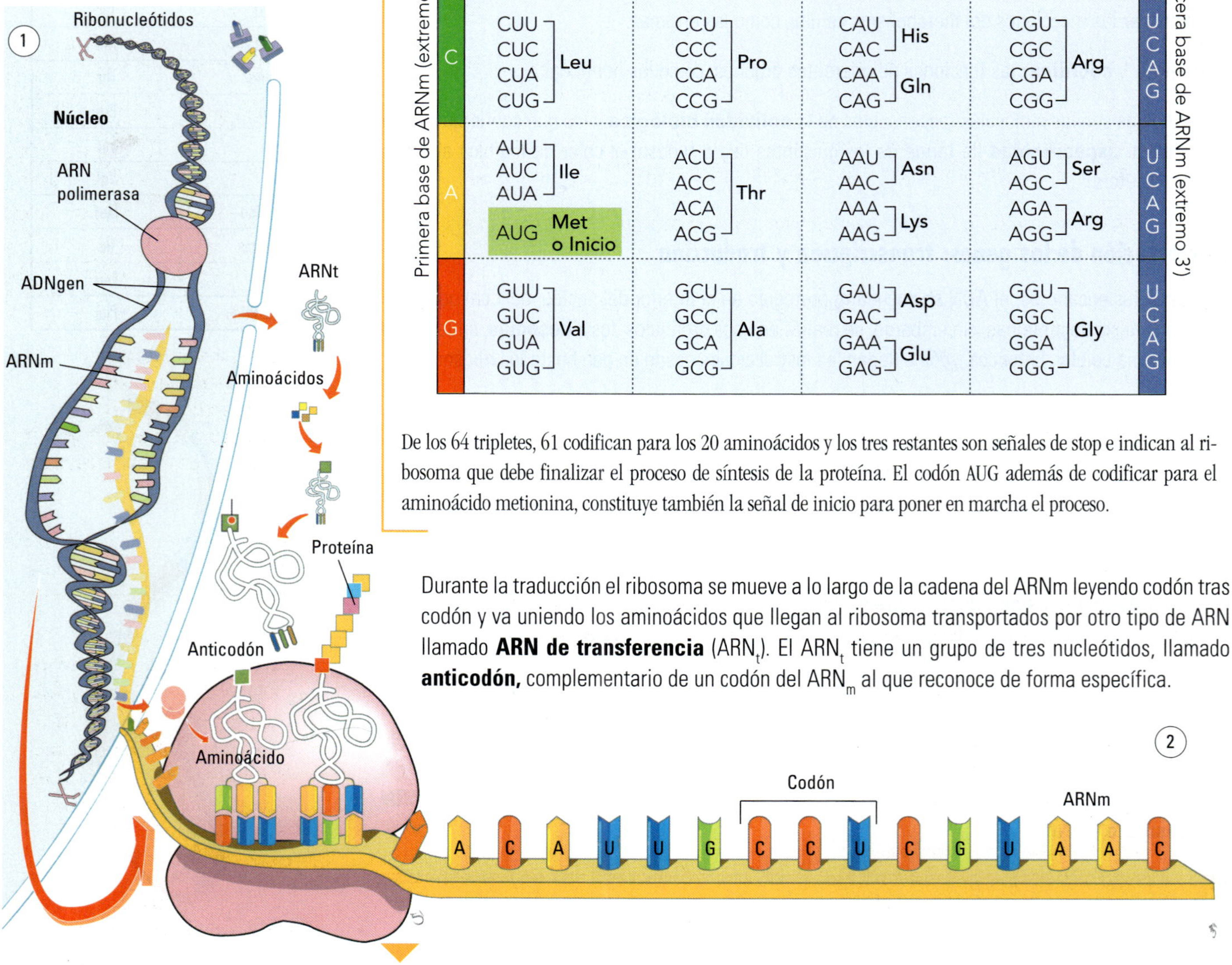

Transcripción y traducción. Durante la transcripción (1) la información genética contenida en el ADN pasa al ARN$_m$. En la traducción (2) se sintetiza una nueva proteína según el orden que establece la secuencia de codones del ARN$_m$.

2 Biotecnología: un conjunto de tecnologías

Desde hace miles de años, la humanidad ha domesticado animales, ha mejorado el cultivo de plantas y ha utilizado los procesos de **fermentación** microbiana para obtener productos útiles, tales como pan, vino, queso y yogur. En el siglo XIX, los microorganismos ya se usaban en agricultura para incrementar las cosechas y controlar los insectos. Desde el siglo XX, también han sido empleados para producir antibióticos, vacunas, vitaminas, aminoácidos, enzimas y otras sustancias.

La biotecnología no es nueva, si bien hasta la época moderna ha sido utilizada por las personas de forma empírica y sin conocimientos científicos previos. Entonces, ¿qué es la biotecnología?

La **biotecnología moderna** es un conjunto de técnicas que permiten **la manipulación de material genético (ADN)** de los organismos vivos con el fin de fabricar o modificar un producto, mejorar animales o plantas o desarrollar microorganismos con capacidades determinadas para usos específicos.

El progreso de la biotecnología moderna ha requerido numerosos estudios genéticos y bioquímicos que han permitido conocer los mecanismos que regulan la decodificación y la expresión de la información contenida en los genes y el desarrollo de una serie de herramientas y técnicas altamente precisas entre las que podemos destacar:

- La **tecnología del ADN recombinante,** que permite aislar cualquier región de ADN, crear un elevado número de copias de ella y averiguar rápidamente su secuencia de nucleótidos.
- Las **técnicas de ingeniería genética,** que permiten la transferencia de genes de unos organismos a otros y así conseguir organismos genéticamente modificados (OGM) o transgénicos.
- Las **técnicas de clonación celular,** que permiten la reparación de tejidos y órganos adultos dañados o defectuosos.
- Las **técnicas de cultivo de células y tejidos,** que permiten mantener y crecer *in vitro* células, órganos y embriones durante largos períodos de tiempo.

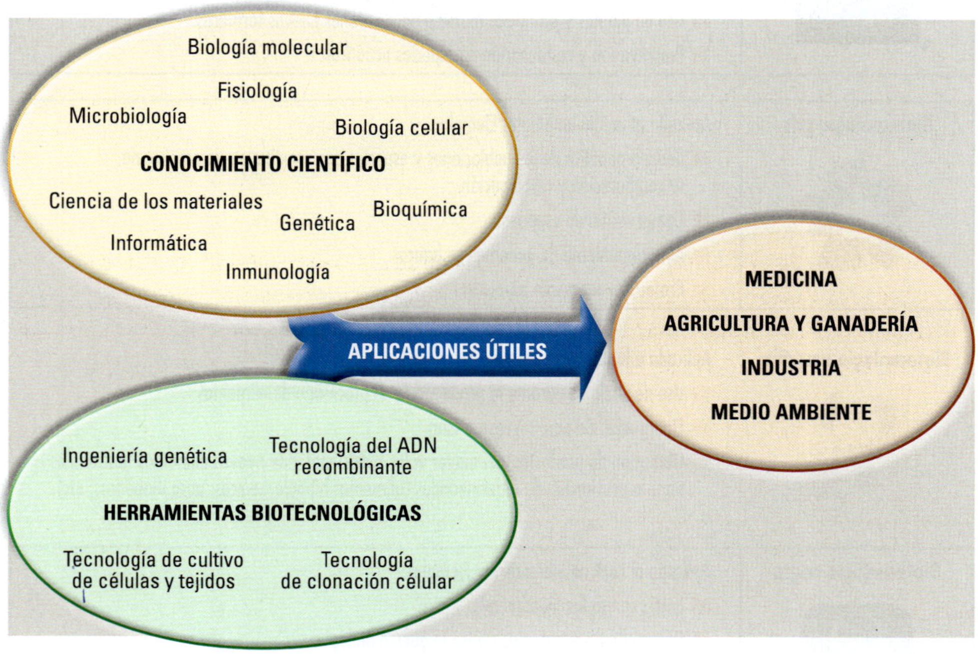

Biotecnología moderna. El conocimiento científico y técnico de muchas disciplinas ha permitido el desarrollo y la aplicación de la nueva biotecnología.

Biotecnología tradicional. Los sumerios ya dominaban el arte de la preparación de la cerveza entre 6 000 a 8 000 años atrás.

Biotecnología contemporánea. Aplica técnicas de última generación como la reprogramación celular, las matrices de ADN, la aceleración de secuencias de genomas, el desarrollo de biomateriales o la nanotecnología.

4 Utilizando el código genético del observa de la página anterior, escribe el polipéptido o cadena de aminoácidos formada con la información dada por la siguiente hebra simple de ADN: 3'TACCGATCCAG CGTG5'

5 ¿Cuáles son las técnicas empleadas actualmente en biotecnología? Descríbelas.

¿Lo sabías?

Banco de germoplasma o banco de semillas

Un banco de germoplasma o banco de semillas es un lugar donde se conserva material vegetal vivo en forma de explantes, bulbos, semillas, polen, esporas, etc. Tiene como finalidad salvaguardar la diversidad genética de uno o varios cultivos vegetales y sus especies silvestres relacionadas.

Tejidos vegetales en frascos de vidrio en un laboratorio.

Seres vivos acuáticos. Actualmente se utilizan organismos marinos completos, sus células o moléculas para obtener productos que mejoran nuestra sociedad.

Biotecnología dorada. Relacionada con los desarrollos y procesos bioinformáticos.

2.1 Clasificación cromática de la biotecnología

El conjunto tan variado de tecnologías llamado **biotecnología** produce una amplia gama de productos, cuyas aplicaciones se centran en la salud humana, la agricultura, la ganadería, la industria y el medio ambiente.

En la actualidad la biotecnología se clasifica en colores, cada uno de los cuales se relaciona y representa un área diferente. Podemos destacar cinco áreas principales en biotecnología: verde, roja, blanca, azul y gris, aunque hay muchos más colores como comprobarás a continuación.

Biotecnología verde 	Aplicaciones agrícolas y ganaderas. Ejemplos: ■ Utilización de bacterias para favorecer el crecimiento de las plantas. ■ Desarrollo de plantas que expresan pesticidas. ■ Desarrollo de cereales resistentes a plagas. ■ Desarrollo de animales resistentes a enfermedades.
Biotecnología roja 	Aplicaciones médicas. Ejemplos: ■ Utilización de organismos para obtener nuevos productos y fármacos. ■ Producción de anticuerpos monoclonales. ■ Desarrollo de terapias génicas. ■ Desarrollo de terapias celulares.
Biotecnología blanca 	Aplicaciones a los procesos industriales y a la bioenergía. Ejemplos: ■ Diseño de organismos para obtener productos de interés. ■ Utilización de bacterias para eliminar vertidos de petróleo. ■ Producción de nuevas sustancias químicas. ■ Desarrollo de nuevos combustibles.
Biotecnología azul 	Aplicaciones acuáticas y marinas. Ejemplos: ■ Uso de genes de organismos acuáticos para obtener plantas resistentes a las condiciones ambientales. ■ Mejora de la efectividad de la vacunación para disminuir la mortalidad de los peces. ■ Uso de plantas y productos marinos para obtener nuevos fármacos. ■ Preservación y restauración de especies acuáticas.
Biotecnología gris 	Aplicada al medio ambiente. Ejemplos: ■ Análisis genético de las poblaciones y especies que constituyen un ecosistema, su comparación y catalogación. ■ Conservación de especies. ■ Almacenamiento de genomas en bancos. ■ Protección del medio ambiente.
Biotecnología amarilla 	Aplicada a la nutrición. Ejemplos: ■ Uso de enzimas durante la producción y el procesado de alimentos. ■ Elaboración de pan, cerveza y vino. ■ Obtención de productos con mayor valor nutricional y de nuevos alimentos funcionales para la prevención de enfermedades (alimentos hipoalergénicos, para diabéticos, etc).
Biotecnología negra 	Aplicada al contrabioterrorismo. Ejemplos: ■ Lucha contra los biocrímenes. ■ Desarrollo de estrategias contra la guerra biológica. ■ Producción de antivenenos.

3 Tecnología del ADN recombinante

La **tecnología del ADN recombinante** comprende una serie de técnicas que permiten **manipular** el ADN, es decir, cortar, aislar, pegar, reproducir y secuenciar fragmentos específicos del ADN de cualquier organismo.

Además, la tecnología del ADN recombinante incluye las técnicas necesarias con las que se puede insertar un fragmento de ADN de interés, que proviene de un **organismo donante,** en otra molécula de ADN, llamada **vector.** Como resultado se obtiene una molécula de ADN con una nueva combinación, constituida por una parte del ADN insertado y por otra del ADN vector.

El **ADN recombinante** es cualquier molécula de ADN formada por la unión de segmentos de ADN de origen diferente.

Algunas de estas técnicas son las que a continuación se describen.

Enzimas de restricción. Al cortar el ADN originan fragmentos cuyos extremos se llaman extremos cohesivos o pegajosos porque pueden unirse fácilmente con el extremo de otro fragmento de ADN.

3.1 Enzimas celulares

En las células vivas, el ADN es cortado y vuelto a unir una y otra vez por **enzimas,** un tipo de proteínas, que han sido identificadas y purificadas por los científicos y las usan habitualmente en los laboratorios.

- Las **enzimas de restricción** o **endonucleasas de restricción** son sintetizadas por las bacterias para proteger su ADN de un ADN invasor. Funcionan como unas tijeras químicas que cortan el ADN extraño en fragmentos.
- Las **ligasas** son enzimas que unen distintos fragmentos de ADN pegando sus extremos.

6 ¿Qué es y cómo obtendrías una molécula de ADN recombinante?

Observa

¿Cómo actúan las enzimas de restricción y las ligasas en la creación de ADN recombinante?

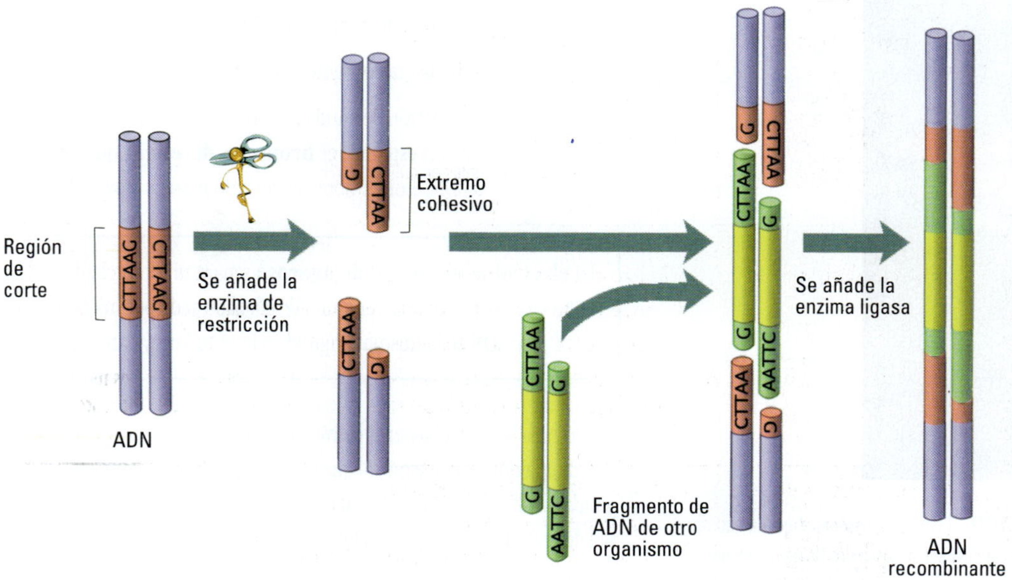

1) Con la misma enzima de restricción se corta el ADN de dos organismos distintos.
2) Los fragmentos de ADN de cada organismo se ponen en contacto y forman una molécula de ADN recombinante.
3) Las ligasas pegan los extremos y los fragmentos se unen de forma permanente.

3.2 Análisis de fragmentos de ADN

Una vez que las enzimas de restricción han cortado un trozo de ADN, los fragmentos de distinto tamaño se pueden separar y analizar mediante diferentes técnicas, como la **electroforesis en gel de agarosa.**

Evidencia científica

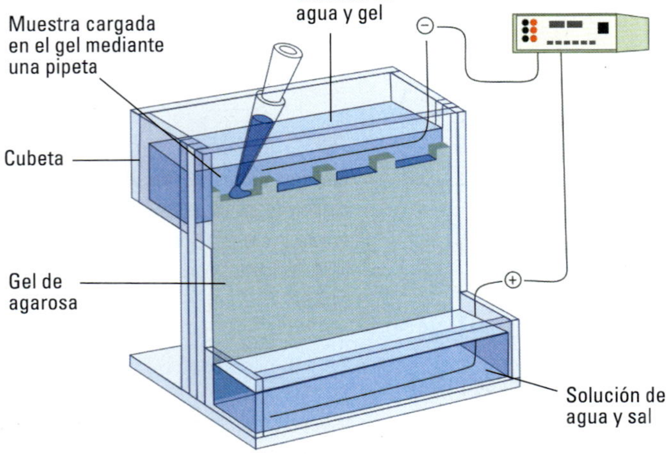

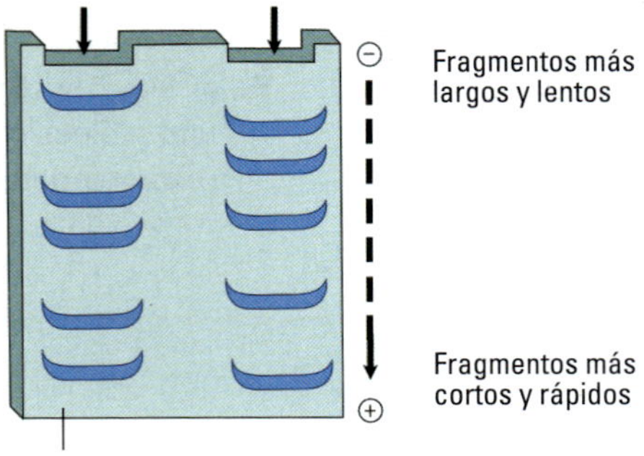

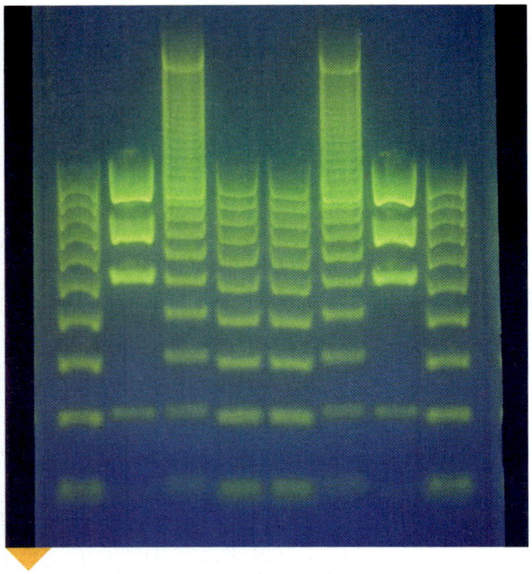

Visualización del patrón de bandas de ADN. Cuando se observa el gel de agarosa coloreado con bromuro de etidio, los fragmentos de ADN están separados de igual manera que los corredores a lo largo de una carrera. Los más pequeños son los que se han movido más rápido y los que más se han alejado de los pocillos de la muestra.

Electroforesis en gel de agarosa

Mediante esta técnica pueden separarse los fragmentos de ADN en función de su **tamaño** y su **carga eléctrica.**

El soporte que se utiliza para que el ADN se pueda mover es la **agarosa,** un polisacárido extraído de las algas rojas y de comportamiento parecido a la gelatina ya que después de disolverse en agua hirviendo se transforma en gel a medida que se enfría.

El **procedimiento** para realizar una electroforesis en gel de agarosa es el siguiente:

- Se prepara una lámina delgada de agarosa gelificada en un molde adecuado que permite la formación, en uno de sus extremos, de una hilera de pequeños huecos denominados pocillos para muestra.

  A continuación, la lámina se introduce en una cubeta de electroforesis que contiene una solución de agua y sales y que posee electrodos adheridos a cada extremo.

- En cada pocillo del gel se carga con una **micropipeta** una muestra diferente que contiene la mezcla de los fragmentos de ADN de distinto tamaño que se desea separar.

- Como el ADN está cargado negativamente, cuando se aplica la **corriente eléctrica** los fragmentos de ADN avanzan a través del gel hacia el electrodo positivo que está situado en el otro extremo.

  Puesto que la agarosa actúa como un tamiz molecular, los fragmentos más pequeños cruzan la malla formada por el gel más deprisa y con mayor facilidad que los grandes, de manera que los fragmentos de ADN se separan de acuerdo con su longitud y en orden de tamaño decreciente.

- Después de un tiempo la corriente se interrumpe.

  Para visualizar el patrón de bandas de ADN, la lámina de agarosa se tiñe con una coloración especial, el **bromuro de etidio** que, cuando se halla unido al ADN, emite fluorescencia bajo la luz ultravioleta.

> La **electroforesis en gel de agarosa** separa una mezcla de moléculas de ADN en bandas, cada una de ellas formada por miles de moléculas de ADN de la misma longitud (o longitud muy parecida).

Esta técnica permite obtener el patrón de bandas característico y exclusivo del ADN de cualquier organismo, al que se denomina **huella génica.** La huella génica constituye la huella digital del ADN y hace posible averiguar la identidad de un individuo comparándola con la de otras muestras.

Se utiliza para investigar la **autoría de un delito,** establecer la **paternidad** y ayudar a los historiadores a resolver **antiguos misterios.**

3.3 Hibridación mediante sondas de ADN: búsqueda específica de un gen

La hibridación del ADN es un fenómeno natural que constituye una de las técnicas fundamentales en la tecnología del ADN recombinante.

La **hibridación del ADN** es el proceso en el que dos hebras de ADN de cadena sencilla, con una secuencia de bases complementaria, se unen para originar una molécula de ADN de cadena doble correctamente apareada.

Pero, ¿por qué la hibridación del ADN es una técnica fundamental para la biotecnología? Porque permite identificar la presencia de **un gen** que codifica una proteína de interés en un cromosoma. Para ello, lo que se hace es un ensayo de hibridación con una sonda de ADN.

Una **sonda de ADN** es un fragmento artificial de ADN de cadena sencilla que presenta átomos marcados con radiactividad o fluorescencia y cuya secuencia de nucleótidos es complementaria a la secuencia del gen que se desea detectar.

Una sonda de ADN que ha hibridado se logra detectar mediante un gran número de métodos, por ejemplo por impresión de una película radiográfica.

Cuando se quieren analizar simultáneamente **miles de genes** se utilizan los **chips** o **micromatrices de ADN,** cuya tecnología ha revolucionado la genética de la misma manera que los chips de silicio revolucionaron la industria de los ordenadores.

Los **chips** o **micromatrices de ADN** son láminas de vidrio donde se fija en cada una de sus microscópicas celdillas una cantidad ínfima de fragmentos de ADN de cadena simple cuya secuencia de nucleótidos actúa como sonda para un gen determinado.

Las miles de microscópicas celdillas se sitúan en forma de cuadrícula en la lámina de vidrio (cuyo tamaño no es superior al tamaño de un sello de correos) y permiten desarrollar en paralelo miles de reacciones de hibridación. Como se conoce la situación exacta de cada sonda en el chip, cualquier fragmento de ADN que hibride con una de ellas podrá ser identificado como un gen concreto simplemente localizando la posición de la sonda a la que se encuentra unido en el chip.

La tecnología de las micromatrices de ADN se **utiliza** para:

- Detectar **mutaciones** en genes que pueden causar enfermedades como la hemofilia, la fibrosis quística, la enfermedad de Huntington y la distrofia muscular de Duchenne.
- Controlar la **expresión de los genes** en líneas celulares cancerosas humanas.
- Diagnosticar **enfermedades infecciosas.**
- Personalizar el **tratamiento con medicamentos,** porque en función de las diferencias genéticas individuales pueden producirse distintas reacciones a dicho tratamiento.
- Sugerir **nuevas técnicas diagnósticas** o **terapias.**

7. ¿Qué es la hibridación del ADN? ¿Por qué es una técnica fundamental para la biotecnología?.

8. ¿Qué es un chip o micromatriz de ADN? ¿Para qué se usa esta tecnología?

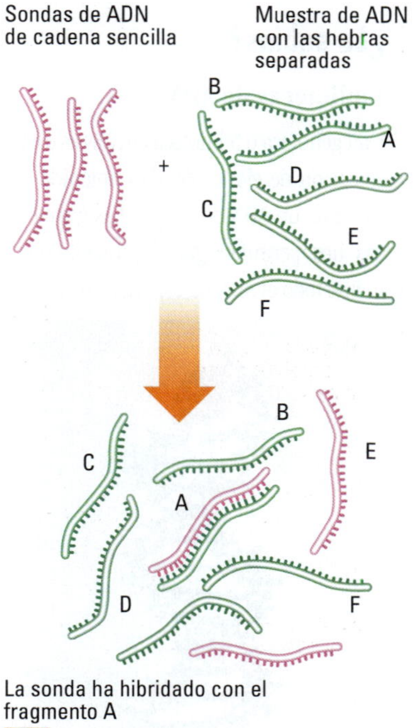

Análisis de hibridación. Cuando una muestra de ADN contiene la secuencia de bases complementaria a la secuencia de la sonda esta hibridará con la muestra y físicamente se «pegará» a ella.

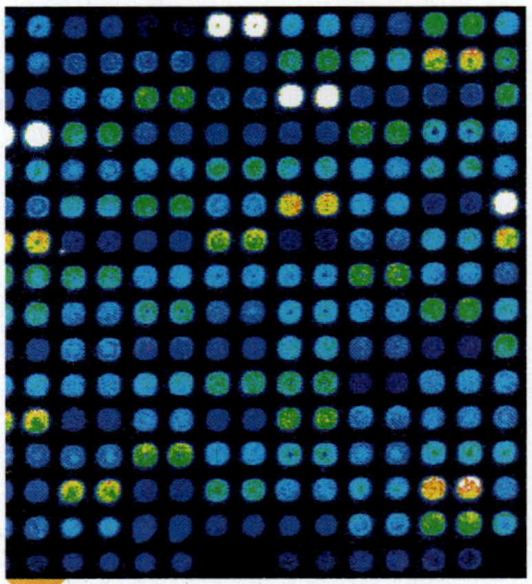

Micromatriz de ADN ampliada. Cada puntito fluorescente representa una celdilla donde se ha producido hibridación.

¿Lo sabías?

Bibliotecas de ADN

Una genoteca o biblioteca de ADN es una colección de clones de ADN obtenida a partir de un ADN de interés. Las genotecas nos permiten guardar indefinidamente todo el ADN de un organismo.

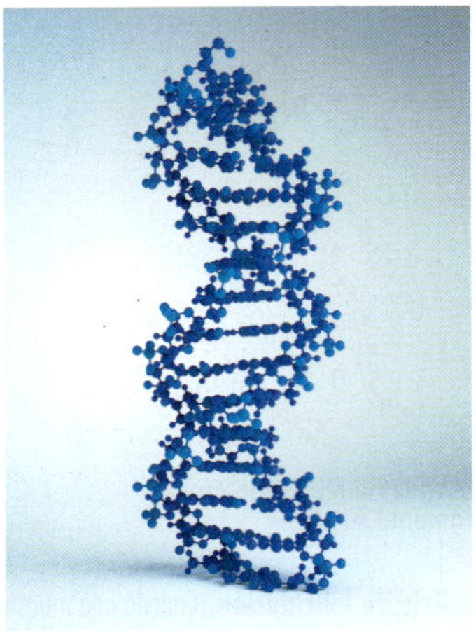

3.4 Clonación del ADN

La palabra ***clonación*** significa producción de ejemplares genéticamente idénticos mediante reproducción asexual. La población resultante recibe el nombre de clon. Pero, ¿qué significado tiene esta palabra cuando se aplica al ADN?

La **clonación** de un fragmento de **ADN** consiste en la obtención de miles de millones de copias idénticas de dicho fragmento.

Para clonar un fragmento de ADN, este debe ser introducido en una molécula transportadora, también llamada vector.

Un **vector de clonación** es una molécula de ADN pequeña capaz de entrar en una bacteria y de autorreplicarse dentro de ella.

Actualmente, existen muchos vectores de clonación aunque los más utilizados son los plásmidos bacterianos. El **método** de clonación es el siguiente:

1. El plásmido y el ADN que se quiere clonar se cortan con la misma enzima de restricción. Con los plásmidos cortados y los fragmentos de ADN se obtienen **plásmidos recombinantes** que se incuban con un cultivo de bacterias (normalmente *Escherichia coli),* en las condiciones adecuadas para que cada una de ellas incorpore solamente un plásmido recombinante. Este proceso se denomina **transformación.**

2. Como los plásmidos llevan un **gen** que les confiere **resistencia a un antibiótico,** las bacterias transformadas pueden ser **seleccionadas** colocándolas en placas de cultivo en un medio que contiene el antibiótico. Únicamente las bacterias que llevan el plásmido recombinante serán resistentes, capaces de sobrevivir y formar colonias en las placas. Las demás, que no han sido transformadas ya que no portan el plásmido recombinante, mueren.

3. Cada colonia de bacterias transformada se aísla y se mantiene en condiciones de crecimiento. A medida que las bacterias se **duplican,** también se duplica el número de **plásmidos** recombinantes y los fragmentos de ADN que llevan insertados.

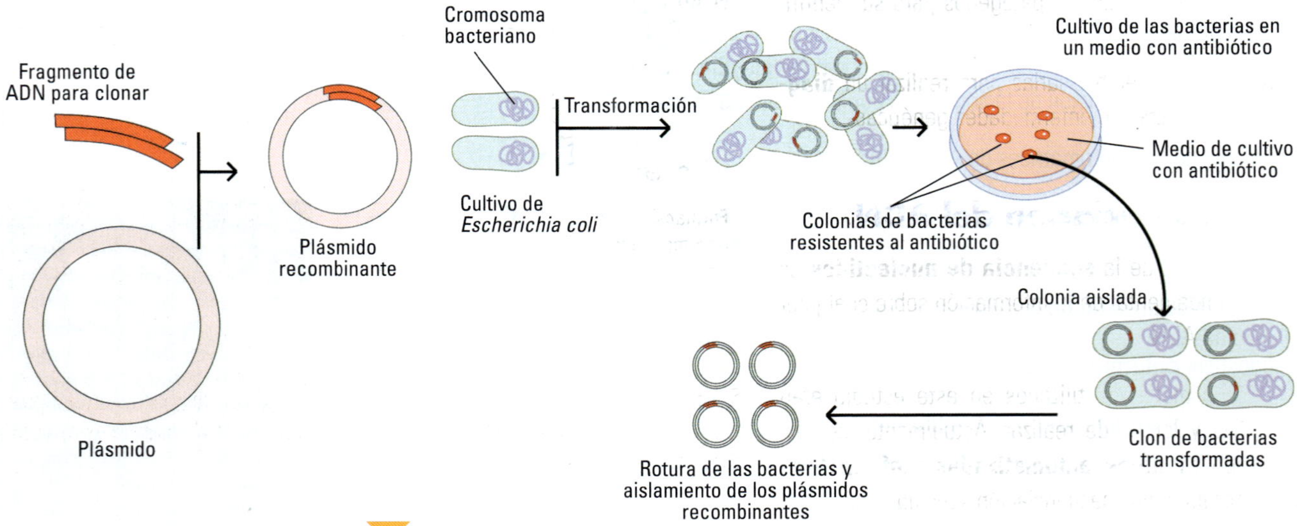

Proceso de clonación utilizando un plásmido como vector. La colonia de bacterias transformadas contendrá millones de copias del mismo fragmento de ADN insertado. El conjunto de copias de un fragmento de ADN se denomina clon de ADN.

9 ¿En qué consiste la clonación de un fragmento de ADN? ¿Cómo se realiza?

3.5 Reacción en cadena de la polimerasa

A partir de cantidades minúsculas, el ADN se puede copiar o **amplificar** muchas veces en el interior de un tubo de ensayo, sin necesidad de clonarlo.

La técnica se basa en un procedimiento denominado **reacción en cadena de la polimerasa (PCR,** del inglés ***p**olymerase **c**hain **r**eaction*).

La **PCR** es una reacción en cadena que origina millones de copias de un segmento específico de ADN mediante la repetición de múltiples ciclos de replicación del ADN *in vitro.*

El material de partida es el ADN muestra que se desea copiar, que no precisa ser purificado, una cantidad suficiente de los cuatro nucleótidos, dos moléculas cortas de ADN de cadena simple o **cebadores,** que son complementarios de las secuencia de ADN que flanquea el gen que se va a copiar, y una ADN polimerasa resistente al calor, como la Taq (procedente de la bacteria *Thermus aquaticus,* descubierta junto a los géiseres de Yellowstone), que sintetizará las nuevas cadenas de ADN.

La PCR es una **herramienta** utilizada rutinariamente para amplificar segmentos de ADN a partir de una extensa diversidad de fuentes, por ejemplo:

- ADN de pequeñas cantidades de tejidos, sangre o semen conseguidos en la escena de un crimen.
- ADN de microorganismos patógenos para su identificación.
- ADN de células embrionarias para realizar un **diagnóstico prenatal** de enfermedades genéticas.

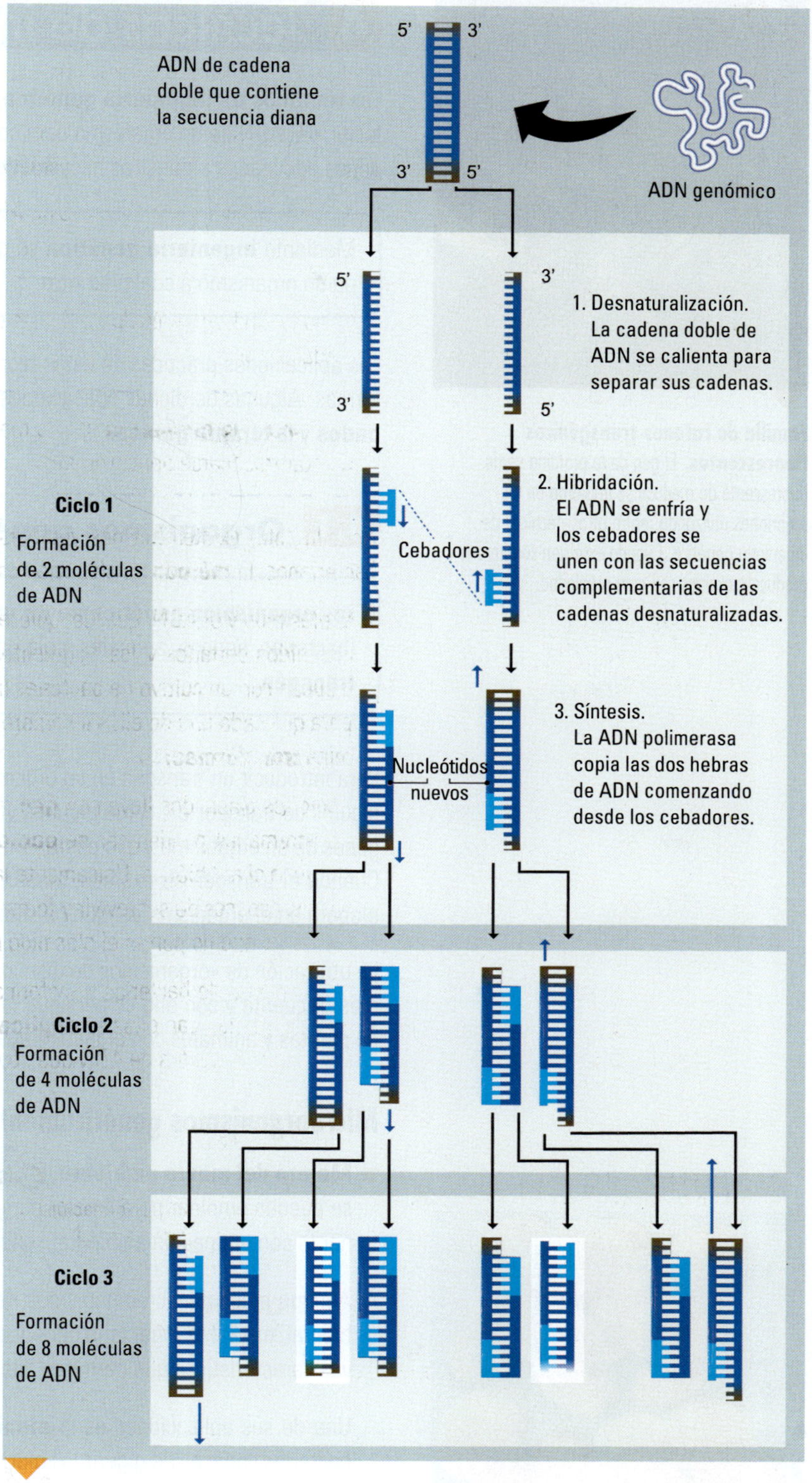

Reacción de la PCR. Consta de un ciclo de tres fases que se repiten una y otra vez hasta obtener, como si se tratase de una fotocopiadora biológica y en unas pocas horas, el número de copias deseado de un fragmento de ADN.

3.6 Secuenciación del ADN

La determinación de la **secuencia de nucleótidos** es una parte fundamental de la información sobre cualquier fragmento de ADN.

Los primeros métodos utilizados en este estudio eran complicados y lentos de realizar. Actualmente, se han desarrollado **técnicas automatizadas** e **informatizadas** que permiten una secuenciación sencilla y rápida.

Así, se ha conseguido conocer la secuencia de miles de genes y los genomas completos de numerosos organismos, desde los procariotas hasta el ser humano.

10 ¿Qué es la PCR? ¿De qué fases consta cada ciclo de replicación? Descríbelas.

Familia de ratones transgénicos fluorescentes. El gen de la proteína verde fluorescente de medusa se implanta en los embriones utilizando, entre otras, técnicas de ingeniería genética. Cuando este gen se expresa produce proteínas con esta propiedad.

4 Técnicas de ingeniería genética

Las **técnicas de ingeniería genética** son un conjunto de procedimientos que permiten la manipulación del ADN de un organismo para conseguir nuevas formas de vida con combinaciones únicas de genes adecuadas a nuestras necesidades.

Mediante **ingeniería genética** se pueden transferir genes entre especies distintas, es decir, de un organismo a cualquier otro.

Las aplicaciones prácticas de estas técnicas son numerosas e influyen en nuestras vidas de muchas formas. Algunas de dichas aplicaciones son la obtención de **organismos genéticamente modificados** y la **terapia génica.**

4.1 Organismos genéticamente modificados: OGM

Los **organismos genéticamente modificados (OGM)** o **transgénicos** son los organismos (bacterias, hongos, animales y plantas) que contienen un gen procedente de otro organismo o **transgén.**

Para introducir un transgén en un organismo determinado se utilizan **vectores de expresión** o «vehículos de transporte», como algunos virus o plásmidos bacterianos, en los que se han insertado los genes de un organismo y que posteriormente se usan para introducir dichos genes en otro organismo. Cuando el transgén se expresa, elabora la misma proteína en el organismo transgénico que la que elabora en el organismo del que ha sido transferido.

La utilización de «organismos de diseño» patentados, tanto procariotas como eucariotas, cada vez es más frecuente y con ello se persigue la producción de proteínas útiles o la obtención de variedades de plantas y animales con alguna nueva característica de interés para las personas.

Microorganismos genéticamente modificados

- **Mejora del medio ambiente.** En la actualidad, los microorganismos genéticamente modificados se pueden emplear para limpiar el medio ambiente. La utilización de microorganismos para eliminar la contaminación ambiental se llama **biorremediación.**

  Aunque muchos microorganismos desempeñan un papel fundamental en el equilibrio medioambiental, mediante ingeniería genética se pueden diseñar microorganismos recombinantes con nuevas características que permitan aumentar su eficacia.

  Una de sus aplicaciones es la **eliminación de las mareas negras** mediante la utilización de bacterias capaces de digerir los hidrocarburos del petróleo transformándolos en sustancias menos o nada contaminantes.

  De la misma manera, se han creado bacterias capaces de vivir en presencia de **metales pesados** y eliminarlos de los ecosistemas mediante diversas reacciones químicas.

  Es posible usar diversos microorganismos, como las levaduras, para **producir biocombustibles** (biodiesel y bioalcohol), fuente de energía que contamina menos que los combustibles fósiles.

  Ciertas bacterias pueden tanto producir como descomponer plásticos biodegradables. El uso de estos plásticos puede ayudar a reducir la necesidad de vertederos nuevos, donde se acumulan plásticos que no se degradan.

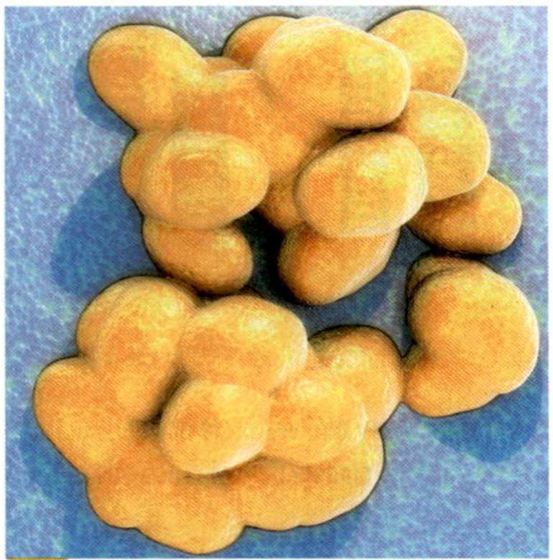

Deinococcus radiodurans. Esta bacteria ha sido modificada genéticamente para digerir disolventes y eliminar elementos radiactivos presentes en las aguas subterráneas y en el suelo. Es el ser vivo más resistente a la radiación que se conoce y que soporta la sequedad, los agentes oxidantes y diversos agentes mutagénicos.

- **Productos industriales, farmacéuticos y médicos.** Los microorganismos genéticamente modificados también se utilizan como pequeñas «factorías vivientes» programadas para fabricar productos útiles que los microorganismos no producen de manera natural.

Las **enzimas** son proteínas que, entre otras funciones, hacen posibles los procesos de degradación de sustancias. Por ejemplo, mientras lavamos la ropa las enzimas están haciendo el «trabajo sucio» por nosotros. El detergente en polvo contiene enzimas que disuelven y degradan selectivamente las manchas de nuestra ropa. Actualmente, para optimizar el proceso de fabricación del detergente en polvo se utilizan enzimas producidas por bacterias y hongos genéticamente modificados. Este tipo de enzimas también son utilizadas en la elaboración de los clásicos vaqueros lavados a la piedra.

Los **antibióticos** son sustancias que se usan para matar o inhibir el crecimiento de las bacterias. Muchos antibióticos, como la tetraciclina y la penicilina, son producidos por bacterias y hongos filamentosos genéticamente modificados.

Las bacterias y las levaduras modificadas genéticamente se usan para producir, en cantidades ilimitadas, **proteínas humanas** utilizadas en medicina, como la insulina humana, la hormona del crecimiento y el factor antihemofílico, y cuya obtención por otros medios resulta más difícil y costosa.

La insulina humana es una hormona que se produce en el páncreas y controla la concentración de azúcar en la sangre. Las personas diabéticas no la producen en cantidad suficiente por lo que muchas de ellas deben inyectarse insulina para corregir el problema. En la actualidad es producida por ingeniería genética. Se aísla el gen de la insulina humana (1) y se inserta en un vector de expresión (2), en este caso un plásmido bacteriano (3), con la ayuda de enzimas de restricción. Después se inserta el plásmido que transporta el gen humano en las bacterias que se transforman en bacterias transgénicas (4). Por último, las bacterias trangénicas se cultivan en un tanque de fermentación, del que se extrae la insulina. (5)

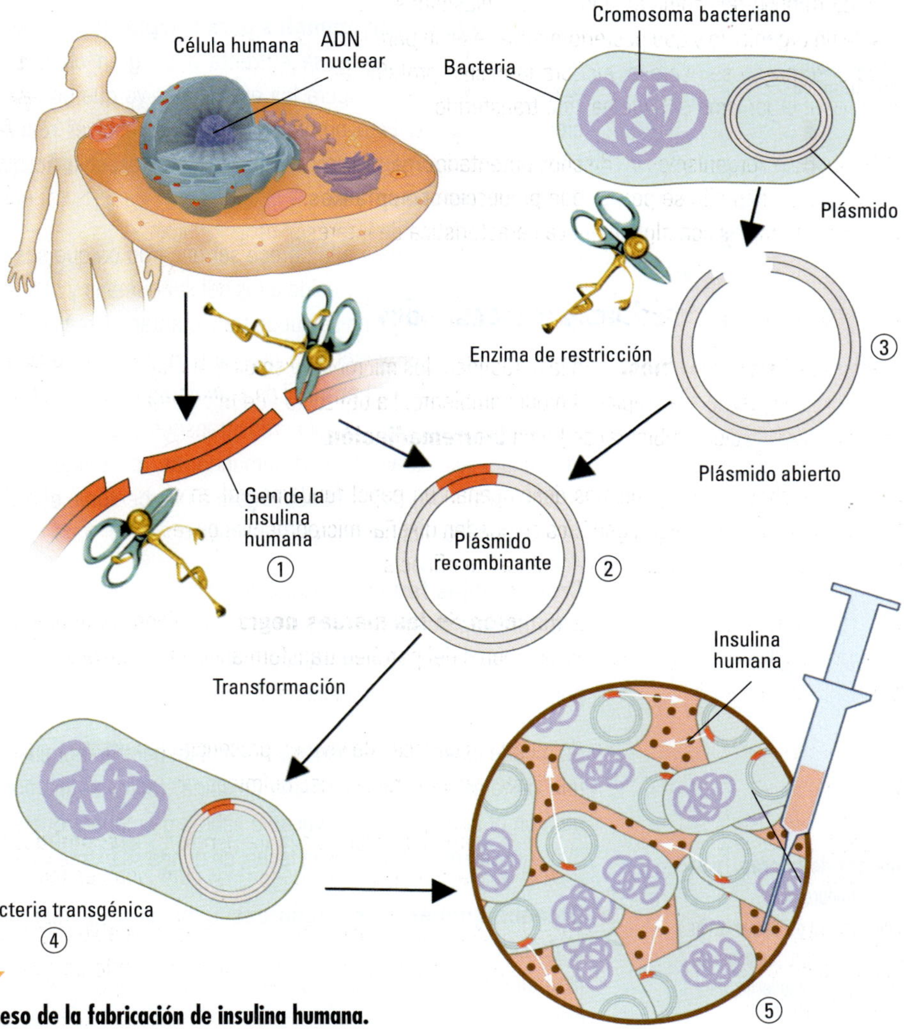

Proceso de la fabricación de insulina humana.

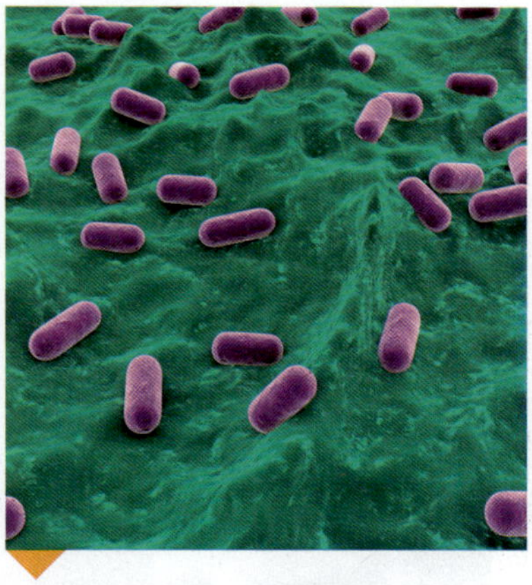

Biotecnología aplicada a la nutrición. Las levaduras se emplean en la fabricación del pan y de bebidas alcohólicas como la cerveza, el vino y los licores. La fabricación del yogur, la mantequilla, el queso y otros derivados lácteos requiere la participación de las bacterias del ácido láctico, como las de la fotografía.

¿Lo sabías?

En 1978 un equipo de biólogos norteamericano consiguió producir por primera vez insulina humana mediante técnicas de ingeniería genética, pero no fue hasta 1982 cuando se comercializó después de efectuar una serie de pruebas que garantizaron que no existía ningún riesgo para los pacientes y lo aprobaron las autoridades sanitarias.

11 ¿Cuáles son las aplicaciones prácticas de la ingeniería genética?

12 ¿Qué es un organismo genéticamente modificado o transgénico? ¿Cuál es su utilidad?

¿Lo sabías?

El primer animal transgénico creado en la década de 1980, fue un ratón gigante en cuyo genoma se había insertado el gen de la hormona del crecimiento humano (HGH).

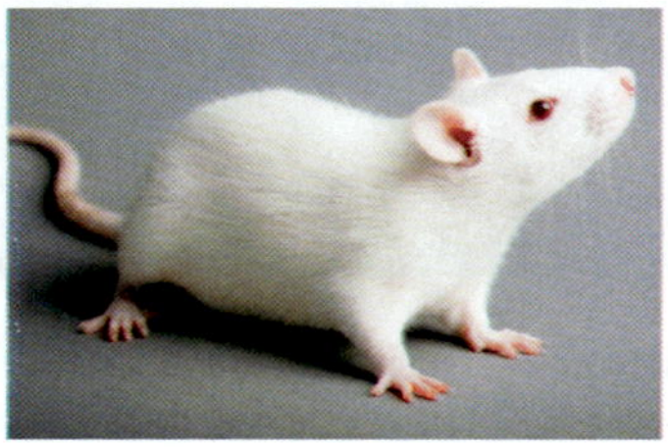

Animales transgénicos

Los **animales trangénicos** llevan en sus células algún gen procedente de otro organismo. El transgén, que ha sido obtenido mediante la tecnología del ADN recombinante, se inserta en el ADN del animal hospedador mediante diferentes mecanismos, por ejemplo, por **microinyección** en un óvulo fecundado.

Las **aplicaciones** de los animales transgénicos son variadas:

- **Aumentar la resistencia a enfermedades** y **mejorar la producción animal,** creando vacas que se desarrollan en menos tiempo, ovejas con mejor calidad de lana, cerdos con carne más magra o salmones que pueden resistir mejor las bajas temperaturas y crecer dos veces más rápido que el normal.

- **Diseñar animales *knockout,*** en los que se sustituye un gen funcional por otro mutante no funcional con el fin de examinar los efectos que la eliminación de este gen tiene sobre el animal y poder conocer la función que desempeña.

  Los ratones son los organismos más utilizados en ingeniería genética. Son modelos ideales para estudiar determinadas enfermedades en las personas porque la mayoría de sus genes actúan de una forma muy parecida al de los genes humanos. Su manipulación puede ayudar a conocer, por ejemplo, el funcionamiento de los genes que provocan el cáncer y así comprender la evolución de esta enfermedad.

- **Fabricar órganos de animales para trasplantes.** Hoy en día, la cirugía de trasplantes se enfrenta a un gran obstáculo: la demanda de órganos supera las existencias ya que no hay suficientes donantes. Este problema se podría resolver realizando trasplantes de órganos procedentes de otra especie, lo que se denomina **xenotrasplantes.**

  La especie idónea para ello parece ser el cerdo porque sus órganos tienen un tamaño parecido a los del ser humano y son fáciles de criar. Sin embargo, no se puede transplantar sin más el órgano de un cerdo a una persona ya que su organismo lo reconocería como extraño y lo rechazaría. Los ingenieros genéticos trabajan en un programa para obtener cerdos transgénicos a los que se les modifican sus características inmunitarias, de manera que si alguno de sus órganos se trasplantara a una persona, el organismos de ésta lo reconocería como humano.

- **Crear granjas farmacéuticas.** Los animales transgénicos han sido también diseñados para producir una gran cantidad de fármacos o moléculas biológicas que se emplean en medicina y que por otros medios serían mucho más difíciles de obtener.

  Se puede insertar un transgén que codifica para la fabricación de una proteína específica humana (insulina, factor antihemofílico, etc.) en el ADN de ovejas, vacas o cabras de manera que el producto se secreta a través de la leche, de donde se extrae y purifica.

- **Obtener quimeras transgénicas** u organismos que tienen unas células genéticamente modificadas y otras no, ya que la inserción del transgen solo se realiza sobre algunas células del embrión.

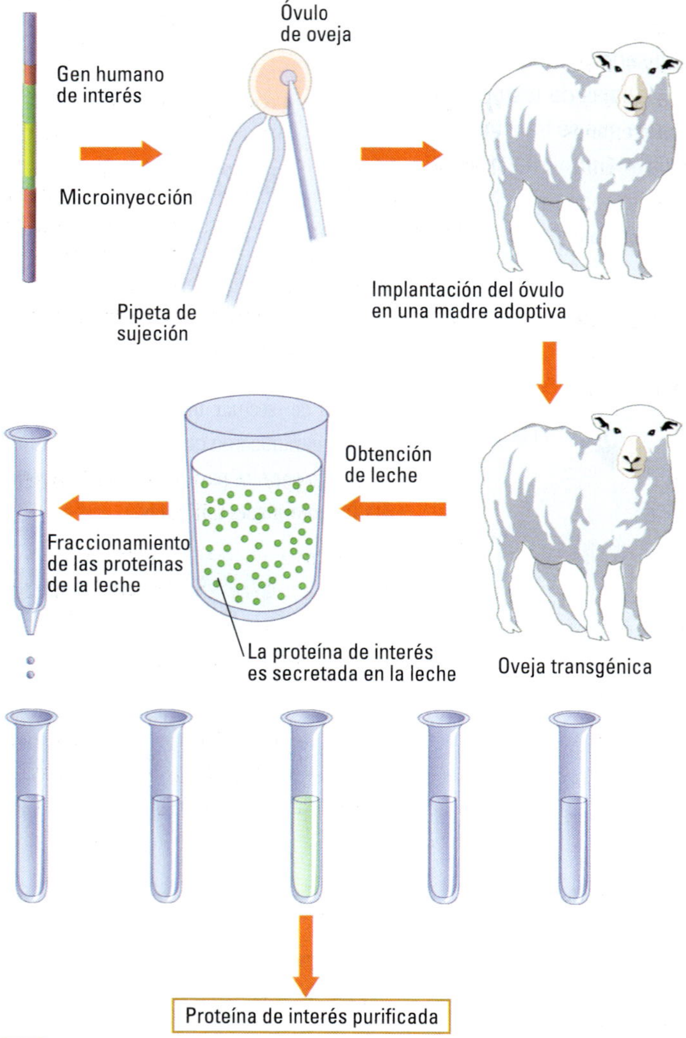

Obtención de una oveja productora de proteínas humanas de interés. Para ello, el proceso a seguir es el siguiente: se aísla el gen humano, se introduce por microinyección en un óvulo de oveja recién fecundado y se implanta en una oveja que actúa como madre adoptiva. El desarrollo del óvulo da lugar a una oveja transgénica que expresa este gen solo en las glándulas mamarias que secretan la proteína humana en la leche, de donde se puede aislar y purificar.

Plantas transgénicas

La **ingeniería genética en vegetales** tiene como objetivo transferir genes a las plantas a partir de muchos tipos de organismos distintos, simulando cruzamientos que jamás se realizarían en la naturaleza, obteniendo nuevas y útiles variedades vegetales.

Para **introducir** nuevos genes en una planta se pueden utilizar diferentes procedimientos. Uno de ellos es usar un plásmido, llamado plásmido Ti, que es un vector natural presente en la bacteria del suelo *Agrobacterium tumefaciens.* Otros métodos alternativos son la **microinyección** de los genes directamente en las células o utilizar una **pistola de genes** que lanza «balas microscópicas de ADN» contra las células vegetales. Con estos dos métodos, los genes introducidos en el citoplasma pueden alcanzar el núcleo celular e incorporase a los cromosomas.

Mediante las técnicas de ingeniería genética se han conseguido plantas transgénicas con **fines** muy diferentes:

- **Resistencia contra herbicidas** o **plagas.** Las plantas modificadas con un gen bacteriano que las hace resistentes a los herbicidas, como la soja, el algodón y el maíz, pueden crecer mientras que se destruyen las malas hierbas. Muchas frutas y verduras son resistentes a las plagas de insectos gracias a genes venenosos bacterianos que son tóxicos para los insectos pero no para las plantas ni para las personas. Otras plantas son capaces de producir toxinas, antibióticos y otras sustancias que atacan a los microorganismos. Estas características han reducido la necesidad de fumigar los campos de cultivo con productos químicos.
- **Resistencia a las heladas, las sequías o al exceso de acidez y salinidad del suelo.** En las plantas de las fresas transgénicas se ha insertado un gen de un pez ártico, que produce proteínas «anticongelantes» e impide la formación de hielo. También se han conseguido variedades de trigo y de arroz tolerantes a la sal.
- **Retrasar la maduración.** Se han desarrollado plantas que producen frutos que al madurar no se ablandan, como es el caso de las tomateras.
- **Mejorar el valor nutritivo de las plantas empleadas en agricultura.** Se cosechan plantas enriquecidas en vitaminas, minerales, aminoácidos o determinados ácidos grasos. Por ejemplo, se han diseñado plantas de arroz que producen granos de arroz amarillo con provitamina A y que en el cuerpo humano se convierte en vitamina A. El arroz dorado, más nutritivo, podría ayudar a evitar la deficiencia de esta vitamina en las personas que dependen del arroz como alimento principal.
- **Producir sustancias de interés farmacológico.** Los vegetales también pueden modificarse para obtener plantas «farmacéuticas» que producen proteínas humanas de uso médico, y proteínas virales para utilizarlas como vacunas.
- **Obtener sustancias extrañas.** Existen plantas transgénicas que producen ciertas moléculas que sirven para fabricar plásticos biodegradables (bioplásticos).
- **Modificar las características de las plantas ornamentales.** Se están desarrollando cultivos de plantas con flores más duraderas, de fragancias exclusivas o de colores más atractivos.

13 ¿Qué son los animales y las plantas transgénicas? Cita alguna de sus utilidades.

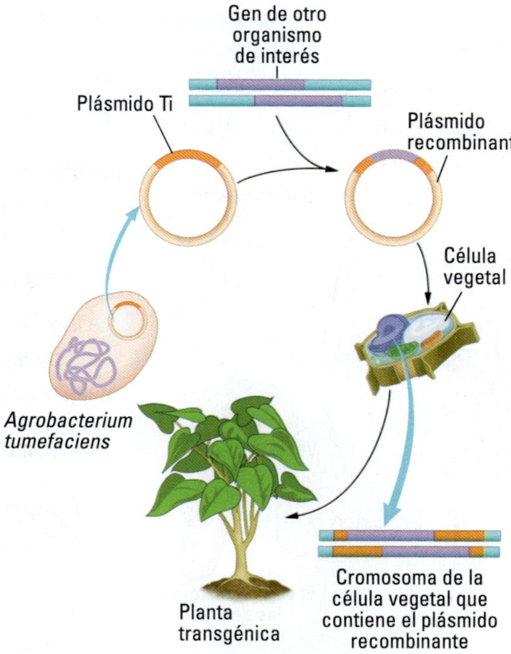

Obtención de una planta trasgénica utilizando el plásmido Ti. En primer lugar, se aísla el plásmido Ti de la bacteria *A. tumefaciens,* en el que se inserta un gen de interés procedente de otro organismo, con la ayuda de enzimas de restricción. Después, el plásmido recombinante se introduce, mediante diversos métodos, en células vegetales en cultivo y se incorpora a sus cromosomas. A partir de cada una de estas células transformadas y portadoras del gen de interés se desarrollará una planta transgénica que manifiesta el nuevo rasgo proporcionado por el transgén.

Descubre

La utilización de las plantas transgénicas en la investigación científica

Las plantas transgénicas son herramientas experimentales que permiten estudiar la localización, la estructura y la función de los diferentes genes de plantas. Para ello, se alteran sus genes y se analizan los efectos que ejercen sobre ella.

Así, se están comenzando a entender algunos procesos básicos del desarrollo de las plantas como la germinación, la regulación del momento de floración, el desarrollo de las flores o la adaptación a las heladas y a las sequías.

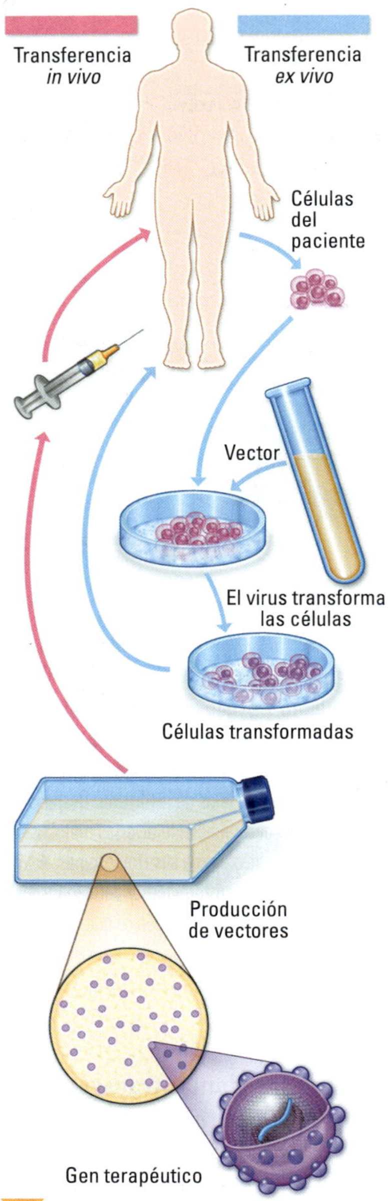

Transferencia de genes terapéuticos a las células somáticas. Se puede realizar en el laboratorio *(ex vivo)* o directamente a las células del cuerpo *(in vivo)*. En la forma *ex vivo,* se extraen algunas células del tejido afectado, se exponen al virus portador del gen y, tras su modificación mediante la inserción del gen funcional, se reinyectan en el cuerpo del paciente para que desempeñen su función normal. En la forma *in vivo,* el vector portador del gen funcional se inyecta en la sangre del paciente desde donde llega a las células diana o directamente en el tejido de destino.

14 ¿Qué objetivo tiene la terapia génica?

4.2 Terapia génica

Tal vez, la aplicación más apasionante de las técnicas de ingeniería genética sea la terapia génica en seres humanos.

La **terapia génica** tiene como objetivo tratar, curar y prevenir enfermedades producidas por un solo gen defectuoso introduciendo en el paciente un gen terapéutico o funcional.

La inserción del gen funcional pretende reemplazar el gen alterado y reparar una anomalía génica, o bien proporcionar a esas células una nueva función que cubra las insuficiencias mostradas por las células de un tejido determinado.

Existen dos **tipos** de terapia génica, la somática y la de la línea germinal.

- **Terapia génica somática.** Con ella se intenta corregir una enfermedad tratando algunas células del cuerpo (soma) de la persona enferma, de modo que la existencia de unas cuantas células transgénicas pueden ser bastante para disminuir los síntomas de la enfermedad. Para introducir el gen terapéutico en las células diana se utilizan vectores, generalmente **virus,** que se transfieren de diferentes maneras.
- **Terapia génica de la línea germinal.** Consiste en introducir células transgénicas en un óvulo fecundado, de modo que cualquier gen terapéutico formará parte del código genético de todas las células del cuerpo, incluidas las de la línea germinal futura. Aunque este tipo de ingeniería genética se realiza en ratones de laboratorio, hasta la fecha no se ha hecho en seres humanos. La terapia génica de la línea germinal, que trata de corregir alteraciones tanto en el paciente como en las generaciones futuras, también se asocia con **problemas éticos** complejos. Muchas personas, desde distintos sectores sociales, creen que la manipulación de los genes humanos se acercaría demasiado a diseñar «bebés a la carta» o a la **eugenesia,** que es la práctica deliberada de la mejora genética de la humanidad.

Además de los problemas éticos, se deben superar enormes barreras técnicas antes de desarrollar todo el potencial de la terapia génica para curar enfermedades hereditarias. No obstante, es una herramienta para tratar muchas enfermedades.

Actualmente, se está investigando sobre la utilización de células transgénicas como terapia para ciertos tipos de cáncer, diabetes, alzheimer o parkinson.

Razona

La acondroplastia es un trastorno genético del crecimiento óseo que aparece en 1 de cada 25 000 niños nacidos vivos. Se caracteriza por el acortamiento de los huesos largos con el mantenimiento de la longitud de la columna vertebral.

A la persona de la fotografía le diagnosticaron esta enfermedad hace 25 años. ¿Crees que actualmente sería posible diseñar un tratamiento experimental, mediante terapia génica, para normalizar el crecimiento del esqueleto?

5 Técnicas de clonación celular

Como ya sabes, la **clonación** es el proceso mediante el cual se producen organismos genéticamente idénticos entre sí e idénticos al organismo original del que proceden.

Algunos seres vivos pueden reproducirse asexualmente y originar copias exactas de sí mismos o **clones naturales.** Si has conseguido una planta a partir de un esqueje de otra planta has realizado una clonación, pero, ¿podemos hacer una copia de un animal adulto clonando una de sus células?

5.1 Clonación reproductiva en los animales

La biotecnología actual permite crear clones de animales gracias a una técnica que se conoce como **clonación reproductiva.**

Las primeras clonaciones artificiales de organismos completos se realizaron mediante una técnica denominada **partición gemelar.** Este método consiste en la separación, en dos o más partes, de las células de un embrión en un estado inicial de su desarrollo, de forma que cada una de las partes de lugar a un embrión completo. Se trata, por tanto, de un fenómeno similar al que da lugar de forma natural a gemelos.

Más tarde se desarrolló la técnica de **transferencia nuclear.**

Esta técnica consiste en eliminar el núcleo de un óvulo de un animal donante y reemplazarlo por el núcleo de una célula somática procedente del animal que se quiere clonar, un método denominado **trasplante nuclear.** Así, se crea un embrión «artificial» que posteriormente se implanta en el útero de una hembra de la misma especie para que finalice su desarrollo embrionario. El organismo que se obtiene es genéticamente idéntico al individuo del que procede el núcleo de la célula somática utilizada.

En 1996, un grupo de científicos escoceses, encabezado por el profesor Ian Wilmut, logró, tras 277 intentos fallidos, clonar el primer mamífero a partir de una célula adulta, la famosa oveja Dolly. Desde ese momento, se demostró la clonación de otros muchos mamíferos, como, por ejemplo, ratones, gatos, vacas, caballos y cerdos.

Sin embargo, la clonación se encuentra todavía a un nivel artesanal. En todos los casos, solo un pequeño porcentaje de embriones clonados se desarrolla con normalidad hasta el nacimiento y muchos de los animales clonados sufren distintas enfermedades y muerte prematura. Por ejemplo, Dolly fue sacrificada a los seis años de edad tras detectársele una grave enfermedad pulmonar y una artrosis impropia de su edad.

15 ¿Qué objetivo tiene la clonación reproductiva?

16 ¿Crees que la clonación reproductiva realizada mediante la técnica de partición gemelar es una verdadera clonación?

17 ¿En qué consiste la técnica de transferencia nuclear? ¿Cuál fue el primer mamífero que se logró clonar en el año 1996?

Descubre

El procedimiento empleado para crear a Dolly utilizando la clonación reproductiva por medio de trasplante nuclear

A continuación se describe cómo fue creada la oveja Dolly, el resultado del primer experimento comunicado de un mamífero clonado con el núcleo de una célula adulta.

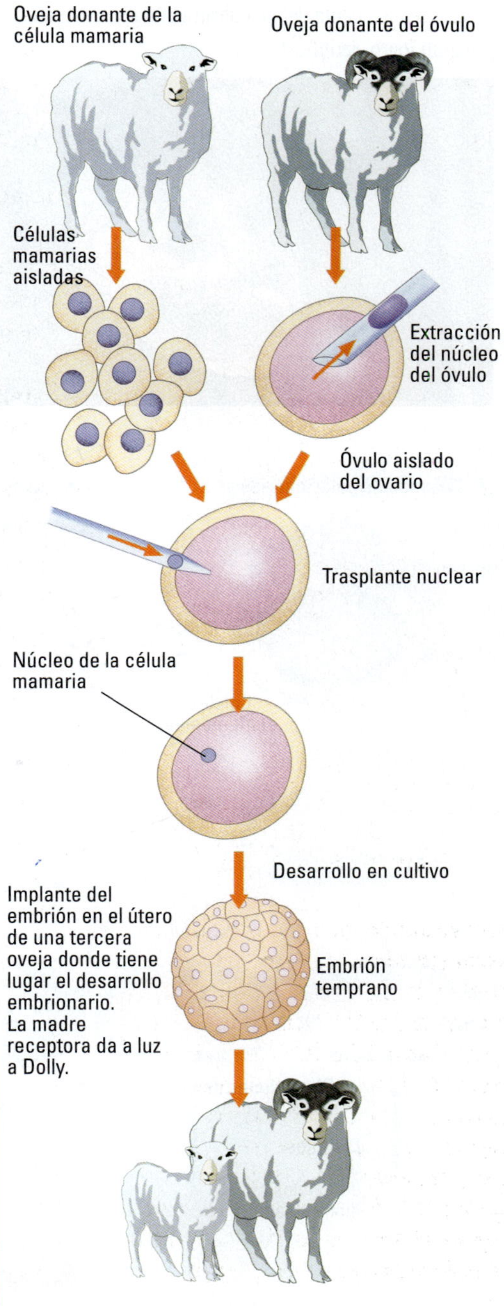

Dolly es una oveja genéticamente idéntica a la oveja donante del núcleo, pero es diferente a la oveja donante del óvulo y a la madre receptora.

Fraudes de la ciencia

A comienzos de 2004, el científico surcoreano Hwang Woosuk anunció que había producido un embrión humano mediante clonación. Dos años después, se determinó que todo era un fraude y, lo más sorprendente, que probablemente fuera producto de una partenogénesis, proceso en el que un óvulo estimulado comienza a dividirse como si hubiese sido fecundado. Algunas especies, como los tiburones, pueden reproducirse de esta manera pero no los seres humanos. Ni Hwang ni ninguno de sus colaboradores se dio cuenta del descubrimiento realizado que es, en sí mismo, ¡un gran logro científico!

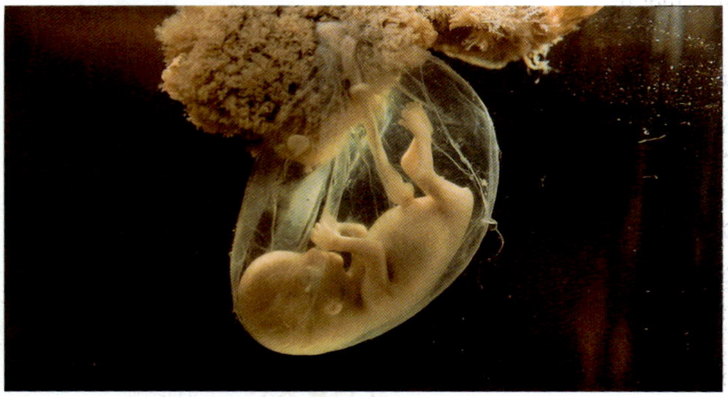

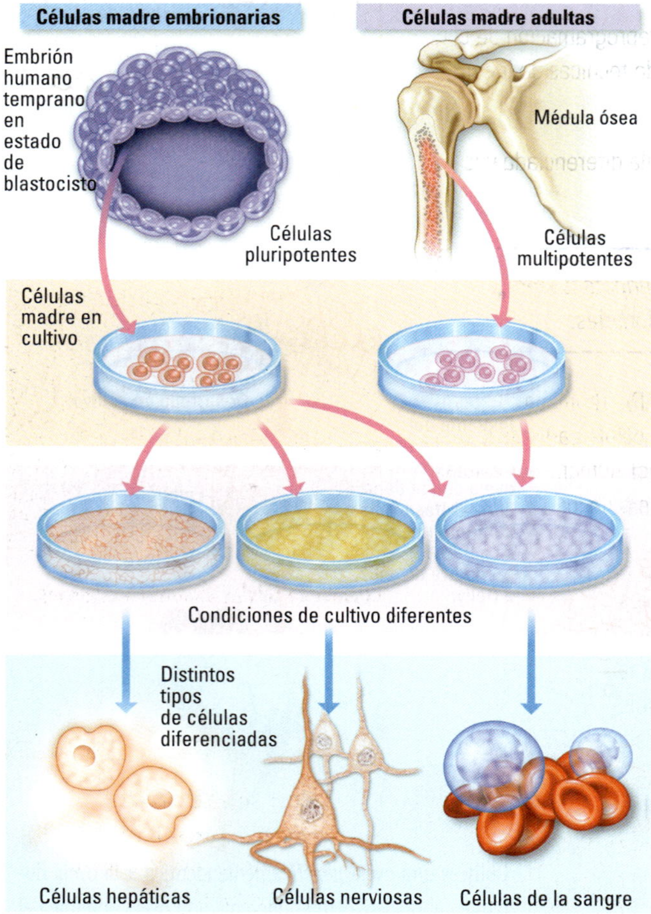

Células madre o células troncales. Las células madre pueden aislarse de embriones tempranos o de tejidos adultos y mantenerse en cultivo en estado indiferenciado durante largos periodos de tiempo. Posteriormente, en condiciones especiales de cultivo pueden generar tipos celulares especializados.

5.2 Clonación terapéutica y células madre o troncales

La **clonación terapéutica** no se utiliza para obtener un individuo viable sino que tiene como objetivo producir células madre que se emplearán con fines curativos. Pero, ¿qué son las células madre?

El organismo de cualquier mamífero, incluido el de las personas, está constituido por billones de células de más de doscientos tipos diferentes. Uno de esos tipos de células, las **células madre,** es particular.

Las **células madre** o **células troncales** (del inglés, *stem cells*) son células indiferenciadas que pueden tanto dividirse indefinidamente produciendo nuevas células madre **(autorrenovación),** como, en condiciones adecuadas, diferenciarse en uno o varios tipos celulares especializados, por ejemplo, células musculares, células sanguíneas o células hepáticas.

No todas las células madre son iguales. Se diferencian unas de otras por su origen y por el grado de **plasticidad,** es decir, por su capacidad para originar células de muy distinto tipo.

Según estas características, las células madre se clasifican en **embrionarias (ESC), adultas (ASC)** y en **células pluripotentes inducidas (iPS).**

Células madre embrionarias (ESC)

Cuando un espermatozoide fecunda a un óvulo, se forma el **cigoto,** una única célula **totipotente** que es capaz de generar, a través de sucesivas divisiones celulares, los cientos de tipos de células diferentes del nuevo organismo y, por tanto, cualquier tejido, incluso los que dan lugar a la placenta.

Las células resultantes de las primeras divisiones del cigoto también son totipotentes, pero a medida que se van formando nuevas células cada vez más especializadas se va reduciendo la gama de tipos celulares a los que pueden dar lugar. Pocos días después de la fecundación, comienza la primera especialización. El embrión temprano está integrado entonces por una serie de células que forman una esfera casi hueca llamada **blastocisto,** en el que se pueden apreciar dos tipos de células: las que forman la capa superficial, de las que se ha de originar la placenta, y las que ocupan parte del interior, que son las **células madre embrionarias.**

Las **células madre embrionarias (ESC,** del inglés *embryonic stem cells)* son células **pluripotentes,** porque, aunque por si solas no pueden dar origen al organismo completo (necesitan la placenta), son el origen de todos los tipos celulares y tejidos del individuo adulto.

Otro tipo de células madre embrionarias son las **células madre germinales embrionarias (EGC,** del inglés *embryonic germ cells*) que son aquellas que dan lugar a las células germinales (óvulos y espermatozoides). Tienen capacidad de **autorrenovación** y **pluripotencia** similares a las de las células madre embrionarias. En cultivo son capaces de dar lugar a todos los tipos celulares del adulto.

Células madre adultas (ASC)

Son células indiferenciadas que se localizan entre las células diferenciadas de un órgano o **tejido.** Su principal función es reparar y mantener, en lo posible, el tejido u órgano en el que se encuentra.

Las **células madre adultas (ASC,** del inglés *adult stem cells*) son células **multipotentes,** capaces de originar muchos tipos celulares pero no todos.

Los ejemplos más conocidos son las células madre de las que se forman las células epiteliales que recubren los pulmones o el intestino y las células hematopoyéticas de la médula ósea de las que derivan todas las células sanguíneas. Se ha descubierto la existencia de células madre adultas en órganos que se creía que tenían una baja tasa de renovación celular, por ejemplo, el cerebro adulto, y que algunas células madre adultas presentan la suficiente plasticidad para generar células especializadas de otras clases celulares. Así, las células madre de la médula ósea encargadas de formar las células de la sangre, pueden diferenciarse en células musculares o en células del hígado.

Otros tipos de células madre adultas son las que se extraen del **cordón umbilical** tras el nacimiento, que son células adultas con plasticidad similar a las de origen embrionario y las **células madre fetales,** que son células que pueden aislarse de fetos cuyo desarrollo ha sido interrumpido por causas naturales o por razones médicas.

Células madre pluripontentes inducidas (iPS)

En la actualidad se pueden obtener células madre sin embriones mediante la reprogramación de una célula adulta cultivándola y manipulándola en el laboratorio mediante el uso de técnicas de ingeniería genética.

El objetivo de la **reprogramación celular** consiste en conseguir que una célula diferenciada vuelva al estado indiferenciado que caracteriza a las células madre embrionarias.

Las **células madre pluripotentes inducidas** (iPS, del inglés *induced pluripotent stem*) son células adultas reprogramadas para comportarse como células madre embrionarias.

En noviembre de 2007, el equipo del Dr. Yamakana en Japón y el equipo del Dr. Thomson en Cambridge, consiguieron las primeras células iPS a partir de la reprogramación de células adultas. Estos dos equipos de investigación independientes transformaron células de la piel humana en células pluripotentes capaces de convertirse, tras una nueva diferenciación, en cualquiera de los 220 tipos de células que posee el cuerpo humano.

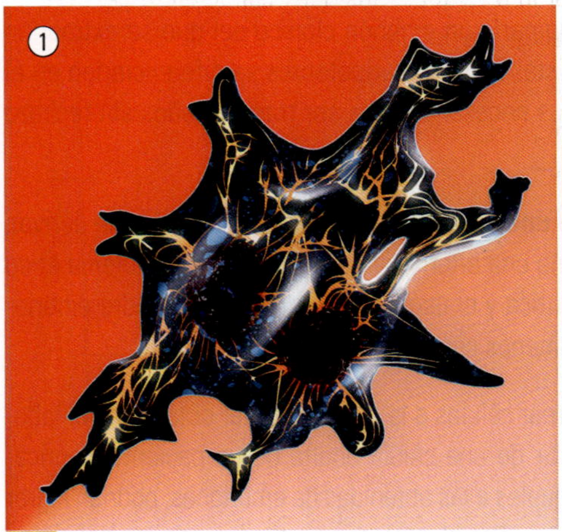

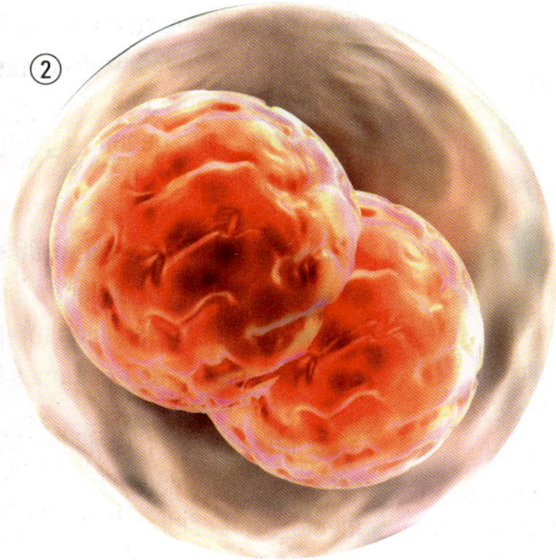

Reprogramación celular. Es una técnica que hace regresar a la célula adulta (1) a una fase similar a la embrionaria (2).

Descubre

Donación de sangre de cordón umbilical

A finales de los años 80 se descubrió que la sangre del cordón umbilical (SCU) contiene células madre hematopoyéticas que pueden utilizarse para trasplantes los cuales permiten producir nuevas células sanguíneas sanas esenciales para la vida.

Desde entonces, se recoge, se congela y se almacena en bancos de SCU. En España estos bancos se destinan únicamente a donaciones anónimas y no remuneradas.

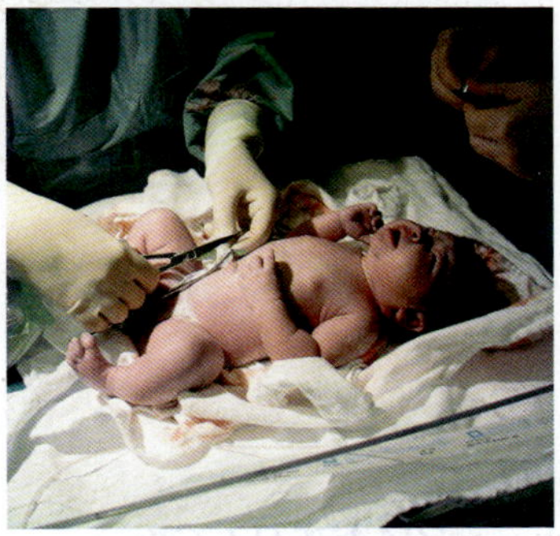

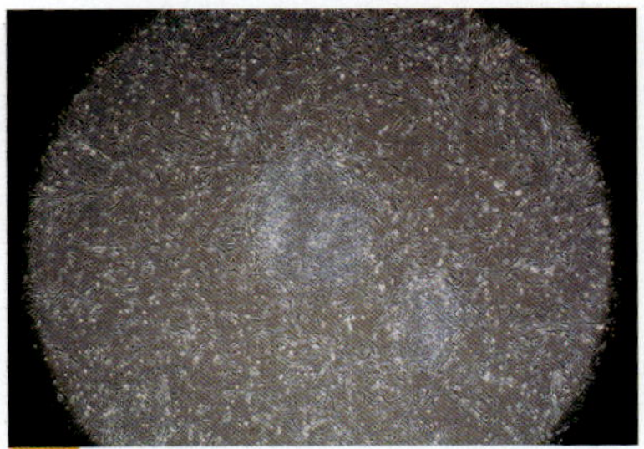

Colonia de células madre iPS humanas.

18 ¿Qué son las células madre? ¿Qué tipos existen? ¿Cuáles son sus características?

19 ¿Qué son los bancos de sangre de cordón umbilical? ¿Qué importancia tienen?

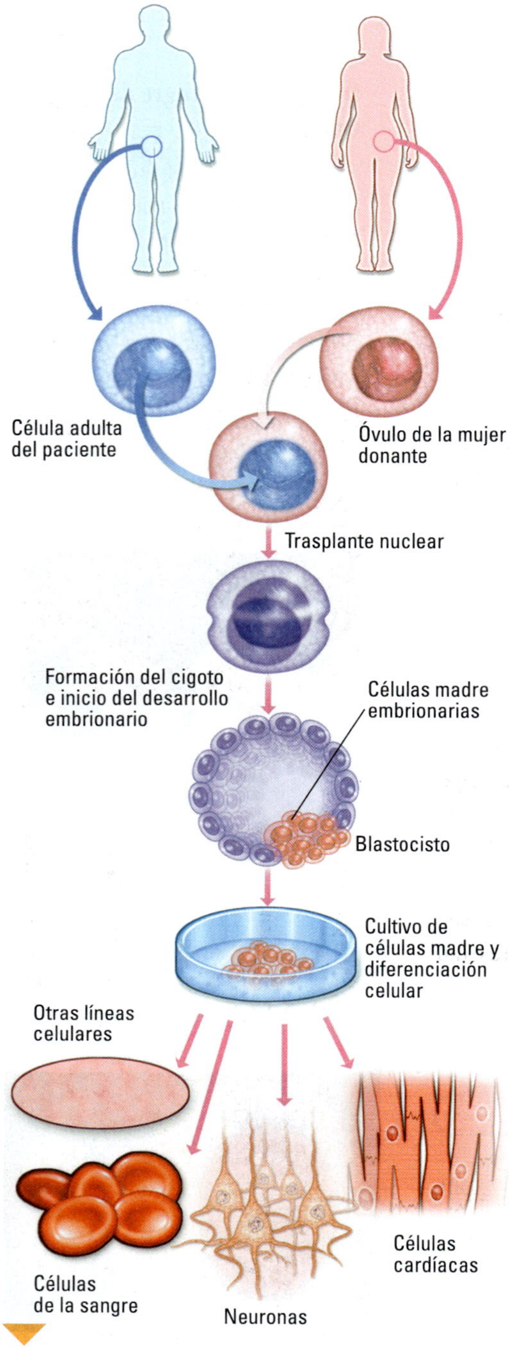

Clonación terapéutica. Para alcanzar la verdadera capacidad terapéutica de esta tecnología se deberían conseguir reconstruir, además de tejidos complejos, órganos o algunas de sus partes con total funcionalidad.

¿Lo sabías?

En octubre de 2014, un equipo de científicos estadounidenses, publicaban en la revista *Nature* que consiguieron crear mini estómagos humanos a partir de células iPS y de células madre embrionarias, ambas de origen humano. Con estas investigaciones se quiere averiguar si estos organoides se pueden usar en trasplantes cuya finalidad sea reparar estómagos lesionados.

Aplicaciones de células madre: una esperanza en biomedicina

Las células madre pueden tener numerosos usos tanto en proyectos de investigación como en proyectos médicos y terapéuticos. Algunas de las aplicaciones de los estudios que se realizan con células madre son:

- **Testar toxinas y probar nuevos fármacos con potencial terapéutico.** Actualmente, las líneas celulares cancerígenas están siendo utilizadas para analizar posibles drogas antitumorales.
- **Estudiar las fases iniciales del desarrollo embrionario** y su **control genético.**
- **Terapias celulares y trasplantes.** Hoy en día existen terapias basadas en el uso de **células madre adultas** que se utilizan para reparar órganos y tejidos dañados con resultados prometedores. El **trasplante de células madre de médula ósea** es, posiblemente, la terapia regenerativa más conocida y se aplica para tratar leucemias y otros tipos de cáncer, así como para la reparación del músculo cardíaco en enfermos con diversas cardiopatías. El hallazgo de reservas de células madre en el cerebro adulto que pueden formar distintas clases de células nerviosas y que son capaces de regenerar neuronas, supone un gran estímulo para el desarrollo de terapias regenerativas novedosas de las que se podrían beneficiar muchos pacientes con trastornos del sistema nervioso.

Sin embargo, para algunos científicos la verdadera medicina regenerativa comenzará cuando se puedan emplear **células madre embrionarias** y, sobre todo, células embrionarias derivadas del propio paciente. Así, su aplicación clínica podría solucionar en el futuro los dos grandes problemas asociados a los trasplantes actuales: escasez de donantes y evitar el rechazo del tejido trasplantado, ya que un paciente podría ser trasplantado con su propio tejido **(autotrasplante).** Pero, ¿cómo se obtendrían las células madre embrionarias de un individuo que ya ha nacido si estas células proceden de embriones?

En la actualidad existen dos formas de conseguir células embrionarias:

- Utilizar la **clonación terapéutica,** una técnica excepcionalmente compleja y que conlleva numerosos problemas éticos y legales, a pesar de no tener como finalidad la clonación de personas, sino generar un embrión clónico del que obtener células para usos médicos.

  La supuesta clonación humana con fines terapéuticos consistiría en el trasplante del núcleo de una célula adulta de un paciente a un óvulo desnucleado procedente de una mujer donante. Así, se originaría un embrión clónico del que se extraerían las células madre embrionarias. Estas células pluripotentes se diferenciarían en el laboratorio para generar los tejidos necesarios para ser trasplantados sin rechazo en el paciente

- Mediante la **reprogramación de una célula adulta,** técnica de la que se derivan varias ventajas. Por un lado, supone una alternativa que resuelve el problema ético que conllevan la clonación terapéutica y el uso óvulos y de células madre embrionarias obtenidas de embriones humanos congelados.

  Y por otro, abre la posibilidad de crear células a la carta, al poder obtener en el laboratorio células madre sanas a partir de una célula adulta de un paciente. Teóricamente, estas células iPS, que son iguales a las obtenidas de embriones, podrían lograr la reparación de los órganos dañados. Posiblemente, en un futuro no muy lejano se podrá aplicar esta tecnología al tratamiento de enfermedades degenerativas.

6 El genoma humano: nuestro libro de instrucciones

Muchas de las tecnologías basadas en el ADN se han empleado para conocer el genoma completo de un gran número de organismos, incluida la especie humana.

El **genoma humano** es el conjunto de todos los genes que posee nuestra especie distribuidos entre los 23 pares de cromosomas que tenemos en nuestras células. Su estudio constituye el campo de trabajo de la **genómica.**

Desde que en 1953 Watson y Crick propusieron su teoría de la doble hélice, muchos científicos soñaban con la posibilidad de conocer la secuencia completa de nuestro genoma. En 1990, y a instancias del propio Crick, se inició formalmente el mayor proyecto de investigación biomédica de la historia, el **Proyecto Genoma Humano (PGH).**

El **PGH** permitió **localizar**, **secuenciar** y **estudiar** la función de todos los genes humanos, y lo lograron en un plazo de realización de 15 años.

El estudio del genoma de diferentes organismos permitió poner a punto los métodos de trabajo necesarios para alcanzar los propósitos del proyecto. Esta tarea fue realizada por dos equipos de investigación. En junio de 2000, los responsables de ambos grupos de trabajo anunciaron conjuntamente en la Casa Blanca la secuenciación del genoma humano. La primera versión de la secuencia fue publicada en febrero de 2001. Debido a la colaboración internacional, a los avances en el campo de la genómica, así como los avances en el tratamiento informático de los datos biológicos (bioinformática), en el año 2003, y coincidiendo con el 50 aniversario del descubrimiento de la doble hélice del ADN, se presentó un borrador inicial del genoma y el PGH se dio por finalizado, dos años antes de lo planeado.

6.1 Conclusiones que aporta el Proyecto Genoma Humano

- Tras la secuenciación de los 3 150 millones de pares de nucleótidos que conforman el genoma humano se considera que contiene unos 25 000 genes, muchos menos de los 100 000 que se esperaban. El número de nuestros genes es similar al número de genes existentes en el chimpancé y en ratón y no es muy superior al número presente en invertebrados como el gusano de tierra o la mosca del vinagre.
- La diferencia en la secuencia de ADN entre dos personas es tan solo del 0,1 %. Esto significa que compartimos con cualquier otro ser humano el 99,9 % del mismo ADN. Si comparamos con otras especies, las coincidencias con un chimpancé son casi del 96 %, con un ratón tenemos en común el 80 % de nuestros genes y con la mosca del vinagre un 60 %.
- Una gran parte de nuestro ADN procede de virus y de bacterias que en algún momento han infectado a los antepasados de nuestra especie. Al menos 223 de nuestros genes puede tener un origen bacteriano.
- El 25 % del genoma está casi desierto. Los genes no están esparcidos regularmente por los cromosomas, existen largos espacios vacíos entre un gen y otro. Tan solo un 5 % del ADN humano contiene genes portadores de instrucciones para sintetizar proteínas. Un gen no codifica solo la síntesis de una proteína sino de muchas proteínas.
- La mayor parte del genoma humano (un 95 %) está formado por ADN no codificante que no se traduce a proteínas útiles, lo que inapropiadamente se llamó ADN basura. Ahora se sabe que estas secuencias sin sentido pueden cumplir importantes funciones.

¿Lo sabías?

El PGH fue desarrollado por dos grupos de investigación que utilizaron distintos métodos de trabajo: uno público, el Consorcio Internacional para la Secuenciación del Genoma Humano, liderado por Eric Lander y Francis Colins, y otro privado, la empresa Celera Genomics, fundada y dirigida por J. Craig Venter. (1)

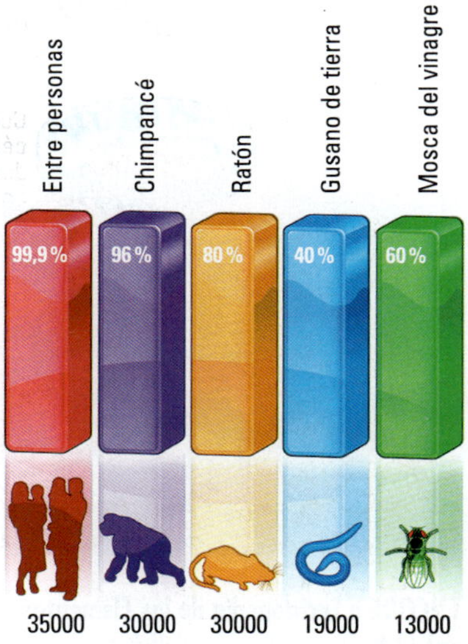

Coincidencias del genoma humano con otras especies. Número de genes de distintas especies, así como el porcentaje de coincidencias entre el genoma de una persona en relación con otras personas y con otras especies animales (chimpancé, ratón, gusano de tierra y mosca del vinagre).

20 ¿Qué es el genoma humano? ¿Qué dio a conocer el PGH?

Descubre

El proteoma

Es el conjunto de todas las proteínas de un organismo, tipo celular u orgánulo. Su estudio constituye el campo de trabajo de la proteómica, una de las nuevas tecnologías que permite identificar nuevos marcadores para diagnosticar enfermedades y nuevos fármacos.

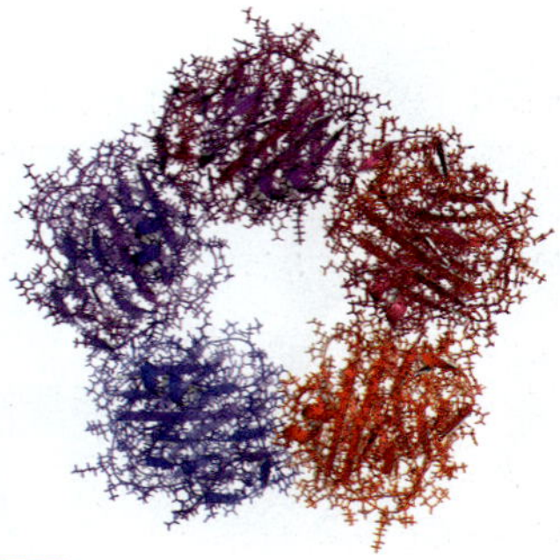

Reconstrucción tridimensional de la proteína C reactiva humana.

6.2 Aplicaciones prácticas derivadas del PGH

La finalización del PGH marcó el comienzo de una nueva era, **la era del genoma en la medicina y la salud.** La comprensión de nuestro genoma ha permitido los siguientes avances:

- Identificar, entre otros, genes implicados en el desarrollo de la diabetes, el Parkinson y el Alzheimer, genes que protegen la memoria, genes que predisponen a padecer obesidad, genes relacionados con los infartos y las migrañas, genes responsables de la calvicie y genes ligados a diferentes tipos de cáncer.
- Realizar estudios de genómica comparada, tanto de especies próximas como lejanas, que aportan información sobre la evolución de los seres vivos, y entre genomas humanos que han permitido profundizar en la comprensión del origen y la expansión del *Homo sapiens*.
- Estudiar las regiones del genoma que presentan una gran variación de unos individuos a otros para obtener la huella génica de las personas. Estas huellas digitales del ADN se usan en algunos países para crear ficheros genéticos, no solo con fines forenses o policiales, sino también biomédicos.
- En las técnicas de fecundación *in vitro*, realizar un diagnóstico genético antes de transferir los preembriones para seleccionar únicamente aquellos que no lleven genes responsables de enfermedades genéticas.
- Potenciar la identificación de nuevas enfermedades genéticas y de nuevos y mejores sistemas de diagnóstico genético; investigar en el desarrollo de fármacos personalizados que tengan una eficiencia mayor y que carezcan de efectos secundarios **(farmacogenómica),** así como estudiar nuevos tratamientos para curar enfermedades, incluida la terapia génica.

6.3 Proyecto HapMap y Proyecto ENCODE

ENCODE o Enciclopedia de los Elementos del ADN. Ha desvelado que el 80 % del ADN, hasta ahora llamado basura, tiene algún tipo de actividad bioquímica específica. Se ha descubierto que a veces realiza una función reguladora de la expresión de los otros genes y actúa de interruptor activándolos, por lo que puede estar relacionado con algunas enfermedades. Este hecho abre una nueva vía en la investigación biomédica.

Aunque las personas compartimos el 99,9 % de la información genética, poseemos puntos del genoma en los que las secuencias de nucleótidos varían en una sola base. Estas pequeñas variaciones se llaman **polimorfismos de un solo nucleótido (SNP),** constituyen alelos y si se encuentran muy cercanos en una misma región de un cromosoma tienden a heredarse juntos y constituyen un **haplotipo.**

> El **proyecto HapMap** se planteó con el objetivo de desarrollar un mapa de haplotipos del genoma humano y analizar las variaciones en el genoma y las que caracterizan a distintas poblaciones humanas.

Los datos obtenidos en este proyecto, desarrollado por un consorcio internacional, ya están siendo utilizados por los investigadores para acelerar la búsqueda de genes implicados en enfermedades como el cáncer o el asma.

El uso de estos datos facilita relacionar la variación genética con la función de un gen. Esta información permitirá en un futuro desarrollar técnicas preventivas y terapias adaptadas a las características genéticas de cada persona.

Por otra parte, y también tras descifrarse el genoma humano, comenzó a desarrollarse el **proyecto ENCODE** *(Encyclopedia of DNA Elements)* cuyo propósito es identificar todos los elementos funcionales de la secuencia del genoma humano y averiguar si el ADN no codificante tiene alguna función específica.

> El proyecto **ENCODE** busca identificar todos los elementos funcionales de la secuencia del genoma humano.

21 ¿Cuáles son las aplicaciones prácticas derivadas del PGH?

7 Bioética: la ética de la vida

Desde que a principios de la década de los años setenta del siglo xx los científicos obtuvieron la primera molécula de ADN recombinante, hemos oído hablar mucho sobre los beneficios y los riegos de la biotecnología.

Por una parte, estas técnicas tienen enormes aplicaciones en microbiología industrial, facilitando la fabricación de productos útiles para las personas como los fármacos; y en medicina, diseñando terapias génicas con las que poder curar enfermedades o terapias celulares para reparar tejidos y órganos dañados.

También han permitido la mejora del medio ambiente utilizando microorganismos que eliminan la contaminación ambiental, así como la obtención de nuevas variedades de plantas y de animales con mejores características. Sin embargo, la aplicación de la biotecnología podría acarrear consecuencias negativas sobre la salud y el medio ambiente, e incluso afectar a la propia dignidad del ser humano.

El conocimiento científico y el poder tecnológico tienen que ir acompañados de una responsabilidad ética que debe ejercerse de manera consciente para el bien de todos.

La **bioética** es una actividad multidisciplinar que estudia los problemas éticos que surgen en la aplicación de las ciencias biomédicas y sus tecnologías que pueden influir y modificar la vida humana y la de otros organismos.

El empleo ético de las nuevas tecnologías. La ciencia y la tecnología se pueden utilizar tanto para el bien como para el mal. De nosotros depende el uso que les demos.

¿Lo sabías?

En un futuro inmediato se podrán corregir las mutaciones. La tecnología CRISPR/Cas9 actúa de modo similar al «corta y pega» de un editor de texto: utiliza un conjunto de enzimas mediante las cuales se puede cortar el fragmento defectuoso (mutado) de un gen y reemplazarlo por uno sano.

7.1 Evaluación de los riesgos de la biotecnología

Cada actividad humana conlleva cierta cantidad de riesgos. Existen muchos aspectos de la biotecnología que deben ser considerados desde el punto de vista de la ética. Valorar las consecuencias del uso de las nuevas tecnologías no es una tarea exclusiva de los gobiernos, sino que implica una discusión más profunda por parte de la sociedad pues a ella afecta directamente de una u otra manera. Un proceso de diálogo es un requisito esencial para establecer las leyes y las normas que rijan sus actividades.

Terapia génica

El principio ético a seguir en cualquier aplicación de la terapia génica es el respeto básico por la dignidad humana. De la misma manera que cualquier otro tratamiento médico experimental, la terapia génica debería ser utilizada para beneficio de determinados pacientes afectados por ciertas enfermedades. Nunca debería aplicarse como método para la mejora genética de la humanidad.

Clonación humana con fines reproductivos

Esta técnica cuenta con un rechazo generalizado en las legislaciones y en las propuestas de muchos responsables públicos. Parece haber un consenso generalizado en considerar esta idea como inaceptable ya que elimina la individualidad natural de los seres humanos.

El resultado de su aplicación sería un individuo con características diseñadas y preestablecidas por voluntad de un tercero. Éticamente se atentaría gravemente contra el patrimonio genético de cada persona.

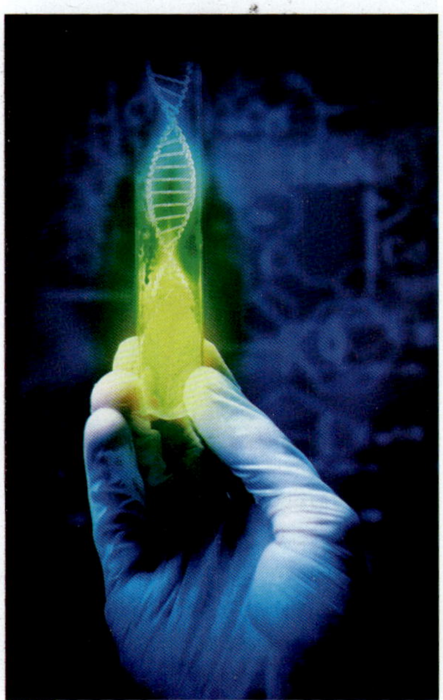

La manipulación del material genético de los animales plantea problemas éticos. Los investigadores no pueden actuar con la intención de dañar alterando el genoma, ni al propio animal ni a los seres humanos.

22 ¿Cuál es la importancia de la bioética?

23 ¿Por qué crees que la valoración de las consecuencias del uso de las nuevas tecnologías no es una tarea exclusiva de los gobiernos?

Conservación de embriones en nitrógeno líquido. Es una técnica que se usa para almacenar los embriones no utilizados en la fecundación *in vitro.*

Células madre

Los embriones a partir de los cuales se extraen las **células madre embrionarias** que serían objeto de investigación pueden proceder de tres fuentes distintas: de embriones sobrantes de tratamientos de fecundación *in vitro,* de embriones creados por clonación terapéutica y de fetos procedentes de abortos.

Las clínicas de reproducción asistida donde se produce la fecundación *in vitro,* conservan congelados en nitrógeno líquido, un elevado número de embriones sobrantes de los tratamientos realizados. Ya que los embriones que llevan más de cinco años congelados no pueden ser empleados para nuevos tratamientos de fecundación, surge la cuestión polémica de decidir sobre su destino: ¿es más correcta su destrucción o su utilización para salvar a otras personas?

Si los embriones pueden ser destinados a la investigación, ¿hasta qué momento del desarrollo sería aceptable su manipulación?

La posibilidad de conseguir células embrionarias por medio de clonación no reproductiva, a pesar del enorme potencial terapéutico de esta técnica, supone un problema ético aún mayor derivado del hecho de que los embriones son creados con esta exclusiva finalidad y son destruidos durante el proceso de obtención de dichas células. Menos inconvenientes suscita la utilización de las **células madre adultas,** que no hace necesaria la clonación ni tampoco la utilización de embriones.

Genoma humano

Una de las consecuencias del descubrimiento de la secuencia del genoma humano es la problemática surgida en torno a la conveniencia de **patentar** los genes humanos. Las discutibles patentes de genes por las empresas para la producción de medicamentos están creando una nueva dependencia sanitaria y económica. Si no fuera porque esas patentes garantizan los beneficios a las empresas, estas no dispondrían de las grandes cantidades de dinero que requiere la investigación en este campo. ¿Cuál puede ser la solución a este dilema?

Por otra parte, el conocimiento de las características genéticas de una persona puede ser utilizado en el mundo laboral para determinar si es adecuada para desempeñar un trabajo, o por las compañías aseguradoras para rechazar una solicitud presentada o incrementar las primas de sus asegurados. ¿Puede ser objeto de discriminación una persona cuyos genes la hagan susceptible de padecer una enfermedad?

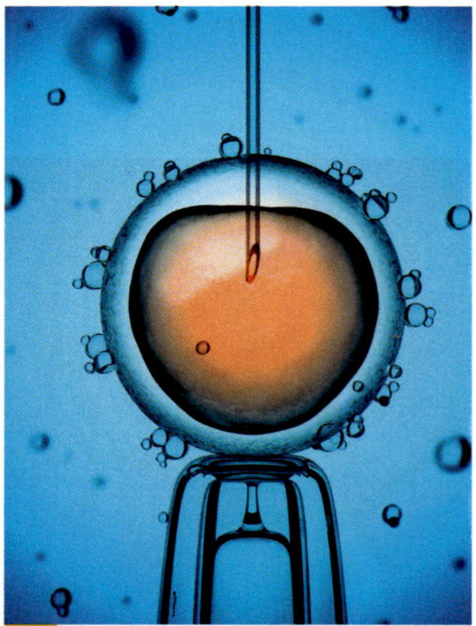

Ley de Investigación Biomédica. El 14 de junio de 2007, el Congreso de los Diputados aprobó la Ley de Investigación Biomédica cuyo contenido incluye la utilización de células y tejidos embrionarios, investigaciones que implican procedimientos invasivos, análisis genéticos, muestras biológicas y biobancos.
La ley regula los avances científicos en nuestro país, entre ellos las técnicas de transferencia nuclear con fines terapéuticos y prohíbe expresamente la clonación reproductiva o la creación de embriones destinados a la investigación.

Organismos genéticamente modificados

El desarrollo de este tipo de organismos nos puede plantear una duda ética: ¿cuál es el fin con el que son diseñados? Como ejemplo, podemos citar el riesgo de manipulación de microorganismos con el objetivo de hacerlos mas virulentos y destinarlos a ser empleados como armas biológicas.

Existe, por otro lado, una gran controversia sobre los **alimentos transgénicos:**

- El protocolo de bioseguridad, aprobado por más de 130 países en el año 2000, regula el comercio internacional de organismos modificados genéticamente y sus productos con el fin de evitar riesgos para la salud y el medio ambiente.

  En España, al igual que en el resto de los países de la Unión Europea, existe una normativa muy estricta que regula todos los controles que deben de tener los experimentos y las liberaciones de los organismos genéticamente modificados al medio ambiente.

- Por una parte, muchos de los científicos, la Organización para la Agricultura y la Alimentación (FAO, en inglés) y la organización Mundial de la Salud (OMS) resaltan que, hasta la fecha, en los países en los que se han introducido cultivos transgénicos se usan menos pesticidas y no existen riesgos para la salud o el medio ambiente en los productos que han obtenido el permiso de comercialización.

- Por otra parte, algunos grupos de científicos y las organizaciones ecologistas argumentan que el hecho de que no se hayan observado efectos negativos no significa que no puedan suceder. Así, las plantas portadoras de genes que las hacen resistentes a un herbicida, que elimina las malas hierbas en un cultivo, podrían transferir dicho carácter a otras especies silvestres.

Por estas razones, estas organizaciones piden una prudente valoración de cada producto genéticamente modificado hasta que las investigaciones exhaustivas y el tiempo generen confianza y disipen las dudas de los consumidores.

Hay que tener en cuenta que las grandes multinacionales de biotecnología que han investigado y desarrollado distintos tipos de plantas transgénicas controlan el 60 % del mercado de pesticidas, el 23 % del mercado de semillas y el 100 % del mercado de semillas transgénicas.

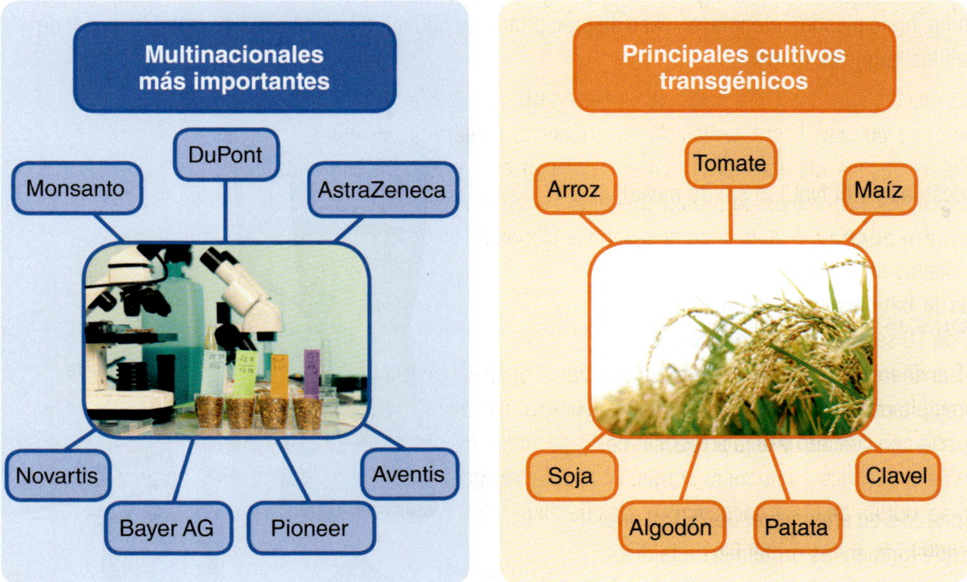

Multinacionales de biotecnología y cultivos transgénicos. La biotecnología en España es un sector en expansión. La biotecnología roja y la blanca son las que concentran un mayor número de empresas, seguidas de la biotecnología verde y azul.

Razona

¿Crees que los alimentos transgénicos son peligrosos para la salud y el medio ambiente o tan solo es mera exageración y miedo a lo desconocido?

¿Lo sabías?

Los cultivos tradicionales en el tercer mundo están siendo sustituidos por cultivos transgénicos, cuyas semillas son suministradas por las grandes empresas biotecnológicas.

Un vistazo hacia atrás...

Respuestas para algunos interrogantes

Los científicos han entendido cómo el ADN transmite las órdenes con las que controla las células de todos los seres vivos.

La biotecnología moderna permite la manipulación deliberada del material genético (ADN) de los organismos con fines muy diversos.

El Proyecto Genoma Humano demuestra que el número de nuestros genes es inferior de lo que se esperaba y muy similar al de otras especies, que compartimos con otra persona el 99,9 % de nuestro ADN y que gran parte de los genes procede de virus y de bacterias.

Una mirada hacia delante...

Nuevos retos de la ciencia

¿La ingeniería genética diseñará OGM vitales para eliminar el hambre en el mundo y asegurar la salud y el crecimiento económico de toda la humanidad?

¿Se realizarán autotrasplantes? ¿Y xenotrasplantes?

¿Todos nosotros conoceremos nuestro propio ADN y, por tanto, nuestro destino genético? ¿Se podrá identificar un gen defectuoso y reemplazarlo por uno normal curando, así, cualquier enfermedad hereditaria? ¿Se podrán diseñar medicamentos que traten una enfermedad específicamente, según la estructura genética de un individuo?

24 ¿Qué problemas éticos planteados por la biotecnología estudia la bioética?

25 ¿Sabes si consumes OGM en tu dieta? ¿Crees que los productos alimenticios que llevan OGM lo señalan claramente en su composición?

Aislamiento de ADN de kiwi

Con esta técnica, tras romper o lisar con detergentes la pared celular, la membrana plasmática y la envuelta nuclear, y mediante un tratamiento con proteasas, se consigue dejar libre el ADN que se separará del resto de los componentes celulares al dejarlo precipitar en alcohol.

Material necesario

- 200 g de kiwis, 40 ml de detergente líquido de lavavajillas, 400 ml de agua destilada, 6 g de NaCl o sal común, 200 ml de alcohol etílico muy frío y enzimas proteolíticos (1/2 cucharadita de ablandador de carne, o bien 1 comprimido de desproteinización de los utilizados para limpiar lentillas, 3 cucharaditas de café, de jugo de piña o papaya).
- Batidora eléctrica con el vaso, cuchillo, hielo picado, erlenmeyer, vaso de precipitado de 500 ml, tubos de ensayo, embudo, papel de filtro y varillas largas de vidrio o palillos largos de madera.

Procedimiento

1. Prepara una solución con el agua destilada y el NaCl (o sal de mesa) y viértela en el vaso de la batidora.
2. Pela, corta los kiwis en trozos y colócalos en el vaso de la batidora que contiene la solución salina. Emplea la batidora para triturar los kiwis, pero no la mantengas durante más de 10 segundos seguidos en marcha para evitar el calentamiento (a). Transfiere el contenido triturado del vaso de la batidora a un vaso de precipitado de 500 ml, añade el detergente líquido de lavavajillas (b), mezcla con cuidado y déjalo reposar de 5 a 10 minutos.
3. Filtra el contenido del vaso de precipitado a un erlenmeyer de 250 ml que contiene los enzimas proteolíticos (que rompen las proteínas de la disolución y así se eliminan las enzimas que rompen las cadenas de ADN). Para ello, coloca un filtro cónico en un embudo y vierte los kiwis triturados y lisados en el filtro. Deja gotear durante un rato hasta llenar 1/3 del volumen (c). Si es necesario exprime el filtro, pero no dejes que caigan sólidos al erlenmeyer. Luego, ¡agita con mucho cuidado! (d).
4. Vierte 20 ml del extracto de kiwi lisado y desproteinizado en un tubo de ensayo. Sujeta el tubo formando un ángulo de 45° y con mucha lentitud añade un volumen equivalente de alcohol etílico muy frío (recién sacado del hielo o de la nevera) resbalando por la cara interna del tubo y evitando que se mezclen los dos líquidos (e).
5. Observa el ADN como una nube de hilillos finos y viscosos en la interfase, la zona donde los dos líquidos están en contacto. Introduce una varilla delgada de vidrio o un palillo largo de madera en el tubo de ensayo hasta que su extremo esté justo debajo de la interfase. Da vueltas al palillo subiendo y bajando por las dos fases. El ADN se enrollará a la varilla (f).
6. Lleva la varilla con el ADN enrollado a otro tubo que contenga alcohol. Gira el palillo para que se libere el ADN en el alcohol. Repite la operación para trasladar más cantidad de ADN.

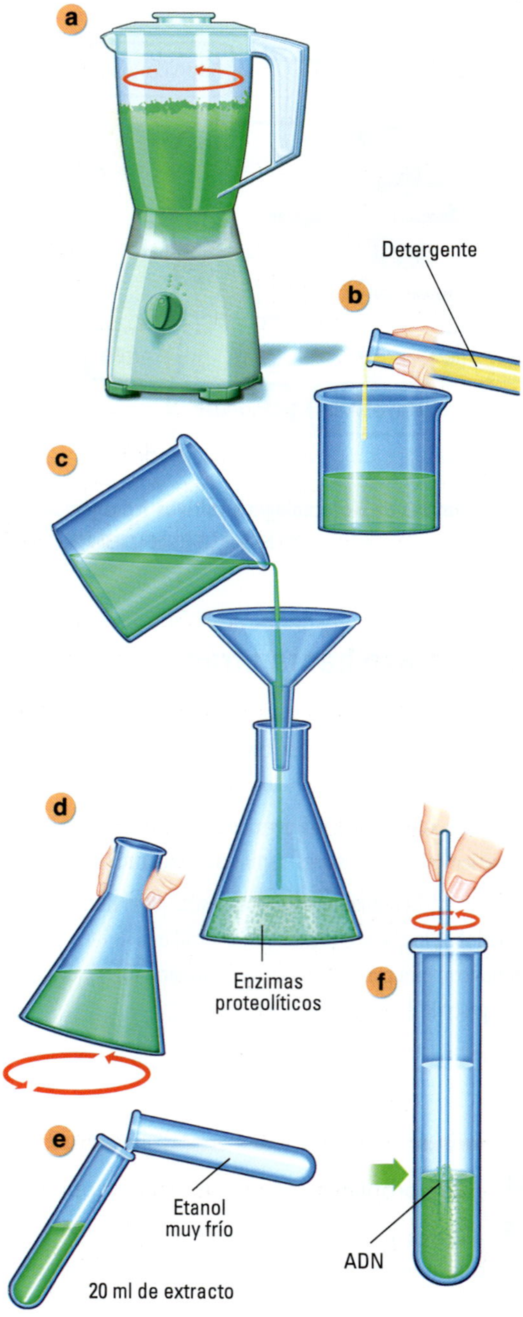

Aplica el procedimiento

- ¿Qué forma y color tienen las fibras de ADN que has aislado? ¿Crees que con esta técnica has obtenido ADN puro?

26 ¿Qué significa que las dos cadenas del ADN son complementarias químicamente? ¿A qué es debido? Describe el proceso de replicación del ADN. ¿Qué son las mutaciones? ¿Cuáles son sus consecuencias?

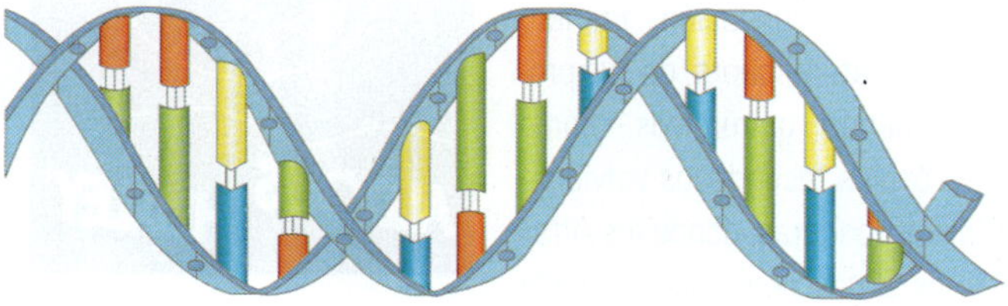

27 La secuencia de bases que se indica a continuación corresponde a un fragmento de una de las cadenas de un gen que tiene información para la síntesis de una proteína.

ATGCCGTCGCAAACGTTGCACGTCAAATGG

a) ¿De qué tipo de ácido nucleico se trata?

b) Construye la secuencia de bases de su cadena complementaria.

c) A partir de la secuencia que has obtenido, elabora la secuencia correspondiente al ARNm.

d) ¿Cómo se llama el proceso de síntesis de ARN? ¿En qué orgánulo o estructura celular se produce?

e) ¿Cuántos codones tiene dicho ARNm?

f) ¿Cuántos aminoácidos tendrá la proteína sintetizada por traducción de este ARNm?

g) ¿Qué es el código genético? ¿Para qué lo utilizan las células?

28 ¿Qué es la biotecnología? ¿En qué campos tiene aplicaciones útiles? Enumera algunas de ellas.

29 ¿Qué diferencias existen entre los vectores de expresión y los vectores de clonación? Pon ejemplos de estos últimos.

30 Se quiere amplificar un segmento específico de ADN mediante la reacción en cadena de la polimerasa. ¿Cuántas copias idénticas a la secuencia diana en una u otra de las hebras de ADN iniciales se conseguirán después de 10 ciclos de replicación? ¿Y tras 30 ciclos?

31 ¿Cuáles han sido los hechos históricos más relevantes para el estudio de la genética?

32 ¿Qué diferencia existe entre el cigoto, una célula madre embrionaria y una célula madre adulta?

33 En el Hospital Central nacieron tres bebés a la misma hora. Tras una confusión debida a una falsa alarma producida en el centro hospitalario por causas ajenas al personal sanitario, se dieron cuenta de que los niños no llevaban su brazalete de identificación. Para solventar el problema y poder identificarlos, el jefe de pediatría ordenó obtener la huella génica de los bebés y de sus padres. Los perfiles de ADN obtenidos en el laboratorio se muestran en la siguiente figura:

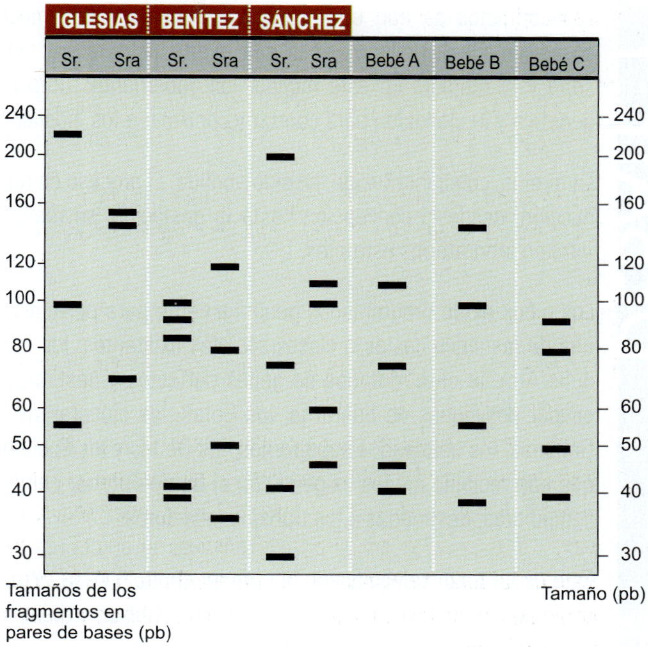

a) ¿Qué bebé corresponde a cada pareja de padres? Para averiguarlo debes comparar la banda del perfil de cada bebé con la banda del padre y de la madre en cada pareja, teniendo en cuenta que no todas las bandas en el perfil del padre o de la madre deben tener otra igual en el perfil del bebé.

b) ¿Qué bandas del perfil del bebé ha heredado de su padre y cuáles de su madre? Copia el esquema en tu cuaderno y marca las bandas con una P o con una M.

34 En mayo de 2007, un pastor de renos encontró a Yuri, una cría de mamut congelado en Yukutia, Siberia oriental. Los científicos planean clonarlo y así convertirlo en el primer animal prehistórico «resucitado». Por ser la especie más similar a los mamuts, se utilizará como donadora de óvulos una hembra de elefante de la India. ¿Qué pasos han de seguir?

35 Cuando Alexander va a la oficina de personal para rellenar los papeles de su nuevo empleo en una gran multinacional, observa que tiene que firmar un consentimiento médico en el que se incluye un análisis genético de su ADN, requisito imprescindible de la empresa para contratar a todo su personal. ¿Crees que la empresa debería exigir este tipo de análisis? ¿Quién debería tener accesos a los resultados? ¿Se deberían tener en cuenta a la hora de la contratación?

DEBATE Y OPINA

Aldous Huxley y un mundo feliz

Un mundo feliz es una obra escrita en 1932 por el novelista británico Aldous Huxley, miembro de una familia de ilustres biólogos. En ella se describe una sociedad futurista, situada en un lugar imaginario llamado Utopía, dominada por una tecnología avanzada y en la que los ciudadanos son aparentemente felices.

Los conflictos se han erradicado tras eliminar otras muchas cosas como la diversidad de culturas, el arte, la literatura, la filosofía y la religión. En este mundo, los gobernantes utilizan la genética y la clonación para coartar y controlar a los individuos.

La familia, como institución, ha sido abolida. El proceso de reproducción, desde la concepción hasta la gestación, se realiza *in vitro* en laboratorios estatales.

Los niños están programados genéticamente para pertenecer a una de las cinco castas o clases sociales existentes: los individuos Alfa, la élite, dotados de genes perfectos y destinados a ocupar posiciones de liderazgo; los Betas, los ejecutantes; los Gammas, los empleados subalternos; los Deltas y los Epsilones, que han recibido menos oxígeno con el fin de obtener personas semiidiotas, destinadas a los trabajos más duros.

Este es un texto seleccionado del primer capítulo de la obra, en el que un grupo de alumnos Alfa sigue al director de un centro de fecundación *in vitro* en una visita informativa:

«Sin dejar de apoyarse en las incubadoras, el director ofreció a los nuevos alumnos una breve descripción del moderno proceso de fecundación. Primero habló, naturalmente, de sus prolegómenos quirúrgicos, cómo los óvulos fecundados volvían a las incubadoras, donde los Alfas y los Betas permanecían hasta que eran definitivamente embotellados, en tanto que los Gammas, Deltas y Epsilones eran retirados al cabo de solo treinta y seis horas, para ser sometidos al método de Bokanovsky. Uno de los mayores instrumentos de la estabilidad social. Hombres y mujeres estandarizados, en grupos uniformes..., podemos lograr que un solo ovario produzca más de quince mil individuos adultos».

- ¿Crees que la supuesta profecía de Huxley es verosímil? ¿Te gustaría pertenecer a una sociedad en la que cada persona naciera programada genéticamente?
- ¿Crees que la comunidad científica tiene suficiente control ético sobre sus investigaciones?

WebQuest

Tarea

Elabora un trabajo sobre los aspectos que consideres más destacables sobre las aplicaciones de la biotecnología, en formato Word/Writer o en PowerPoint/Impress para hacer una presentación. Incluye en él fotografías, gráficos, animaciones, secuencias de videos, etc.

Proceso

Reúne información sobre los siguientes temas:

- Tecnología del ADN recombinante.
- Proceso de clonación.
- Genotecas de ADN.
- Hibridación del ADN.
- Vectores de expresión.
- Organismos genéticamente modificados.
- Terapia génica.
- Proyecto genoma humano.
- Células madre.Terapia celular.

Recursos

Consulta libros de la biblioteca, prensa y revistas, y visita las siguientes páginas web:

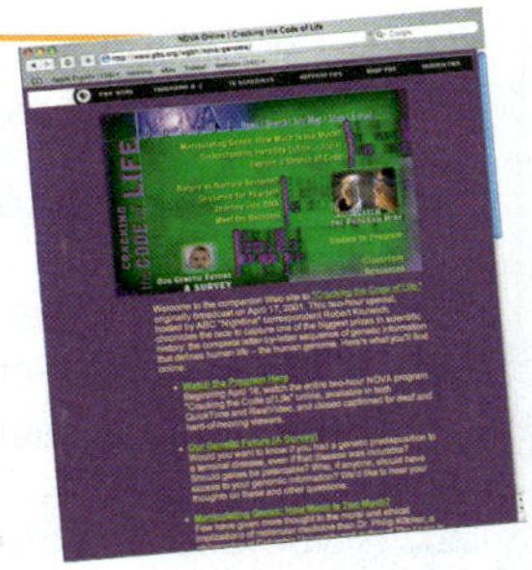

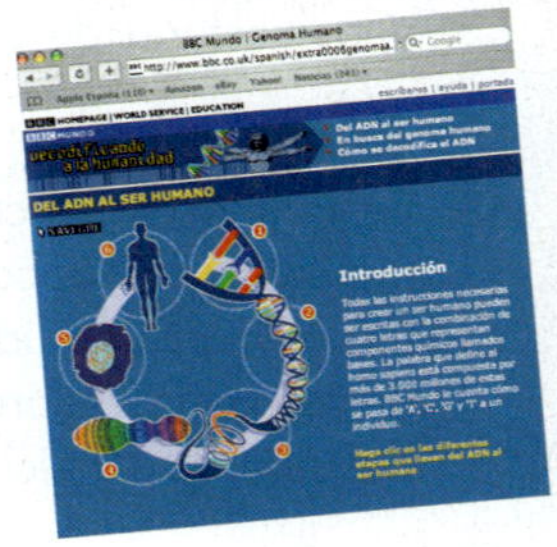

Portal de biotecnología
http://www.porquebiotecnologia.com.ar/

Células madre
http://www.cirm.ca.gov/our-progress/definiciones-de-células-madre

Proyecto ENCODE
http://www.nature.com/encode

Instituto Nacional de Investigación del Genoma Humano (NHGRI)
http://www.genome.gov/

Ingeniería genética
http://www.amnh.org/content/search?SearchText=ingenia+genetic&SearchButton=B%C3%BAsqueda

4 Medicina y salud pública: la lucha contra la enfermedad

Tenemos un imperativo moral y político de usar el conocimiento científico para promover la mejora de la salud en aquellas partes del mundo abandonadas. El poder y la belleza de la ciencia pueden ayudarnos a perseguir ese objetivo y a mejorar las vidas de muchas personas.

HAROLD E. VARMUS
Premio Nobel de Medicina y Fisiología 1989.

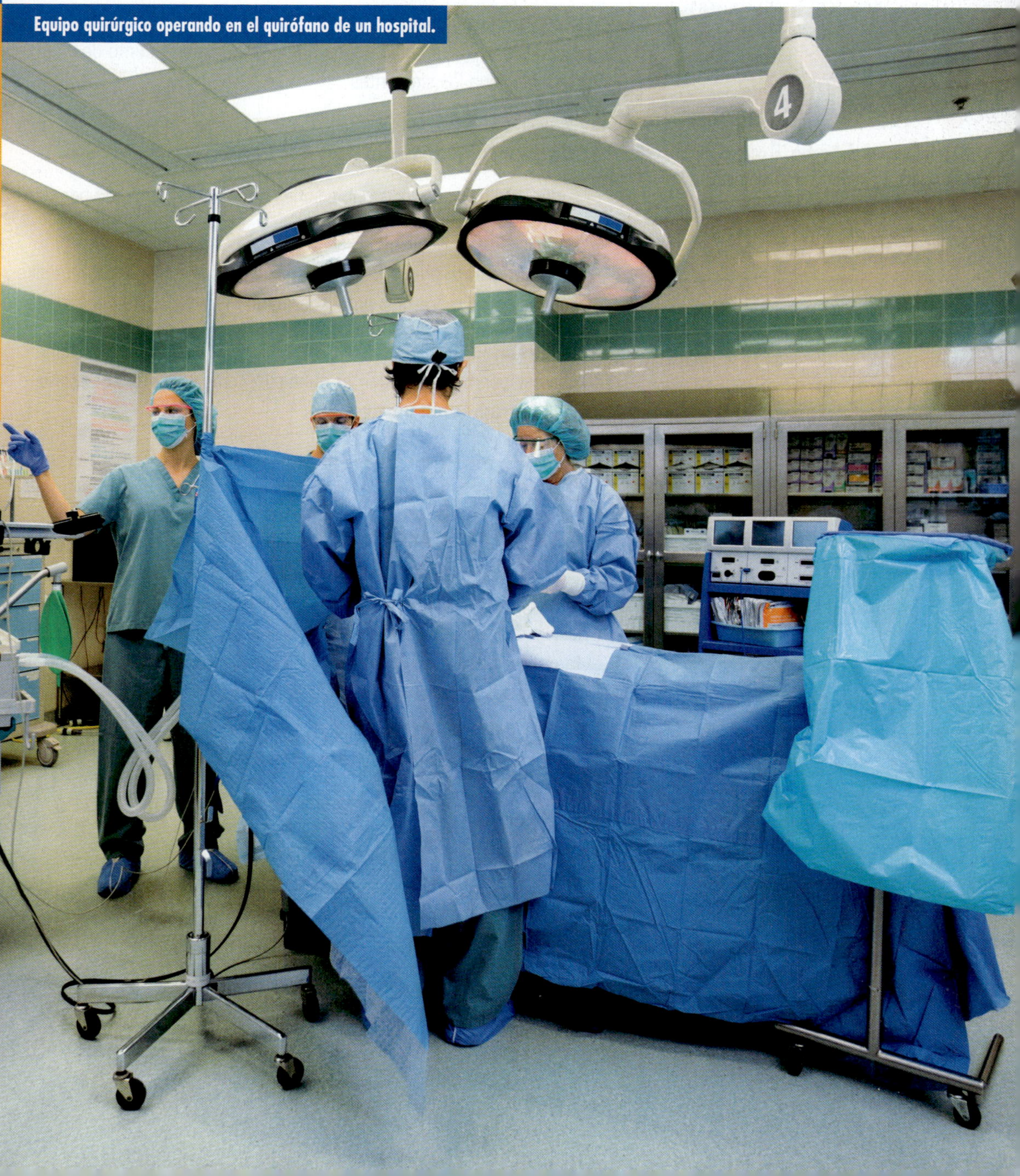

Equipo quirúrgico operando en el quirófano de un hospital.

1 La salud pública

La salud es una situación de equilibrio y bienestar que depende de distintos aspectos internos y externos de la vida de las personas. Este equilibrio se rompe cuando aparece la enfermedad. Los seres humanos hemos desarrollado mecanismos de prevención y de lucha contra la enfermedad. Estos mecanismos constituyen el campo de actuación de la **salud pública** o **sanidad.**

La **salud pública** o **sanidad** es el conjunto de actuaciones y servicios encaminados a promover, proteger y restaurar la salud de las personas.

La sanidad incluye, por lo tanto, todas las actuaciones que tienen como finalidad el fomento de la salud, la **prevención de la enfermedad** y las que son necesarias para restaurar la salud. Se trata de una actividad multidisciplinar en la que intervienen desde la sociología hasta la medicina, así como muchas otras ciencias.

1.1 La protección de la salud

Las medidas encaminadas a la protección de la salud y a la prevención de la enfermedad tienen como objetivo preservar la salud de las personas, desde el punto de vista individual y colectivo. Las más importantes son las siguientes:

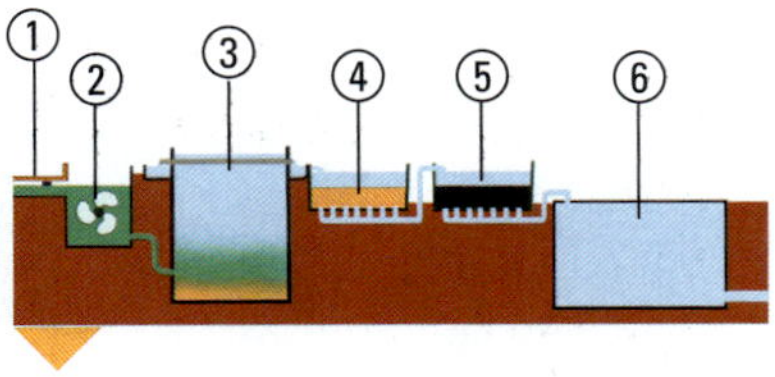

Potabilización del agua. El agua es captada (1) y enviada a las cámaras de mezcla (2) en las que se añaden sustancias coagulantes y reactivas y se agita para homogeneizarla. Se envía a unos decantadores (3), en los que precipitan las partículas en suspensión. El agua limpia sale desde la parte superior hacia unos filtros (4 y 5) que retienen las partículas. A continuación se procede al análisis y a la desinfección química y se almacena en los depósitos de salida (6), se vuelve a analizar y se envía a la red de distribución.

Tratamiento y desinfección del agua

El suministro de agua a las poblaciones debe estar precedido por su **potabilización,** que consta de diferentes procesos:

- Un **tratamiento** previo, cuya finalidad es la corrección físico-química y la eliminación de partículas sólidas. Incluye diversos procesos, como la filtración, la decantación o la aireación.
- La **desinfección,** cuyo objetivo es la eliminación de los microorganismos patógenos. Puede hacerse por medio de agentes químicos, como el **cloro** o el **ozono,** o por medio de agentes físicos, como la **radiación ultravioleta.**

Descubre

El campo de actuación de la salud pública

La salud pública incluye distintos tipos de acciones: la **promoción de la salud,** mediante la educación sanitaria y el fomento de unos hábitos de vida saludables, la **protección de la salud,** cuyo objetivo es el cuidado y el control sanitario del medio ambiente (agua, aire, suelo, viviendas, alimentos…), la **prevención de la enfermedad** mediante actuaciones directas sobre las personas, como la vacunación, y la **restauración de la salud,** cuando se produce la enfermedad.

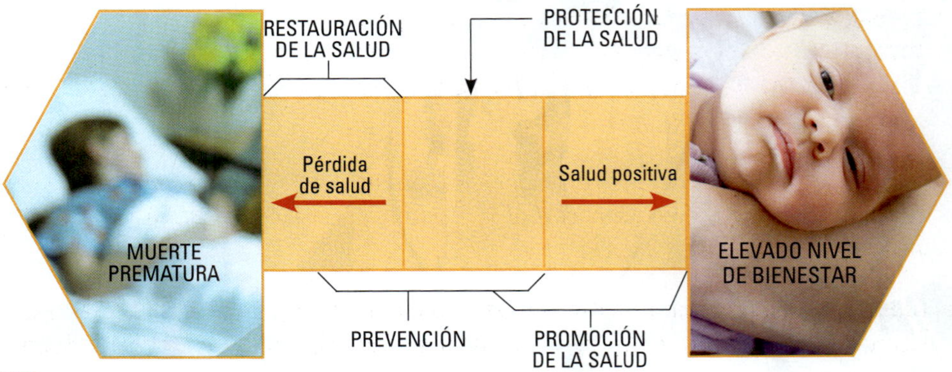

Tratamiento de los residuos

Un estilo de vida que se fundamenta en el consumo genera grandes cantidades de residuos, cuya gestión es uno de los procesos que más importancia tiene para la salud pública. Entre los residuos más importantes están las aguas residuales y los residuos sólidos.

- Las **aguas residuales** de origen doméstico e industrial, así como las aguas pluviales y del lavado de las calles tienen que ser recogidas y devueltas al medio natural. Sin embargo, es necesario someterlas a un tratamiento de depuración previo cuyo objetivo es retirar del agua todos los componentes peligrosos.
- Los **residuos sólidos,** tanto los urbanos como los industriales y biosanitarios, deben ser recogidos y transportados a las plantas de tratamiento. Existen varias posibilidades de tratamiento de los residuos:

La **transformación** de parte de los residuos, separados mediante procedimientos de **recogida selectiva** de distintos tipos de residuos, como papel y cartón, vidrio, envases y materia orgánica. Estos materiales pueden ser reciclados para producir papel, vidrio, envases, compost o biomasa para calefacción, con un importante ahorro energético respecto de la producción a partir de materias primas no recicladas.

La **eliminación** de los residuos no reutilizables puede hacerse mediante su depósito en vertederos controlados, que deben estar instalados en zonas que reúnan las condiciones adecuadas, o bien mediante la incineración en plantas incineradoras donde los residuos son sometidos a una combustión técnica.

El almacenamiento de residuos tóxicos y peligrosos se debe hacer en contenedores especiales y en zonas que reúnan unas condiciones geológicas adecuadas.

Seguridad alimentaria

La disponibilidad de alimentos de calidad y el control higiénico y sanitario de los mismos son algunos de los factores más importantes de prevención de la enfermedad desde el ámbito de la salud pública.

Entre los aspectos más relevantes en relación con la seguridad alimentaria hay que considerar los siguientes:

- La **carencia de alimentos** que afecta a amplias regiones del planeta es la causa de graves enfermedades que causan la muerte de muchos millones de personas cada año. Sin embargo, este problema afecta también a muchas personas que habitan en los países desarrollados.
- Las **técnicas de conservación** permiten garantizar el buen estado de los alimentos perecederos. Procesos como la esterilización, la congelación o el uso de agentes químicos como la sal y otros agentes conservantes permiten garantizar el buen estado de los alimentos dentro de los plazos establecidos para cada uno de ellos.
- El **control sanitario** de los alimentos tiene como fin garantizar la ausencia de parásitos, de microorganismos y de sustancias químicas que puedan producir enfermedades o intoxicaciones alimentarias. La legislación establece las normas que deben seguirse para la realización de estos controles en cada tipo de alimentos.
- El **etiquetado** permite conocer a los consumidores las características de los alimentos, tales como su composición, los aditivos que presentan, o si proceden de organismos manipulados genéticamente.
- La **manipulación** de alimentos debe realizarse con unas medidas higiénicas estrictas, manteniendo el ciclo de los alimentos congelados y las buenas prácticas durante los procesos de preparación y cocinado.

Descubre

La incidencia de la desnutrición en el mundo

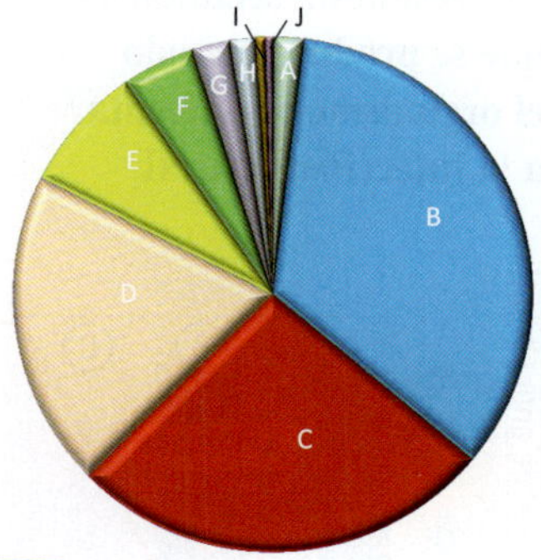

Informe FAO 2014.

A. Mundo desarrollado (15)	F. Caribe y Latinoamérica (37)
B. Sur de Asia (276)	G. Oeste de Asia (19)
C. África Subsahariana (214)	H. Norte de África (13)
D. Este de Asia (161)	I. Cáucaso y Asia Central (6)
E. Sureste de Asia (64)	J. Oceanía (1)

El dato entre paréntesis corresponde al número de millones de personas con desnutrición estimado para el periodo 2012-2014.

El número total de personas con desnutrición es de 805 millones.

1. ¿Qué es la salud pública? ¿Qué tipo de acciones desarrolla?
2. ¿Cuál es el objetivo del control sanitario de los alimentos? ¿Qué función tiene el etiquetado?

Razona

Cómo son la respuesta primaria frente a la vacuna y la respuesta secundaria que se produce cuando el organismo se enfrenta a la infección natural

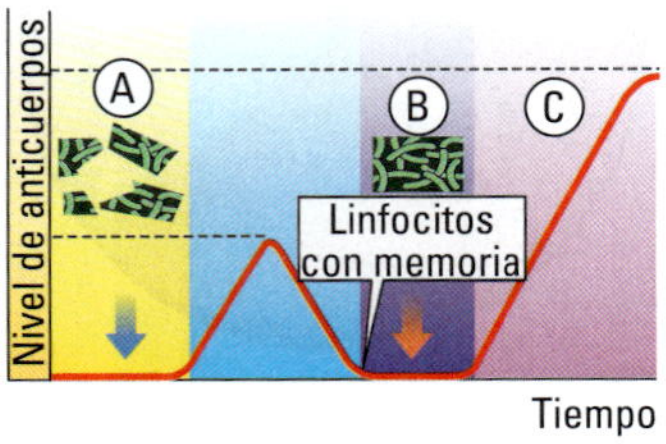

- Vacunación
- Respuesta primaria de anticuerpos
- Infección natural
- Respuesta secundaria de anticuerpos
- (A) Antígeno inoculado
- (B) Antígeno natural
- (C) Inmunidad adquirida

2 La prevención de las enfermedades

La **prevención de la enfermedad** se fundamenta en la adopción de medidas sanitarias que incluyen la **vacunación** y la **prevención precoz.**

El cuerpo humano ha desarrollado complejos mecanismos de defensa frente a las enfermedades infecciosas, entre los que destaca el **sistema inmunitario,** que es un conjunto de órganos, células y moléculas cuya función es la defensa del organismo frente a los agentes infecciosos y frente a células anormales del propio organismo, como son las células cancerosas. Este sistema es el responsable de la defensa una vez que los agentes infecciosos han atravesado la piel o las mucosas y actúa de dos formas diferentes:

- Las **defensas inespecíficas,** como la inflamación, no dependen de la naturaleza del agente patógeno.
- Las **defensas específicas** se basan en el reconocimiento específico de sustancias extrañas, los **antígenos,** contra los cuales se desencadena una respuesta inmunitaria que tiene las siguientes características:
  - **Especificidad:** Los linfocitos son células inmunitarias que reconocen a los antígenos y elaboran unas proteínas defensivas, los anticuerpos, específicas para cada tipo de antígeno.
  - **Memoria:** Tras un segundo contacto con un mismo antígeno la respuesta inmunitaria (secundaria) es mucho más rápida y eficaz que la respuesta primaria originada tras el primer contacto con el antígeno, y en la que algunos linfocitos adquieren esa «memoria».
  - **Tolerancia:** Hacia las células y moléculas propias del organismo. Una alteración de esta propiedad es la causa de las enfermedades por autoinmunidad.

La **inmunización** o **vacunación** es un procedimiento sanitario que proporciona un estado de protección conocido como **inmunidad** frente a determinadas enfermedades infecciosas. La vacunación ha sido una de las actuaciones que más ha contribuido a mejorar la salud de la población.

Una **vacuna** es un material preparado artificialmente a partir de microorganismos debilitados o muertos, o bien de sus constituyentes o productos, que puede dar lugar a una respuesta inmunitaria en el organismo.

Observa

El calendario de vacunaciones recomendado por el Consejo Interterritorial del Sistema Nacional de Salud para el año 2014. (Los números 1, 2, 3, … tras cada símbolo indican si se trata de la 1.ª, 2.ª, 3.ª… dosis)

VACUNAS		EDAD														
		0 meses	2 meses	4 meses	6 meses	12 meses	15 meses	18 meses	3 años	4 años	6 años	10 años	11 años	12 años	13 años	14 años
Poliomielitis	VPI		VPI1	VPI2	VPI3			VPI4								
Difteria-Tétanos-Pertussis	DTPa, dTPa, Td		DTPa1	DTPa2	DTPa3			DTPa4			dTpa					Td
Haemophilus influenzae b	HiB		HiB1	HiB2	HiB3			HiB4								
Sarampión-Rubeola-Parotiditis	TV					TV1			TV2							
Hepatitis B	HB	HB1 (a)	HB2(a)		HB3(a)											
Meningitis Meningocócica C	MenC			MenC1(b)		MenC2								MenC3		
Varicela	VVZ													wz(e)		
Virus del Papiloma Humano	VPH															VPH(a)

3 El diagnóstico de las enfermedades

El primer paso para conocer qué enfermedad afecta a un paciente es el **diagnóstico,** tras el cual, el médico puede hacer un **pronóstico,** que consiste en una predicción acerca del desarrollo de la enfermedad, de su posible duración y de las posibilidades de curación.

El **diagnóstico** es el proceso que permite identificar una enfermedad y determinar cuál es su causa principal.

3.1 Antecedentes históricos

La historia del diagnóstico de las enfermedades comienza en los albores de la humanidad con métodos ancestrales fundamentados en la religión, la magia y la adivinación y, por lo tanto, solían ser responsabilidad de adivinos, sacerdotes y magos.

- En culturas antiguas (mesopotámica y hebrea, por ejemplo) la creencia de que el origen de la enfermedad estaba en un castigo divino llevaba a prácticas que distaban mucho de los métodos científicos, como era la identificación del espíritu o demonio responsable de la dolencia del paciente.
- En el antiguo Egipto se observaba con atención a los enfermos y se les preguntaba por los síntomas, un antecedente de las actuales historias clínicas. Además, se controlaban el pulso y las heridas y secreciones del cuerpo como los esputos y la orina.
- En la antigua India y en China se combinaban los métodos basados en la magia, como la observación del vuelo de los pájaros o de los sonidos de la naturaleza, con métodos racionales, como el examen de los pacientes y las pruebas diagnósticas como el pulso, el análisis de las heces, los esputos o la orina, hasta el punto de que ya se diagnosticaba la diabetes por el sabor dulce de la orina.
- En Grecia y Roma, aunque se siguieron utilizando procedimientos mágicos como los augurios o el análisis de vísceras de animales, surgieron médicos como Hipócrates o Galeno, muy influenciados por los médicos egipcios y que abarcan todos los aspectos de la medicina, desde el diagnóstico al tratamiento y cuyas obras influyeron de forma decisiva en los médicos durante varios siglos.

3.2 Técnicas actuales de diagnóstico

En la actualidad hay múltiples herramientas, algunas clásicas y otras derivadas de la tecnología más avanzada, que son útiles para elaborar un diagnóstico preciso. Entre ellas están las siguientes:

- **Consulta médica.** Tiene como finalidad la toma de los datos personales, de la historia familiar y de los síntomas referidos por el paciente. Mediante la exploración física, con maniobras como la inspección, la palpación y la auscultación, el médico puede detectar signos específicos de la enfermedad y, como resultado, hacer un diagnóstico diferencial que identifica la enfermedad que padece el paciente de entre todas las posibles, en función de los síntomas que presenta.
- **Pruebas de laboratorio.** Entre las más útiles están los análisis de sangre, principalmente el estudio de las células sanguíneas, los análisis bioquímicos y las pruebas inmunológicas que permiten detectar infecciones como el sida o la hepatitis vírica. Además existen distintas técnicas para realizar cultivos e identificar agentes bacterianos, hongos, protozoos y parásitos macroscópicos.

3 ¿Qué es el sistema inmunitario? ¿En qué consiste la vacunación?

4 Define diagnóstico y pronóstico.

¿Lo sabías?

En la antigua Mesopotamia, el diagnóstico de las enfermedades era realizado por el baru, un sacerdote adivino.

Historia de la ciencia

Con la hegemonía del Islam, la ciencia médica cobró un impulso nuevo, debido a la creación de escuelas de Medicina, como las de Bagdad o Damasco, y hospitales asociados a las mismas y a la traducción al árabe de los antiguos textos de griegos, como los de Hipócrates o Dioscórides.

Médicos de gran relevancia fueron Rhazes o Avicena, además de los europeos de Al-Andalus Averroes o Maimónides.

La fundación de la escuela de traductores de Toledo permitió traducir al latín parte de las obras de medicina ampliadas por el estudio de los médicos árabes.

Estatua de Averroes en Córdoba.

Observa

Cómo se realiza una amniocentesis

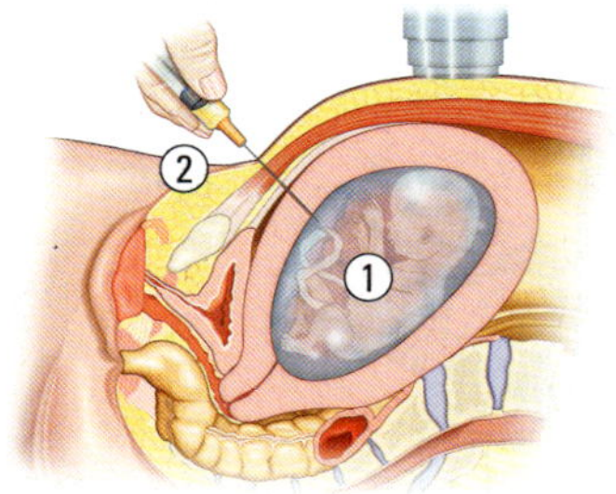

Se localiza la bolsa amniótica (1) mediante ultrasonidos y mediante una jeringa dotada de una larga aguja (2) se extrae líquido amniótico del útero de la mujer embarazada para su análisis.

- **Análisis anatomopatológico.** Consiste en el estudio microscópico de muestras de tejidos obtenidas mediante una intervención conocida como **biopsia.** Este tipo de análisis es determinante en el diagnóstico del cáncer.
- **Electrogramas y técnicas de análisis de imagen.** El electrocardiograma y el electroencefalograma ofrecen información de la actividad eléctrica de las células musculares y nerviosas, mientras que las modernas técnicas de análisis de imagen proporcionan imágenes bidimensionales o tridimensionales de los órganos. Entre estas destacan las radiografías, las ecografías, la tomografía axial computerizada (conocida como TAC o escáner), la resonancia magnética nuclear y la tomografía por emisión de positrones (PET) o por emisión de fotones (SPECT).
- **Técnicas endoscópicas.** Sirven para obtener imágenes de órganos huecos y de cavidades corporales mediante la introducción de un endoscopio (tubo dotado de luz y de un sistema óptico) a través de orificios naturales, como se hace en la gastroscopia, la colonoscopia o la cistoscopia, o de incisiones quirúrgicas, como sucede en la laparoscopia o la artroscopia.
- **Diagnóstico prenatal.** Su objetivo es valorar el estado del feto y descartar la existencia de malformaciones congénitas. Además de técnicas comunes como la ecografía se usan otras más complejas, como el muestreo de sangre fetal o la amniocentesis.

3.3 Importancia del diagnóstico precoz

Un **programa de detección precoz** es un programa de salud pública, de aplicación universal, para detectar una enfermedad grave en sus fases iniciales y poder disminuir así la tasa de mortalidad asociada a esa enfermedad.

En algunas enfermedades, como es el caso del cáncer, el diagnóstico precoz es una herramienta imprescindible para aumentar la eficacia del tratamiento. Los programas de detección precoz son aplicables cuando la enfermedad tiene las características siguientes:

- Es causa de un efecto importante en la calidad y la duración del tiempo de vida.
- Presenta una etapa inicial asintomática prolongada.
- Existe un tratamiento eficaz para las etapas iniciales de la enfermedad.
- Se dispone de pruebas de diagnóstico rápidas y seguras, con alta sensibilidad y especificidad.

Contexto histórico

Edward Jenner

1798 Thomas Malthus. Ensayo sobre el principio de la población

Carlos IV

1808 Guerra de la Independencia

James Young Simpson

En 1796, Edward Jenner inoculó a un niño de ocho años, James Phipps, con material de pústulas de viruela procedente de ganado vacuno y poco después se inoculó él mismo. Ambos quedaron inmunizados contra la viruela.

En 1803, los doctores Balmis y Salvany dirigen la Real Expedición de la Vacuna que, bajo el reinado de Carlos IV, llevó la vacuna de la viruela a América y Filipinas.

En 1847, James Young Simpson, pionero en el uso del éter como anestésico en obstetricia, comenzó a utilizar cloroformo con el mismo fin tras comprobar los efectos de esta sustancia en su propio cuerpo.

4 El tratamiento en las enfermedades

A lo largo de la historia, los seres humanos han desarrollado distintas formas de tratar las enfermedades con el fin de procurar su curación o, si esto no fuera posible, de minimizar sus efectos y proporcionar la mejor calidad de vida posible a las personas enfermas.

4.1 Evolución histórica del tratamiento de la enfermedad

Los primeros tratamientos de los que hay constancia han sido revelados por el estudio de las momias egipcias y precolombinas. Así, hemos conocido algunas de las dolencias que padecían las personas en tiempos históricos y algunos de los tratamientos aplicados para su curación o alivio sintomático. Entre estos tratamientos destacan los siguientes:

- Las **ofrendas a los dioses,** los **rituales** y los **exorcismos,** realizados por sacerdotes, curanderos y chamanes, en la creencia del origen sobrenatural de la enfermedad y para tratar de ganarse el favor de los dioses y de ahuyentar a los malos espíritus.
- Las **trepanaciones,** ya presentes en cráneos procedentes del Neolítico, que consisten en la apertura de un orificio más o menos grande en el cráneo, bien con el fin de intentar curar alguna lesión cerebral o de permitir la salida de algún espíritu responsable de la dolencia.
- La **aplicación de plantas, ungüentos y pomadas** a base de arcillas, lodos y extractos de plantas como el opio o la mandrágora, junto con líquidos como vino, aceite o leche, en lo que es el nacimiento de la **quimioterapia** y la **farmacología** actuales. Sin embargo, en su origen su uso tenía fines eminentemente mágicos para intentar alejar a los espíritus malignos.
- Las **técnicas quirúrgicas,** descritas en los papiros egipcios Edwin Smith y Ebers para curar heridas, fracturas o abscesos y tumores, junto con el instrumental quirúrgico empleado para llevarlas a cabo. Entre estas técnicas cabe citar las **amputaciones,** bien fueran legales, como aplicación de un castigo, o para eliminar algún miembro infectado por gangrena, aunque en este caso también se utilizaban larvas que se alimentaban del tejido putrefacto. Para tratar de reparar las cicatrices se empezó a utilizar la **cirugía plástica** y el uso de emplastes naturales con actividad antibiótica.
- La **sangría** es una técnica mediante la que se extraen pequeñas cantidades de sangre del paciente. Su objetivo principal era tratar la plétora, como se conoce a un exceso de volumen sanguíneo. Se podía hacer mediante una incisión en una vena (flebotomía) o empleando sanguijuelas que absorben la sangre del paciente.

¿Lo sabías?

La **paleopatología** estudia las enfermedades padecidas en la antigüedad, a través de vestigios hallados en los huesos y otros restos humanos, mientras que la **paleomedicina** se ocupa de estudiar los tratamientos que se aplicaban a dichas enfermedades.

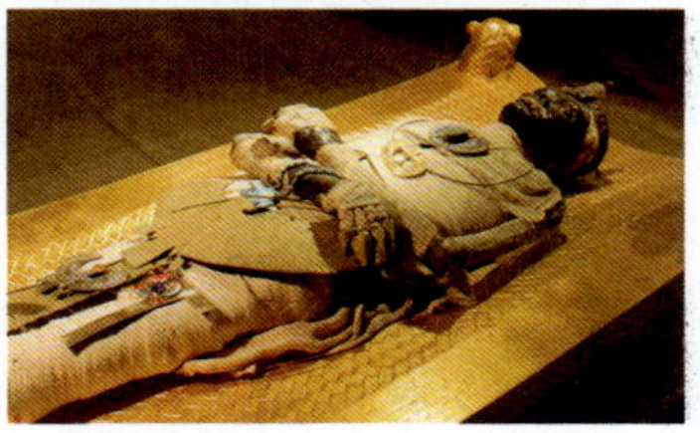

5 ¿Qué es el análisis anatomopatológico?

6 ¿Qué es un programa de detección precoz? ¿A qué enfermedades se puede aplicar?

7 ¿Qué es una trepanación? ¿Y una sangría?

Aspirina

En 1897, el químico alemán Felix Hoffman consiguió la síntesis del ácido acetilsalicílico, que fue comercializado dos años más tarde con el nombre de Aspirina.

1914 Primera Guerra Mundial

Alexander Fleming

En 1928, Alexander Fleming observó que un hongo del género Penicillium producía una sustancia antibacteriana a la que llamó penicilina.

1953 Watson y Crick desvelan la estructura del ADN

Christian Barnard

En 1967, el Dr. Christian Barnard, un médico sudafricano, realizó el primer trasplante de corazón a un ser humano. El paciente sobrevivió durante dieciocho días.

4.2 El tratamiento actual de la enfermedad

Los tratamientos más utilizados para combatir la enfermedad son los **medicamentos,** que contienen sustancias químicas activas; la **cirugía** y algunas técnicas especiales como la **radioterapia.** Recientemente se están investigando y poniendo en práctica nuevas terapias derivadas de la investigación biotecnológica, como son la **terapia celular** y la terapia génica.

El uso de medicamentos: quimioterapia

La **quimioterapia** consiste en el empleo de sustancias químicas, los **medicamentos,** para combatir las enfermedades y sus síntomas.

Un medicamento es un preparado a base de extractos naturales procedentes generalmente de plantas medicinales, de otros organismos o bien sintetizados químicamente. Los medicamentos contienen sustancias químicas activas que son las responsables de su acción curativa.

La quimioterapia ha evolucionado mucho, pero siempre ha sido uno de los factores que más han contribuido a mejorar la calidad de vida de las personas.

Hay una amplísima gama de sustancias que tienen aplicación médica, y la mayor parte de ellas se obtienen a partir de diferentes especies vegetales, muchas de las cuales han sido usadas tradicionalmente por la medicina natural.

Entre las sustancias químicas utilizadas para prevenir y combatir las enfermedades y sus síntomas están las siguientes:

- **Desinfectantes.** Son sustancias que se emplean para destruir a los microorganismos que puedan encontrarse en objetos, como sucede con el material quirúrgico. Hay una amplia variedad: los alcoholes; los aldehídos, como el formol; los hipocloritos, como la lejía; o los fenoles.
- **Antisépticos.** Son sustancias que se utilizan para eliminar a los microorganismos que pueden colonizar tejidos vivos, como ocurre con la piel, para evitar que se produzca la infección cuando se ha producido una herida o se va a realizar una intervención quirúrgica. Entre los antisépticos más utilizados destacan el jabón, el alcohol, el yodo o el agua oxigenada.

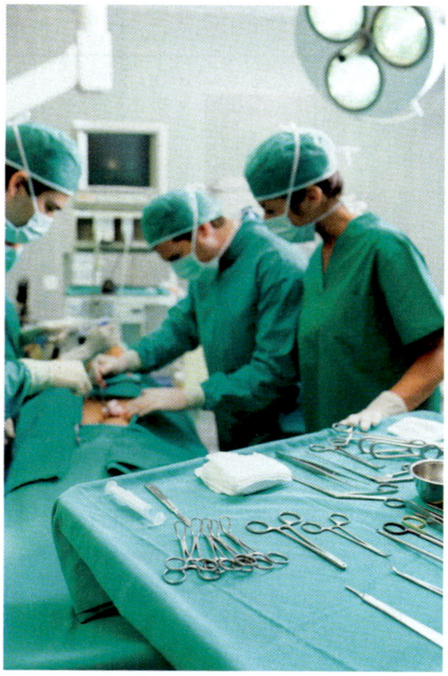

Evidencia científica

Un lavado de manos salva vidas

Ignaz Philipp Semmelweis (1818-1865) fue un médico húngaro pionero en el uso de métodos antisépticos para luchar contra la enfermedad.

En el hospital materno infantil en el que trabajaba, más del 30 % de las mujeres morían pocos días después del parto víctimas de la fiebre puerperal, una infección ginecológica muy común en los hospitales de la época y que apenas tenía incidencia entre las mujeres que parían a sus hijos en la calle.

En 1847 propuso que la enfermedad era transmitida por algún agente presente en las manos de los médicos que atendían a las parturientas, algunas veces tras haber realizado la autopsia de otras mujeres muertas (aún no se había descubierto el origen microbiano de la enfermedad).

La adopción en su pabellón de la medida de lavarse las manos después de atender a cada una de las mujeres hizo descender la tasa de mortalidad por debajo del 1 %, pero su medida no fue aceptada por otros doctores por considerar que no tenía fundamento.

Murió en 1865, con los mismos síntomas que las mujeres infectadas, tras haberse cortado con un bisturí empleado en la autopsia de una de ellas para demostrar a sus incrédulos colegas que su teoría era correcta.

Antibióticos

Los **antibióticos** son sustancias químicas que permiten destruir a los microorganismos, sobre todo a las bacterias, o detener el crecimiento de sus poblaciones en el cuerpo.

Muchos antibióticos son producidos por otros microorganismos, hongos y bacterias principalmente, que los utilizan en su antagonismo ecológico con otros microorganismos, mientras que otros son sintetizados artificialmente mediante procedimientos químicos o el uso de la biotecnología. Hay dos grandes tipos de antibióticos:

- **Bactericidas.** Destruyen a los microorganismos, utilizando para ello distintos mecanismos. Entre los antibióticos más importantes de este grupo están los betalactámicos y los aminoglucósidos:
  - **Betalactámicos (penicilinas y cefalosporinas).** Provocan la rotura de la pared de las células bacterianas.
  - **Aminoglucósidos** (como la estreptomicina, la neomicina y la gentamicina). Interfieren con la síntesis de proteínas, aunque su uso es bastante limitado debido a su elevada toxicidad.
- **Bacteriostáticos.** Impiden la reproducción de las bacterias y actúan principalmente sobre la síntesis de proteínas. Son muy útiles para tratar a personas alérgicas a la penicilina y los más utilizados son la eritromicina, las tetraciclinas, que son útiles en infecciones raras producidas por algunos microorganismos, el cloramfenicol, muy efectivo aunque tiene un grave efecto secundario (puede producir graves anemias), y las sulfamidas, que actualmente se emplean casi exclusivamente en tratamientos tópicos o muy específicos, como es la prevención de un tipo de neumonía causada por el protozoo *Pneumocystis carinii*, que afecta a los pacientes con sida.

Descubre

Cómo se comprueba la sensibilidad de los microorganismos frente a distintos antibióticos

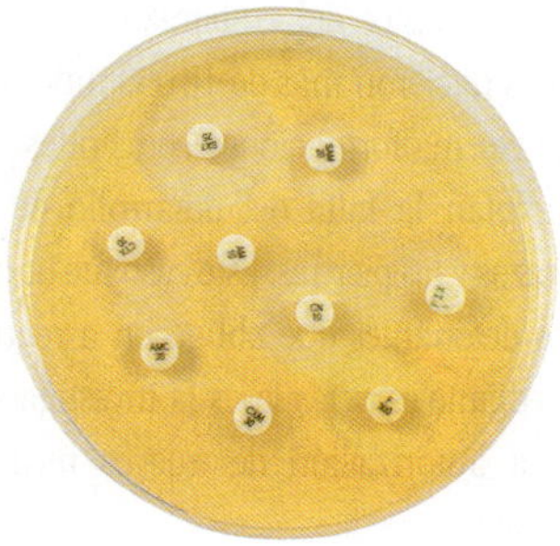

Si se coloca un disco impregnado en diferentes antibióticos sobre una placa que contenga un cultivo de una especie de bacteria patógena, los antibióticos difundirán desde el disco hacia el cultivo e inhibirán el crecimiento de las bacterias más o menos dependiendo de su efectividad sobre ellas. El resultado es conocido como antibiograma

Historia de la ciencia

Antecedentes históricos del uso de los antibióticos

Se han usado tradicionalmente muchos remedios a base de plantas que presentan una actividad como antibacterianos o antivirales. Este es el caso del ajo, la cebolla o el tomillo.

En el siglo XIX, Louis Pasteur descubrió que algunas bacterias podían destruir la bacteria del ántrax. En 1900, el bacteriólogo alemán Rudolf von Emmerich aisló una sustancia que podía destruir las bacterias causantes del cólera y la difteria, pero no pudo usarla para tratar a los enfermos.

En 1910, Paul Ehrlich, tras muchos ensayos en ratones con compuestos sintéticos de arsénico, utilizó la arsfenamina para el tratamiento de la sífilis.

Alexander Fleming, en 1928, descubrió la **penicilina,** al observar que la presencia de un hongo del género Penicillium inhibía el crecimiento de las bacterias en un cultivo con el que estaba trabajando en su laboratorio. Esto le llevó a pensar que el hongo producía una sustancia antibacteriana a la que llamó penicilina.

En 1938, Howard Florey y Ernst Chain demostraron que tenía una alta actividad antibiótica frente a diferentes bacterias y que no causaba daños a los animales de experimentación. Desde entonces se han descubierto y sintetizado miles de antibióticos diferentes y la búsqueda continúa ante el reto que supone la enorme capacidad de los microorganismos para adquirir resistencia frente a los mismos.

Cultivo de hongos *Penicillium* en placas de Petri.

8 Explica las diferencias que hay entre desinfectantes y antisépticos.

9 ¿Qué son los antibióticos?

10 ¿Qué diferencia hay entre los antibióticos bactericidas y los bacteriostáticos?

Errores de la ciencia

La tragedia de la talidomida

La talidomida fue sintetizada en 1953 y puesta en el mercado como fármaco sedante destinado a paliar los síntomas más molestos del embarazo. En pocos años nacieron más de 10 000 niños con graves malformaciones congénitas que incluían la falta del desarrollo de los brazos y las piernas. Este caso fue uno de los detonantes que obligaron a regular mediante estrictas leyes la investigación y la autorización de nuevos medicamentos.

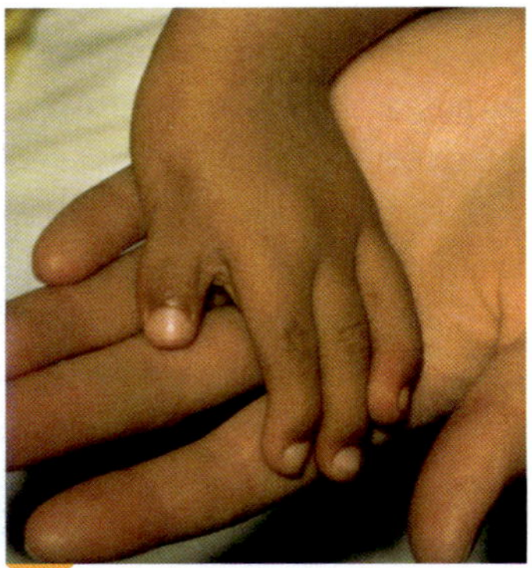

Malformación congénita debida a la talidomida.

- **Antivirales.** Impiden la replicación de los virus. El **aciclovir** y sus análogos inhiben la síntesis del ADN vírico. Los **antirretrovirales,** por su parte, son efectivos en la lucha contra los virus ARN, como es el VIH, ya que inhiben a la enzima transcriptasa inversa, que utiliza la información del ARN del virus para fabricar ADN e iniciar así la síntesis de sus proteínas. También se utilizan los interferones, fabricados por el sistema inmunitario frente a diversos agentes entre los que están los propios virus.

- **Antiinflamatorios no esteroideos y antirreumáticos.** Bloquean la síntesis de algunas sustancias responsables de la inflamación y tienen un efecto analgésico y antipirético. Son útiles en procesos inflamatorios como la artritis reumatoide, la artritis o la tendinitis. Hay muchos tipos diferentes, entre los que se pueden destacar el ácido **acetilsalicílico (aspirina)** y sus derivados, así como el **diclofenaco** y el **ibuprofeno.**

- **Analgésicos.** Son sustancias cuyo objetivo fundamental es combatir el dolor, aunque algunos son también antinflamatorios. Los analgésicos **narcóticos** incluyen sustancias naturales derivadas del opio, como la **morfina,** la **codeína** y la **heroína,** además de algunos sintéticos como la **metadona.** Entre los no narcóticos hay distintos tipos de sustancias, de las que las más utilizadas son el **paracetamol** y el ácido acetilsalicílico.

- **Corticoides.** Constituyen un grupo de hormonas que participan en la regulación del metabolismo. Su uso en medicina se basa en su actividad como **antiinflamatorios,** muy efectivos en procesos respiratorios como el asma o la enfermedad pulmonar obstructiva crónica. Tienen además actividad **inmunosupresora,** por lo que se usan también para prevenir el rechazo a los trasplantes. Dan lugar a múltiples efectos secundarios, por lo que su uso debe ser muy controlado.

- **Otros medicamentos.** Además de todos los anteriores existe una interminable lista de sustancias que tienen actividad terapéutica, bien para tratar las enfermedades o sus síntomas. Entre estas sustancias están: **anticoagulantes, antihistamínicos, antidiabéticos, antiulcerosos, vasodilatadores,** otras **hormonas (tiroideas, hipofisarias, antitiroideas, andrógenos, estrógenos, gestágenos)** y fármacos para tratar las disfunciones del sistema nervioso, como **antidepresivos, psicoestimulantes, ansiolíticos** o **antiepilépticos.**

Fraudes de la ciencia

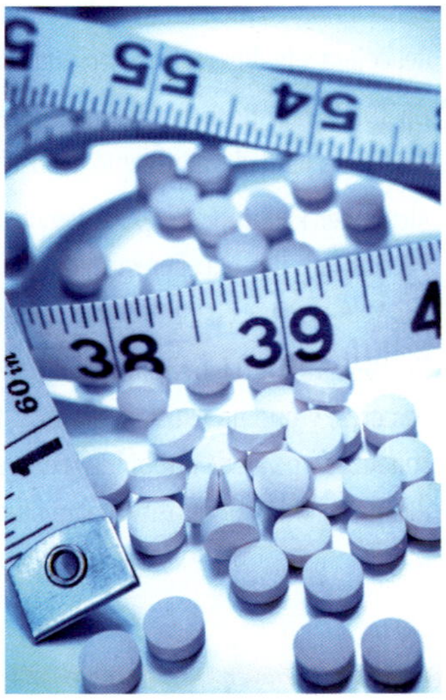

Uno de los fraudes más importantes en el campo de la medicina es la puesta en el mercado de medicamentos sin las suficientes garantías de seguridad para los usuarios. Un ejemplo está en los tratamientos contra la obesidad, que incluyen desde las dietas milagrosas avaladas por profesionales de la medicina a algunos productos farmacéuticos que ofrecen una reducción de peso espectacular sin necesidad de realizar esfuerzo físico alguno.

Hay distintos tipos de productos adelgazantes o quemagrasas, como es el caso de la L-carnitina, una molécula que participa en el transporte de ácidos grasos a la mitocondria para su degradación cuando existe una demanda de energía, lo que requiere la realización de ejercicio físico. Un caso más grave por las consecuencias que tiene es el del 2-4 dinitrofenol (DNP), una sustancia química utilizada en pesticidas y herbicidas, y que es capaz de inhibir la producción de energía metabólica (ATP) en el proceso de respiración celular. En lugar de eso transforma la energía de los alimentos en calor, por lo que se ha utilizado como sustancia adelgazante, un uso que fue prohibido en 1938 tras haberse producido varios fallecimientos como consecuencia de su utilización. Sin embargo aún se puede adquirir en Internet en empresas que suministran complementos dietéticos a gimnasios y a particulares, lo que ha dado lugar a nuevos fallecimientos en los últimos años.

4.3 El tratamiento del cáncer

El tratamiento del cáncer tiene una gran complejidad debido a la diversidad de tipos de cáncer y de órganos a los que puede afectar. La base del tratamiento del cáncer se encuentra en la eliminación quirúrgica de los tumores (cirugía), la quimioterapia, la inmunoterapia y la radioterapia, además de nuevos tratamientos basados en la terapia génica y la terapia celular que se verán más adelante.

- **Quimioterapia anticancerígena.** Hay una gran variedad de sustancias con actividad citotóxica sobre células que se dividen muy activamente como son las células cancerosas. Algunas de estas sustancias, como el **oxaliplatino,** la **ciclofosfamida** o las **antraciclinas** actúan directamente sobre el ADN o sobre su proceso de replicación, mientas que otras, como sucede con los **taxanos** y la **vinblastina,** interaccionan con la formación del huso mitótico. Entre los efectos secundarios de estos tratamientos están la pérdida del cabello o la pérdida de leucocitos, que puede favorecer las infecciones.

- **Inmunoterapia.** Se basa en la estimulación del sistema inmunitario para desencadenar una respuesta frente a los tumores. Entre las sustancias utilizadas están el **interferón alfa,** que puede reducir el crecimiento del tumor, las **vacunas,** en fase de experimentación, que usan antígenos presentes en las células cancerosas para estimular la defensa inmunitaria frente a ellas, y los **anticuerpos monoclonales,** que son específicos contra antígenos de las células cancerosas, a las que reconocen y pueden atacar directamente o bien mediante drogas citotóxicas o isótopos radiactivos **(radioinmunoterapia)** asociados al propio anticuerpo.

- **Radioterapia.** Consiste en el uso de radiaciones ionizantes que causan la muerte de las células cancerosas debido a que producen alteraciones en su ADN. Tiene una aplicación local y hay varios tipos:
  - **Radioterapia externa,** en la que la radiación utilizada proviene de una fuente externa como la bomba de cobalto o el acelerador lineal.
  - **Radioterapia interna** o braquiterapia, en la que la radiación es producida por un isótopo radiactivo implantado en el interior del organismo.
  - **Radioterapia fotodinámica (TFD),** en la que un producto fotosensible combinado con la luz visible resulta citotóxico para las células cancerosas.

Descubre

La nueva terapia anticancerígena

La mayoría de las nuevas drogas anticancerígenas se obtienen a partir de organismos marinos, como algas, esponjas, moluscos o ascidias. Su acción citotóxica se basa en que interfieren con la división celular, la transcripción genética o los sistemas de reparación del ADN.

Otras, como el veneno del escorpión azul cubano, que se usa para reforzar las defensas y aminorar los efectos de otras terapias anticancerígenas, está siendo ensayado para su uso como antitumoral.

Evidencia científica

La nueva quimioterapia frente al cáncer.
***INVESTIGACIÓN Y CIENCIA*, abril 2006**

En 1996, en el Hospital Clínico de la Universidad de Helsinki, ante un caso de un tumor múltiple del estroma gastrointestinal (GIST) resistente a la quimioterapia y a la radioterapia y tras haber fracasado la extirpación quirúrgica, se administró a una paciente un fármaco experimental conocido como STI571, que estaba en una de las fases de ensayo para el tratamiento de la leucemia mielógena crónica. Dos semanas después, una prueba de resonancia magnética demostró que los tumores se habían reducido en un 40 %, proceso que continuó durante los meses siguientes hasta hacerse prácticamente indetectables. El medicamento, conocido ahora como Glivec, fue elegido debido a la semejanza existente entre la proteína anómala que provocaba el tumor a la paciente y la que provocaba la leucemia.

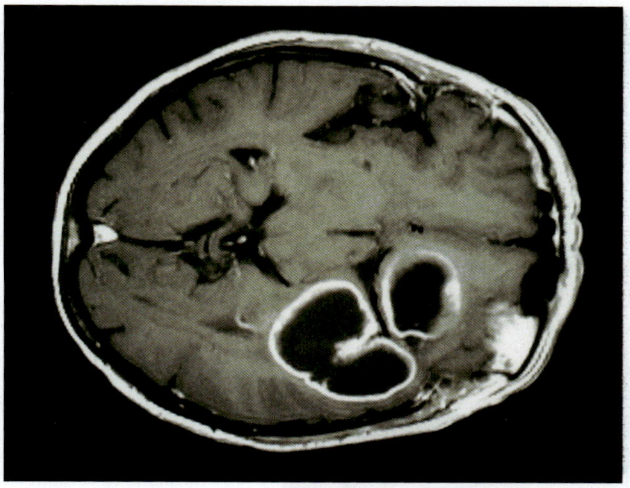

11 ¿Qué son los corticoides? ¿Qué aplicaciones médicas tienen?

12 ¿En qué se basa la inmunoterapia? ¿Cómo actúan los anticuerpos monoclonales?

Errores de la ciencia

La lobotomía cerebral

La lobotomía cerebral era una técnica quirúrgica que consistía en anular una pequeña parte de la corteza frontal del cerebro, en la creencia de que estaba dañada y de que, al seccionarla, podría regenerarse en un estado normal.

Algunas de las dolencias a las que se aplicaba esta técnica eran la esquizofrenia, la neurosis crónica obsesiva y la depresión crónica y se practicó de forma habitual en el siglo pasado.

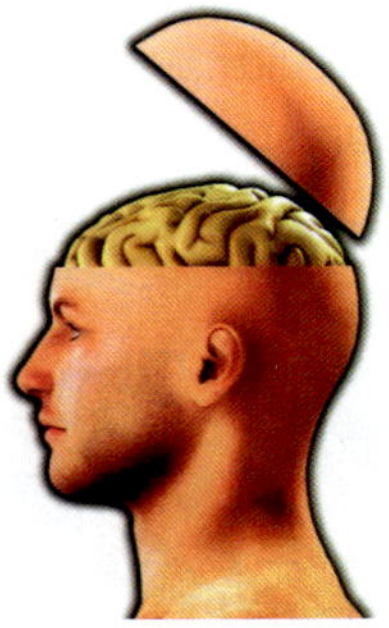

4.4 La cirugía

El tratamiento de algunas enfermedades o lesiones no puede ser llevado a cabo mediante quimioterapia y tiene que hacerse mediante **cirugía,** que consiste en la manipulación directa del organismo para establecer un diagnóstico preciso o para reparar los daños anatómicos producidos en los órganos con el fin de curar la enfermedad.

La cirugía se ha desarrollado en relación directa con los nuevos hallazgos tecnológicos y con los de otras ramas de la medicina, como es el caso de la **anestesia,** que ha permitido realizar las intervenciones sin dolor. Asimismo, la realización de **estudios preoperatorios** completos, la profilaxis mediante antibióticos y los **cuidados postoperatorios** han contribuido a disminuir los riesgos de las intervenciones quirúrgicas.

La anestesia

La **anestesia** es un procedimiento médico que permite insensibilizar un paciente o una parte de su cuerpo para realizar una intervención quirúrgica sin causar dolor. Hay tres tipos principales de anestesia: **local, locorregional** y **total:**

- **Anestesia local.** Con ella se anula la sensibilidad de una pequeña región del cuerpo, normalmente de la piel o de la boca.
- **Anestesia loco-regional.** Permite insensibilizar una región más grande del cuerpo y se puede hacer mediante la actuación sobre un **nervio** o un plexo nervioso, sobre la **médula espinal** (epidural, o bien intradural) o bloqueando la circulación de un miembro por compresión, lo que provoca la insensibilidad del mismo.
- **Anestesia general.** Consiste en provocar inconsciencia, analgesia y relajación muscular mediante la administración de fármacos por inhalación o por vía intravenosa.

Estudios preoperatorios

Incluyen los estudios diagnósticos y tratamientos previos que son necesarios para minimizar los riesgos que toda intervención quirúrgica presenta.

Cuidados postoperatorios

Tienen como finalidad la reanimación y recuperación del estado normal del paciente, una vez que ha concluido una intervención quirúrgica. Se lleva a cabo en una sala o unidad de **cuidados intensivos,** preparada para poder atender cualquier incidencia que se pueda producir.

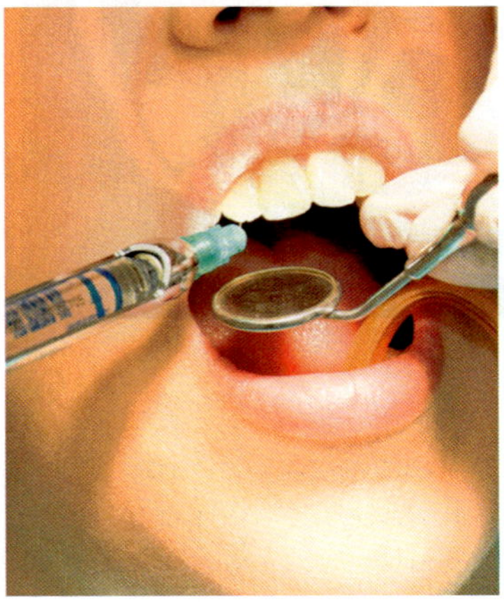

¿Lo sabías?

La anestesia

Se han utilizado distintas técnicas de anestesia a lo largo de la historia, casi todas basadas en el uso de plantas o de sus principios activos. Entre las plantas destacan el opio, la mandrágora y el beleño, que ya formaban parte de la esponja soporífera utilizada por Hipócrates. Con anterioridad, los asirios inducían el estado de coma mediante la compresión de la carótida, un procedimiento peligroso, pero de gran eficacia. En América, los nativos utilizaban las hojas de coca para amortiguar el dolor producido en procedimientos quirúrgicos, mientras que en Europa se usaban distintos preparados a base de alcohol.

En el siglo XVI, Paracelso observó las propiedades anestésicas del éter sulfúrico, que obtenía mezclando ácido sulfúrico y alcohol, pero no fue hasta el siglo XIX cuando se empezó a generalizar el uso de la anestesia, con éter, óxido nitroso y cloroformo. También en el siglo XIX el médico inglés Esdaile comenzó a utilizar la técnica de hipnosis, que había conocido en la India, como procedimiento anestésico.

Especialidades quirúrgicas

Son aquellas en las que el cirujano utiliza procedimientos que invaden el cuerpo, con un fin diagnóstico o terapéutico (por ejemplo, la extirpación de una parte de un órgano dañado).

Observa

Cuáles son las principales especialidades quirúrgicas

Cirugía general	Comprende las intervenciones quirúrgicas que se realizan sobre el tracto gastrointestinal, hígado, bazo, páncreas y mama.
Cirugía cardíaca	Intenta corregir las patologías cardíacas originadas por la disfunción de las válvulas cardíacas o de la circulación coronaria.
Neurocirugía	Tratamiento quirúrgico de las afecciones del sistema nervioso y de sus cubiertas protectoras, como la columna y el cráneo.
Cirugía vascular	Incluye la intervención sobre los vasos sanguíneos (arterias y venas) y linfáticos dañados.
Cirugía oral y maxilofacial	Trata las afecciones en la boca, la cara y el cuello, incluidas la reconstructiva y la relacionada con las piezas dentarias.
Cirugía plástica y reparadora	Reparación de daños producidos por accidentes o traumatismos y modificación por razones estéticas del aspecto físico.
Cirugía ortopédica y traumatología	Permite tratar los daños sobre los huesos, las articulaciones y los músculos, ya sean crónicos o causados por un traumatismo.
Cirugía pediátrica	Su objetivo es corregir las enfermedades o alteraciones que pueden presentar los niños desde el momento de su nacimiento.

Hay otras especialidades médico-quirúrgicas, como son la **otorrinolaringología,** la **oftalmología,** la **urología** o la **obstetricia,** y se han desarrollado nuevas cirugías, como los **trasplantes de órganos** y otras, entre las que destacan:

- **Técnicas endoscópicas.** Son intervenciones no invasivas que se realizan mediante la introducción de una cámara o lente a lo largo de un tubo o endoscopio a través de un orificio natural o una incisión quirúrgica con el fin de ver un órgano o una cavidad corporal. Permiten confirmar un diagnóstico, tomar muestras para análisis anatomopatológico o realizar una intervención quirúrgica directa en la zona observada.

  Entre los órganos objeto de estudios endoscópicos destacan las articulaciones **(artroscopias),** esófago, estómago y duodeno **(gastroscopias),** colon **(colonoscopias),** bronquios **(broncoscopia)** y la cavidad abdominal **(laparoscopia)**.

- **Cateterismo cardiaco.** Consiste en una intervención quirúrgica del corazón por medio de un pequeño tubo que se hace llegar desde una arteria.

- **Cirugía intrauterina.** Permite realizar intervenciones a fetos en el interior del útero materno.

- **Cirugía robótica.** La cirugía robótica utiliza dispositivos automatizados de gran precisión que son controlados por un equipo de cirugía, y se ha mostrado muy útil en distintos tipos de intervenciones, además de ser mínimamente invasiva. Un tipo especial de cirugía robótica es la **telecirugía,** en la que un cirujano especializado puede realizar una intervención a distancia, vía Internet, cooperando con cirujanos locales, lo que abre la posibilidad de acceder a servicios quirúrgicos especializados no disponibles en la zona de residencia de los pacientes.

13 ¿Qué tipos de anestesias existen? ¿En qué se diferencian?

14 ¿Qué es una endoscopia? Cita tres tipos de endoscopias.

Descubre

Cómo se realiza un cateterismo cardíaco

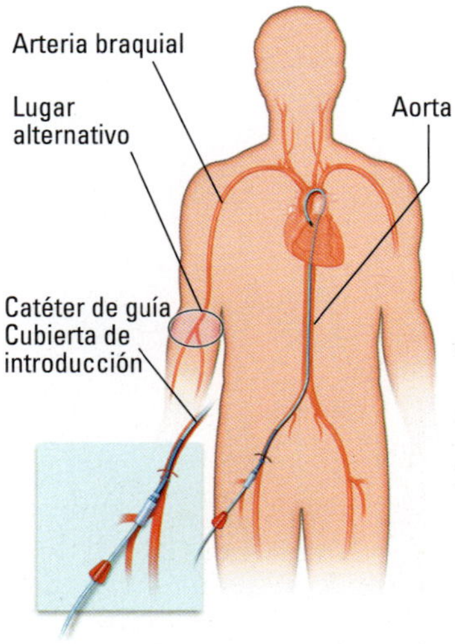

El catéter se introduce en una arteria y se guía directamente hasta el corazón utilizando el trayecto natural de las arterias. Una vez alcanzado el corazón, se realiza la intervención.

¿Lo sabías?

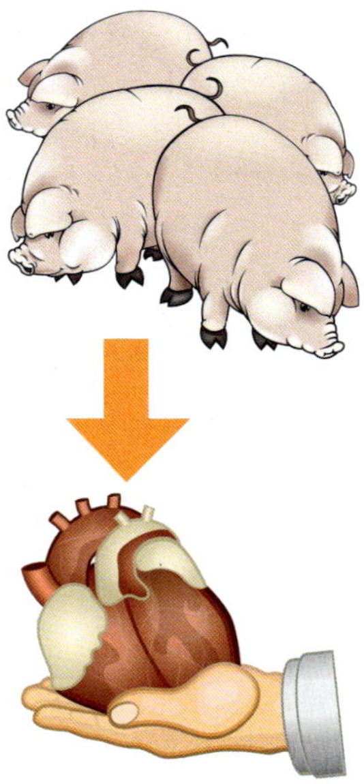

Algunas líneas de investigación están intentando conseguir cerdos transgénicos que podrían ser donantes de órganos para xenotrasplantes a los seres humanos. Otra posibilidad, con unas implicaciones éticas enormes, está en la clonación terapéutica con el fin de obtener tejidos o incluso órganos compatibles.

4.5 Trasplantes

Algunas enfermedades tienen consecuencias tan graves sobre algún órgano que la única opción viable para intentar salvar la vida del paciente es un **trasplante.**

Un **trasplante** es una técnica quirúrgica cuyo objetivo es sustituir un órgano o tejido dañado irreversiblemente por otro procedente de un donante.

Existen varios tipos de trasplantes o injertos:

- **Autotrasplantes,** en los que los tejidos trasplantados proceden del mismo individuo. Es muy frecuente el autotrasplante de piel en personas quemadas.
- **Isotrasplantes,** en los que los tejidos u órganos trasplantados proceden de un individuo de la misma especie genéticamente idéntico, como un gemelo univitelino.
- **Alotrasplantes,** que son aquellos en los que el individuo donante y el receptor son ambos de la misma especie, pero genéticamente diferentes.
- **Xenotrasplantes,** en los que el donante y el receptor son individuos pertenecientes a especies diferentes.

El gran avance experimentado por la cirugía y por las técnicas que permiten la extracción, la conservación de órganos y el cultivo de tejidos permite que los trasplantes puedan realizarse en la mayor parte de los hospitales del mundo. Sin embargo, al problema que representa la escasez de órganos disponibles se une la posibilidad del **rechazo** del trasplante.

El **rechazo** es una respuesta desencadenada por el sistema inmunitario del organismo receptor, el cual es capaz de reconocer a los antígenos de las células del órgano trasplantado y trata de destruirlo.

Los autotrasplantes y los isotrasplantes no dan lugar al rechazo puesto que las células trasplantadas no son extrañas para el organismo receptor, mientras que en los alotrasplantes y en los xenotrasplantes, el organismo receptor reconoce al órgano trasplantado como extraño y desencadena una respuesta de rechazo.

Cuando el órgano trasplantado forma parte del sistema inmunitario, como sucede con la **médula ósea,** la respuesta de rechazo es doble: el organismo rechaza al órgano trasplantado y el órgano es capaz de desencadenar una respuesta de rechazo contra el organismo receptor. Esta es una respuesta muy grave que se conoce como reacción **injerto contra huésped** (del inglés *graft-versus-host, GVH).*

Observa

El número de trasplantes de órganos realizados en España

En 2013 se realizaron en España 4279 trasplantes de órganos:

- Riñón: 2 552
- Hígado: 1 093
- Corazón: 249
- Pulmones: 285
- Páncreas: 92
- Intestino: 8

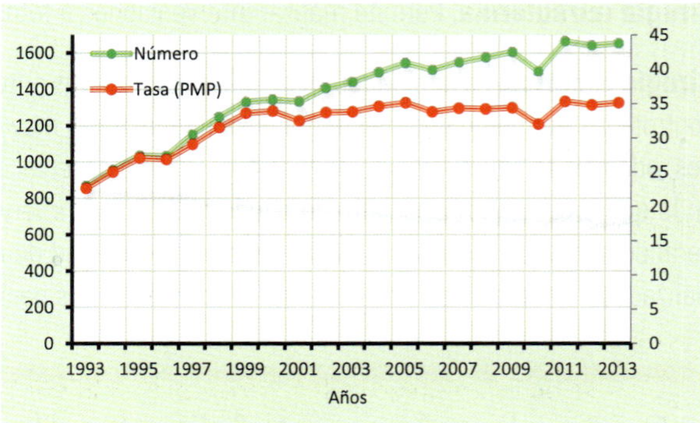

Datos: Organización Nacional de Trasplantes, 2013
Número donantes (1 665) y tasa anual de donantes por millón de habitantes (35,1)

Consideraciones sobre la cirugía de trasplantes

El trasplante de un órgano es un procedimiento quirúrgico complejo que tiene unas **consecuencias** determinadas y que ofrece además una serie de **ventajas** y de **inconvenientes** para las personas afectadas y para la sociedad.

- **Consecuencias.** Entre las consecuencias más importantes que el trasplante de un órgano tiene para el receptor están:
  - Necesidad de cuidados post-trasplante, principalmente de medicación inmunosupresora para evitar el rechazo.
  - Los riesgos derivados de la inmunosupresión, como son el desarrollo de infecciones e incluso de tumores, por lo que debe estar sometida a un estricto control médico.
- **Ventajas de los trasplantes.** Entre las ventajas más relevantes de la cirugía de trasplantes se pueden considerar las siguientes:
  - Contribuyen a salvar vidas de personas que no tienen ninguna otra opción tras haberse producido el fallo de algún órgano vital.
  - Facilitan la asunción de la pérdida inesperada de un ser querido por parte de la familia de los donantes.
  - Han servido de estímulo para la concienciación social acerca de los problemas sanitarios que afectan a la población y para aumentar la solidaridad entre diferentes regiones y países.
  - Constituyen un foco de investigación prioritaria en centros universitarios y hospitales.
- **Inconvenientes.** Entre los inconvenientes de los trasplantes podemos destacar los siguientes:
  - La escasa disponibilidad de órganos hace que no se puedan realizar algunos trasplantes, con la consecuente pérdida de vidas.
  - Presentan los riesgos que caracterizan a cualquier intervención quirúrgica más los que se derivan del propio trasplante, como es el posible rechazo.
  - El receptor de un órgano puede necesitar apoyo psicológico para asumir que es portador de un órgano de una persona fallecida e incluso que el trasplante puede fallar.

¿Lo sabías?

Los trasplantes de órganos están aceptados por la mayoría de los grupos religiosos. Sin embargo, esto no es así con las transfusiones de sangre o el trasplante de órganos que tengan sangre, como sucede con los Testigos de Jehova, que no los aceptan debido al mandamiento explícito que hacen las Sagradas Escrituras de *abstenerse* de sangre.

Observa

Trasplantes y solidaridad

El trasplante es la única opción que tienen muchas personas para poder vivir, una vez que se han agotado todas las demás posibilidades que ofrece la medicina actual. Aunque la opinión pública se manifiesta mayoritariamente a favor de la donación, la disponibilidad de órganos es muy limitada y ello da lugar a que cada año miles de personas pierdan la vida.

Desde el punto de vista de la ética, la donación de órganos es un acto solidario que, si se generalizase entre la población, permitiría salvar millones de vidas en el mundo, y ello si consideramos solamente la donación de órganos procedentes de personas fallecidas.

En la donación desde personas vivas, principalmente de riñón y de tejidos, ha de valorarse siempre que el perjuicio que se cause al donante sea mínimo en relación con el beneficio que pueda obtener el receptor.

15 ¿Qué es un trasplante? ¿Qué tipos de trasplantes hay? ¿Qué es el rechazo?

16 ¿Qué es la reacción injerto contra huésped? ¿A qué se debe?

17 Indica cuáles son las ventajas más importantes de los trasplantes.

¿Lo sabías?

La **epidemiología** estudia los factores determinantes relacionados con la salud y que pueden ser causa de aparición de enfermedades, y aplica esos estudios al control de las enfermedades y de otros problemas de salud. Aunque originariamente se refería solo al estudio de las epidemias, de ahí su nombre, el estudio epidemiológico es aplicable a cualquier dolencia que afecte a la salud de la población.

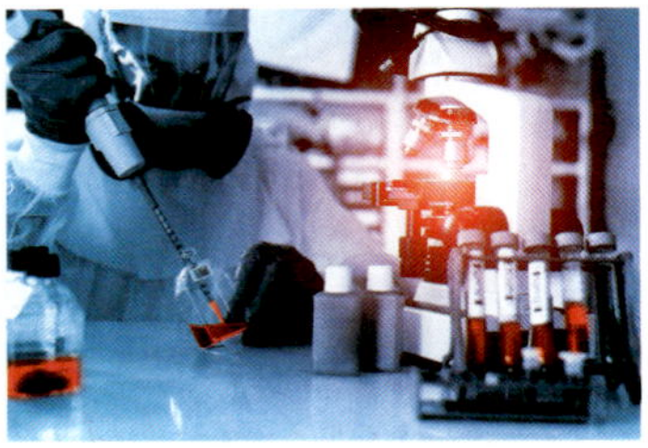

5 Un caso especial: las enfermedades transmisibles

Algunas enfermedades presentan unas características que las hacen diferentes desde el punto de vista de su **incidencia** en la población y su **epidemiología,** así como de los métodos para su **prevención** y **tratamiento,** como es el caso de las **enfermedades transmisibles** o **infecciosas.**

Las **enfermedades transmisibles** son aquellas que son causadas por agentes infecciosos, que pueden ser animales parásitos, como las tenias, o bien microorganismos de organización celular (ciertos protozoos, hongos unicelulares y bacterias) o de organización acelular (virus y priones).

5.1 Medidas de prevención y tratamiento

Además de los aspectos ya vistos anteriormente, como son la **higiene,** el **tratamiento del agua** y de los **residuos** o la **seguridad alimentaria,** en la prevención de estas enfermedades cobra una importancia especial la **inmunización** de la población y los **protocolos de actuación** ante un brote, como son las medidas de **aislamiento** cuando la gravedad de la enfermedad y el riesgo de transmisión así lo aconsejen.

- La **vacunación** ha permitido reducir drásticamente la incidencia de enfermedades transmisibles que han causado millones de muertos a lo largo de la historia, pero no existen aún vacunas para algunas enfermedades como el **sida,** o el ébola. En este último caso se ha aplicado con relativo éxito el tratamiento con anticuerpos procedentes de personas que han superado la enfermedad.
- El **aislamiento** de las personas afectadas es una medida imprescindible para proteger a la población y al personal sanitario encargado del cuidado de los enfermos. En algunos casos de especial gravedad se puede recurrir a las medidas de **cuarentena,** que suponen el aislamiento del paciente durante el periodo de tiempo que se considere necesario.

  Un tipo especial es el aislamiento inverso, cuyo objetivo es proteger a las personas frente a las enfermedades. Se lleva a cabio mediante el aislamiento de personas sometidas a inmunosupresión, natural o inducida, para luchar contra determinados procesos por autoinmunidad o para evitar el rechazo de un trasplante.
- El **tratamiento** de los enfermos se hace mediante quimioterapia con **antibióticos, antivirales** y **antirretrovirales,** dependiendo de cuál sea el agente causante de la enfermedad y con otros medicamentos destinados a minimizar los síntomas y combatir infecciones oportunistas.

Razona

La primera vacuna contra la malaria, una enfermedad que causa cada año más de 600 000 muertes en África, de los que la mayoría son niños menores de cinco años está disponible desde 2015 tras haberse ensayado con éxito en niños africanos. En este proyecto han participado instituciones de África, Europa y Estados Unidos y numerosos científicos, entre ellos el español Pedro Alonso. Está previsto que la vacuna se dispense con un mínimo margen de beneficio sobre el precio de coste, debido a la colaboración de la Organización no gubernamental Path y al apoyo económico de la fundación Bill y Mellinda Gates, que ha aportado 200 millones de dólares al proyecto.

¿Consideras necesaria la participación de organizaciones privadas en la lucha contra las enfermedades?

6 Las nuevas medicinas

El gran avance de la investigación biomédica y biotecnológica, los descubrimientos en el ámbito de la genómica y la proteómica y el desarrollo de la nanotecnología han dado lugar a una nueva era en el tratamiento de las enfermedades y de sus síntomas. Veamos algunas de las posibilidades:

6.1 Aplicaciones de la terapia celular

La **terapia celular** trata la enfermedad mediante la implantación en el organismo de células diferenciadas y cultivadas a partir de células madre embrionarias o adultas.

La manipulación de embriones tiene unas implicaciones éticas que la sociedad y los legisladores deben conocer y valorar. Por ello, se está impulsando el uso de las células madre adultas, que pueden ser extraídas del propio enfermo y no generan rechazo. Otra posibilidad es la **reprogramación** o desdiferenciación de células adultas para obtener células pluripotentes.

Entre las aplicaciones de la terapia celular están:

- **Enfermedades cardiovasculares.** Hay grandes expectativas abiertas sobre la medicina regenerativa cardiovascular, que se basa en la implantación directa de células en una zona del corazón dañada por un infarto, con el fin de favorecer su reconstrucción. Las células pueden ser cardiomiocitos obtenidos por diferenciación de células madre o bien mioblastos, procedentes del músculo esquelético del paciente.

  La implantación de estas células se puede hacer de forma muy precisa mediante un cateterismo cardíaco guiado hasta la zona donde se desean implantar. Este mismo procedimiento puede ser de utilidad en enfermedades degenerativas que afectan al tejido muscular, como sucede con la distrofia muscular de Duchenne.

- **Enfermedades del sistema nervioso.** Hay varias enfermedades que se caracterizan por la pérdida de células nerviosas y en las que la terapia celular puede ser de aplicación. Entre ellas podemos mencionar algunas enfermedades degenerativas como la de Parkinson, la de Alzheimer o la esclerosis lateral amiotrófica, y también hay mortalidad celular en los traumatismos y accidentes cerebrovasculares. La implantación de células que puedan multiplicarse y sustituir a las que se han perdido es una opción que se está investigando en la actualidad.

- **Procesos de autoinmunidad.** En la diabetes de tipo I, el sistema inmunitario actúa contra los islotes de células pancreáticas que segregan insulina. La escasez de donantes y el rechazo son los grandes problemas del trasplante de estos islotes, por lo que la terapia celular se presenta como una de las únicas opciones frente a esta enfermedad.

  La diferenciación dirigida de células madre pluripotentes en cultivo para generar islotes pancreáticos y su implantación serían la solución que debería soslayar un último problema, como es el posible rechazo por el organismo.

- **Leucemias.** El uso terapéutico de células madre está abriendo la posibilidad de reducir la agresividad del trasplante de médula en procesos de leucemia, puesto que se contempla la posibilidad de utilizar estas células para regenerar la médula con nuevas células sanas. Este procedimiento ofrecerá en un futuro cercano nuevas expectativas de tratamiento para este tipo de enfermedades.

18 ¿Qué es la cuarentena? ¿Qué es el aislamiento inverso?

19 ¿Cuáles son las posibles aplicaciones de la terapia celular?

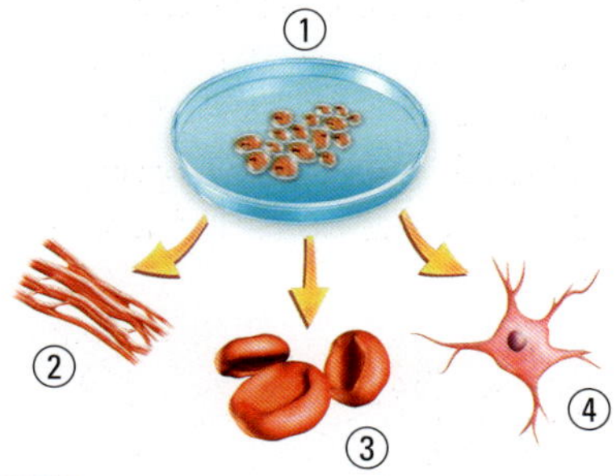

Medicina regenerativa. Las células madre pluripotentes (1) pueden cultivarse para convertirse en células musculares (2), células de la sangre (3), neuronas (4) y otras. A partir de ellas se han podido generar miniórganos como el hígado y el riñón. En un futuro próximo, la medicina podrá conseguir órganos para trasplantes o reparar tejidos envejecidos o dañados por un traumatismo.

Descubre

El principio de precaución

Previamente a la aplicación clínica de un procedimiento se debe contar con datos experimentales que avalen sus efectos terapéuticos así como su seguridad. Una diferenciación inadecuada de células madre injertadas a un paciente daría lugar a un tejido distinto o incluso al desarrollo de tumores.

Además de considerar el aspecto biológico, cuyas fases de investigación se hacen con modelos animales, es imprescindible el aspecto clínico, cuyos ensayos se hacen con personas, que son pacientes que albergan la esperanza de que estos nuevos tratamientos les ofrezcan alguna posibilidad de salvar su vida.

6.2 Aplicaciones de la terapia génica

La **terapia génica** se fundamenta en la modificación de un gen o en la inserción de un gen funcional en células en las que ese gen está alterado. Esta técnica se desarrolla principalmente para su aplicación en enfermedades de origen hereditario y también en algunas enfermedades adquiridas, como es el caso del cáncer.

Enfermedades de origen hereditario

Aunque el mayor problema que se presenta es que el gen alterado se localiza en todas las células somáticas del cuerpo, se está estudiando la aplicación de esta terapia a células de los órganos más afectados por estas enfermedades. Esto se está aplicando para curar la **ceguera infantil** y la **hemofilia,** aunque también se puede aplicar a otras enfermedades, entre las que destacan:

- **Fibrosis quística.** La inserción del gen normal en células ex vivo para sustituir al gen responsable de la enfermedad ha dado resultados positivos. Se investiga ahora la posibilidad de aplicar el tratamiento usando vectores retrovirales o liposomas que contengan plásmidos portadores del gen normal. Estos podrían ser aplicados por medio de aerosoles sobre el epitelio pulmonar, una de las zonas más afectadas en las personas enfermas.
- **Hipercolesterolemia familiar.** Es originada por una mutación en el gen del receptor para las lipoproteínas de baja densidad (LDL), que se encargan del transporte de colesterol a las células, lo que favorece su acumulación en la sangre.

La terapia consiste en extraer células hepáticas del paciente y tratarlas ex vivo con vectores retrovirales portadores del gen normal antes de reimplantarlas de nuevo en el hígado.

Enfermedades adquiridas

Hay abiertas distintas posibilidades:

- **Procesos de autoinmunidad.** Hay algunos protocolos de actuación en fase de investigación con modelos animales. Estos se basan en la inserción de genes que codifican moléculas que pueden conferir protección frente al ataque por parte del sistema inmunitario. Este hecho podría ser de gran utilidad en enfermedades como la esclerosis múltiple, la diabetes de tipo I o la artritis reumatoide.
- **Sida.** La terapia génica frente al sida tiene un doble objetivo: destruir a las células infectadas mediante la inserción de un gen que induce la muerte de la célula, como el de la toxina diftérica DT-A o el de la timidina quinasa (tk), y proteger a las células no infectadas, para lo que se ha intentado modificar los receptores de la membrana plasmática de las células con el fin de evitar el reconocimiento del virus.

Además se está investigando el uso de los virus VIH que, modificados convenientemente, pueden servir como vectores en la terapia génica de otras enfermedades, como puede ser la **fibrosis quística.**

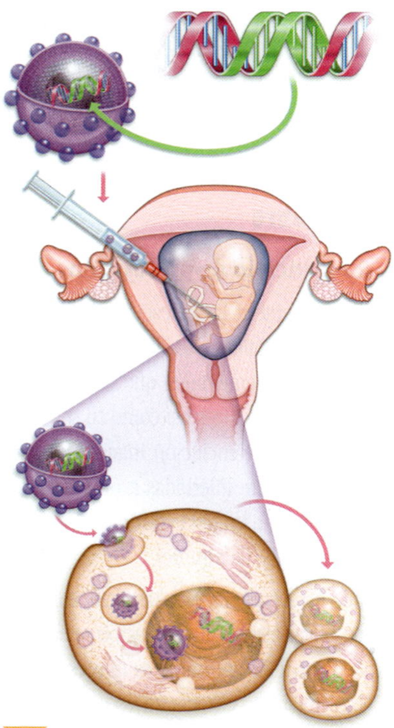

Terapia génica fetal. La inserción en el líquido amniótico de vectores portadores del gen normal puede permitir que el gen llegue a una gran cantidad de células, incluidas células madre.

Descubre

La terapia génica fetal

Algunas enfermedades genéticas son tan graves que la supervivencia es prácticamente imposible si no se pueden corregir antes del nacimiento y ello solo es posible mediante la intervención en el feto o en los anejos embrionarios. Este es el caso de la **epidermólisis ampollosa de Herlitz,** en la que la falta de una proteína que une la epidermis con la dermis provoca el desprendimiento espontáneo de la piel.

Aunque esta técnica entraña grandes dificultades, está favorecida por la capacidad limitada de rechazo que tiene el feto frente a los virus vectores y además se podrían generar células madre que darían lugar a una progenie de células portadoras del gen normal, amplificando así los efectos de la terapia.

Cáncer. Es el principal objetivo de la terapia génica, y actualmente hay distintas líneas de investigación en marcha, algunas de ellas en fase de prueba clínica. El origen molecular del cáncer está en la aparición de cambios internos o de origen externo que afectan a algunos genes y cuya consecuencia es la proliferación celular incontrolada.

El cáncer no es una enfermedad única, sino que podemos hablar de hasta doscientos tipos de cáncer diferentes, que se originan a partir de distintos tipos celulares y tienen una evolución diferente, lo que implica la búsqueda del tratamiento más adecuado a cada tipo. Una parte muy importante de la investigación actual sobre el cáncer está orientada a identificar genes ausentes o defectuosos que están en el origen de ciertos tipos de cáncer o aumentan el riesgo de padecerlos. Entre las líneas de investigación más importantes están:

- La implantación de copias normales de **genes supresores de tumores,** como es el **p53,** que no existe o aparece mutado en la mayor parte de los casos de cáncer. Algunos tratamientos que se encuentran en distintas fases de ensayo clínico para diferentes tipos de cáncer, intentan utilizar un virus del resfriado común como vector para insertar el gen p53.
- La utilización de **oligonucleótidos antisentido,** que son secuencias de ARN o de ADN complementarias de oncogenes o de los ARNm codificados por ellos, y se unen a éstos, los bloquean e inhiben así la expresión génica de estos genes, que son responsables de la malignidad celular.
- La inserción en las células tumorales de genes que aumenten su sensibilidad frente a otros tratamientos como la quimioterapia o la radioterapia. Una de las posibilidades es la inserción en las células cancerosas del gen del factor de necrosis tumoral (TNF) inactivado. El TNF es una proteína elaborada por las células del sistema inmunitario que participa en la reacción inflamatoria. Este factor puede ser activado mediante el uso de radioterapia o la exposición a determinadas drogas citotóxicas.
- La inserción de algunos genes, como es caso del **gen tk** (timidina quinasa), cuya expresión da lugar a la transformación de fármacos inactivos, como son algunos antivirales, en sustancias altamente tóxicas que causan la muerte de las células portadoras del gen de forma selectiva.
- La extracción de algunos tipos celulares del paciente, como es el caso de los linfocitos T presentes en el tumor, y su manipulación ex vivo con el fin de potenciar su acción defensiva contra las células cancerosas antes de ser reimplantados en el cuerpo del paciente.

¿Lo sabías?

La nanotecnología ofrece nuevas posibilidades a la terapia génica. El uso de retrovirus como vectores tiene inconvenientes que no existen en el caso de las nanopartículas de polímeros, que pueden servir para insertar genes o drogas antitumorales en las células específicas.

Nanopartículas.

Descubre

Cómo se puede utilizar la terapia génica contra el cáncer

Los linfocitos T son las células responsables de la respuesta inmunitaria celular contra el cáncer. Su modificación genética para que produzcan un anticuerpo que reconozca a las células cancerosas puede aumentar su capacidad para destruirlas una vez reimplantados en el organismo del paciente.

Procedimiento: Se extraen linfocitos T de un paciente (1) y se cultivan con un vector viral (2) que permite el desarrollo de un anticuerpo para las células cancerosas. Se seleccionan los linfocitos portadores del anticuerpo (3) y se multiplican en un cultivo antes de ser inyectados de nuevo en el paciente (4), tras lo cual se aplica una terapia de apoyo (5). Mientras se aplica este procedimiento, el paciente es tratado mediante una terapia convencional como la radioterapia (6).

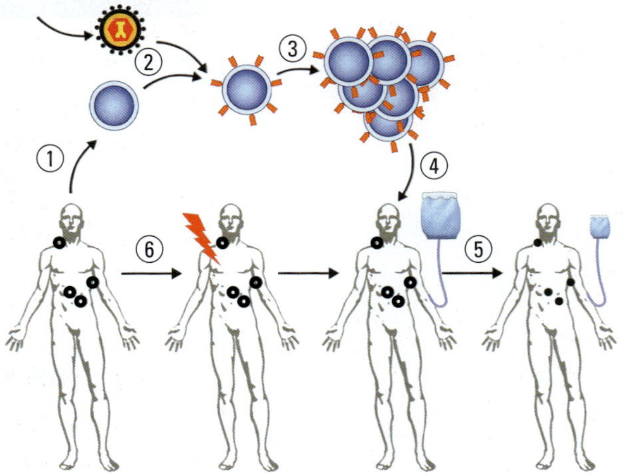

20 ¿Qué es la terapia génica fetal? ¿Qué aplicaciones puede tener?

21 ¿Qué son los oligonucleótidos antisentido? ¿Qué aplicaciones tienen?

Razona

Las implicaciones éticas de las terapias de reproducción asistida

Para muchas personas, la única posibilidad de tener un hijo se basa en la aplicación de las nuevas tecnologías que la ciencia puede poner a su servicio. Sin embargo, las técnicas que supongan la selección de los gametos, la producción y la manipulación de embriones, o cualquier otra que en el futuro pudiera utilizarse, pueden dar lugar a abusos o utilizaciones indebidas. Las leyes, fundamentadas en la ética, deben favorecer los avances de la ciencia con una sujeción estricta a unas normas cuya vulneración debe ser investigada y corregida. Las comisiones y comités de bioética de las distintas administraciones, hospitales y centros de investigación son una herramienta de gran utilidad para evitar los posibles abusos.

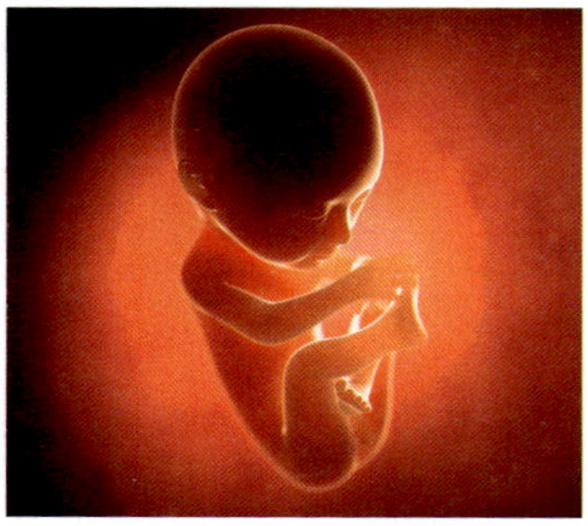

6.3 Reproducción asistida

La **reproducción humana asistida** tiene como objetivo ayudar a las personas que tienen un problema de esterilidad y desean tener hijos.

Hay diversas técnicas de reproducción humana asistida, útiles para paliar distintas causas de esterilidad masculina y femenina. Entre ellas destacan las siguientes:

A **Inseminación artificial.** Consiste en depositar el semen (1) en el útero de la mujer tras estimular el ovario mediante sustancias que inducen la ovulación. El semen es preparado previamente con el fin de seleccionar y concentrar los espermatozoides dotados de mayor movilidad.

Esta técnica es útil en casos de infertilidad masculina originada por un bajo porcentaje de espermatozoides viables. Es también aplicable a mujeres sin pareja que deseen tener un hijo, y que pueden utilizar el semen depositado en un banco de semen procedente de un donante anónimo.

B **Fecundación** in vitro. Un grupo de óvulos obtenidos tras un tratamiento de estimulación del ovario (1) se pone en contacto con los espermatozoides en el laboratorio (2), para favorecer el proceso de fecundación (3).

Es una técnica muy útil cuando la causa de la infertilidad es el bloqueo de las trompas de Falopio, lo que impide que los óvulos puedan descender desde el ovario hasta el útero. Esta técnica da origen a un gran número de **preembriones** que son conservados para su posible utilización futura.

C **Inyección intracitoplasmática de espermatozoides.** Es la técnica de elección para la infertilidad masculina severa y consiste en inyectar directamente un espermatozoide en un óvulo, que después será implantado para su desarrollo en el útero de la mujer. La selección del espermatozoide se hace al azar valorando únicamente que tengan un aspecto y una movilidad normales.

D **Transferencia intratubárica de gametos.** Es similar a la fecundación in vitro, pero los gametos son transferidos directamente a la trompa de Falopio (1) mediante una laparoscopia. Si la fecundación se realiza con éxito, el óvulo fecundado viaja al útero, donde se produce la implantación como sucede en un embarazo normal.

PRINCIPALES TÉCNICAS DE REPRODUCCIÓN ASISTIDA

A. Inseminación artificial

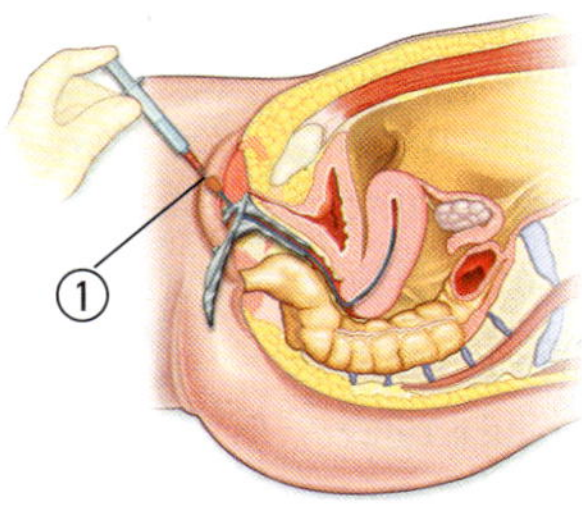

B. Fecundación in vitro

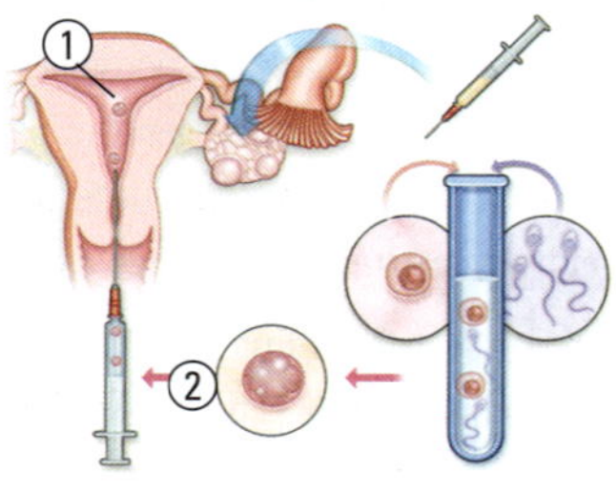

C. Inyección intracitoplasmática

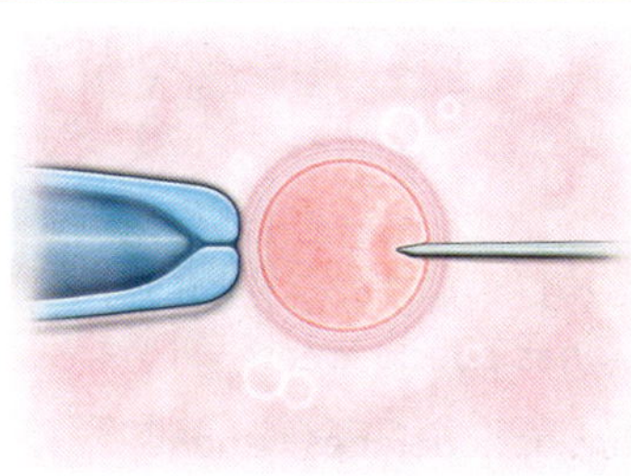

D. Transferencia intratubárica

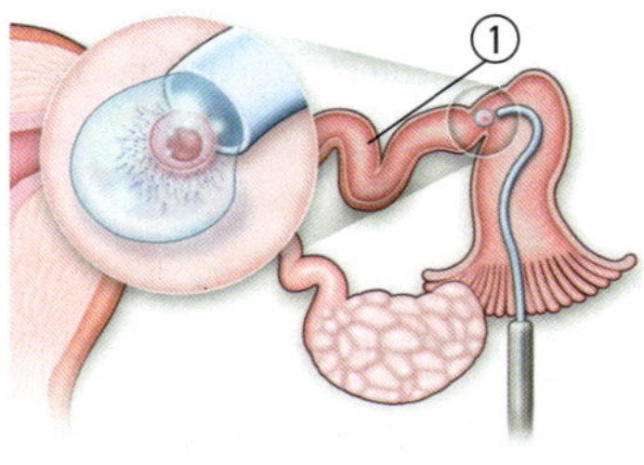

Selección de embriones

En cada ciclo de fecundación in vitro se utilizan varios óvulos y como resultado se obtienen varios preembriones. La selección de uno de ellos para su implantación en una mujer requiere la realización de un diagnóstico previo.

El **diagnóstico preimplantacional** tiene como objetivo detectar posibles enfermedades hereditarias graves u otras alteraciones que afectarían a la viabilidad del preembrión.

Este diagnóstico está especialmente indicado en personas con alteraciones cromosómicas o antecedentes familiares y cuando la madre es mayor de 35 años, puesto que la probabilidad de que el feto tenga alguna anomalía cromosómica es mayor. Está abierta además la posibilidad de un diagnóstico con fines terapéuticos, cuya finalidad es comprobar la compatibilidad del preembrión para su aplicación en terapias en terceras personas.

Conservación de embriones y gametos

Los preembriones no utilizados en cada ciclo de fecundación in vitro, así como el semen, los óvulos y el tejido ovárico no utilizados, se almacenan y conservan en bancos especializados y durante el período de tiempo establecido por la ley para su posible utilización por la mujer o su pareja. Otros usos posibles son la donación voluntaria con fines reproductivos o con fines de investigación.

La técnica que se utiliza para conservar los embriones y el resto de material biológico es la **crioconservación.** Se hace a una temperatura de −196 °C, mediante el uso de nitrógeno líquido, que permite una conservación por un periodo de tiempo casi indefinido. Este procedimiento detiene los procesos biológicos que tienen lugar en las células y permite la recuperación de las funciones fisiológicas normales tras la descongelación.

Repercusiones de la reproducción asistida

Además de las implicaciones éticas ya consideradas anteriormente, la reproducción asistida tiene unas implicaciones sociales y económicas indudables:

- **Implicaciones sociales.** Hay múltiples implicaciones sociales de la reproducción asistida relacionadas con aspectos legales, políticos y religiosos entre otros. Además de la familia tradicional, existen nuevas formas de convivencia entre personas que desean tener hijos y estas técnicas pueden hacer posible ese deseo. Este es el caso de las parejas homosexuales de hombres o de mujeres y también de mujeres solas que quieren ser madres.

  Otros aspectos complejos de la reproducción asistida son las donaciones de gametos (óvulos y espermatozoides), la existencia de madres de alquiler, que puede provocar conflictos de tipo psicológico y legal relacionados con la maternidad, y los cambios en las expectativas de las personas, ya que algunas de estas técnicas pueden aumentar la tasa de embarazos múltiples

- **Implicaciones económicas.** Las técnicas de reproducción asistida son costosas debido a la tecnología requerida para su realización. En España, la reproducción asistida está incluida en la cartera de servicios de la Seguridad Social, aunque existe una tendencia a restringir el acceso a algunos de los servicios ofrecidos con anterioridad.

22 ¿Qué es la reproducción humana asistida? ¿En qué consiste la fecundación *in vitro*?

23 ¿Qué es el diagnóstico preimplantacional? ¿Cuál es su objetivo?

¿Lo sabías?

Cuando el embrión tiene tres días y solo ocho células, llamadas blastómeros, se toman dos de ellas y se envían a un centro especializado para su estudio.

Razona

Algunas empresas líderes del sector informático y de las redes sociales han ofrecido congelar los óvulos de sus empleadas con el fin de retrasar la edad de maternidad.

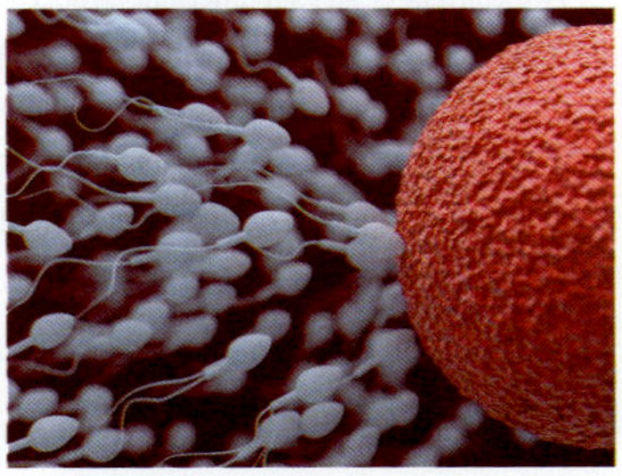

¿Consideras razonable esa proposición? ¿Qué ventajas e inconvenientes cabría esperar que tuvieran las mujeres que aceptasen esa proposición?

Descubre

La farmacogenómica

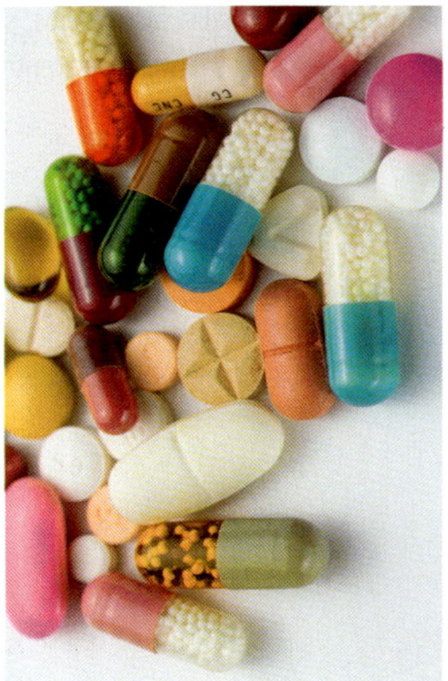

La acción de los medicamentos no siempre es la misma en todas las personas y por ello esta rama de la industria biomédica tiene como objetivo el diseño de fármacos hechos a medida para las condiciones genéticas de cada paciente.

7 La investigación médica: las patentes

La investigación médico-farmacéutica permite desarrollar nuevos medicamentos, material instrumental y técnicas terapéuticas. El desarrollo de un medicamento es un proceso largo y costoso que se desarrolla en varias fases y que debe tener en cuenta la situación de la enfermedad en el mundo y su posible evolución, así como su viabilidad en relación con la existencia de otros fármacos en el mercado.

7.1 El desarrollo de los medicamentos

El desarrollo de un nuevo medicamento se hace en varias etapas que se agrupan en dos fases:

Fase de descubrimiento y ensayos preclínicos

En ella se seleccionan algunas sustancias que tengan actividad terapéutica sobre la enfermedad y cuya toxicidad sea mínima. La búsqueda se inicia en un proceso conocido como *screening* en el que se pueden llegar a probar miles de sustancias. Las sustancias seleccionadas son sometidas a **ensayos in vitro** para valorar cómo responden las células frente a ellas, se seleccionan las más activas y se someten a **ensayos in vivo,** en animales, para valorar su respuesta y su seguridad.

Fase de desarrollo y ensayos clínicos

Tiene como objeto comprobar la seguridad de los posibles fármacos en las personas y su eficacia en el tratamiento de la enfermedad. Estos ensayos se hacen en cuatro fases:

- **Fase I.** Sirve para comprobar la seguridad y la tolerancia de las personas a distintas dosis del fármaco y permite conocer cómo es absorbido, metabolizado y excretado por el cuerpo humano.
- **Fase II.** En ella se intentan detectar posibles efectos secundarios a corto plazo y los riesgos derivados de su uso, y se valora la eficacia en el tratamiento de los pacientes.
- **Fase III.** Se centra en la comprobación de la eficacia de las dosis elegidas y permite completar toda la información necesaria sobre seguridad para solicitar la aprobación del nuevo medicamento por parte de las autoridades.
- **Fase IV.** Una vez aprobado el nuevo medicamento se sigue controlando su eficacia, su seguridad en el uso clínico diario y en diferentes poblaciones de personas y sus posibles efectos secundarios. Además, en esta fase se compara con otros del mercado y se valoran todos los aspectos económicos.

Desarrollo de un medicamento. El desarrollo y puesta en el mercado de un nuevo medicamento solo es posible tras una serie de etapas de investigación y ensayos que se pueden prolongar hasta 15 años y cuyo coste total puede superar los 1 000 millones de euros. Todo el proceso está regulado por las autoridades que, en el caso de la Unión Europea, es la Agencia Europea del Medicamento.

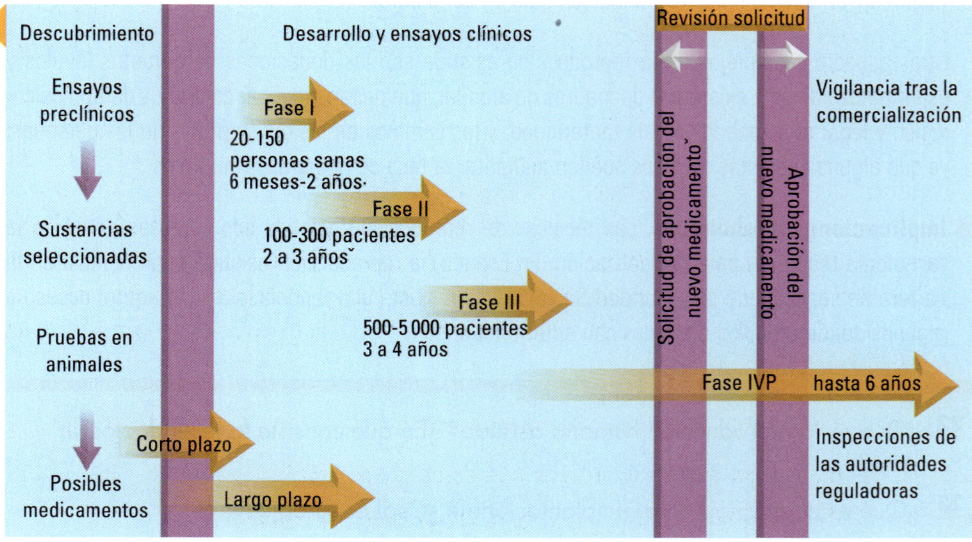

7.2 Las patentes de medicamentos

La investigación y el desarrollo de nuevos medicamentos suponen enormes inversiones de dinero que las empresas farmacéuticas solo pueden recuperar mediante el ejercicio de los derechos de patente.

Una **patente** es un derecho de explotación concedido por un Estado para la explotación de un descubrimiento.

Su validez temporal es de 20 años y permite que la compañía propietaria genere los ingresos necesarios para amortizar los gastos y obtener beneficios.

Los **medicamentos genéricos** son fármacos que tienen las mismas características que otros utilizados como referencia, cuya patente ha caducado, y son mucho más baratos. Para que sean autorizados deben someterse a unas pruebas que sirven para comparar su eficacia con los medicamentos patentados.

La prescripción de medicamentos genéricos tiene la ventaja de que supone un abaratamiento del gasto sanitario, puesto que la ley permite que las autoridades establezcan unos precios de referencia más bajos que los de la marca comercial equivalente.

Razona

El *marketing* de las compañías farmacéuticas y los mensajes publicitarios sobre los beneficios de tomar determinados medicamentos de uso común o algunos complejos vitamínicos tiene como objetivo inmediato aumentar sus ventas y con ellas sus beneficios.

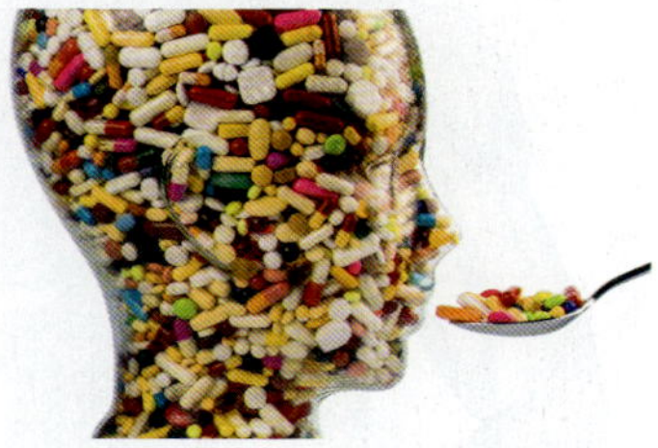

¿Qué información consideras más veraz, la ofrecida por la publicidad o la de los profesionales médicos?

7.3 La sanidad en los países subdesarrollados

Existen grandes diferencias entre la sanidad de unos países y otros. Los países que tienen un bajo nivel de desarrollo están afectados por graves problemas sanitarios. Estos tienen su origen en deficiencias históricas y en la actual carencia de recursos, y se pueden resumir en los siguientes:

- **Naturaleza de las enfermedades.** En muchos países persisten enfermedades erradicadas ya en los países desarrollados, junto a patologías crónicas asociadas a estilos de vida poco saludables que afectan a amplios sectores de la población y que suponen una carga añadida para los sistemas de salud.

- **Falta de personal sanitario.** Los profesionales de la medicina y de la enfermería preparados en muchos de estos países emigran hacia zonas más desarrolladas, de tal forma que, en muchos casos, la sanidad depende de la ayuda exterior y de la colaboración de organizaciones no gubernamentales. Como ejemplo, baste decir que esta pérdida de recursos humanos supone que haya más médicos etíopes en Chicago que en toda Etiopía.

- **Carencia de recursos económicos.** El ejercicio de los derechos de las patentes farmacéuticas tiene como consecuencia que millones de personas de países que tienen un bajo nivel de desarrollo no puedan costearse el tratamiento de sus enfermedades, debido al elevado precio que los medicamentos tienen para ellos en relación a sus ingresos.

  Un ejemplo está en los antivirales contra el sida, a los que la mayor parte de la población africana afectada no puede tener acceso. Los medicamentos genéricos podrían ser la solución, pero esta choca con los intereses de las compañías farmacéuticas, ya que las patentes de esos fármacos siguen vigentes. La decisión de India, por ejemplo, de autorizar a compañías de su país a fabricar medicamentos genéricos destinados al tratamiento del sida, la diabetes y el cáncer, con una rebaja de precio que supera en algunos casos el 90 %, ha llevado a grandes compañías farmacéuticas propietarias de las patentes, como Bayern, a demandar al gobierno indio ante los tribunales por un hecho al que califican de robo.

¿Lo sabías?

Los **medicamentos huérfanos** son aquellos que las compañías farmacéuticas no tienen interés en desarrollar por razones financieras, puesto que están destinados al tratamiento de **enfermedades raras** y las ventas estimadas son muy escasas. Por esta razón, y debido a su interés para la salud pública, su fabricación suele estar subvencionada por los estados.

24 ¿Qué son los ensayos clínicos? ¿En qué fases se realizan?

25 ¿Qué son los medicamentos genéricos? ¿Qué ventajas tienen?

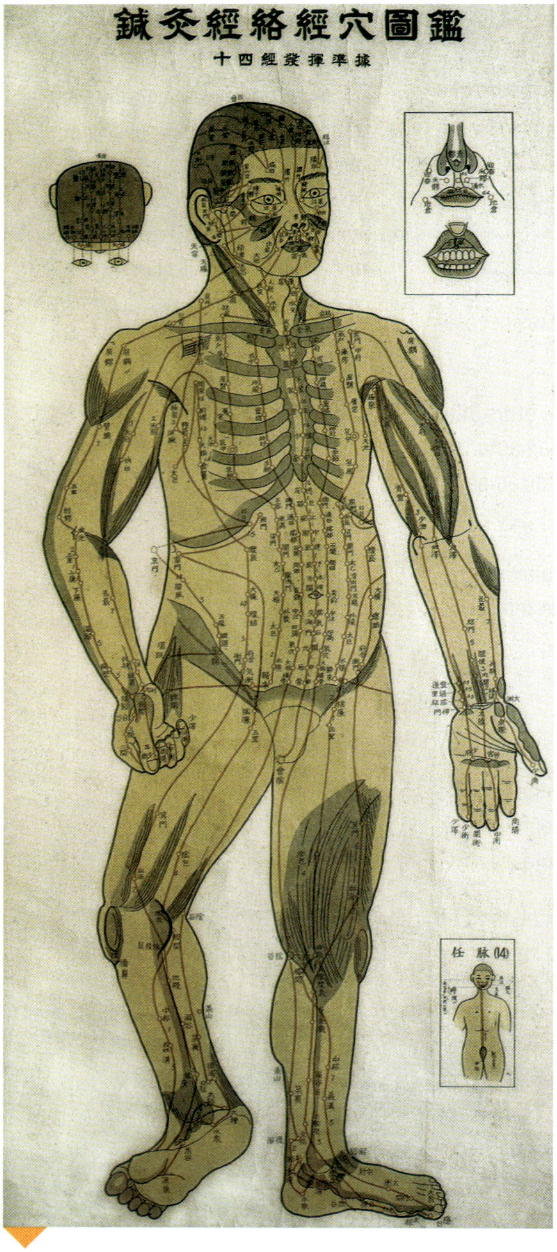

Acupuntura. Canales responsables del flujo de energía del cuerpo.

Reflexología podal.

8 Las terapias alternativas y naturales

Durante los últimos años han adquirido un gran protagonismo algunas prácticas alternativas a las de la medicina tradicional que, en su mayor parte, no son reconocidas por la medicina tradicional. El origen de algunas de ellas es muy antiguo, mientras que otras se han desarrollado recientemente.

Las **terapias alternativas y naturales** intentan potenciar la respuesta del organismo frente a la enfermedad, en lugar de recurrir a los medicamentos o a la cirugía.

Hay una gran variedad de terapias alternativas y naturales:

- **Medicina nutricional y ambiental.** Parte del supuesto del papel fundamental que juegan los alimentos en la salud de las personas, ya que son los materiales con los que el organismo construye sus células y tejidos, y de la importancia del medio ambiente desde una doble óptica: el medio externo, que condiciona la existencia de algunas dolencias, como las alergias, y es una fuente de toxicidad para el organismo, y el ambiente interno, como es el propiciado por los mecanismos de defensa inmunitaria, cuya integridad es necesaria para un buen estado de salud.
- **Homeopatía.** Fue puesta en práctica a finales del siglo XVIII por el médico alemán Samuel Hahnemann. Se basa en la creencia de que algunas sustancias que pueden producir síntomas semejantes a los de la enfermedad, pueden tener efectos curativos si se administran en disoluciones muy diluidas. Esta dilución puede hacer que el principio activo ni siquiera esté presente, por lo que el tratamiento podría actuar como un placebo y producir sus efectos ante la creencia de estar tomando una sustancia beneficiosa.
- **Acupuntura.** Es una técnica muy antigua, original de China, que se lleva a cabo por medio de la inserción de finas agujas en puntos muy específicos del cuerpo para prevenir o curar la enfermedad mediante la restauración de unos supuestos **flujos de energía** del cuerpo. Su fundamento es la idea de que hay una serie de canales o meridianos en el cuerpo que soportan un flujo de energía, conocida como **chi** o **qi,** y que el desequilibrio de este flujo es la causa de la enfermedad. Hay muchas dolencias sobre las que se aplican estas técnicas, como son las lumbalgias, las alergias o la depresión.
- **Osteopatía y quiropráctica.** Se basan en el principio del holismo, según el cual el cuerpo funciona como una unidad, por lo que el trastorno de un sistema puede afectar a todo el cuerpo. Consisten en la manipulación manual de distintas partes del cuerpo, como son:
  - **El aparato osteolocomotor** (huesos, músculos y articulaciones) para conseguir mejoras posturales y aliviar dolores debidos a traumatismos.
  - **El cráneo,** con el fin de tratar algunas afecciones del sistema nervioso.
  - **Las vísceras,** con el fin de facilitar el riego sanguíneo y mejorar así su función.
- **Reflexología o terapia zonal.** Se fundamenta en la estimulación del cuerpo mediante la manipulación, la presión y el masaje sobre puntos específicos del pie, de la mano o de la oreja, ya que parte del supuesto de que cada órgano del cuerpo tiene una conexión con ellos. De esta forma, la manipulación de la zona refleja del pie que está asociada a un órgano serviría para aliviar las molestias que el paciente presenta en ese órgano.

- **Terapias cuerpo-mente.** Tienen como objetivo la interacción entre el cuerpo, el cerebro, la mente y la conducta y en la influencia directa que tienen sobre la salud física los factores emocionales, mentales y sociales. En este grupo se incluyen técnicas como las de **relajación, hipnosis** o **meditación.**

La más representativa de todas ellas es probablemente el **ayurveda,** una práctica milenaria, originaria de la India, en la que se combinan la dieta y el estilo de vida, el uso de remedios a base de hierbas, los aceites esenciales, el masaje, la meditación y el yoga para la prevención y el tratamiento de la enfermedad.

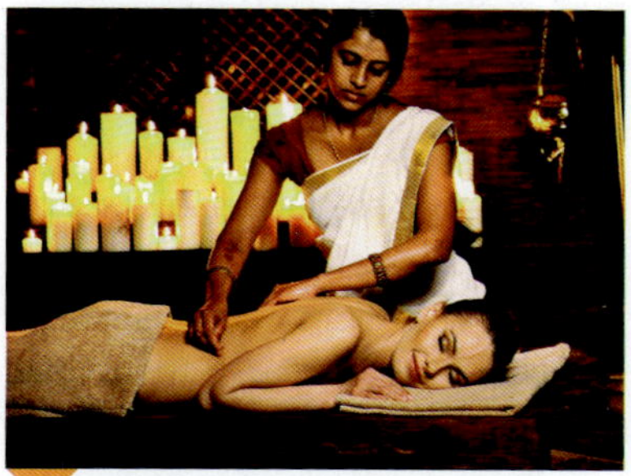

Panchakarma. Sus practicantes lo proponen como un método de purificación corporal, que es utilizado por el ayurveda e incluiría masajes y técnicas de eliminación de toxinas.

- **La medicina alternativa: ¿pseudociencia?**

La opinión generalizada de la medicina tradicional sobre las terapias alternativas es que no han demostrado su eficacia en los estudios y ensayos tradicionales o bien rechazan someterse a ellos.

Estos ensayos se basan en el método científico y si alguna de estas prácticas superase esas pruebas, tal terapia dejaría de ser considerada alternativa y sería incorporada a la práctica médica habitual. En el caso de la acupuntura, no ha podido demostrarse la existencia del flujo de energía.

Sin embargo, las evidencias de algunos cambios fisiológicos producidos por el tratamiento han hecho pensar que la respuesta del cuerpo se basa en la liberación de algunas sustancias químicas del tipo de las endorfinas, que pueden calmar el dolor y modificar el flujo sanguíneo.

Por otra parte, la llamada **medicina integradora** representa una tendencia hacia la complementación entre ambos tipos de medicina, puesto que intenta compatibilizar las prácticas de la medicina tradicional con algunas de las propuestas por las medicinas alternativas.

La medicina tradicional admite que hay muchas dolencias cuyo origen es psicosomático, como así lo avalan los conocimientos actuales sobre el sistema neuroendocrino y el sistema inmunitario. Por ello, es un hecho que los tratamientos que contribuyen a potenciar el bienestar de las personas, sean cual sean la técnicas utilizadas, pueden ayudar a mejorar la sintomatología de algunas dolencias físicas. Sin embargo, hay un consenso prácticamente generalizado sobre las terapias que se deben utilizar para tratar las enfermedades que son responsables de las mayores tasas de mortalidad entre los seres humanos, como pueden ser el cáncer, las enfermedades transmisibles y las cardiovasculares, en las que los tratamientos de referencia implican el uso de medicamentos y la cirugía.

¿Lo sabías?

La **fisioterapia** es una especialidad sanitaria dirigida a la prevención, la recuperación física y la rehabilitación en diferentes procesos patológicos, mediante la manipulación manual y la aplicación de tratamientos de tipo físico bajo la supervisión del médico rehabilitador.

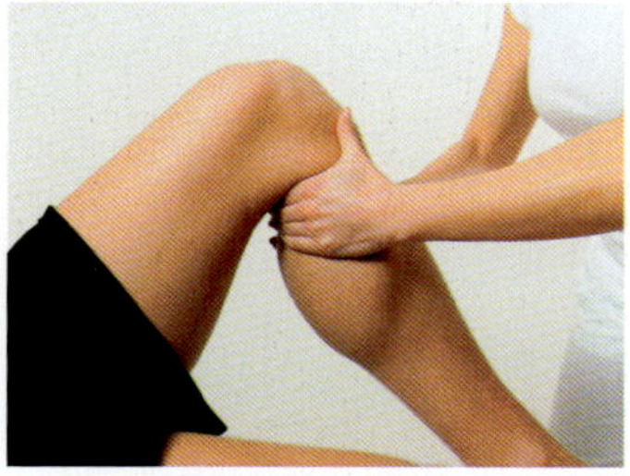

Observa

¿Son efectivas las terapias alternativas contra el cáncer?

Muchas personas a las que se ha diagnosticado un cáncer se someten a terapias alternativas para su tratamiento o bien como complemento a un tratamiento convencional, y lo que parece cierto es que son efectivas únicamente para aliviar la sintomatología de la enfermedad o los efectos secundarios de los tratamientos convencionales.

El fundador de Apple, Steve Jobs, recurrió a una dieta especial para combatir el cáncer de páncreas que le había sido diagnosticado y tardó nueve meses en someterse a una operación que, según los doctores que lo atendieron, podría haberle salvado la vida, puesto que le fue diagnosticado en una fase muy temprana.

26 Define qué son las terapias alternativas.

27 ¿Qué son las terapias cuerpo-mente? ¿Qué es el ayurveda?

¿Lo sabías?

Según el Estudio de Prevalencia de las Infecciones Nosocomiales en España (EPINE), realizado por la Sociedad Española de Medicina Preventiva, Salud Pública e Higiene en 2013, de un total de 56 067 pacientes ingresados, 2 922 desarrollaron alguna infección tras el ingreso, lo que corresponde al 5,21 %.

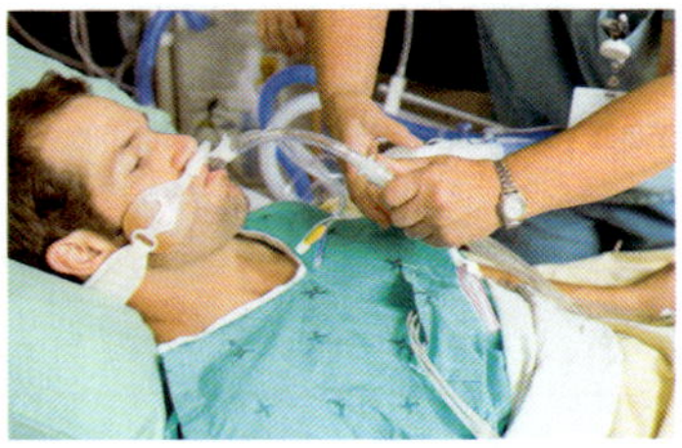

9 Uso racional de los medicamentos y de la sanidad

Algunos de los problemas más acuciantes para la salud de las personas y para el mantenimiento de los sistemas públicos de salud son el abuso de los medicamentos y el mal uso de los servicios sanitarios, por lo que se impone el uso racional de los mismos.

9.1 Uso racional de los medicamentos

Los medicamentos han permitido aumentar la calidad y las expectativas de vida de las personas. Sin embargo, como ha reconocido la Organización Mundial de la Salud (OMS), el mal uso que se hace de los medicamentos está dando lugar a consecuencias muy graves, entre las que destacan el **derroche de recursos,** los **malos resultados** para los pacientes, las **reacciones adversas** y el desarrollo de **resistencia a los antibióticos** por los organismos patógenos.

El **uso racional** implica que cada paciente reciba los medicamentos más adecuados a sus necesidades clínicas, en las dosis precisas y durante el periodo de tiempo apropiado, y que ello suponga el menor coste posible para el propio paciente y para la comunidad.

El médico es quien debe elegir el medicamento idóneo para la situación clínica del paciente, ya que algunos procesos patológicos pueden ser tratados con diferentes tipos de medicamentos.

Un grave problema: la resistencia a los antibióticos

La **resistencia a los antibióticos** es uno de los problemas más graves a los que se enfrenta la sanidad actual en todo el mundo. El abuso de los antibióticos con fines terapéuticos y preventivos, así como su utilización en los piensos para animales con el fin de acelerar su crecimiento son algunas de las causas directas del problema. Los antibióticos matan a las bacterias sensibles y se produce una selección de las que tienen resistencia. Entre las consecuencias de la resistencia a los antibióticos nos encontramos con las **infecciones hospitalarias** o **nosocomiales,** que son contraídas por los pacientes en los hospitales, y cuyo origen se relaciona con el abuso de antibióticos de amplio espectro, que se utilizan frente a una gran variedad de microorganismos.

Para poder controlar las enfermedades infecciosas, las compañías farmacéuticas desarrollan nuevas sustancias constantemente, en una carrera desenfrenada frente a la capacidad casi ilimitada de los microorganismos para adquirir resistencia. Ello supone unos costes enormes, así como la necesidad de mantener fuera del mercado algunos antibióticos estratégicos, de última generación, con el fin de afrontar una posible pandemia que fuese imposible de controlar con antibióticos que han quedado obsoletos.

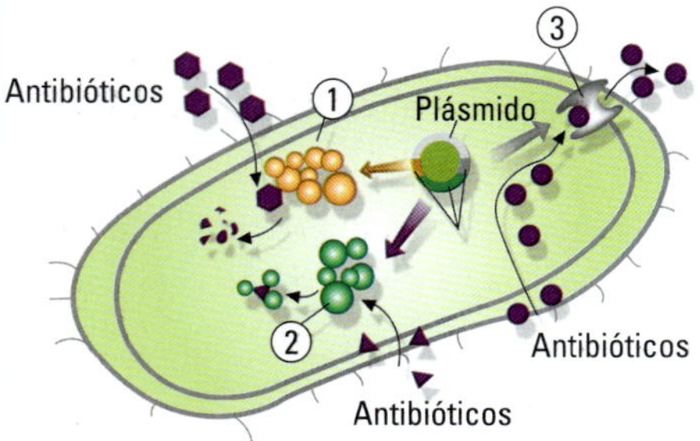

Mecanismos de resistencia a los antibióticos. Un plásmido tiene genes que codifican enzimas que degradan el antibiótico (1), lo alteran (2) o codifican una proteína de la membrana que actúa como una bomba que expulsa al antibiótico de la célula bacteriana (3).

Descubre

Cómo se desarrolla la resistencia a los antibióticos

Las bacterias pueden desarrollar resistencia a los antibióticos por la aparición de mutaciones espontáneas o por transmisión desde otras bacterias por medio de plásmidos, que son fragmentos de ADN que pueden ser portadores de genes de resistencia a los antibióticos, lo que permite que las bacterias adquieran resistencia a uno o más antibióticos. Estos genes son responsables de los mecanismos de la resistencia, que pueden ser muy variados. Entre estos destacan: inactivar o degradar el antibiótico mediante enzimas, impedir su entrada en la célula bacteriana o bombearlo hacia el exterior mediante proteínas de la membrana, modificar el blanco sobre el que actúa el antibiótico haciéndolo insensible a su actuación o sustituirlo por una molécula no vulnerable.

9.2 Uso racional de la sanidad

El uso de los servicios sanitarios debe estar regulado por una serie de normas, con el fin de evitar los abusos y garantizar la asistencia sanitaria de los ciudadanos que requieran de dichos servicios. El abuso de los servicios sanitarios da lugar a una serie de efectos indeseables, tanto desde el punto de vista individual, sobre la salud de las personas, como del social, sobre el propio sistema sanitario y su sostenibilidad.

Efectos sobre las personas

Entre los efectos negativos sobre las personas podemos considerar entre otros los riesgos derivados de **intervenciones quirúrgicas innecesarias,** como son algunas operaciones de **cirugía plástica y reparadora**, **liposucciones** o **implantación de prótesis** con una finalidad meramente estética, muchas veces inducidas por modas y no justificadas por la necesidad de corregir algún problema derivado de accidentes u otras intervenciones quirúrgicas.

Efectos sobre el sistema sanitario

La **sostenibilidad** del sistema público de salud debe ser uno de los objetivos de las autoridades, puesto que es uno de los factores que más contribuyen a la igualdad y al bienestar social de la población y algunos abusos muy comunes la ponen en riesgo. Entre los principales efectos sobre el sistema sanitario se pueden considerar los siguientes:

- El colapso de los servicios de urgencias de los centros de atención primaria y de los hospitales debido a que puede impedir que se atienda a quienes realmente necesitan esos servicios.
- El aumento de las listas de espera de consultas y servicios hospitalarios por la falta de asistencia a las citas con los profesionales sanitarios, tanto de atención primaria como especializada.
- La decisión de las autoridades de establecer procedimientos de copago de los servicios y de los medicamentos, que tiene además los efectos perversos de obligar a hacerse un autodiagnóstico previo y de desalentar por razones económicas a quien realmente los necesita.
- El aumento injustificado del gasto sanitario, que puede inducir a los responsables de la gestión sanitaria a establecer recortes presupuestarios o a traspasar parte del ámbito público de gestión a empresas privadas, que tienen como legítima finalidad la obtención de beneficios económicos, lo que puede incidir en la calidad de los servicios prestados.

¿Lo sabías?

Según un informe de la Organización de Consumidores y Usuarios, «la *medicalización de la vida* produce un gasto sanitario innecesario y es la causa de que mueran casi 200 000 personas al año en la UE, **debido al mal uso de los medicamentos».** En el informe se recoge además la declaración de médicos de atención primaria que reconocen que el 50 % del tiempo que dedican a la consulta lo pasan rellenando recetas.

Un vistazo hacia atrás...

Respuestas para algunos interrogantes

La medicina ha conseguido enormes avances en la prevención y la lucha contra las enfermedades y, como consecuencia, la calidad y la esperanza de vida de las personas han aumentado notablemente.

El abuso de algunos medicamentos ha tenido como consecuencia la aparición de efectos indeseados, como es la aparición de resistencia a los antibióticos por parte de los microorganismos.

Las nuevas medicinas son el resultado esperable del avance en los conocimientos de la genómica, que permiten manipular a las células con el fin de curar a las personas.

Una mirada hacia delante...

Nuevos retos de la ciencia

¿Seremos capaces de controlar el sida, el ébola y la malaria y de prevenir la aparición de nuevas pandemias?

¿Serán compatibles los derechos de las personas a acceder a los medicamentos con los derechos de las empresas farmacéuticas a obtener un beneficio a cambio de su importante labor de investigación?

¿Podremos leer en los periódicos que se ha encontrado el remedio definitivo contra el cáncer?

¿Será posible elaborar órganos y tejidos para los trasplantes mediante aplicaciones de la biotecnología basadas en prácticas éticas?

28 ¿Qué es la resistencia a los antibióticos? ¿Qué se puede hacer para evitarla?

29 ¿Qué efectos tiene el abuso de los sistemas sanitarios?

¿Cómo se puede demostrar la presencia de vitamina C en un preparado farmacéutico?

Existen en el mercado distintos productos farmacológicos que corresponden a la vitamina C o ácido ascórbico. Esta sustancia tiene una actividad antioxidante y previene frente a la enfermedad carencial conocida con el nombre de escorbuto. Aunque el Premio Nobel Linus Pauling postuló que tenía una acción anticancerígena, esto no se ha podido demostrar, más allá de los beneficios que las sustancias antioxidantes pueden producir a las células.

Material necesario

- Disolución de vitamina C (1 mg /ml)
- Reactivo de yodo (lugol al 20 %)
- Disolución de almidón al 1 %
- Matraces y vasos de precipitados
- Frascos cuentagotas
- Tres tubos de ensayo rotulados (A, B y C)

Reactivos

- **Disolución de vitamina C:** Se disuelve una pastilla de 1 g de vitamina C en agua y se completa hasta 1 l. Debe hacerse inmediatamente antes de realizar el experimento para evitar su oxidación.
- **Reactivo de yodo:** Se ponen 20 ml de reactivo de lugol (formado por I_2 y KI) en un matraz y se añade agua destilada hasta completar 100 ml.
- **Disolución de almidón:** En un vaso de precipitados de 500 ml se pone una pequeña cantidad de agua destilada y se añaden 5 g de almidón soluble mezclándolo hasta conseguir una pasta. A continuación, agitando continuamente, se añade agua destilada caliente hasta completar 500 ml.

Procedimiento

El ácido ascórbico (vitamina C) es estable en estado sólido, pero se oxida fácilmente en presencia de oxígeno cuando está disuelto en agua. En este experimento se utiliza el yodo (I2) como agente oxidante que reacciona con el ácido ascórbico hasta consumirlo, y se utiliza una disolución de almidón como indicador de la reacción, ya que el almidón da lugar a un color azul oscuro en contacto con el yodo.

Mientras haya vitamina C, el reactivo de yodo reaccionará con ella y no aparecerá el color azul, pero cuando toda la vitamina C se haya consumido, el yodo que se añada se unirá al almidón y producirá una coloración azul:

1. En el tubo A se ponen 2 ml de agua destilada y, a continuación, se añaden 2 gotas del reactivo de yodo. La mezcla tendrá un color pardo claro.
2. En el tubo B se ponen 2 ml de la disolución de almidón y se añaden a continuación 2 gotas del reactivo de yodo. Aparecerá un color azul oscuro intenso.
3. En el tubo C se ponen 2 ml de la disolución de vitamina C y se añaden 4 gotas de la disolución de almidón. A continuación se va añadiendo el reactivo de yodo, gota a gota, y se agita tras añadir cada una de ellas, hasta que el color claro cambie y aparezca un color azul que permanece tras haber agitado el tubo.

Aunque el procedimiento utilizado es cualitativo, puede transformarse fácilmente en una titulación, que es un método cuantitativo, útil para conocer la concentración de vitamina C que existe en una disolución.

Los tubos A y B sirven como control del experimento, cuya reacción se lleva a cabo en el tubo C.

30 La gráfica representa un modelo de vacunación frente a una enfermedad infecciosa.

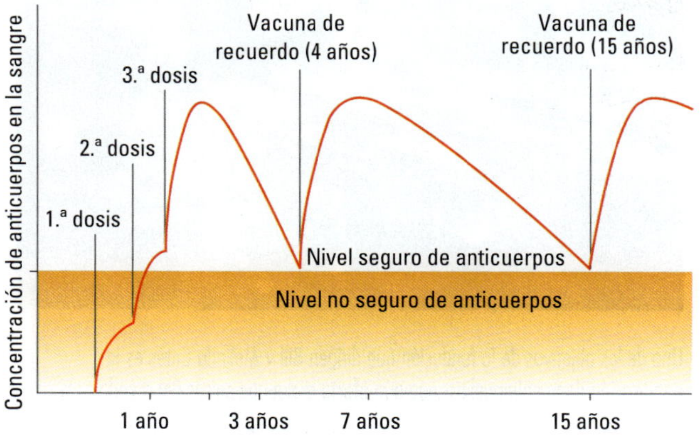

a) ¿Qué efectos tienen las tres primeras dosis de la vacuna sobre el nivel de seguridad frente a la infección?

b) ¿Cómo evoluciona el nivel de anticuerpos entre la 3.ª dosis y las vacunas de recuerdo de los 4 y los 15 años?

c) ¿Por qué son necesarias las vacunas de recuerdo?

31 Indica cuáles de las técnicas que se indican a continuación corresponden al diagnóstico y cuáles al tratamiento de la enfermedad:

a) Análisis anatomopatológico.

b) Cirugía vascular.

c) Amniocentesis.

d) Inmunoterapia.

e) Ecografía.

32 La gráfica muestra la relación entre el consumo de medicamentos y la edad, y se expresa en porcentaje (%) de la población.

a) ¿En qué grupo de edad se observan las mayores diferencias entre hombres y mujeres?

b) ¿A partir de qué edad se observa el mayor aumento en el consumo de medicamentos?

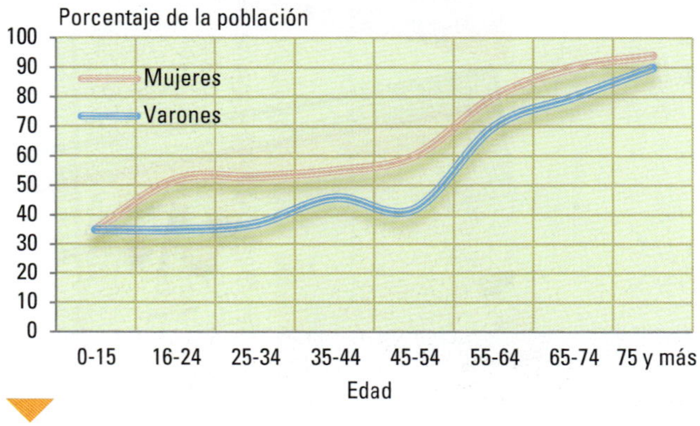

Fuente INE *(Encuesta nacional de salud)*.

33 Una empresa farmacéutica ha desarrollado un nuevo fármaco anticancerígeno cuya puesta en el mercado le ha supuesto una inversión de 400 millones de euros. La empresa calcula que para poder recuperar la inversión y obtener los beneficios que sus accionistas esperan, debe recuperar 1 800 millones de euros durante los 20 años de vigencia de la patente.

Calcula el coste medio esperado para cada tratamiento en los supuestos de que se hicieran cada año:

a) 3 000 tratamientos.

b) 8 000 tratamientos.

c) 15 000 tratamientos.

34 Las gráficas muestran el desarrollo de resistencia a un determinado antibiótico en dos hospitales que comenzaron a usar dicha sustancia en el año 1960.

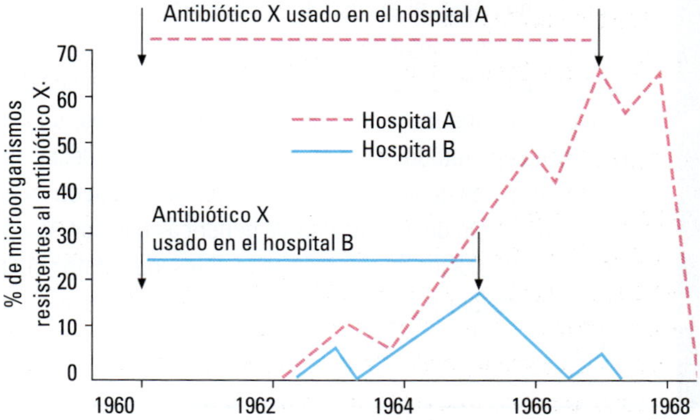

a) ¿En qué año aparecen los primeros microorganismos resistentes al antibiótico?

b) ¿En qué año se dejó de utilizar el antibiótico en cada uno de los hospitales?

c) ¿Qué efectos tuvo esa decisión sobre el porcentaje (%) de microorganismos resistentes?

35 Las estadísticas sobre prácticas de reproducción humana asistida ponen de manifiesto los datos siguientes:

El hombre es responsable del 40 % de los casos de infertilidad, la mujer de otro 40 % de casos, mientras que el resto se debe a causas mixtas.

Infertilidad debida al hombre	40 %
Infertilidad debida a la mujer	40 %
Infertilidad debida a causas mixtas	40 %

¿Cuáles son las técnicas de reproducción asistida recomendadas para cada uno de los casos?

DEBATE Y OPINA

Los medicamentos y las patentes: el precio de la salud

El proceso mediante el que se consiguió la erradicación de la viruela es un ejemplo de cómo la cooperación internacional puede ayudar a los seres humanos a verse libres de una terrible enfermedad. El éxito se debió a la existencia de una vacuna muy efectiva que fue utilizada en todo el mundo, en una campaña sin precedentes auspiciada por la OMS, y que tuvo como resultado la desaparición de la enfermedad en 1980. Existen nuevas enfermedades, nuevas plagas que causan millones de muertos cada año, y la investigación para encontrar remedios efectivos contra ellas requiere de la inversión de recursos humanos y económicos ingentes.

Estos recursos son aportados por grandes empresas farmacéuticas multinacionales a cambio de unos derechos de patente que les permiten explotar sus descubrimientos. Este sistema, basado en la economía de mercado y válido en principio, encierra sin embargo un aspecto perverso. En países con un nivel de desarrollo muy bajo, el acceso a los medicamentos necesarios para la lucha contra algunas enfermedades es imposible debido a sus altos precios. Sin embargo, los costes de fabricación de la mayor parte de los fármacos son relativamente bajos, una vez que se han completado las fases de investigación y desarrollo. Por esta razón, los gobiernos de muchos países tratan de incentivar la fabricación de medicamentos genéricos que son equivalentes y tienen precios mucho más asequibles, pero esto solo es legalmente posible tras finalizar el período de vigencia de las patentes.

Uno de los objetivos de la fundación que dirigen Bill y Melinda Gates es la erradicación de la poliomielitis, que aún afecta a algunos países del mundo.

En la lucha contra los medicamentos genéricos, las compañías farmacéuticas están tratando de prorrogar la validez de sus patentes. Alegan que si no hay patentes no podrán continuar investigando. Sin embargo, también parece lógico pensar que si se prorrogasen las patentes tampoco tendrían mucho interés en nuevas investigaciones. La solución podría estar en la colaboración de grandes fundaciones o en la creación de un gran fondo internacional del medicamento en el que participaran los gobiernos de los países desarrollados, las grandes empresas farmacéuticas y la OMS.

- ¿Es posible compatibilizar los derechos de las empresas con el derecho fundamental de las personas a la salud? ¿Serán accesibles los nuevos hallazgos médicos a todos los seres humanos?

WebQuest

Tarea

Elabora un informe sobre el consumo de antibióticos en España y el desarrollo de resistencia por los microorganismos.

Proceso

Busca la información que necesitas en la página web del Ministerio de Sanidad y Consumo y en el informe elaborado por el Observatorio del uso del medicamento, en la web de la Agencia Española de Medicamentos y Productos Sanitarios.

Recursos

- http://www.antibioticos.msc.es/
- http://www.aemps.gob.es/
- http://www.nlm.nih.gov/medlineplus/spanish/antibiotics.html
- http://www.juntadeandalucia.es/averroes/~29701428/salud/anti.htm
- http://www.antibioticos.msc.es/home.html

5 El mundo digital: *hardware* y *software*

1. De la señal analógica a la digital.
2. Digitalización de imágenes, sonido y video.
3. La informática y los ordenadores.
4. *Hardware:* arquitectura del ordenador.
5. *Software.*
6. Redes informáticas: comunicación entre ordenadores.

l mundo del futuro —el futu-o ya no es lo que era— será ligital o no será. Ser digital s cambiar la materia por la nergía, el átomo por el bit. Jna gran parte de los elemen-os que hoy nos rodean son usceptibles de ser digitali-ados.

ICHOLAS NEGROPONTE
l mundo digital

① 

② 

Reloj analógico vs digital. Las manecillas del reloj analógico (1) recorren todos los posibles valores de la esfera, mientras que los valores de reloj digital (2) saltan de un segundo a otro sin adoptar valores intermedios.

1 De la señal analógica a la digital

Una **señal** es una variación en una magnitud física que se utiliza para enviar información y cambia con el tiempo. Esta señal se transmite desde un emisor hasta un receptor a través de un medio. Las señales más usadas son las eléctricas. Debido al desarrollo y a la evolución de las tecnologías y medios de comunicación, se ha pasado de utilizar señales analógicas a digitales.

PRINCIPALES CARACTERÍSTICAS DE LAS SEÑALES ANALÓGICAS Y DIGITALES

Señales analógicas	Señales digitales
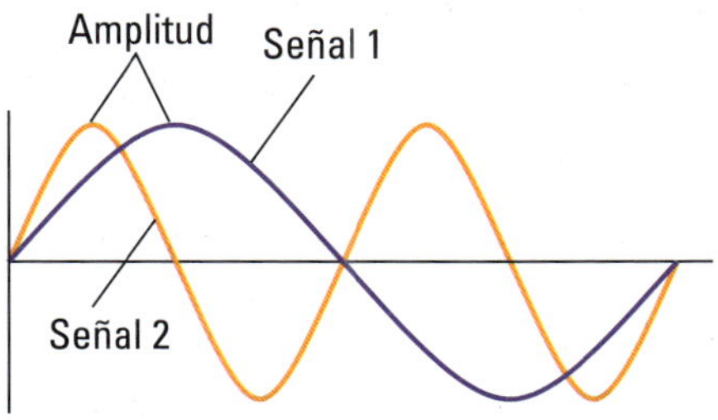	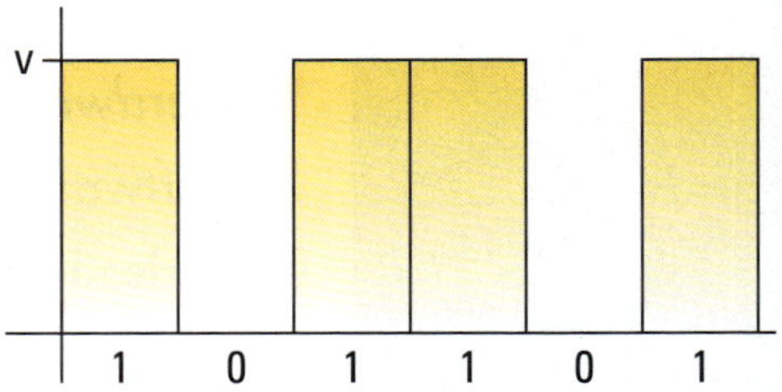
Representación gráfica de una señal analógica	**Representación gráfica de una señal digital**
Son señales continuas que pueden adoptar un rango infinito de valores: pasan de un valor a otro a través de todos los valores intermedios. Las características de una señal analógica son la amplitud (valor máximo que alcanza la señal) y la frecuencia (número de veces que se repite la señal por unidad de tiempo).	Son señales discontinuas que solo pueden adoptar un número finito de valores: pasan de un valor a otro sin mostrar valores intermedios (van a «saltos»). Solo adoptan dos valores: 0 o 1 en el sistema binario, y la secuencia entre intervalos tiene la misma duración (las señales digitales multinivel pueden tener más de dos valores).

Contexto histórico

Ábaco

En el siglo v antes de Cristo se inventó el ábaco, probablemente en China, que facilitó los cálculos aritméticos.

A mediados del siglo XX aparecen los ordenadores de la primera generación, como ENIAC, fabricados a base de válvulas electrónicas de vacío. Eran muy voluminosos y se estropeaban con facilidad. Eran utilizados para el cálculo científico y para las tareas administrativas.

En la década de 1950 se desarrollaron los ordenadores de la segunda generación, como el IBM 7070 y el UNIVAC 1107, fabricados a base de transistores. Consumían menos energía, eran de dimensiones más reducidas, y se estropeaban menos.

IBM-360

En la década de 1960 se fabricaron los primeros chips, circuitos integrados que utilizan la tecnología de los semiconductores. Estos dieron lugar a los ordenadores de la tercera generación, como IBM-360 y 370, cuyo tamaño y precio eran mucho más reducidos, además de consumir menos energía y tener más capacidad de procesamiento.

Las características de la **señal digital,** que le ha permitido imponerse a la **señal analógica** son las siguientes:

- Es mucho menos alterable, lo que mejora la seguridad durante su transmisión y procesamiento, y es menos sensible al ruido y a las interferencias, es decir, a las perturbaciones eléctricas capaces de interferir la señal y disminuir su calidad.
- Es más fácilmente tratable por medios informáticos, por lo que mejora la manera de buscar la información, compartirla y archivarla, ya que los datos pueden comprimirse sin pérdidas.
- Tiene un sistema de detección y corrección de errores cuando la señal llega a un receptor. Además, puede transmitirse a través de una banda ancha, lo que posibilita el envío de varias informaciones de manera simultánea.

Observa

Instrumentos analógicos y digitales

Identifica cuáles de los siguientes intrumentos son analógicos y cuáles son digitales.

Ⓐ Ⓑ
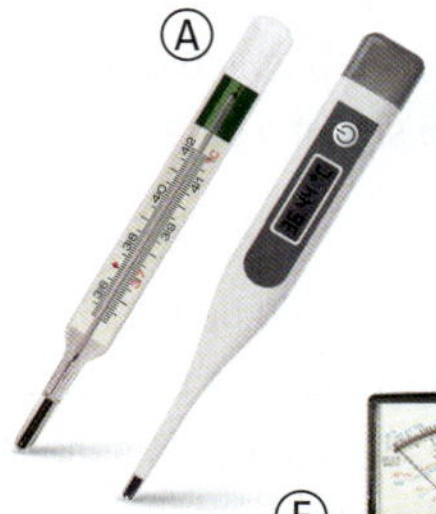

Ⓒ

Ⓓ

Ⓔ
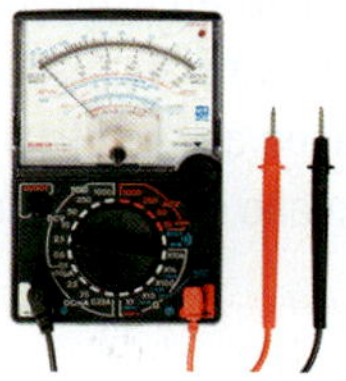

Ⓕ

1 ¿Qué característica diferencia a la señal analógica de la digital?

PC

Entre 1971 y 1981 la incorporación de microchips y microprocesadores permitió el desarrollo de los ordenadores de la cuarta generación, mucho más pequeños, veloces, con mayor capacidad de procesamiento y de almacenamiento de información, y económicamente accesibles, lo que abrió la puerta a la aparición del ordenador personal (PC).

Bill Gates

1975. Bill Gates y Paul Allen crean Microsoft.

Steve Jobs

1976. Steve Jobs y Steve Woznik fabrican su primer ordenador Apple.

1981
IBM lanza al mercado su primer PC, junto con el sistema operativo DOS de Microsoft.

2000-2013. Los ordenadores portátiles, las tabletas electrónicas y los teléfonos móviles han aumentado progresivamente su capacidad de procesamiento y almacenamiento de la información, con la incorporación de microprocesadores más potentes, y han mejorado notablemente su portabilidad, gracias a su reducido tamaño y peso, y su conectividad, gracias a las conexiones inalámbricas, como wifi y bluetooth.

2014.
Lanzamiento de nuevos dispositivos móviles: relojes inteligentes y Google glass.

Conversión analógico digital

Señal analógica

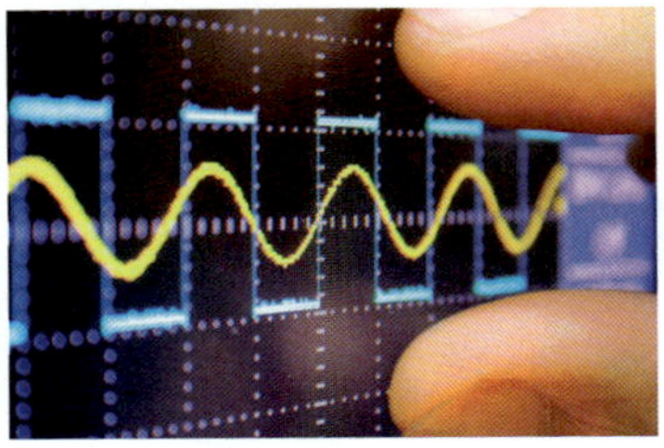

Convertidor analógico-digital

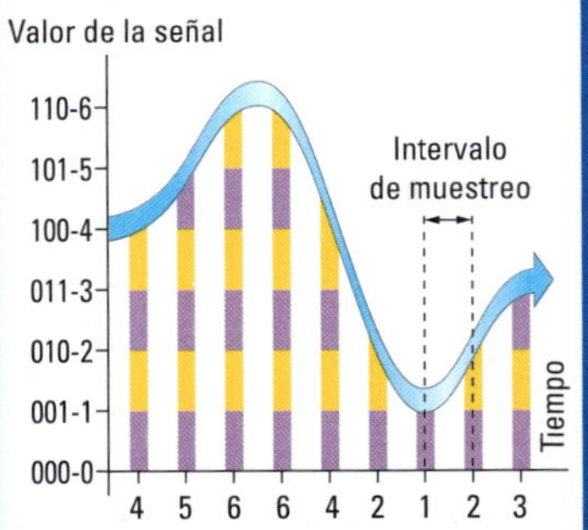

Muestreo y codificación. Permite transformar la señal analógica en digital: se toman muestras de la señal a intervalos iguales de tiempo y los valores enteros (sistema decimal) que adopta la señal analógica en cada una de las muestras (4, 5, 6, 6, 4, 2, 1, 2 , 3) se codifica en el sistema binario (100 101 110 110 100 010 001 010 011).

Señal digital codificada

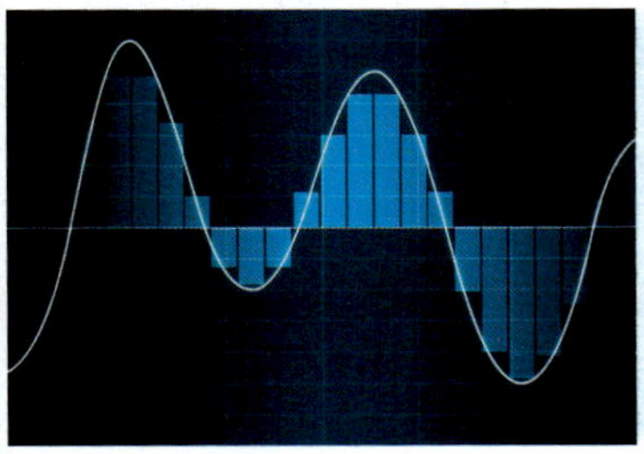

4	5	6	6	4	2	1	2	3
100	101	110	110	100	010	001	010	011

1.1 Conversión analógico-digital de la información

La **conversión analógica-digital** de la información o **digitalización** consiste en la conversión de los valores continuos de la señal analógica en los valores discretos del sistema binario característico de la señal digital. Este proceso utiliza determinados códigos basados en el sistema binario, por lo que también se denomina **codificación digital.**

La digitalización se lleva a cabo mediante un **conversor analógico-digital** (*Analog to Digital Converter* o **ADC),** que es un dispositivo electrónico capaz de convertir los valores de voltaje de una señal analógica en datos binarios de una señal digital. El **conversor digital-analógico (DAC)** realiza el proceso inverso. Ambos se utilizan en equipos diferentes, como ordenadores, cámaras de fotografía y video digital, equipos de música digital, etc.

Para llevar a cabo la digitalización, el conversor analógico-digital lleva a cabo, en primer lugar, un proceso de **muestreo:** toma muestras periódicas, a intervalos de tiempo regulares, del voltaje de la señal analógica, es decir, de la amplitud de su onda, de manera que a cada una de estas muestras se le asigna un valor de onda mediante un número entero del sistema decimal o arábigo. Posteriormente realiza la **codificación,** que consiste en traducir estos valores obtenidos al sistema binario: el resultado es la codificación digital de la señal analógica.

La **frecuencia de muestreo** es el número de muestras que se toman por unidad de tiempo. Cuantas más muestras se tomen, reduciendo el intervalo de tiempo de muestreo, mayor será la frecuencia de muestreo y mayor será la calidad de la señal digital, ya que los datos representados de la señal analógica se reproducirán con más fidelidad. Cada muestra se tiene que codificar en binario; por tanto, cuanto mayor es la frecuencia de muestreo, mayor será el tamaño de la señal digital.

Descubre

La conversión de datos numéricos entre el sistema decimal y el sistema binario

Los datos numéricos son aquellos que representan información sobre cantidades. En el lenguaje natural solemos usar el sistema de numeración decimal para representar estos datos. El **sistema de numeración decimal** utiliza 10 símbolos o dígitos **(0, 1, 2, 3, 4, 5, 6, 7, 8, 9)** y representa las cantidades como potencias sucesivas de su base **10.** Por ejemplo: $234 = 4\cdot10^0 + 3\cdot10^1 + 2\cdot10^2$

El **sistema de numeración binario** utiliza dos símbolos **(0, 1)** y representa las cantidades como potencias sucesivas de su base **2.** Por ejemplo: $10110 = 0\cdot2^0 + 1\cdot2^1 + 1\cdot2^2 + 0\cdot2^3 + 1\cdot2^4 = 22$. La conversión entre un sistema de numeración y otro se indica a continuación:

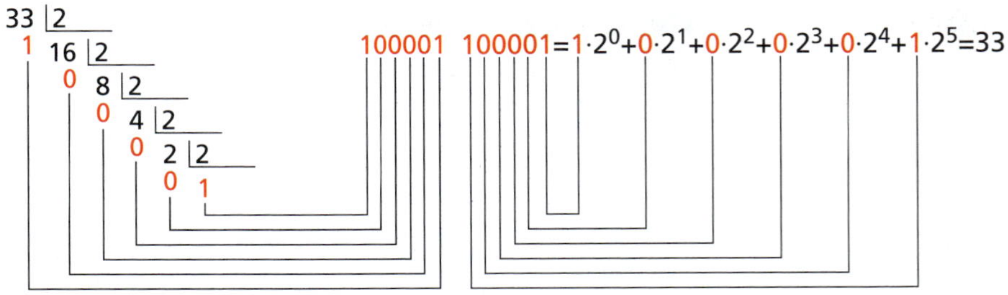

Transformación de un número del sistema decimal al sistema binario. Se realizan divisiones sucesivas entre 2. El número binario resultante será la concatenación de los restos, empezando por el primero en la derecha del número binario y siguiendo en orden de aparición de los restos, incluyendo como último digito binario el cociente de la última división (números en rojo).

Transformación de un número del sistema binario al sistema decimal. Se realiza tomando cada digito binario, empezando por la derecha del número, como coeficiente de la multiplicación por potencias sucesivas de 2. Las potencias empiezan en 0 y van aumentando de uno en uno.

Códec: codificador/decodificador

El códec es un dispositivo codificador-decodificador basado en el *software*, el *hardware*, o una combinación de ambos, capaz de codificar una señal analógica y convertirla en digital. También hace el trabajo contrario: puede reproducir la señal analógica de origen a partir de la decodificación de los datos digitales.

Además del *software* necesario para codificar/decodificar, el códec incluye un conjunto de algoritmos, es decir, las instrucciones necesarias para comprimir archivos digitales de imagen y sonido, con el fin de disminuir el tamaño que ocupan sin que se produzca una pérdida apreciable de calidad, y también para descomprimirlos.

Esto significa que, para reproducir audio o video digital, que ha sido codificado o comprimido, necesitamos tener instalado previamente en el ordenador el códec utilizado para la codificación y compresión del archivo. Algunos ejemplos de códecs son DivX, MP3, MPEG-4 y QuickTime, que suelen estar incluidos en reproductores multimedia como Real Player, capaces de reproducir archivos de audio y video en varios formatos diferentes.

Bit: unidad mínima de información. Cada dígito binario representa la unidad mínima de información y a esta unidad se la llama bit. En informática tiene también una importancia básica el grupo de 8 bits llamado byte. Las combinaciones posibles para un grupo de n bits son 2^n posibilidades. En este ejemplo, con 2 bit existen $2^2 = 4$ posibilidades:

00: A y B apagados.
01: A apagado, B encendido.
10: A encendido, B apagado.
11: A y B encendidos.

Cada 1 o 0 acumulado en una memoria programable puede representar un interruptor cerrado (OFF) o abierto (ON).

Módem: modulador-demodulador de señales digitales

Al principio de la era de las comunicaciones, este dispositivo se utilizó sobre todo en comunicaciones de datos e información entre dos ordenadores conectados a través de una línea telefónica analógica. El módem es un dispositivo electrónico que modula una señal digital, generada por el ordenador, para convertirla en una **señal analógica** que pueda viajar por los cables de la línea telefónica. Para ello lleva a cabo un proceso de modulación seguido de otros de demodulación:

- El **modulador** envía la señal digital (moduladora) mediante una señal analógica, llamada portadora. Para ello, algunas de las características de la onda portadora (frecuencia, amplitud...) son modificadas por las variaciones de la señal digital: así se obtiene una señal analógica que incluye la información de la señal moduladora (digital) que se pretende transmitir. Esta onda portadora, que suele ser de mayor frecuencia que la moduladora, se transmite por los cables de la línea telefónica.
- El **demodulador** elimina la onda portadora y recupera la señal digital (moduladora) original.

- **Módem ADSL.** Se basa en el mismo principio que el módem clásico, pero aplica un microfiltro en la conexión del teléfono con la línea que separa las frecuencias audibles por el oído humano y en los espacios que quedan libres introduce más ondas portadoras, lo que hace que la onda analógica sea interpretada como si fuera digital.

  De esta manera, voz y datos circulan en bandas separadas, por lo que se puede hablar por teléfono al mismo tiempo que se navega por Internet Esto implica mayor velocidad de conexión y de transferencia de datos. Suele estar incorporado en el *router*, junto con un dispositivo wifi y el filtro discriminador *(splitter)*. Uno de los inconvenientes es que la línea telefónica entre el usuario y la central telefónica no debe superar los 5,5 km.

- **Cable-módem.** Es un tipo especial de módem que permite modular la señal de datos que circulan a través de redes de fibra óptica o de cable coaxial, las cuales proporcionan servicio de telefonía, Internet y televisión por cable. Al igual que ocurre con las líneas ADSL, la velocidad de conexión puede variar en función de la cantidad de usuarios del mismo vecindario que comparten el ancho de banda de la conexión y estén utilizando el servicio al mismo tiempo.

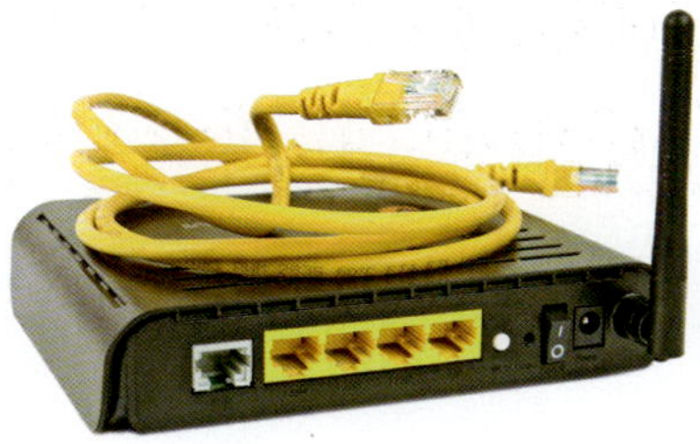

Módem/*router* ADSL. La velocidad de transmisión de los módem se mide en kilobaudios (Kb), que expresan el número de kilobits por segundo.

2 Codifica el número 24 en binario. ¿Cuántos bits necesitas para representar el número 56?

3 ¿Qué es la frecuencia de muestreo? ¿Cómo interviene en el tamaño de la señal digital?

Observa

Cómo varía la calidad de una imagen en función de su resolución de color o profundidad de bits

En una imagen en blanco y negro con solo dos tonos, cada píxel está representado por un bit que adopta el valor 0 (negro) o 1 (blanco).

En una imagen en escala de grises cada píxel suele estar representado por 8 bits, lo que ofrece más calidad de imagen formada por 256 (2^8) tonos de grises diferentes.

En una imagen en color, cada píxel suele estar representado por 24 bits, por lo que son posibles 2^{24} (16,7 millones) de tonos de color distintos.

2 Digitalización de imágenes, sonido y video

Tanto la digitalización de imágenes como de sonido y video requiere convertir una señal analógica en digital mediante una serie de diversos dispositivos.

2.1 Captura y digitalización de imágenes

La captura y la digitalización de imágenes se realizan mediante una **cámara digital** o un **escáner.** Ambos dispositivos tienen un esquema de funcionamiento semejante. En el caso de una cámara digital, la luz procedente de un objeto atraviesa el juego de lentes del objetivo y forma una imagen, que no se recoge en una película como ocurre en las cámaras analógicas, sino en un conjunto de chips sensibles a la luz, denominados **fotosensores de imagen,** entre los que destacan los CCD (dispositivos de carga acoplada) y los CMOS (metal óxido semiconductor complementario). La principal diferencia entre estos fotosensores es la calidad de imagen y cómo están unidos sus componentes. La manera de registrar la luz es similar puesto que tienen delante unos filtros que separan la luz y dejan pasar unos colores determinados.

Los **fotosensores CCD** suelen ser los más comunes. Están formados por una cuadrícula reticular de cientos de miles de pequeñas células fotosensibles. Cuando la radiación luminosa incide sobre ellos se generan pequeñas corrientes eléctricas, en forma de **señales analógicas,** que se envían a un **conversor analógico-digital (ADC)** y se transforman en **información binaria** (la presencia de voltaje se asocia al 1 y la ausencia, al 0).

Cada vez que el ADC toma una muestra de la señal analógica crea un **píxel,** que es la unidad más pequeña de una imagen digital. De esta manera se obtiene una imagen digital integrada por millones de píxeles, ordenados en filas y columnas en forma de cuadrícula, en la que a cada píxel se le asocia un valor (blanco, negro, escala de grises o colores) representado en el sistema binario mediante secuencias de ceros y unos.

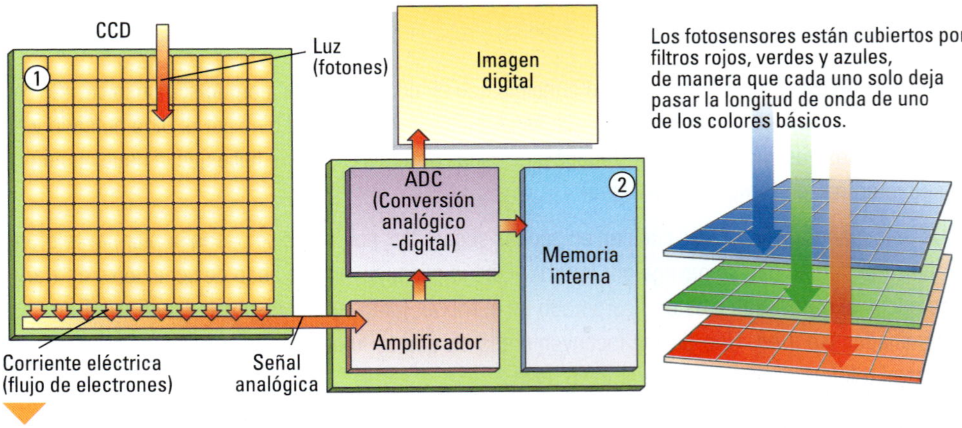

Digitalización de imágenes mediante fotosensores CCD (1). La imagen digital se almacena en la memoria interna de la cámara fotográfica (2) y puede ser transferida al ordenador para visualizarla en la pantalla, realizar un tratamiento digital de la imagen mediante un *software* de edición específico (Photoshop, etc.), almacenarla en un formato comprimido que permita transferirla con facilidad o imprimirla.

Calidad de una imagen digital

Está relacionada con la resolución del color o profundidad de bits y con la resolución espacial.

- **Resolución de color** o **profundidad de bits.** Indica la cantidad de bits que se utilizan para representar cada píxel (depende de la forma en que el códec digitaliza la señal), que está en relación con la cantidad de colores o escala de grises que contiene la imagen.

- **Resolución espacial.** Es la cantidad de píxeles que describen la imagen, es decir, el número píxeles que contienen las filas y columnas en las que se divide la imagen digital, y suele medirse en píxeles por pulgada (ppp) (en inglés ppi, *pixels per inch).* La resolución espacial está relacionada con la capacidad para percibir nítidamente los detalles más finos de la imagen y es un factor del cual dependen la calidad de la imagen y el tamaño que ocupa el archivo en el que se guarda.

El número de píxeles depende de la frecuencia a la que se toman las muestras durante la captura de la imagen en el proceso de digitalización (frecuencia de muestreo). Cuanto más alto sea este valor, mayor será el número de píxeles y mayor será la resolución que tenga la imagen.

Píxeles. Normalmente los píxeles sólo son visibles cuando se amplía la imagen en el monitor o en el papel impreso.

Almacenamiento de imágenes digitales: tipos de archivos

Las imágenes digitales se pueden guardar sin compresión en los formatos **RAW** o **DNG,** que son los que resultan directamente de la salida del conversor analógico-digital. Pero cuanto mayor es la resolución espacial y de color (mayor número de bits por píxel), más grande será el **tamaño del archivo** en el que guardemos la imagen digital, lo que repercutirá en el espacio necesario para su almacenamiento, en la agilidad para recuperar la imagen y en la facilidad o dificultad para transferirla mediante un servicio como el correo electrónico.

Hay distintos **formatos de compresión** que permiten guardar y compactar la información producida por un sistema de obtención de imágenes e intentan reducir el tamaño manteniendo la máxima calidad posible. Los formatos más frecuentes son: **TIFF** *(Tagged Image File Format),* **BMP** (mapa de bits), **JPEG** o **JPG** *(Joint Photographic Experts Group)* y **GIF** (formato de intercambio de gráficos). Estos formatos corresponden a un tipo de compresión con pérdida. Los archivos son más pequeños, pero la imagen pierde algo de calidad.

4 ¿Qué es un fotosensor?

5 ¿Cómo actúan el fotosensor CCD y el conversor ADC en la digitalización de las imágenes?

6 ¿Cómo influye la resolución de color o profundidad de bits en la calidad de una imagen digital?

Observa

Compara el funcionamiento de una cámara de fotografía digital (A) con el de una cámara analógica (B)

La luz pasa a través del objetivo y del obturador hasta el sensor electrónico en una cámara digital (A) o la película fotosensible en una analógica (B).

Ⓐ

1. La luz incide sobre el sensor electrónico (CCD).

2. Se crea una señal analógica.

10101010011000
1000010110101
01010111010101

3. El conversor ADC la convierte en código binario.

4. Se crea una imagen en la pantalla de cristal líquido (LCD).

Digital. En la memoria se pueden almacenar cientos o miles de fotografías, que se pueden retocar mediante programas específicos antes de almacenarlas, imprimirlas en papel, enviarlas por correo electrónico, adjuntarlas a una presentación multimedia, como Power Point o publicarlas en Internet. Las cámaras digitales más utilizadas son las que van incorporadas en los teléfonos móviles.

Ⓑ

1. La luz incide sobre la película fotográfica instalada en la cámara.

2. La película es una cinta de acetato de celulosa que contiene una sustancia fotosensible (sales de plata) que reacciona con la luz.

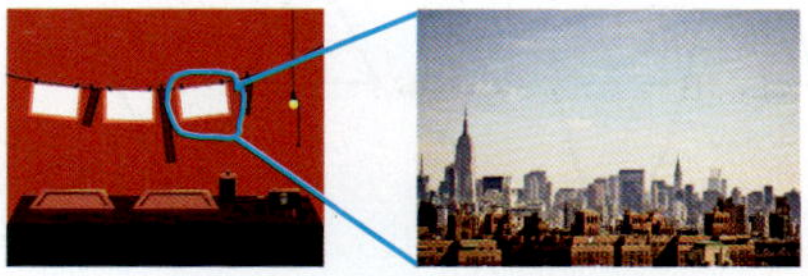

3. En el cuarto oscuro o laboratorio fotográfico se realiza el revelado, fijado, lavado y positivado de la película fotográfica para obtener la fotografía en papel.

Analógica. Cierto sentimiento de nostalgia y la filosofía DIY *(do it yourself* o «hazlo tú mismo») han revitalizado esta técnica. Muchos fotógrafos aficionados expresan su creatividad al encargarse ellos mismos de revelar manualmente las fotos en sus propios «cuartos oscuros» y experimentan la magia de lo efímero y la sorpresa del resultado ante la creación de una imagen única.

Tarjeta de sonido. Es un tipo de tarjeta de expansión. Permite capturar sonidos y reproducirlos en un ordenador.

Dispositivos analógicos de sonido. Los tocadiscos proporcionan un sonido característico al reproducir música procedente de discos de vinilo. Actualmente son adquiridos por muchos coleccionistas.

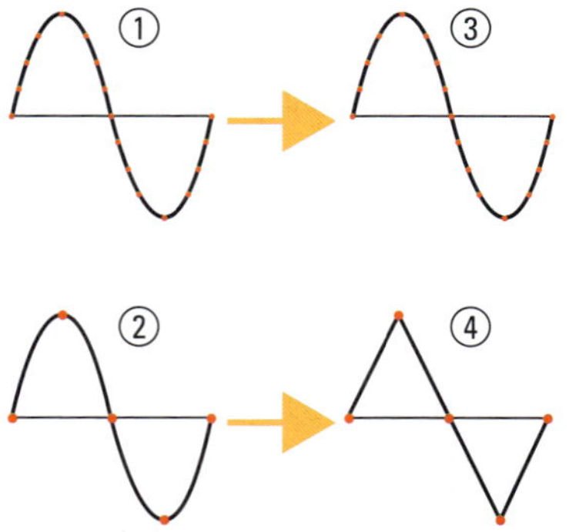

Diferencia entre las señales digitales definidas después del proceso de muestreo. En la onda analógica 1 se toman más muestras (puntos rojos) por unidad de tiempo, por lo que la frecuencia de muestreo es mayor que en la onda analógica 2. Por tanto, la calidad del sonido correspondiente a la onda digital 3 se parecerá más al sonido real que el sonido correspondiente a la onda digital 4.

2.2 Captura y digitalización de sonido

La digitalización de sonido requiere **convertir** una señal analógica en una señal digital mediante la **tarjeta de sonido,** que es una tarjeta de expansión, normalmente conectada a un *slot* tipo PCI.

Para el sonido, no solo hay que convertir la señal analógica en datos digitales, sino que también hay que generar de nuevo una onda analógica de salida a partir del sonido digital.

En la digitalización de sonido se plantea el mismo problema que con las imágenes: si queremos que el sonido se reproduzca con suficiente fidelidad, el códec tendrá que realizar numerosas muestras en la señal analógica y la frecuencia de muestreo deberá ser alta, por lo que obtendremos archivos de sonido muy grandes.

Los **códecs de audio** son algoritmos de compresión utilizados para reducir el tamaño de los archivos y compactarlo en otros formatos. Estos pueden ser de dos tipos: sin pérdida o con pérdida.

- **Formato de compresión sin pérdida.** Los sonidos digitales se pueden guardar en el formato WAV *(Waveform Audio File)*, que es el formato propio de Windows cuando se graba cualquier sonido a través del micrófono. Tiene una buena calidad de sonido y se puede reconstruir el archivo general con absoluta precisión. Al no tener pérdida de datos los archivos generados son muy grandes.

- **Formato de compresión con pérdida.** Son aquellos archivos de los que no se puede reconstruir el archivo original de manera precisa. Dado que en teoría no se pierden sonidos audibles por el oído humano son los más utilizados en la actualidad ya que se disminuye el tamaño que ocupan los archivos en la memoria de un dispositivo.

  Algunos de los formatos de compresión con pérdida más utilizados son:

  - **MP3 (MPEG *Layer-3*).** Es el formato de compresión para sonido creado por el grupo MPEG. Tiene tres esquemas de compresión: *Layer-1, Layer-2, Layer-3.* Cada uno mejora el anterior, aunque los reproductores son compatibles (un reproductor *Layer-3* puede reproducir los otros dos). Un archivo wav puede comprimirse en una relación 11:1 o incluso superior. La calidad del sonido para *Layer-3* es excelente. Su uso se ha disparado con las descargas de música desde Internet.

    La nueva generación está representada por el formato de compresión MP4 (MPEG-4), más potente por su capacidad de compresión (con una relación 16:1) y las posibilidades que ofrece. Así como el formato MP3 solo es de audio con calidad de CD, el formato MP4 puede ser de audio, video o imágenes, y sus archivos son autoejecutables.

  - **AAC** *(Advanced Audio Coding).* Fue desarrollado por Dolby y es el que se utiliza en los iPod. Se originó para sustituir al MP3, por ello con la misma frecuencia de muestreo tiene una mejor calidad.

  - **WMA** *(Windows Audio Media).* Fue creado por Microsoft como competidor directo del MP3. A pesar de que tiene la misma calidad que el MP3 proporciona una protección antipiratería debido a que tiene protección sobre los derechos intelectuales de su autor.

  - **RealAudio.** De características similares al MP3 y al WMA. Fueron desarrollados para ser reproducidos en tiempo real *(streaming)* a través de una conexión a Internet sin necesidad de tener acceso al archivo desde el disco duro del dispositivo.

  - **OGG Vorbis.** Es un formato de archivo con mejor calidad que el MP3 a una misma frecuencia de muestreo. Es habitual su uso en dispositivos multimedia.

  Además de la frecuencia de muestreo, la **resolución del sonido** define su calidad y depende del número de ceros y unos que codifiquen cada muestra. El bit es su unidad de medida. Una resolución de 8 bits proporciona 256 niveles de amplitud (2^8). Los CD de música tienen normalmente 16 bits de resolución.

2.3 Captura y digitalización de video

La captura y digitalización de video presenta **características comunes** a la captura y digitalización de **imágenes** y, si además se asocia a un archivo de audio, también a la de **sonido.** Al fin y al cabo se van a capturar imágenes en movimiento y sonidos en un mismo archivo.

Para capturar video se pueden utilizar las cámaras de video digitales actuales o las tarjetas capturadoras de video, un tipo de tarjetas de expansión. Las primeras pueden tener integrado un micrófono para registrar sonido y las segundas pueden trabajar de manera coordinada con una tarjeta de sonido o ser capturadoras de sonido y de video.

La calidad del video capturado está definida por la calidad del sensor de imagen de la cámara de video o por la calidad de la tarjeta capturadora. La **frecuencia de muestreo** y el **códec de video** también determinan la pérdida de información de un video. El códec comprime el video para que ocupe menos espacio y cuando se reproduce se descomprime en tiempo real.

- Los **formatos de archivo de video** se denominan por el códec que los comprime. Algunos de los más utilizados son los Windows Media Video o DivX.
  - **Windows Media Video (WMV).** Desarrollado por Microsoft incluye derechos de propiedad intelectual sobre los archivos.
  - **DivX.** Es uno de los códecs más utilizados y conocidos por su calidad y alta capacidad de compresión.
- Además, existen otros archivos que contienen video, sonido, subtítulos o archivos de datos asociados. Se denominan **formatos contenedores multimedia.** Los más habituales son MPEG, AVI, FLV, QuickTime Movie, RealMedia y Ogg.
  - **MPEG.** Hace referencia a un conjunto de estándares de compresión y de formatos de audio y video. Reproduce videos de alta calidad con una gran compresión. Existen cuatro formatos dentro de esta familia. El MPEG-1, el MPEG-2, el MPEG-3 y el MPEG-4.
  - **AVI.** Es un tipo de formato desarrollado por Microsoft y puede albergar información de audio y video en cualquier formato.
  - **FLV.** Es uno de los formatos utilizados de manera habitual en Internet (YouTube) para transmitir video y audio. También existen programas, como VLC Media Player, que pueden reproducirlo si se encuentran almacenados en un dispositivo sin conexión a Internet.
  - **QuickTime Movie.** Desarrollado por Apple para ser reproducido en el programa homónimo (QuickTime).
  - **RealMedia.** Es uno de los más utilizados para reproducción en *streaming.* Está formado por archivos RealVideo y RealAudio.
  - **OGG.** Utilizado en Internet y formado por archivos OGG Vorbis de audio y video.

Del formato de video analógico al digital. El primer formato de video analógico popular fue el Betamax lanzado en 1976 y convivió con otros formatos, como el VHS y el Video 2000. Posteriormente se creó una cinta de video similar pero de tamaño más reducido, el formato de 8 mm. Estos formatos han evolucionado al VHS-C, al Super VHS y al Super 8 mm.

Contenedores multimedia. Son formatos de archivos que incluyen video, sonido y otros datos, como por ejemplo, AVI, MOV, FLV, MPG, MKV, etc.

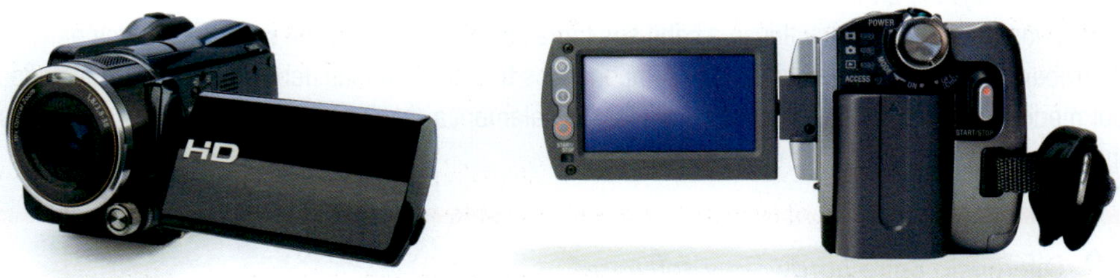

Cámaras de video digitales. Permiten capturar imágenes en movimiento a través de sus sensores y registrar sonido a través de sus micrófonos.

7 ¿Qué es una capturadora de video?

8 ¿En qué se diferencia un archivo de video de un contenedor multimedia?

9 ¿Qué tipos de archivos forman un contenedor multimedia?

Sistema informático. Es un sistema capaz de almacenar, procesar y transmitir información, que está constituido por los elementos del *hardware,* junto con los distintos tipos de *software* y el personal encargado de su manejo y mantenimiento.

3 La informática y los ordenadores

La **informática** (término que procede de la contracción de dos palabras: información y automática) es la ciencia que estudia el tratamiento automático de la información mediante el uso de **ordenadores.** También se denomina **ciencia de la computación** y estudia los procesos y las técnicas que permiten procesar, almacenar y transmitir información codificada en formato digital.

Un **ordenador** o **computadora** es una máquina electrónica que, bajo el control de un **programa** almacenado, recibe y procesa datos automáticamente y proporciona los resultados de dicho tratamiento para convertirlos en información útil.

El ordenador está constituido por dos componentes que actúan conjuntamente, ***hardware*** y ***software:***

- ***Hardware.*** Son los dispositivos físicos y tangibles de un ordenador, es decir, el equipamiento material. La capacidad de un ordenador (velocidad, memoria, etc.) depende de sus componentes.
- ***Software.*** Es la parte lógica e intangible del ordenador y comprende todos aquellos programas e instrucciones que dirigen su funcionamiento. El hecho de que el ordenador sea programable le permite realizar distintas tareas, en función del *software* que admita ejecutar y contenga instalado.

La **estructura básica y funcional del ordenador** está constituida por, al menos, tres subsistemas: CPU, memoria y unidades de entrada y salida.

- **CPU *(Control Process Unit,* unidad central de proceso).** Decodifica e interpreta las instrucciones del *software* y las ejecuta mediante la realización de las operaciones aritméticas y lógicas necesarias. Este subsistema realiza las funciones más complejas, controla y coordina a los demás subsistemas del ordenador y marca el ritmo de funcionamiento de todo el conjunto. Está constituida por uno o varios **microprocesadores.**
- **Memoria.** Es el dispositivo que se encarga de almacenar las instrucciones y los programas que utiliza el ordenador y, eventualmente, los datos y los resultados del procesamiento de la información.
- **Unidades de entrada / salida.** Se encargan de comunicar el ordenador con el mundo exterior, es decir, con los dispositivos físicos denominados **periféricos** (el teclado, el ratón, el monitor, la impresora, el escáner, etc.) y lo hacen a través de un conjunto de conectores denominados **puertos de comunicación.**

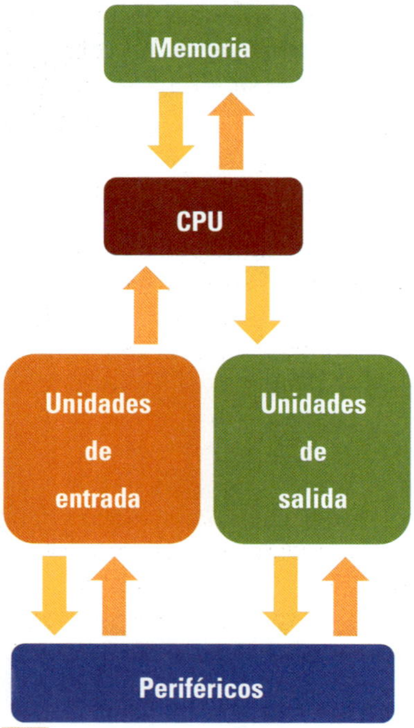

Estructura básica y funcional del ordenador.

Las unidades de entrada/salida suministran datos al ordenador mediante el teclado, un CD, una cámara digital, etc. y, una vez procesados, se visualizan en la pantalla o se envían a otros periféricos, como la impresora.

Estos tres componentes se comunican entre sí por medio de ***buses,*** que son hilos conductores, físicamente dibujados en los circuitos impresos, por donde circula toda la información del ordenador (datos, instrucciones, etc.), y llevan a cabo sus tareas sincronizados por un **reloj** que marca el ritmo de trabajo. Además, los elementos que componen los tres subsistemas deben estar interconectados por medio de distintos tipos de cables o de forma inalámbrica *(bluetooth,* wifi, etc.) para que fluya la información entre ellos.

10 Diferencia entre *hardware* y *software.*

11 Describe las características de los subsistemas que componen la estructura básica y funcional del ordenador.

4 *Hardware*: arquitectura del ordenador

Un ordenador está formado físicamente por un conjunto de elementos materiales y su capacidad y rendimiento viene marcada por la interacción entre sus componentes.

Se denomina ***hardware*** a la arquitectura básica de un ordenador formada básicamente por la placa base, el microprocesador o unidad central de procesamiento (CPU), la memoria, los dispositivos de almacenamiento masivo y los periféricos.

Tarjeta de extensión de red para conexión inalámbrica.

4.1 Placa base (o placa madre)

Es un gran circuito impreso, donde se dibujan los canales de comunicación o **buses,** que interconecta y da soporte físico a los dispositivos internos del ordenador delimitando su capacidad. Está diseñada para albergar a los demás elementos, que se «pinchan» en ella y para controlar el tráfico de información que intercambia el conjunto de los componentes, entre los que se encuentran los siguientes: zócalo para el microprocesador, *chipset*, BIOS, ranuras de expansión, ranuras de memoria, *buses* y puertos generales.

- **Zócalo del microprocesador.** Es la zona donde se encastra el microprocesador y se conecta con el resto de componentes.
- ***Chipset.*** Se trata del conjunto de chips localizados en la placa base y constituye un elemento primordial, ya que controla el proceso de transferencia de información entre el microprocesador y la memoria a través de los *buses* (el «northbridge», o puente norte, y el *southbridge,* o puente sur); además, gestiona los periféricos mediante el control de los puertos y las ranuras de expansión.
- **BIOS.** Es un *software* básico que todos los ordenadores llevan almacenado permanentemente en la placa base, en una memoria que no desaparece al desconectar el ordenador. Contiene los programas imprescindibles para iniciar la carga de cualquier otro programa, incluido el sistema operativo del ordenador, y para realizar funciones previas, como testar la memoria o los puertos del ordenador y detectar los dispositivos conectados en el momento del arranque. Sin estos programas el ordenador no arrancaría.

  Los programas de la BIOS se almacenaban antiguamente en memorias ROM de solo lectura, que no pueden ser modificadas por el usuario, pero desde hace tiempo se emplean memorias flash que se pueden borrar y volver a programar. Además, durante el arranque del ordenador, la BIOS también utiliza la información almacenada en una pequeña memoria, denominada CMOS, para establecer la configuración del sistema, fecha y hora.

  Para que no se pierda la información cuando se apaga el ordenador, esta memoria necesita una pila que le proporciona la electricidad necesaria para que no se pierdan las configuraciones guardadas.

- **Ranuras de expansión.** Son conectores en los que se insertan las **tarjetas de expansión** controladoras de dispositivos adicionales, como la tarjeta de red, de sonido, de video, etc. Se denominan de expansión porque permiten ampliar la placa base y añadir nuevas funciones al ordenador.
- **Ranuras de memoria.** Son los conectores donde se inserta la memoria RAM.
- ***Buses.*** Son vías de comunicación situados en un circuito impreso por donde circula toda la información del ordenador. Transmiten datos *(buses* de datos), comandos de control *(buses* de control) o direcciones de memoria al procesador para leer y escribir datos *(buses* de memoria).
- **Puertos de comunicación.** Son un conjunto de dispositivos que permiten conectar el ordenador con sus periféricos. Habitualmente se localizan en la parte posterior del ordenador.

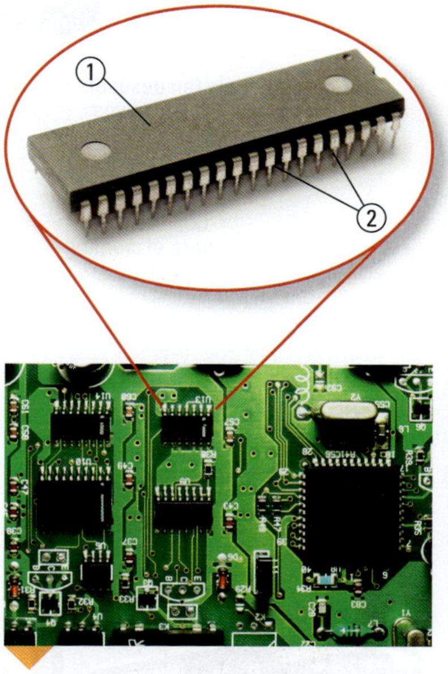

Chips. Son circuitos muy pequeños (microchips) compuestos por millones de transistores miniaturizados e integrados en una oblea de silicio (circuitos integrados). Están recubiertos externamente por una carcasa de plástico (1) y se conectan o pinchan mediante unas patas de alambre denominadas pines (2).
La ley de Moore, una ley empírica basada en la observación, expresa que el número de transistores en un circuito integrado se duplica cada dos años, aproximadamente, con lo cual se duplica su capacidad y, por tanto, aumentan las prestaciones de los ordenadores y baja su precio.

12 ¿Qué es la placa base? ¿Qué componentes se integran en ella?

13 ¿Qué funciones desempeña la BIOS?

Observa

Los componentes de la placa base

Si miras en el interior de un ordenador, podrás observar que todos los elementos están unidos por una amplia estructura que actúa como plataforma denominada placa base o placa madre.

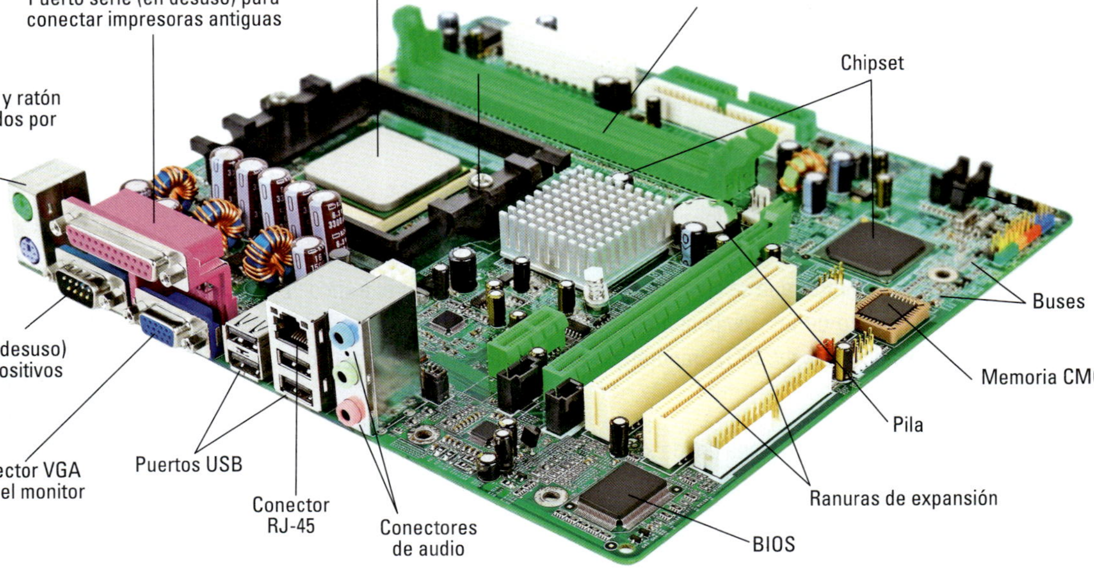

Microprocesador (1). Es un microchip en cuyo interior existen millones de transistores cuya combinación permite realizar todas las operaciones lógicas y matemáticas que requiere el ordenador. Se inserta en un zócalo de la placa base (2).

4.2 Microprocesador o CPU (*Control Process Unit*)

De todos los chips que posee el ordenador, el **microprocesador** es el más importante y el que actúa como un verdadero cerebro. Es un refinado circuito electrónico integrado que se encarga de procesar los datos y de controlar el funcionamiento de todos los dispositivos: lleva la cuenta de la instrucción que debe ejecutarse en cada momento, la descarga de la memoria RAM, la decodifica y la ejecuta. Se corresponde con la **CPU,** que está formada por la unidad de control y la unidad aritmético-lógica:

- **UC: Unidad de control.** Decodifica las instrucciones que se estén ejecutando en cada momento, sincroniza las demás partes y garantiza que las instrucciones se ejecuten en la secuencia adecuada.
- **ALU: Unidad aritmético-lógica.** Realiza las operaciones matemáticas y determina si una afirmación es verdadera o falsa.

Entre las características del microprocesador destacan la frecuencia del reloj y el número de núcleos:

- **Frecuencia del reloj.** Todo microprocesador incorpora un reloj digital interno que marca el ritmo de trabajo: genera impulsos eléctricos a intervalos continuos y cada vez que genera una señal, el microprocesador realiza una tarea. La frecuencia de reloj es el número de impulsos que emite por segundo y se mide actualmente en gigahercios (GHz) por segundo. Se utiliza para sincronizar el funcionamiento de todo el conjunto y está estrechamente relacionada con la velocidad de funcionamiento del ordenador: un microprocesador de 4 GHz es capaz de realizar 4 000 millones de instrucciones en un segundo.
- **Número de núcleos.** El microprocesador incluye varios bloques, denominados **núcleos,** que colaboran para obtener un sistema global más potente. El procesamiento de la información por parte del microprocesador se reparte entre los diferentes núcleos, de manera que cuantos más núcleos posee, mejor podrá repartir la información y, por tanto, procesarla más rápido. Cada *software* está programado para utilizar un determinado número de núcleos.

14 ¿Qué es el microprocesador? ¿Qué unidades lo componen?

15 ¿Qué es la frecuencia del reloj? ¿Qué función desempeña?

4.3 La memoria

Es el dispositivo encargado de almacenar, durante algún intervalo de tiempo, toda la información que el ordenador está usando. Se distinguen dos tipos: **memoria principal** y **memoria secundaria** o **dispositivos de almacenamiento masivo.**

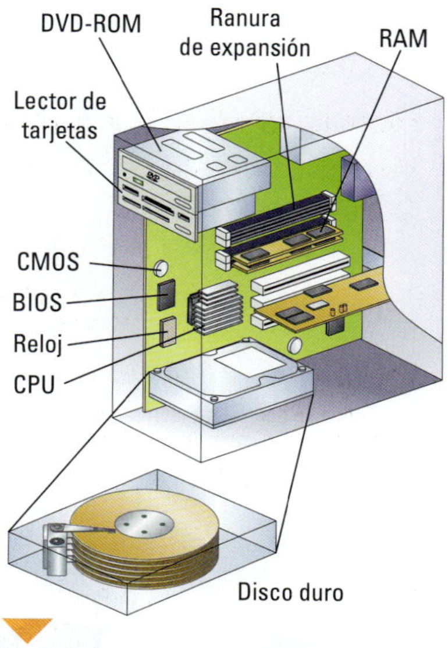

Dispositivos que almacenan información. La capacidad es la cantidad de información que puede almacenar un disco o cualquier otro dispositivo. Se mide en múltiplos de byte:

1 Byte =	8 bits
1 Kilobyte (KB) =	10^3 Bytes
1 Megabyte (MB) =	10^6 Bytes
1 Gigabyte (GB) =	10^9 Bytes
1 Terabyte (TB) =	10^{12} Bytes
1 Petabyte (PB) =	10^{15} Bytes
1 Exabyte (EB) =	10^{18} Bytes
1 Zettabyte (ZB) =	10^{21} Bytes
1 Yottabyte (YB) =	10^{24} Bytes

Memoria principal

Está formada por un conjunto de elementos, encargados de almacenar la información, que están conectados directamente con la CPU. En ella se alojan tanto los datos como las instrucciones con las que trabaja el ordenador. Existen varios tipos de memorias, entre las que destacan la **memoria ROM** y la **memoria caché,** descritas en las páginas anteriores, y la **memoria RAM.**

- **Memoria RAM.** Es el principal almacén de información donde se cargan previamente los datos y los programas que se estén ejecutando para que la CPU pueda acceder a ellos y procesarlos y, una vez procesados, guarda temporalmente los resultados de las operaciones. Es una memoria de escritura y lectura y es volátil, ya que pierde la información cuando el ordenador se apaga.

- **Memoria caché.** Es mucho más rápida que la memoria RAM convencional. En ella se guardan temporalmente los datos e instrucciones leídos recientemente por el microprocesador o que utiliza con más frecuencia. La **memoria caché interna** está integrada en el microprocesador y la **memoria caché externa** se sitúa en la placa base, entre el microprocesador y la memoria RAM, con el fin de agilizar la comunicación entre ambos componentes. Cuanto mayor sea esta memoria, más rápido será el acceso a los datos y las instrucciones y por tanto mayor será el rendimiento. Es también volátil, pierde la información cuando el ordenador se apaga.

- **Memoria ROM-BIOS.** Almacena las instrucciones sobre el programa de arranque, carga el sistema operativo en la memoria RAM y hace una comprobación inicial, al encender el ordenador, de que todo funciona correctamente: chequea la CPU, los *buses* de control de los periféricos, el reloj interno, la memoria RAM, etc. Es una memoria no volátil en la cual permanece la información aún con el ordenador apagado. Las memorias ROM antiguas son de sólo lectura, no pueden ser modificadas por el usuario, pero las más modernas, como EPROM y Flash EEPROM, se pueden borrar y volver a programar.

- **Memoria CMOS.** Almacena los datos básicos de la configuración del ordenador, así como la hora del reloj interno y la fecha. Es una memoria volátil, pero los datos almacenados no se pierden gracias a la batería unida a la placa base.

Módulo de memoria RAM (1) pinchado en su ranura de memoria (2). Se puede ampliar la memoria RAM de un ordenador mediante la adquisición de módulos de memoria adecuados (3) e insertarlos en sus correspondientes ranuras de memoria de la placa base.

Dispositivos de almacenamiento masivo

Puesto que la memoria RAM es volátil, es indispensable instalar dispositivos de almacenamiento masivo, que son memorias no volátiles, las cuales permiten guardar grandes cantidades de información procesada por la CPU de forma permanente y así evitar su pérdida cuando se apaga el ordenador. Según la tecnología utilizada para grabar y almacenar la información se distinguen tres tipos: los **discos magnéticos,** los **discos ópticos** y las **memorias *flash.***

- **Discos magnéticos: discos duros.** Suelen estar fijos, dentro del ordenador, aunque también los hay externos y extraíbles. Un **disco duro** está formado por un conjunto de finos platos o discos apilados y que giran a gran velocidad en torno a un eje común. Las dos superficies de cada disco están recubiertas de un material magnético que se polariza al grabar la información. Cada superficie está dividida en círculos concéntricos, llamados **pistas,** y cada pista se divide, a su vez, en tramos que tienen la misma capacidad, denominados **sectores.** Entre los discos, junto a la superficie de cada uno de ellos, se disponen dos minúsculos **cabezales de lectura/escritura** (uno en cada cara); los discos giran hasta que el cabezal magnético se sitúa sobre la zona donde codifica o decodifica la información que han de escribir o leer.

- **Discos ópticos: CD-ROM y DVD-ROM.** Los discos ópticos se basan en la tecnología láser para leer y guardar la información. Esta se almacena haciendo unos surcos microscópicos con un láser sobre una de las caras planas que lo componen y en una única pista con forma de espiral continua que empieza en el centro del disco y continúa hacia el exterior, sin interrupciones. Los hay de solo lectura o regrabables, para lo cual se debe disponer de una unidad lectora de CD-ROM o DVD-ROM, que también puede ser grabadora. Los discos ópticos ***Blu-ray*** tienen mayor capacidad de almacenamiento que los DVD y se suelen utilizar para video y cine de alta definición.

- **Memorias *flash*.** Son circuitos integrados en materiales semiconductores que poseen millones de celdas donde se guarda la información en forma de cargas eléctricas. Su tamaño es reducido y son muy duraderas; aunque no indefinidas, debido al desgaste que sufren las celdas al grabar y borrar la información sucesivamente. Las más comunes son la **memoria USB** (o lápiz de memoria), que se conecta a un puerto USB, el cual le proporciona la energía eléctrica necesaria para su funcionamiento, y las **tarjetas de memoria,** muy utilizadas en las cámaras de fotos y video digitales y en los teléfonos móviles.

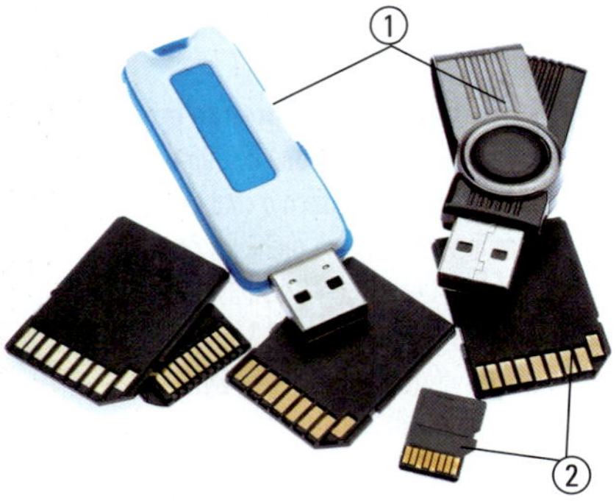

Memoria *flash*. Memoria USB *(pendrive* o lápiz de memoria) (1) y diferentes tipos de tarjetas de memoria (2).

Discos ópticos. Pueden ser de sólo lectura (CD-ROM, DVD-ROM), de una sola grabación (CD-R, DVD-R y DVD+R), o pueden soportar varias grabaciones (CD-RW, DVD-RW y DVD+RW) (1). Los discos *Blu-Ray* (2) tienen mayor capacidad de almacenamiento.

DISPOSITIVOS DE ALMACENAMIENTO MASIVO		
	Ventajas	**Inconvenientes**
Discos magnéticos (disco duro)	Gran capacidad de almacenamiento y alta velocidad de transferencia de datos. Los discos duros externos son fácilmente transportables y pueden durar muchos años.	En condiciones desfavorables (golpes, exceso de calor, etc.) pueden perder la información. Suelen ser más ruidosos porque tienen piezas mecánicas y consumen más energía
Discos ópticos	Tienen gran durabilidad y su desgaste es mínimo. Los discos Blu ray tienen gran capacidad y pueden almacenar video de alta definición y archivos de gran peso.	Requieren periféricos (unidades de grabación y lectura) y a veces su compatibilidad en diferentes unidades de disco es baja (solo se ejecutan en determinadas versiones de sistemas operativos).
Memoria flash	No requieren instalación, son muy resistentes y compatibles con diferentes sistemas, se transportan fácilmente y sus precios son cada vez más asequibles.	Por su pequeño tamaño pueden extraviarse con facilidad y existe un alto riesgo de que se infecten con virus. Las tarjetas de memoria necesitan diferentes tipos de ranuras para conectarse.

4.4 Periféricos

Los periféricos son los dispositivos conectados con el ordenador por cables o mediante *bluetooth* (inalámbricos), pero no forman parte de su núcleo básico. Permiten realizar operaciones de entrada y salida de datos complementarias a las realizadas por la CPU; por ello, se dice que son los encargados de **comunicar** el ordenador con el mundo exterior. Cada tipo de periférico tiene su propio modo de funcionamiento y, por tanto, es necesario que se sincronice con el funcionamiento del ordenador. Para hacer posible la comunicación de la información entre el ordenador y los dispositivos periféricos existen circuitos físicos llamados **controladores** y programas llamados ***drivers.***

Los periféricos se clasifican en función de la dirección de flujo de la información; los más habituales son los periféricos de entrada y los de salida, aunque algunos son de entrada/salida.

16 ¿Qué diferencia existe entre la memoria principal y los dispositivos de almacenamiento masivo de la información?

Periféricos de entrada

Se encargan de introducir en el ordenador información procedente del exterior. Sin ellos no sería posible realizar ninguna operación con la CPU puesto que se encargan de codificar la información que se maneja normalmente (texto, números, imágenes...) a formatos binarios que pueda comprender el ordenador. Los dispositivos más frecuentes son los siguientes:

- **Ratón.** Es un dispositivo que se mueve en dos direcciones sobre una superficie plana y traslada este movimiento a un cursor (puntero) que se desplaza por la pantalla del ordenador. Dispone de varios botones que dan instrucciones a la CPU y desencadenan ciertas acciones cuando se pulsan, en función de la zona de pantalla donde se encuentra situado el puntero. El **panel táctil** de los ordenadores portátiles desempeña la misma función que el ratón. Se trata de un dispositivo sensible al tacto, situado en la parte inferior, que permite mover el puntero por la pantalla al desplazar el dedo sobre su superficie. Permite introducir distintas órdenes cuando el puntero se localiza en determinadas zonas de la pantalla y se presionan los botones que le acompañan.

Ratón (1) y teclado (2).

- **Teclado.** Se utiliza para introducir datos, textos y órdenes. Dispone de un conjunto de teclas con las que se van introduciendo letras y/o números en el ordenador. Cada pulsación de una tecla genera un tren de bits que son la codificación en binario de la tecla que se ha pulsado.

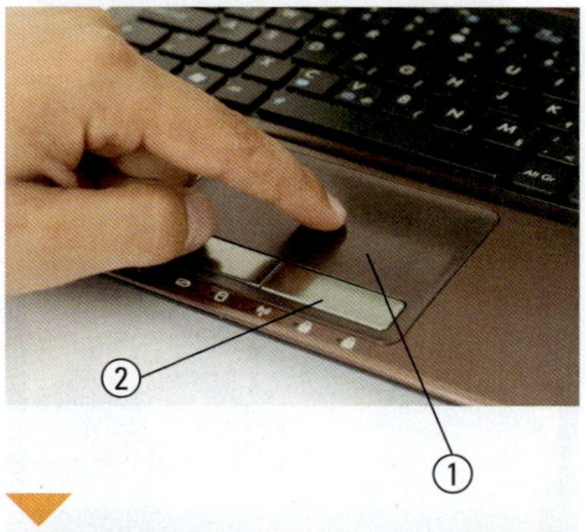

Panel táctil (1) de un ordenador portátil y botones (2).

- **Dispositivos de adquisición de imágenes: *webcam* y escáner.** Ambos tienen un funcionamiento similar: digitalizan una imagen y transmiten al ordenador su representación binaria.
  - Las ***webcam*** o cámaras web son pequeñas cámaras digitales que permiten la captura de imágenes o videos para su reproducción en tiempo real o su almacenamiento. Actualmente son periféricos muy utilizados en videoconferencias, mensajería instantánea o *chats*.
  - El **escáner** convierte imágenes impresas al formato digital mediante un barrido óptico del documento. La calidad de la imagen generada se suele medir en puntos por pulgada (ppp), que mide la cantidad de medidas que se hacen por cada unidad de superficie. Suele disponer de programas llamados OCR que permiten obtener el texto escrito, a partir de la imagen de un texto, por comparación con patrones de letras impresas. Actualmente en las impresoras multifunción se incluyen en un único dispositivo escáner, impresora y fax.

- **Lector de huellas dactilares.** Es un dispositivo que detecta las condiciones biométricas de las huellas dactilares. Se usa para controlar el acceso a ordenadores o archivos personales.

- **Tableta digitalizadora.** Consiste en una pantalla plana sobre la que se pueden realizar dibujos y gráficos con gran precisión mediante el uso de una especie de lapicero, llamado estilete. Los dibujos no aparecen en la tableta, sino en la pantalla del ordenador.

- **Lector de código de barras.** Es un escáner que utiliza un haz de luz láser para leer el dibujo formado por el conjunto de líneas verticales de distintos grosores y de color negro que componen un código de barras determinado. El lector decodifica la secuencia de barras y permite que el ordenador obtenga información del producto marcado con dicho código (nombre, el precio, etc.).

- **Palanca de mando *(joystick)*.** Es una palanca, utilizada mayoritariamente en los videojuegos, que al moverse sobre una base transmite el movimiento a un objeto en la pantalla de un ordenador o de una videoconsola. Es capaz de introducir ciertas órdenes mediante la presión de alguno de sus botones y también opera en entornos tridimensionales.

- **Micrófono.** Es un dispositivo que transforma la energía acústica en energía eléctrica. Para que pueda ser utilizado como periférico de entrada, es necesaria la instalación previa de una tarjeta de sonido en el ordenador. Si se dispone de un *software* de reconocimiento de voz se puede utilizar el micrófono para dar órdenes o dictar contenidos que el ordenador convierte en textos.

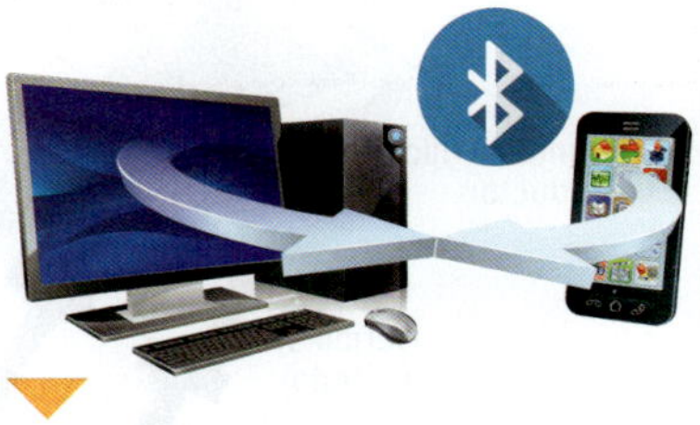

Bluetooth. Es una tecnología utilizada para conectar periféricos mediante ondas de radio, sin necesidad de cables, pero a cortas distancias.

17 ¿Qué funciones desempeñan los periféricos de entrada? ¿Cuáles son los más frecuentes?

¿Lo sabías?

Una **impresora 3D** es capaz de crear piezas o maquetas en tres dimensiones y en distintos materiales (plásticos, resinas, etc.) a partir de un diseño hecho por ordenador.

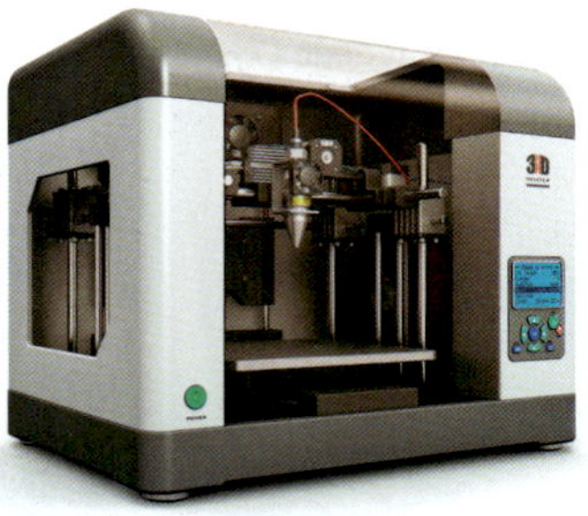

Pantalla de monitor LED. Posee múltiples ventajas, aunque ciertas investigaciones sugieren que los leds que emiten una frecuencia de luz muy azul pueden ser dañinos para la vista. Algunas empresas ya comercializan filtros protectores para pantallas LED.

Periféricos de salida

Son dispositivos electrónicos que transmiten la información proporcionada por la CPU al usuario u otros sistemas diferentes. Traducen el lenguaje binario manejado por el ordenador a formatos de información accesibles por el usuario (texto, imágenes, etc.). Los más frecuentes son los siguientes:

- **Impresora.** Produce una copia física, normalmente en papel, de la información contenida en la memoria principal o de lo que se visualiza en la pantalla. La resolución en **ppp** (número de puntos dibujados en una pulgada), así como la velocidad en páginas por minuto, marcan su calidad. Las más comunes son de **chorro de tinta,** que funcionan por dispersión de gotas de tinta sobre el papel; suelen ser en color y bastante baratas de adquirir, aunque el gasto de tinta resulta caro de mantener. Las impresoras **láser,** que crean la imagen de la página sobre un cilindro impregnado de un polvo llamado tóner; son más rápidas y más caras de adquirir que las anteriores, aunque más baratas de mantener. Además existen otros tipos, como los ***plotters,*** que permiten imprimir imágenes de grandes dimensiones de planos, mapas, diseños industriales, etc.
- **Monitor.** Es la principal interfaz o superficie de contacto que permite la interacción del usuario con el ordenador: por un lado el usuario visualiza la información procedente del ordenador en forma de imágenes y textos y, por otro, el monitor muestra mensajes al usuario que le permiten tomas decisiones. El tamaño de la pantalla del monitor se calcula midiendo la longitud de la diagonal entre un vértice y su opuesto, expresado en pulgadas, y su resolución depende del número de píxeles, que se obtiene al multiplicar los píxeles de las filas por los de las columnas y suele oscilar entre $1\,024 \times 768$ y $4\,096 \times 2\,160$.

  Los monitores más utilizados son, entre otros, los de pantalla plana de transistores TFT, de cristal líquido (LCD), de plasma (PDP) y, sobre todo, los que emplean la tecnología LED de diodos orgánicos de emisión de luz, cuyo uso se ha extendido considerablemente gracias a sus ventajas: son pantallas delgadas y ligeras, de bajo consumo (hasta un 40 % menos), resistentes y de larga duración, los colores de sus imágenes son nítidos y brillantes, con gran contraste, tienen una amplia gama cromática y su encendido es instantáneo.

  Los monitores con **pantalla táctil** son periféricos bidireccionales, ya que permiten la entrada de datos al ordenador a través de un toque directo sobre su superficie y, simultáneamente, muestran los resultados del procesamiento de la CPU.

Observa

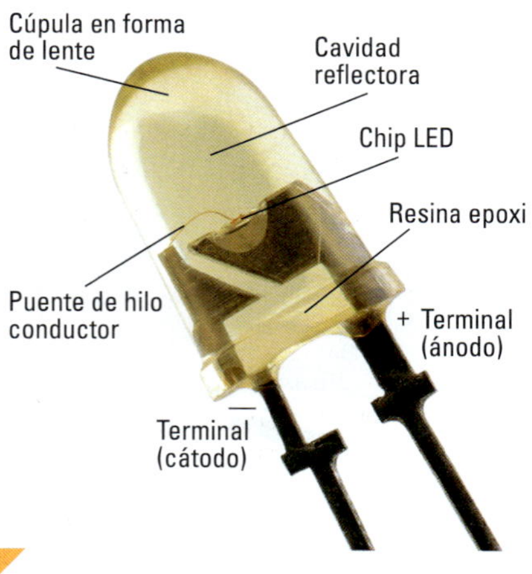

Componentes de un diodo LED.

La tecnología LED

Un **led** (de ***ligh*** *emitting* ***d****iode,* diodo emisor de luz) es un diodo que emite luz, es decir, un componente electrónico semiconductor (chip), dotado de dos terminales que le permiten conectarse a un circuito eléctrico.

La característica principal de este tipo de diodo es que la corriente eléctrica de bajo voltaje circula en un solo sentido a través del chip y la convierte en luz. El chip está encerrado dentro de una resina epoxi, por lo que es muy resistente a los golpes.

Entre sus muchas aplicaciones se destacan las siguientes: iluminación de interiores (las lámparas led son más eficientes y duraderas que las incandescentes de filamento y carecen de mercurio, como las fluorescentes) y de exteriores (calles, edificios...), semáforos, faros de automóviles, pantallas de ordenadores y de televisión, paneles publicitarios, láser para punteros señalizadores y equipos de grabación y reproducción de CD, DVD y *Blu-Ray,* infrarrojos para mandos de TV, etc.

18 Explica el fundamento físico de la tecnología LED y las ventajas que supone su aplicación en pantallas planas e iluminación.

4.5 Dispositivos con arquitectura de ordenador

Teléfonos inteligentes o *smartphones*

Smarthpone es un término inglés que se usa para denominar a los **actuales teléfonos móviles** con más prestaciones que los teléfonos móviles comunes de hace unas décadas. Antes un teléfono simplemente podía recibir y enviar llamadas o mensajes. Supuso una auténtica revolución tecnológica alargar la duración de la batería y disminuir su tamaño. Poco a poco, los móviles fueron más económicos y accesibles para los usuarios. Actualmente, en un dispositivo de apenas 5 mm de grosor, 5 cm de ancho y 12 de longitud, tenemos acceso a Internet, a un teléfono, a un GPS, a una cámara de fotos, a una agenda de contactos y a un sinfín de aplicaciones que facilitan las comunicaciones entre personas.

Tarjetas SIM y micro-SIM. Las tarjetas micro-SIM son las actuales tarjetas que utilizan los *smartphones* para conectarse al operador de móvil. Además, en ellas se puede almacenar información como un listín telefónico.

En el interior de estos pequeños dispositivos existe un «cerebro muy potente», el *hardware*, capaz de pensar y realizar acciones mucho más potentes que los ordenadores de los años 90. ¿Pero, realmente sabes cómo es un *smartphone* por dentro?

¿Lo sabías?

Interior de un *smartphone*

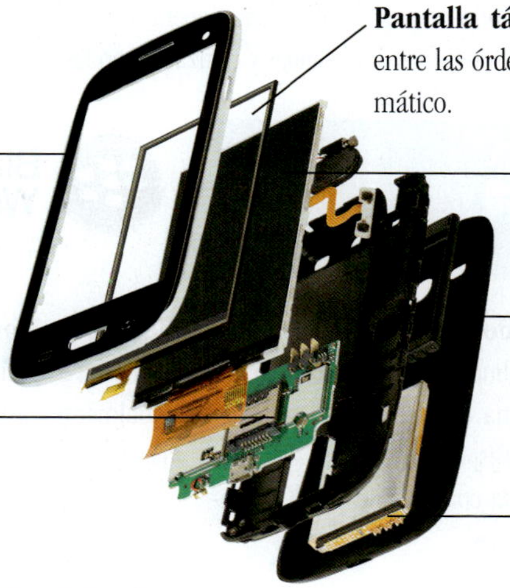

Estructura rígida: da el soporte físico necesario para ensamblar mecánicamente el dispositivo.

Placa base: en ella se suelda el microprocesador, los *buses,* la memoria y los distintos elementos necesarios para el correcto funcionamiento del sistema.

Pantalla táctil: proporciona el nexo de unión físico entre las órdenes de la pantalla táctil y el sistema informático.

Pantalla: en ella se proyecta la interfaz gráfica del sistema operativo del ***smartphone.***

Tapa trasera: elemento extraíble del dispositivo para acceder a la batería, a la ranura de expansión de memoria o a la ranura para introducción la tarjeta micro-SIM.

Batería: sin ella el sistema informático no tendría energía para funcionar.

Para que el *smartphone,* o un teléfono móvil común, pueda conectarse a una red inalámbrica de móvil necesita una **infraestructura básica** formada por antenas, estaciones base y nódulos de conmutación. Durante las últimas décadas ha existido una evolución paralela de las redes inalámbricas de telefonía móvil y de los terminales. Las redes y los teléfonos de la primera generación (**1G**) únicamente proporcionaban llamadas y mensajes cortos de texto (sms), la segunda generación **(2G),** mensajes multimedia (mms) e Internet básico, y la tercera generación **(3G),** videollamadas y una conexión a Internet más rápida y segura. Recientemente, las redes **4G** y **5G** proporcionan mayores velocidades de conexión y una mayor calidad en las llamadas telefónicas.

19 Describe la infraestructura básica que requiere el uso de la telefonía móvil.

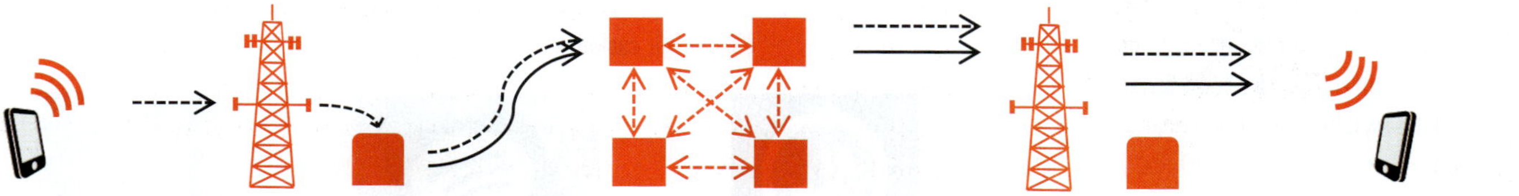

1. **Llamada** realizada por el usuario y captada por las antenas receptoras.

2. Los **nódulos** de conmutación reciben toda la información y la envían de nuevo a otras antenas.

3. **Antenas** y **estaciones base.** Las antenas envían a las estaciones bases la información o la envían a las nodos de conmutación.

4. Las antenas reciben la **información** y la envían de nuevo a los usuarios.

5. **Llamada** recibida por el usuario.

Infraestructura básica necesaria para enviar y recibir llamadas telefónicas mediante teléfonos móviles.

Observa

Tecnología y consumismo

En la evolución de la humanidad no sólo ha influido la selección natural; también ha intervenido la selección tecnológica y cultural, ya que, los grupos que desarrollaron tecnologías más eficaces cazaban más, estaban mejor alimentados y tuvieron más posibilidades de sobrevivir.

A lo largo de nuestra historia se han producido grandes revoluciones tecnológicas y culturales que han mejorado la calidad de vida de los ciudadanos: agrícola, industrial, biotecnológica, informática y de telecomunicaciones, etc. Estas grandes transformaciones han provocado el cambio de la sociedad de producción a la sociedad de consumo.

Las nuevas tecnologías has dejado de ser un medio de producción y se han convertido en mercancías. La nueva sociedad de la información fomenta el consumismo de estas tecnologías, que cambian a velocidad vertiginosa, pero solo en quienes económicamente pueden hacerlo.

La publicidad fomenta este consumo y crea estereotipos que generan exclusión hacia los que son diferentes. Estas campañas influyen especialmente en los jóvenes, que buscan su identidad en el consumo de dispositivos que en realidad no necesitan, como respuesta a la presión publicitaria que les hace sentirse excluidos socialmente por no «estar a la última».

- Valora de forma crítica la constante evolución tecnológica y el consumismo que origina en la sociedad.

Teléfonos móviles UMTS *(Universal Mobile Telecommunications Sytem)*

Son móviles de la tercera generación (tecnología 3G), que proporcionan la posibilidad de realizar videollamadas, descargar programas, tener acceso al correo electrónico e Internet.

Teléfonos móviles HSDPA *(High Speed Downlink Packet Access)*

Son móviles de la tercera generación y media, paso previo a la tecnología 3.9 G (conocida como super G) y a la tecnología 4G, la cuarta generación de telefonía móvil que utiliza la tecnología LTE *(Long Term Evolution)* de banda ancha inalámbrica para incrementar la velocidad de transferencia de datos de acceso a los diferentes servicios de Internet. La futura tecnología 5G será la sucesora de la tecnología 4G.

Descubre

Utilidades de los dispositivos móviles: aplicaciones móviles o *app*

Una **aplicación móvil** o ***app*** es un programa desarrollado para ser ejecutado en teléfonos inteligentes, tabletas u otros dispositivos móviles. Actualmente se ha popularizado su utilización. La mayoría se instalan en el dispositivo a través de una plataforma de distribución desde donde se pueden descargar de manera gratuita o efectuando un pago. Cada sistema operativo móvil tiene su propia **tienda de aplicaciones.** Algunas de las aplicaciones más descargadas y utilizadas son las siguientes:

Windows Phone

Windows phone. Plataforma de distribución de Microsoft para el sistema operativo Windows Phone. Disponible desde 2010, ya cuenta con más de 150 000 aplicaciones.

BlackBerry World

BlackBerry World. Lanzada en 2009 para dispositivos Blackberry. Actualmente están disponibles más de 100 000 *apps.*

App Store. Fue la primera plataforma de distribución de *apps* (julio 2008). Existen más de 1 000 000 de *apps* para dispositivos con iOS.

amazon apps

Amazon appstore. Es una aplicación disponible para sistemas operativos Android. Fue lanzada en 2011 y cuenta con más de 5 000 *apps.*

GET IT ON Google play

Google play. Anteriormente conocida como Android Market, fue lanzada en 2008 por Google para sistemas operativos Android. Cuenta con más de 1 000 000 aplicaciones.

Lectores de códigos QR. A través del escaneo de esta matriz de puntos se puede tener acceso a inventarios, páginas web u otra información.

Whatsapp. Es un servicio de mensajería entre usuarios.

Spotify. Proporciona acceso a música a través de Internet.

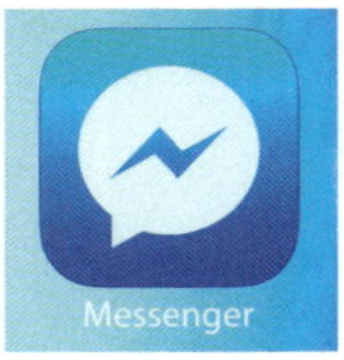

Facebook Messenger. Similar a Whatsapp desde Facebook.

PDA y tabletas electrónicas

Las PDA (*Personal Digital Assistant*) son dispositivos móviles que proporcionan al usuario una agenda, acceso a Internet, fax y teléfono, entre otros servicios. Su uso se popularizó en la década de 1990. Sin embargo, hoy en día han caído en desuso debido a la mejora de los teléfonos móviles y las tabletas electrónicas.

Las tabletas electrónicas, también denominadas *tablets* por muchas personas, es la **evolución** de los ordenadores y las PDAs en el siglo xxi. A través de grandes **pantallas táctiles** el usuario puede utilizar la interfaz gráfica del sistema operativo. La mayoría de las tabletas actuales en el mercado poseen una pantalla de entre 7 y 12 pulgadas, aunque en poco tiempo ampliarán su tamaño.

Muchas de ellas pueden utilizarse también con un teclado físico conectado al dispositivo mediante conexión por cable o por *bluetooth*. Algunos de los últimos modelos poseen ranuras para tarjetas **micro-SIM,** lo que posibilita la conexión a Internet sin conectarse a una red externa o realizar y recibir llamadas.

La estructura física de las tabletas es similar a la de los ordenadores o los *smartphones,* puesto que están formados por una estructura rígida, una placa base donde están soldados el microprocesador, la memoria RAM, los buses y los demás dispositivos necesarios para su funcionamiento.

Las ventajas de las tabletas sobre los ordenadores son que en ellas también se pueden instalar aplicaciones y pueden así convertirse en multifuncionales. Son mucho más móviles, la autonomía de su batería es mayor, pueden utilizarse de manera cómoda como lectores de libros digitales y su precio es más reducido.

Su inconveniente radica en su potencia; a pesar de que pueden soportar el uso de *software* avanzado, algunas aplicaciones no pueden ser instaladas en ellas. Hoy en día, se están adaptando los principales paquetes ofimáticos para ser utilizados en las tabletas.

Conectividad y portabilidad. La necesidad de estar conectado y comunicado en todo momento ha obligado a diseñar dispositivos y equipos informáticos de menor tamaño y peso, es decir, más portátiles, con microprocesadores más rápidos, con gran capacidad de procesamiento y almacenamiento de información y con la posibilidad de conectarse a Internet de forma inalámbrica, mediente wifi, o bien a otros dispositivos, mediante *bluetooth.*

Navegadores GPS: geolocalización y georreferencia

GPS es la abreviatura de *Global Positioning System.* Es un sistema controlado y desarrollado por el Departamento de Defensa de EE. UU. Comenzó a desarrollarse en la década de 1970. Dispone de tres componentes que determinan la posición de un objeto con una precisión de metros:

- Conjunto de **satélites en órbita.** Actualmente existen 24 satélites en la órbita terrestre que proporcionan información al sistema. Se espera que en 2020 existan 30 satélites. Al menos 4 de ellos son visibles desde cualquier punto por encima del horizonte en cualquier lugar del planeta.
- **Estaciones** de rastreo y una estación de control principal de los satélites. Su función es actualizar las posiciones de los satélites y calibrar su órbita. Además, sincroniza sus relojes.
- **Receptor GPS.** Recibe la información en forma de señal de los satélites y la transforma en tiempo, velocidad y posición.

Se necesita recibir información de 4 satélites para poder estimar de manera precisa la posición de un objeto. Cada satélite emite una señal que es recibida por el receptor. Mediante el estudio de las cuatro señales, y accediendo a una base de datos, el dispositivo indica la posición de los satélites y la latitud y longitud exacta del receptor.

Existe otro sistema de localización, llamado **GLONASS,** administrado por el Ministerio de Defensa de la Federación Rusa, que cuenta con una constelación de 31 satélites en órbita (24 activos).

Además, la Unión Europea ha desarrollado un sistema de localización, llamado **Galileo,** cuyo uso será exclusivamente civil, a diferencia de sus homólogos GPS y GLONASS. Está formado por una red de 30 satélites situados en órbitas terrestres, ligeramente más inclinadas hacia los polos, por lo que sus datos son más precisos en las regiones polares.

Esquema del funcionamiento del GPS. Se necesitan al menos cuatro satélites alineados para establecer de forma muy precisa la posición geográfica, tanto de objetos como de fenómenos, sobre cualquier lugar de la superficie terrestre, en cualquier momento.

20 ¿Cómo se determina la posición de un objeto en la superficie terrestre mediante el sistema GPS?

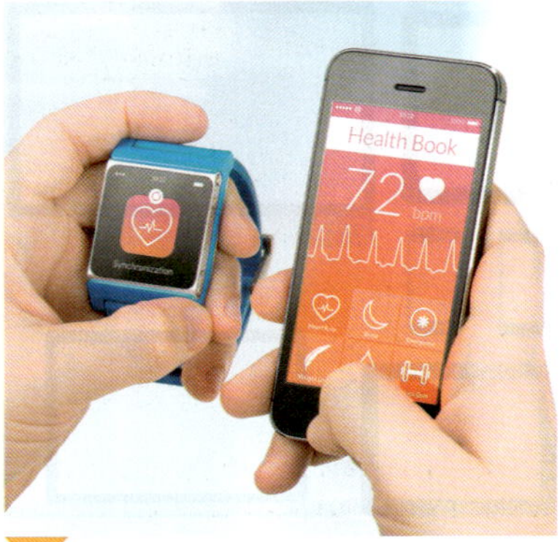

Relojes inteligentes y salud. Gracias a ellos se pueden tener controladas y registradas muchas variables relacionadas con la salud de una persona. Por ejemplo, su frecuencia cardíaca.

Relojes inteligentes

Un **reloj inteligente** es un reloj de pulsera evolucionado que proporciona al usuario servicios comparables a una PDA, un *smartphone* o, incluso, una tableta electrónica.

Los primeros modelos de relojes inteligentes podían realizar traducciones, ejecutar juegos o realizar cálculos matemáticos. Los últimos modelos de estos dispositivos, a pesar de que son mucho más evolucionados, aún no son tan inteligentes como parece. La mayoría de ellos podrían definirse como periféricos de los *smartphones* puesto que los utilizan para realizar casi todas sus tareas.

Debido a su pequeño tamaño y al contacto con el usuario de manera permanente, ofrecen enormes posibilidades en el ámbito médico y deportivo para controlar la salud de la persona que lo utiliza.

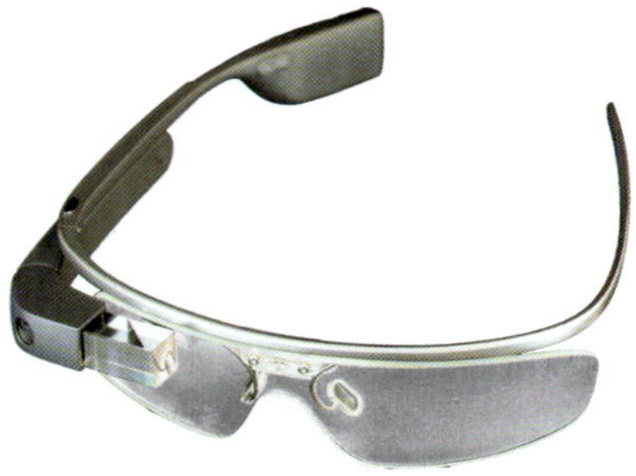

Google Glass. El prisma refleja en la retina la información mostrada por la pantalla y el cerebro superpone ambas imágenes (virtual y real).

Gafas Google Glass

Las gafas Google Glass son unas gafas de realidad aumentada (superposición de información virtual sobre elementos reales que usan un dispositivo electrónico) desarrolladas por Google. Tiene forma de gafas de ver sin cristales y poseen una pequeña pantalla transparente en el marco superior derecho de la montura.

A pesar de su pequeño tamaño tienen una cámara de fotos de 5 megapixeles, micrófono, acelerómetro y conectividad inalámbrica.

Están ideadas para ser un periférico de *smartphone* y se puede interactuar con ellas a través de la voz o mediante la superficie táctil de su montura. Posibilitan la instalación de distintas aplicaciones y permiten conectarse a Internet a través de la red del móvil o por wifi, realizar videos, tomar fotos, comprobar el correo electrónico, tener acceso a una agenda de contactos o consultar aplicaciones de mapas.

Xbox One. La industria del ocio digital se ha convertido en un gran negocio. Actualmente están en el mercado la octava generación de videoconsolas (la primera generación fue lanzada el mercado en 1972).

Reproductores multimedia

Los reproductores multimedia son dispositivos portátiles que almacenan, organizan y reproducen archivos de imágenes, video y audio. La mayoría de los reproductores soportan el formato de audio MP3, MP4, WMA, AAC o WAV.

Además, poseen pantallas LCD u OLED para reproducir imágenes fijas (JPEG, GIF, PNG o TIFF) y videos (MPEG-4, WMV o AVI). Muchos de ellos también tienen función de radio, grabadora de voz, cámara de fotos y conexión inalámbrica.

Se pueden clasificar en dos tipos en función del modo en el que almacenan los archivos:

- **Reproductores con discos duros integrados.** Estos dispositivos tienen una gran capacidad de almacenamiento, desde varios GB hasta TB.
- **Reproductores basados en memorias *flash*.** Almacenan los archivos digitales en memorias externas, como por ejemplo tarjetas de memoria. Normalmente poseen una capacidad de almacenamiento menor que aquellos con discos duros.

Videoconsolas

Una videoconsola es un dispositivo electrónico diseñado para el entretenimiento interactivo de los usuarios. Las primeras generaciones de videoconsolas fueron desarrolladas para reproducir el contenido de cartuchos mientras que las últimas pueden reproducir datos contenidos en discos ópticos, discos duros, memorias *flash* o paquetes de datos descargados de Internet.

Además, actualmente reproducen videojuegos, imágenes y video e incluso pueden instalarse distintas aplicaciones para realizar videollamadas o alquilar películas en videoclubs virtuales.

5 Software

El *software* es la parte lógica e intangible del ordenador, constituido por un conjunto de instrucciones programadas que hacen funcionar al *hardware* y permiten la relación entre el usuario y su ordenador y entre diferentes ordenadores. Sin este componente, la parte *hardware* es un objeto inerte.

Se denomina ***software*** al conjunto de programas o instrucciones escritas en un código entendible por el ordenador (lenguaje máquina) que, ejecutadas en el orden adecuado, manejan los datos y los recursos *hardware* que tiene el ordenador para llevar a cabo el trabajo que le es encomendado.

Existen distintos tipos de *software*, dependiendo de su funcionalidad, y se pueden dividir en tres grandes grupos: *software* de sistema, de programación y de aplicación.

Sistema operativo. Una de sus tareas consiste en poner en comunicación a los distintos componentes del *hardware* cuando el usuario lo requiera como, por ejemplo, el disco duro con la impresora cuando se va a imprimir un documento.

5.1 *Software* de sistema

Es un conjunto de programas cuya función consiste en proporcionar un entorno para controlar el *hardware*, interactuar con el sistema informático y dar soporte a sus programas. Comprende, entre otros, al sistema operativo, el *firmware*, los controladores y los programas utilitarios.

- ***Firmware.*** Es un conjunto de instrucciones, localizadas generalmente en una memoria ROM, que permiten controlar y diagnosticar el funcionamiento de los componentes electrónicos de un dispositivo del *hardware* y su interacción con el resto de componentes del equipo. Uno de los *firmwares* más conocidos es el *software* del programa BIOS.
- **Controlador de dispositivo (*driver*).** Es un manual de instrucciones que permite al sistema operativo reconocer a un periférico y le indica cómo debe controlar y comunicarse con dicho dispositivo en particular. Este *software* es imprescindible para que el ordenador pueda «entenderse» con los periféricos que tiene instalados.
- **Programas utilitarios.** Son un conjunto de herramientas y utilidades de apoyo que permiten resolver problemas específicos, además de realizar tareas para optimizar y mantener el equipo.
- **Sistema operativo.** Es el *software* más importante que tiene el ordenador y se encarga de administrar y controlar los recursos *hardware* y hacerlos accesibles al usuario. Actúa de intermediario entre éste, las aplicaciones y el *hardware*, de forma que el usuario pueda manejar los recursos del *hardware* y del *software* de manera sencilla y segura. Destacan los sistemas operativos Windows, de Microsoft, y Mac OS X, de Apple. Todos ellos, en sus diferentes versiones, llevan a cabo las siguientes funciones del sistema operativo:
  - Configura un entorno amigable o interfaz que permite al usuario comunicarse con el ordenador y utilizar las aplicaciones y los periféricos de forma sencilla. La **interfaz gráfica de usuario** utiliza representaciones visuales (iconos), ventanas y cuadros de diálogo que pueden activarse mediante el teclado, con el ratón o con el tacto (en las pantallas táctiles) y permiten elegir comandos, ver listas de archivos o los elementos de un menú, por ejemplo.
  - Coordina y manipula el *hardware* del ordenador, como la memoria, la impresora, las unidades de disco, el teclado o el ratón, y configura el entorno para el uso de los periféricos a través de la instalación o actualización de sus ***drivers;*** además, se encarga de la gestión de errores que pueda producir el *hardware* y de las pérdidas de datos y de información.
  - Controla y ejecuta los programas de aplicación y gestiona el sistema de archivos en los diversos medios instalados en el ordenador: discos magnéticos, ópticos y memorias *flash*.

Apple y Microsoft. Una de las principales características de Apple es que sus sistemas operativos están desarrollados para ser ejecutados únicamente en el *hardware* diseñado por la misma empresa (1). En cambio, los sistemas operativos de Microsoft pueden ser utilizados en ordenadores de diversas marcas (2).

21 ¿Qué se entiende por *software* de sistema? ¿Cuáles son los principales tipos de sistemas que comprende?

22 ¿Qué es una interfaz o entorno amigable?

Sistemas operativos de Windows. La interfaz gráfica de calidad y fácil manejo y el sistema de iconos y ventanas ha hecho de los sistemas Windows de Microsoft un estándar.

Sistemas operativos para PC

Están diseñados para los ordenadores y entre ellos destaca **Windows,** que en sus distintas versiones se ha convertido en un estándar. Fue desarrollado por Microsoft, a partir de Windows 3.1, para facilitar el manejo del sistema MS-DOS. Windows XP fue uno de los sistemas más utilizados, al que le siguieron nuevas versiones (Windows Vista, Windows 7, Windows 8, Windows 10, etc.).

Otros sistemas operativos son **Unix** (en versiones Solaris, AIX, A/UX, IRIX, HP/UX, etc.), desarrollado por los laboratorios Bell y las diferentes versiones de **Mac OS X** (10.0 Cheetah, 10.1 Puma, 10.2 Jaguar, 10.3 Panther, 10.4 Tiger, 10.5 Leopard, 10.6 Snow Leopard, 10.7 Lion, 10.8 Mountain Lion, 10.9 Mavericks, 10.10 Yosemite, etc.), creados por Apple para sus ordenadores Macintosh. Una alternativa a estos sistemas de pago es **GNU/Linux,** un sistema operativo de *software* libre.

Sistemas operativos para dispositivos móviles

Están diseñados para dispositivos móviles, especialmente teléfonos inteligentes (*smartphones*) y tabletas (*tablets computer).* Entre ellos destacan **Android,** diseñado por Google; **iOS,** diseñado por Apple para iPhone, iPod e iPad; **Symbian,** producto de la alianza de varias empresas de telefonía móvil; **BlackBerry OS,** desarrollado para dispositivos BlackBerry; y **Windows Phone,** de Microsoft.

Historia de la ciencia

Sistema operativo GNU/Linux

***Software* libre.** Son programas que se pueden usar, escribir, modificar y redistribuir gratuitamente.

Iniciativa para el Código Abierto *(Open Source Initiative).* Es una organización dedicada a la promoción del código abierto, que consiste en ofrecer el código fuente de un *software* (las instrucciones que debe seguir el ordenador, escritas en un lenguaje de programación, para ejecutar dicho programa). De esta manera, los programadores pueden modificar y mejorar dicho *software* y los usuarios pueden adaptarlo a sus necesidades.

Linux es el resultado de la colaboración entre programadores de todo el mundo y muestra cómo un colectivo puede hacer frente a una gran compañía, como Microsoft, y romper su monopolio hegemónico.

Este es el primer ejemplo de colaboración entre programadores independientes que ha salido adelante con realizaciones prácticas importantes. Los avances en comunicaciones, particularmente Internet, es lo que ha hecho posible que este tipo de iniciativas sea posible.

Linux es un sistema de *software* libre, lo que quiere decir que no se necesita licencia para utilizarlo. Este concepto nació en la década de los 80 cuando varios programadores se unieron en el proyecto GNU (*GNU is not Unix,* acrónimo recursivo), que consistía en desarrollar un sistema operativo que pudiera ser utilizado sin licencia.

El sistema se fue construyendo a partir de las aportaciones de programadores independientes y empresas interesadas en su desarrollo, que liberaron el código fuente de sus programas para que otros programadores pudieran estudiarlo y mejorarlo.

El proyecto GNU desarrolló muchas partes del sistema operativo, pero faltaba el núcleo base del sistema, que además tendría que ser compatible con Unix, un sistema orientado a ordenadores profesionales muy utilizado en esa época.

En 1991, Linux Torvals desarrollo un núcleo operativo basado en el estudio del sistema Unix y liberó su código fuente. El proyecto GNU, adoptó el núcleo de Linux Torvals y le unió el *software* que se había desarrollado hasta el momento. De esta forma nació el sistema operativo **Linux,** aunque algunos prefieren llamarlo **GNU/Linux.**

Las distintas versiones de Linux se llaman **distribuciones.** Al ser un *software* libre cualquiera puede bajar su código de Internet, compilarlo y ejecutarlo libremente. Sin embargo, compilar el sistema completo es una tarea para verdaderos expertos, por lo que hay varias empresas que lo compilan y añaden accesorios y soporte técnico. El resultado es una distribución que se vende como paquete de *software.* Las distribuciones cobran el trabajo de compilación y el soporte técnico, no la licencia, resultando un sistema más barato.

Las distribuciones más conocidas son Ubuntu, SUSE, Debian, Fedora, ICABIAN (Madrid), Guadalinex (Andalucía), Lliurex (Comunidad Valenciana), Molinux (Castilla la Mancha), Colembutu (Aragón), GnuLinEx (Extremadura), Asturix (Asturias), etc.

5.2 *Software* de programación

Permite al informático escribir programas para tareas concretas, mediante la utilización de diferentes tipos de lenguajes de programación, que introducen las órdenes y las instrucciones precisas en código máquina, para que el ordenador las pueda entender, y le indican la tarea que debe realizar y cómo efectuarla. Este tipo de *software* incluye, entre otros, editores de texto, **compiladores** (traducen de un lenguaje informático a otro diferente) y **depuradores** (herramientas para probar y mejorar otro *software*).

5.3 *Software* de aplicación

Estos programas se cargan sobre el sistema operativo y adaptan el funcionamiento del ordenador para que el usuario pueda realizar tareas específicas, que pueden ser aplicaciones ofimáticas, *software* especializado científico, médico, educativo..., programas de contabilidad, de reproducción de música y video, de tratamiento de imágenes, navegadores web, etc.

Los paquetes ofimáticos, denominados ***suites***, son unas de las aplicaciones más utilizadas por los usuarios. Se ofrecen como un paquete único y suelen contener un procesador de texto, una hoja de cálculo, un programa de presentación multimedia, un programa de gestión de base de datos, etc., como Office, de Microsoft; iWork, de Apple y Open Office, que es una *suite* gratuita de código abierto.

Principales funciones de los paquetes ofimáticos más utilizados

- **Procesadores de texto** (Open Office Writer, Word o Pages). Son un tipo de *software* con el que se pueden crear y modificar documentos escritos. Estas aplicaciones permiten editar textos a través de distintos iconos en la interfaz gráfica de la aplicación. También se pueden insertar imágenes, ecuaciones, símbolos, texto artístico, distribuir texto alrededor de un objeto, etc. Los trabajos realizados pueden ser guardados en forma de archivos (llamados documentos), con distintos formatos (word, pdf, etc.) o bien pueden ser impresos.

- **Presentaciones multimedia** (OpenOffice Impress, Power Point, Prezi o Keynote). Permiten crear y modificar textos en cada una de las diapositivas de la presentación, así como insertar fotos, dibujos, videos, etc. Además, se pueden añadir distintos tipos de efectos: de transición entre diapositivas, en el texto escrito o en las imágenes insertadas. Se debe cuidar el formato de las diapositivas, en función del objetivo de la presentación; normalmente para el ámbito académico se suelen utilizar fondos claros con letras oscuras con el fin de que se visualicen desde cierta distancia.

- **Hojas de cálculo** (OpenOffice Calc, Excel o Numbers). Son aplicaciones que permiten trabajar con datos alfanuméricos en una tabla dividida en celdas, mediante filas y columnas, de manera que la posición de cada celda está definida por la intersección de la columna y la fila a la que pertenece. Las columnas responden a letras del alfabeto (A, B, C, etc.) y las filas a números (1, 2, 3, etc.). De manera similar al procesador de texto, se puede editar el texto conforme a las necesidades. Pero lo más útil de este *software* es la posibilidad de aplicar fórmulas matemáticas y combinar resultados entre celdas, así como dibujar distintos tipos de gráficas. Para ello, se dispone de una lista con una gran variedad de fórmulas y, si se necesita emplear alguna que no existe, se puede introducir manualmente.

23 ¿Cuál es la principal diferencia entre el *software* de aplicación y de programación? ¿A qué tipo de usuario final está dirigido cada uno de ellos?

24 ¿Qué es el sistema operativo GNU/Linux? ¿En qué se diferencia de otros sistemas operativos?

Observa

Cómo se realiza un programa

Se escribe el código fuente, que es un conjunto de instrucciones escritas en un lenguaje de programación (Pascal, C, Java, COBOL, etc.). Pero este programa original no puede ser ejecutado por el ordenador. Necesita que el compilador lo traduzca a lenguaje binario, entendible por la máquina, para que se pueda ejecutar en el ordenador. Ese código ejecutable se llama código objeto.

***Freeware* y *shareware*.** Los programas de aplicación *freeware* son de libre disposición y gratuitos, mientras que los programas *shareware* son aquellos que hay que comprar tras un período de prueba.

Observa

Intranet

Es una red desarrollada por organizaciones privadas que utiliza el mismo protocolo que Internet, pero solo es accesible para los miembros acreditados de esa organización, que pueden acceder fácilmente a los servicios y a los recursos almacenados en la red.

Así, por ejemplo, una intranet docente de una universidad permite el acceso a los recursos y servicios que ofrecen las distintas facultades y escuelas solo para los alumnos y profesores que integran la comunidad universitaria.

6 Redes informáticas: comunicación entre ordenadores

Una **red informática** es un conjunto de ordenadores o dispositivos móviles unidos por un sistema de comunicación, por cable o por conexión inalámbrica, que comparten información y recursos.

Las redes informáticas pueden clasificarse teniendo en cuenta diversos criterios. En función de su alcance geográfico pueden ser de tres tipos: locales, metropolitanas o de áreas extensas.

- **Redes locales o LAN** (*Local Area Networks*). Son redes en las que sus terminales están distribuidos en un lugar relativamente pequeño y definido, como una casa o edificios próximos.
- **Redes metropolitanas** o **MAN** (*Metropolitan Area Networks*). Son redes de alta velocidad que conectan dispositivos en una zona geográfica extensa como una ciudad y sus alrededores.
- **Redes de áreas extensas** o **WAN** (*Wide Area Networks*). Pueden conectar grandes distancias. Un ejemplo de red WLAN son las redes utilizadas por las compañías telefónicas.

Para que los distintos dispositivos puedan comunicarse entre sí deben cumplir una serie de normas y procedimientos. Estos se denominan **protocolos**, como el TCP/IP, HTTP o FTP.

6.1 Componentes físicos necesarios para conectarse a una red informática

Cada ordenador o dispositivo informático es una unidad autónoma e independiente que **necesita** una serie de **componentes físicos** para poder **intercambiar información** con **otros**, es decir, para conectarse y hacer operativa una red informática. Además, determinan la velocidad de la red. Todas las unidades deben poseer previamente el ***software* de red** necesario.

- **Tarjeta de red.** Es un tipo de tarjeta de expansión y se identifica por un número denominado MAC, que proporciona una identificación única a cada dispositivo conectado mediante cable o de manera inalámbrica. La tarjeta define el método de acceso a la red y viene determinado por un estándar que describe las normas para enviar y recibir información a través de la red.

  Este protocolo viene implementado en el *driver* de la tarjeta y el más utilizado actualmente en una red LAN de área local es el **Ethernet** en sus distintas variantes, también conocido como estándar IEEE 802.3. Es el estándar más popular porque permite un buen equilibrio entre velocidad, costo y facilidad de instalación.

- **Cableado.** Es el conjunto de hilos que conectan los distintos dispositivos que forman una red para trasmitir bits de un lugar a otro. Existen varios tipos de cables y cada uno de ellos presenta unas características distintas.
  - **Fibra óptica.** A pesar de que es cara, la velocidad de transmisión alcanzada puede ser muy alta. Está compuesta por fibras de vidrio, con un tamaño de micras, que transportan la información a través de pulsos de luz a gran velocidad. Las fibras de vidrio están rodeadas por fibras de *Kevlar* y plástico. El cableado necesita dos cables ya que solo pueden transmitir información en un sentido. Se necesarios conectores especiales ST de fibra óptica para poder realizar la conexión entre unidades.
  - **Cable UTP.** Está formado por cuatro pares de hilos trenzados dos a dos. Una vez trenzados están protegidos por una camisa de plástico. Es más económico que la fibra óptica, pero también alcanza una velocidad de transmisión de datos menor. Se necesitan conectores RJ-45 para utilizarlos.

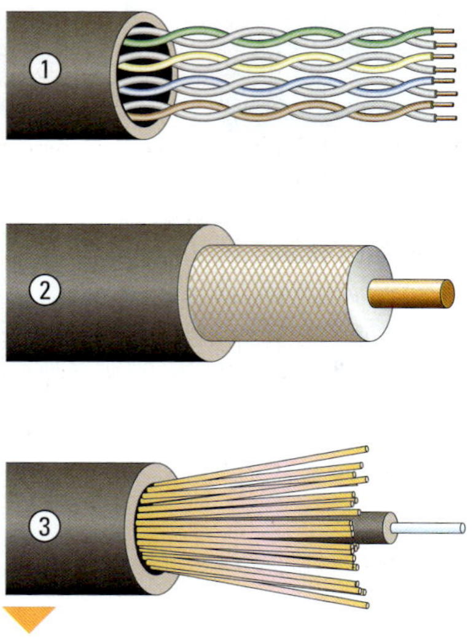

Distintos tipos de cables. UTP (1), coaxial (2) y fibra óptica (3).

- **Cableado coaxial.** Está constituido por un cable central, que es conductor, rodeado por una malla de cobre que a su vez está envuelta por plástico. Es barato y permite alcanzar velocidades intermedias de conexión. Para poder realizar la conexión entre unidades es necesario utilizar conectores BNC.

- **Concentrador o *hub*.** Es un dispositivo pasivo que permite **centralizar** el cableado de una red y ampliarla. Es decir, recibe cables de distintos ordenadores y las repite en todas las conexiones restantes. Actualmente han sido sustituidos por los conmutadores o *switch*, puesto que son capaces de identificar de manera individual cada ordenador.

- ***Router* o enrutador.** Es un dispositivo que se utiliza para **conectar redes** de distinto tipo, por ejemplo una red LAN a una red global (Internet) o distintas subredes entre sí. Como puede unir dispositivos conectados a distintas redes es el encargado de enviar información de unas a otras por la ruta más adecuada para interconectarlos entre sí. Para ello, el *router* lee la dirección del dispositivo con el que se quiere conectar y lanza la petición a la red global o a otra red local.

- **Redes inalámbricas o *wireless*.** Cuando se utilizan este tipo de comunicaciones los dispositivos conectados no se encuentran unidos por un medio físico, sino que se unen a través de ondas electromagnéticas (de radio, microondas, infrarrojos, etc.).

  Las más habituales emplean ondas de radio, como las redes *Bluetooth*, o microondas, como las redes wifi (generalmente utiliza la banda de frecuencias de 2,4GHz). Algunos ejemplos de utilización de esta tecnología son los teléfonos móviles, los GPS y los periféricos de ordenador más modernos, entre los que se encuentran los *routers* inalámbricos.

  Entre las principales ventajas de las redes inalámbricas está su bajo costo, ya que se elimina el cable Ethernet y el cableado entre nodos, y que favorece la accesibilidad de los usuarios a la red (como, por ejemplo, Internet); pero también tiene desventajas, ya que debe habilitar un potente sistema de seguridad para evitar a los intrusos y puede haber interferencias.

¿Lo sabías?

¿Wi-Fi o *wifi*?

Wi-Fi no es la abreviatura de *Wireless Fidelity*, simplemente es un nombre comercial de Wi-Fi Alliance, una asociación comercial que promueve la tecnología Wi-Fi. En la 23.ª edición del Diccionario de la Real Lengua Española el término wifi ya aparece reflejado.

25 ¿Qué redes informáticas conoces? ¿Cuáles son sus características?

26 Si pudieras elegir el cableado de una red local, ¿cuál sería y por qué?

27 ¿En qué consisten las redes inalámbricas? ¿Cuáles son los principales tipos?

28 ¿Qué función desempeña la tarjeta de red?

29 ¿Qué es una intranet? ¿Para qué se utiliza?

Un vistazo hacia atrás...

Respuestas para algunos interrogantes

Los dispositivos son cada vez más portátiles y accesibles. Hace años los ordenadores más potentes ocupaban varias habitaciones y pesaban toneladas, hoy en día un dispositivo del tamaño de un folio y con un peso menor a 500 g les supera con creces en potencia.

El desarrollo de los microprocesadores se orienta al paralelismo: varios dispositivos colaboran para hacer un conjunto global más potente, con menor frecuencia de reloj.

Debido al aumento de potencia de los dispositivos se puede utilizar cada vez *software* más evolucionado.

El desarrollo de los ordenadores personales y de los dispositivos móviles, unidos a la creación de Internet, ha supuesto un cambio tecnológico y social solo comparable a la invención de la imprenta moderna.

Una mirada hacia delante...

Nuevos retos de la ciencia

¿Cuál será el futuro de los dispositivos móviles? ¿Serán sustituidos por chips integrados en nuestros cuerpos?

¿El sistema binario actual será sustituido por otro sistema de codificación que no se limite a 0 y 1?

¿Los ordenadores del futuro se basarán en la mecánica cuántica, en dispositivos ópticos de computación con capacidad para transportar información a la velocidad de la luz, o bien en el ADN o en la neuroelectrónica, mediante la utilización de neurochips en los que trabajen de manera conjunta microchips y neuronas?

¿Estarán provistos de periféricos y *software* con los que sean capaces de utilizar los cinco sentidos de los humanos?

¿Podrán transmitirnos la misma sensación que sentimos cuando tocamos un objeto y notamos el material con el que ha sido creado?

Recuperación de datos eliminados de un disco duro externo o de una memoria *flash*

Un disco duro es una memoria de almacenamiento volátil, a pesar de que los datos se registran de manera permanente. Si omitimos el análisis de *software* que utiliza para funcionar y nos centramos en el *hardware*, está formado por varios platos que giran sobre un eje.

Estos platos tienen una cara en la que se pueden escribir y leer datos. Todos están unidos a un brazo que puede moverse a lo largo de todo el plato. Físicamente se aproxima a un tocadiscos. Cada plato está dividido en círculos. Estos círculos son concéntricos y se llaman pistas. Las pistas poseen una capa de óxido que permite el almacenamiento de la información. Como ya sabes, únicamente se pueden almacenar los datos en código binario, es decir en forma de ceros o de unos.

Por ello, cada bit se guarda con una carga magnética en la pista. Esta carga es negativa o positiva. Cuando se borran los archivos, si no se sobrescribe sobre ella, puede ser posible recuperarla.

Estructura física de un disco duro. Los datos no tienen por qué almacenarse de manera consecutiva y los archivos pueden estar fragmentados a lo largo de las pistas.

Material necesario

- Ordenador.
- Disco duro externo/memoria *flash*.
- Conexión a Internet.
- Un editor de texto.
- Una fotografía en formato jpeg.
- Un navegador.
- Un programa de recuperación de datos.

Procedimiento

Roy Batty es un *replicante,* ser que imita a las personas en su físico y comportamiento, protagonista de la película titulada Blade Runner y dirigida por Ridley Scott en 1982.

Abre el editor de texto y copia el siguiente monólogo en el que el Roy expone sus sentimientos antes de morir:

«I have seen things you people wouldn´t believe. Attack ships on fire off the shoulder of Orion. I watched c-beams glitter in the dark near the Tannhäusr Gate. All those moments will be lost in time, like tears in rain. Time to die».

Abre el navegador de Internet y ve a google traductor (translate.google.es). Tradúcelo al castellano y cópialo debajo del texto original. Guarda este archivo con el nombre que quieras. Ahora, entra en www.youtube.com y busca las palabras clave: «Como lágrimas en la lluvia Blade Runner». Abre uno de los videos que has obtenido en esta búsqueda y escucha la versión en castellano del monólogo.

Copia el archivo de texto anteriormente creado y la fotografía en formato jpeg en el disco duro externo o memoria *flash*. Ahora elimina ambos archivos. Vacía también la papelera de reciclaje.

Busca en Internet programas gratuitos de recuperación de archivos como, por ejemplo, Recuva, Pandora Recovery, MiniTool Power Data Recovery o Undelete 360. Descarga al menos dos de ellos e instálalos.

Aplica el procedimiento

Una vez instalados sigue los pasos que te indica el programa para recuperar los archivos.

- ¿Es similar la traducción al castellano del traductor que el texto de la versión que has visto en video?
- ¿En ambos programas has podido rescatar los dos archivos? ¿Los archivos recuperados tienen las mismas características que los originales? (Tamaño del archivo, tipo de letra en el documento, calidad de la imagen…)
- Usando el procesador de texto realiza una tabla en la que compares las características de los programas que has utilizado y el resultado final obtenido.
- ¿Habitualmente realizas copias de seguridad de tus archivos? ¿Crees que es necesario tener una copia de respaldo de tus archivos digitales? ¿Por qué?

30 Busca información sobre la historia del ordenador y describe las características de los primeros prototipos y cómo han evolucionado hasta los modelos actuales, en términos de tamaño, capacidad de proceso y almacenamiento, conectividad y portabilidad.

31 Describe las características de una cámara fotográfica analógica y de otra digital y compara las prestaciones de cada una de ellas.

32 Calcula qué número del sistema decimal está representado por los siguientes números binarios:

10110

11011110

110100000101

11011110100101

33 ¿Cuántas canciones, aproximadamente, caben en un reproductor de música de 10 GB de capacidad? ¿La frecuencia de muestreo interviene en el tamaño final de un archivo musical?

34 Imagina que la siguiente matriz representa a un sensor de un escáner. Acabas de escanear una imagen en blanco y negro. ¿Qué representa la imagen?

1	0	1	0	1	1	1	0	1	0	0	0	1	1	1
1	0	1	0	1	0	1	0	1	0	0	0	1	0	1
1	1	1	0	1	0	1	0	1	0	0	0	1	1	1
1	0	1	0	1	0	1	0	1	0	0	0	1	0	1
1	0	1	0	1	1	1	0	1	1	1	0	1	0	1

35 ¿Puede existir una red de ordenadores sin que exista un cableado físico que una cada terminal?

36 En una imagen digital en blanco y negro cada píxel está representado por un bit. Copia en tu cuaderno esta matriz de celdas y asigna los valores 0 y 1 a los píxeles para que formen la primera letra de tu nombre, de forma similar al ejemplo de la siguiente figura.

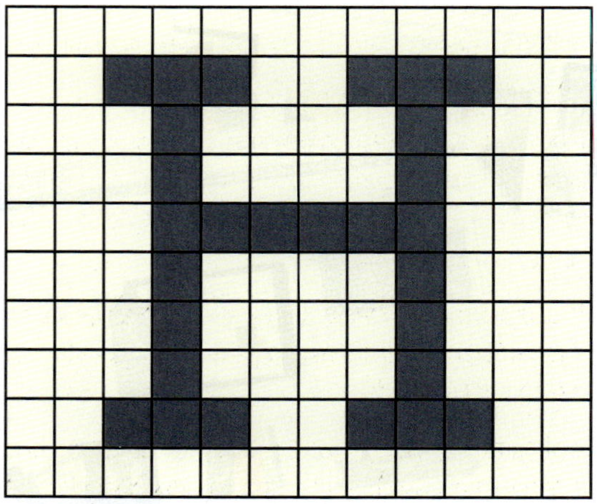

37 Transforma en codificación binaria los siguientes números del sistema decimeal: 2, 10, 20 y 25.

38 Las autoridades sanitarias advierten que una de las principales causas del incremento del sedentarismo puede ser el uso de las nuevas tecnologías. Realiza una encuesta entre tus compañeros informándote de las horas por semana que dedican a realizar actividad física y a utilizar los dispositivos móviles.

Confecciona un diagrama de barras con la media de las horas de cada una de ellas. ¿Hay diferencias? Para calcular la media de las horas y realizar la representación gráfica puedes utilizar una hoja de cálculo. Presenta tu trabajo a tu profesor en un archivo realizado con un procesador de texto.

39 Busca información sobre el sistema de localización Europeo Galileo y realiza un pequeño informe con sus características. ¿En qué se parece y en qué se diferencia al sistema GPS? ¿Conoces algún otro sistema localización existente o en proceso de desarrollo?

40 Pregunta a un familiar o amigo que utiliza habitualmente en su trabajo el ordenador por el *software* que más utiliza y para qué sirve. Clasifícalos según el tipo de *software*.

41 Suponiendo que la siguiente figura es la representación de una señal analógica:

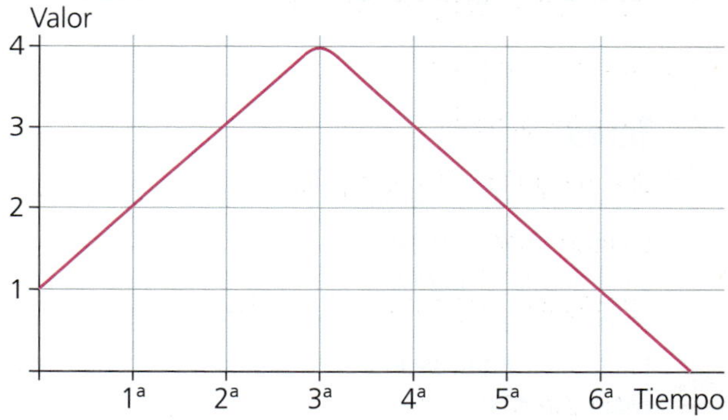

a) Calcula la salida en sistema binario que generaría un conversor ADC que recibiese como entrada esta señal.

b) Si aumentáramos la frecuencia de muestreo, es decir, redujéramos el intervalo de muestra, ¿qué efecto tendría en el tamaño de la representación binaria de la señal?

42 Existe alguna relación entre los ordenadores, los *drivers* y los periféricos?

43 ¿Cuáles son los sistemas operativos móviles que se utilizan en los *smarthpones*?

44 ¿Qué funciones tienen los periféricos de salida? ¿Cuáles son los más utilizados?

DEBATE Y OPINA

Los problemas del desarrollo tecnológico: la piratería

La antigua Ley de la Propiedad Intelectual consagraba el llamado canon digital, según el cual los usuarios debían pagar un sobreprecio en las compras de los dispositivos y elementos tecnológicos que pudieran utilizarse para almacenar música o video susceptible de haber sido copiado de manera ilegal, como los DVD, lo que originó un álgido debate sobre los aspectos legales de la protección de los derechos de autor.

Por una lado, los autores de música o de cine reclamaban una compensación por las pérdidas, según ellos causadas por la utilización de sus productos sin permiso. Por otro, las asociaciones de consumidores y gran parte de la opinión pública consideraban el canon un abuso, al presuponer que la compra de cualquier medio de almacenamiento iba a dedicarse a la copia ilegal.

Esto suponía, de hecho, que cualquier persona que comprara uno de estos soportes tenía la intención de cometer un delito, y de hecho se le sancionaba por ello con un sobreprecio, aunque después no cometiera ese delito.

Las asociaciones gestoras de los derechos de autor (AIE, ASIGE, CEDRO, DAMA, EGEDA, SGAE, VEGAP), de las cuales SGAE es la más conocida, argumentaban que no podía haber producción cultural en una sociedad que no protegía los derechos de los creadores.

La opinión pública se quejaba del secretismo con que las asociaciones gestoras se organizaban internamente. Además, muchos de los directivos de SGAE fueron imputados por apropiación indebida, situación que se agravó por el hecho de que la gestión del dinero, según algunos, era demasiado opaca.

En marzo de 2011, la Audiencia Nacional anuló la orden que regulaba el canon digital y, en diciembre de este mismo año, el canon fue definitivamente derogado por el Congreso de los Diputados, siendo reemplazado por un nuevo pago esta vez a cargo del Estado.

- ¿Crees que puede existir producción cultural en una sociedad donde los derechos del autor no son respetados? Busca información sobre la protección de los derechos de autor y la piratería. Elabora un informe y defiende en público tus conclusiones.

WebQuest

Tarea

Busca, analiza, selecciona y contrasta información. Redacta y presenta un trabajo sobre las características de las tabletas electrónicas. Realiza una presentación en formato PowerPoint/Impress en la que se incluyan animaciones, secuencias de video, fotografías, gráficos, etc. Utiliza tanto los soportes tradicionales como Internet.

Proceso

Busca en Internet información sobre estos temas:

- Nombre del dispositivo.
- Sistema operativo instalado.
- Memorias de almacenamiento.
- Procesador.
- Tipo de pantalla.
- Tamaño de la pantalla.
- Conexiones inalámbricas.
- Precio de lanzamiento al mercado.
- Duración aproximada de la batería.

Recursos

www.microsoft.com/spain/

http://store.apple.com/es

http://www8.hp.com/es/es/home.html

6 Internet y las TIC: un mundo interconectado

1. Internet: red de redes.
2. Principales servicios de Internet.
3. Internet: un arma de doble filo.
4. Tecnologías de la información y la comunicación (TIC).
5. La sociedad de la información y del conocimiento.
6. TIC: multimedia, *mass media* digitales y telemática.
7. Las TIC en la educación.

La afirmación de Negroponte es simple y radical: «el mundo ha cambiado. Ya no es una textura de átomos, sino de bits. Este es el punto de partida de una revolución cuyo alcance tan solo estamos empezando a atisbar».

Joaquín M.ª Aguirre
www.ucm.es

Direcciones IP.

Dirección IPv4. Está formada por 4 grupos de números, separados por puntos. Cada uno de los números puede tomar valores entre 0 y 255. Por ejemplo, una dirección IPv4 puede ser: 192.168.0.255.

Dirección IPv6. Se representa mediante ocho grupos de cuatro dígitos separados mediante dos puntos (:). Cada uno de los grupos consta de cuatro caracteres alfanuméricos (números, letras o ambos), desde 0000 hasta FFFF (los ceros iniciales de cada grupo pueden omitirse). Por ejemplo, una dirección IPv6 puede ser: 2001:0db8:85a3:0000:0000:8a2e:0370:7334

1 Internet: red de redes

Internet significa literalmente interconexión de redes *(Interconnection Network).* Es una red mundial de redes de ordenadores o red global de dispositivos permanentemente encendidos y enlazados a lo largo del globo terráqueo. Pero no es una red típica, ya que, a su vez, cada red que la conforma es independiente y autónoma: puede ser pública o privada y su actividad puede estar dirigida a la investigación, la educación, el comercio, el entretenimiento, etc.

Internet es una **red descentralizada** y conectada a nivel **mundial** que permite la conexión entre dispositivos y la comunicación entre ellos para compartir información y datos mediante un protocolo de comunicaciones **TCP/IP** *(Transmission Control Protocol/Internet Protocol).*

No existe un centro donde resida toda la información de Internet, ni tiene dueño, ni hay un único gestor o director, aunque cada red tienen sus propios rectores y existen varios organismos encargados de poner orden y velar por el buen funcionamiento. Los conceptos fundamentales para entender cómo funciona son los siguientes:

- **Cliente-servidor.** Internet funciona con la estrategia **cliente/servidor** lo que significa que existen ordenadores **servidores,** llamados *hosts* o anfitriones, donde residen la información de las páginas a las que se accede y la mayor parte de las aplicaciones. El resto de los ordenadores conectados, pertenecientes a los usuarios que solicitan la información, se denominan **clientes** y son capaces de hacer peticiones y acceder a los *host* gracias a un software que es el **navegador** o *browser* (Explorer de Microsoft, Google Chrome, Mozilla Firefox, etc.).

Navegadores. Google Chrome, Microsoft Explorer o Mozilla Firefox, son algunos de los más utilizados para navegar por Internet.

- **Proveedores.** Para acceder a Internet hay que integrar el ordenador del usuario en una red que esté físicamente conectada a la red Internet y esto se hace normalmente dándose de alta en un **proveedor de servicios.** Suele ser una empresa de telecomunicaciones que conecta el ordenador u otros dispositivos con la infraestructura de red de la empresa, la cual está conectada, a su vez, a la red global. Para conectarse, previamente hay que identificarse *(login)* mediante un nombre de usuario y una clave de acceso *(password).*

- **Protocolo TCP/IP.** La comunicación en Internet entre ordenadores distintos que utilizan sistemas operativos diferentes (Unix, Windows, OS/2, Linux, etc.) es posible porque todos «hablan» un mismo idioma o **protocolo de comunicaciones**, conocido por las siglas **TCP** *(Transmission Control Protocol)* e **IP** *(Internet Protocol).* Un **protocolo** es un lenguaje de reglas físicas y de funcionamiento que rigen el intercambio de información entre los ordenadores de la red y hacen posible la comunicación.

Contexto histórico

1969
El Departamento de Defensa de EE. UU. crea la red militar ARPANET.

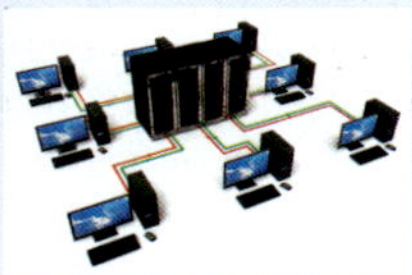

1982
Se definen los protocolos TCP/IP como protocolo subyacente para la interconexión de redes.

1983
ARPANET se divide en MILNET que contenía datos militares y en CSNET que contenía datos científicos.

1986
Nace la red NSFNET, creada por la National Science Foundation, que absorbió la CSNET y formó el origen del Internet que hoy conocemos.

1991
Tim Bernes crea la World Wide Web en el CERN, Suiza.

1992
Primera imagen en una página web.

- **TCP.** Básicamente indica cómo se deben enviar y recibir los paquetes de datos de información entre ordenadores. Por tanto, el TCP controla y dirige la información desde un emisor hasta un receptor.
- **Direcciones IP.** Los diferentes dispositivos se conectan a Internet a través de un **proveedor de acceso a Internet** el cual asigna un número único a nuestro dispositivo (tal como lo hace el DNI con las personas). Este número se llama **IP** y sirve para identificar un dispositivo de la red y distinguirlo de los demás. De no ser así, el ordenador no podría saber con qué servidor conectar para acceder a una información, y el servidor no sabría a qué ordenador enviar la información solicitada.

  El protocolo IPv4 posibilita 2^{32} direcciones de *host* diferentes, un número escaso para dar una dirección IP a cada dispositivo (ordenador, teléfono, tableta, etc.). Por esta razón, el protocolo IPv6 está diseñado para sustituirlo, ya que son posibles hasta 2^{128} direcciones.

- **Nombre de dominio.** Además de la dirección IP, existe otra forma de identificar cualquier ordenador conectado a Internet mediante su **nombre de dominio,** que es más fácil de recordar. Es un nombre alfanumérico, formado por dos o más partes separadas por puntos, que indica dominios y subdominios. Ejemplos de nombres de dominio son: wikipedia.org, google.com, microsoft.com/net, harvard.edu, mecd.gob.es, etc.

De esta manera, cuando queremos acceder a alguna información en Internet, no escribimos la dirección IP del *host* donde está esa información, sino su nombre de dominio que, a su vez, está incluido en la **dirección URL** (ver página 159). Después, los servidores **de nombre de dominio DNS** *(Domain Name Server)* de Internet se encargan de traducir los nombres de dominio a sus correspondientes direcciones IP. Los nombres de dominio también se pueden utilizar para enviar correo electrónico.

Las empresas registran sus nombres de dominio con sus propios nombres o marcas, con el fin de que sus productos y servicios puedan ser reconocidos en todo el mundo a través de la Red. Esto supone una ventaja, pues el DNS puede vincular un nombre de dominio existente a una nueva dirección IP, en el caso de que el sitio web se traslade a otro servidor *host*, por ejemplo; de esta manera el nombre de dominio permanece sin cambios.

Observa

Sufijos de los nombres de dominio

Indican el tipo de organización al que pertenece el dominio:

.com	Empresas comerciales.
.gov o .gob	Organizaciones gubernamentales.
.edu	Instituciones educativas.
.net	Organizaciones relacionadas con Internet.
.org	Organizaciones variadas.

Si el sufijo es de dos letras indica el país al que pertenece, por ejemplo:

.es	España
.uk	Reino unido
.au	Australia

1. ¿Qué es una dirección IP? ¿Qué relación tiene con el nombre de dominio?
2. ¿En qué se diferencian las direcciones IPv4 e IPv6?
3. ¿Qué indican los sufijos .net, .com, .org, .gov y .edu?

1996 Se inicia en la Universidad de Stanford un proyecto de investigación llamado BackRub que originará Google.

1999 Se lanza al público el Proyecto SETI@home.

2001 Aparece Wikipedia.

2003 Primera llamada vía Skype.

2004 Mark Zuckerberg crea TheFacebook que originará Facebook. Aparece el concepto Web 2.0.

2005 Primer vídeo subido a Youtube. Primer tweet en Twitter.

2006 Aparece por primera vez la expresión Web 3.0.

2007 Nace la televisión en Internet.

2008 Creación de Dropbox.

2011 Lanzamiento del asistente virtual de Apple: Siri.

2013 Creación del servicio de almacenamiento Mega.

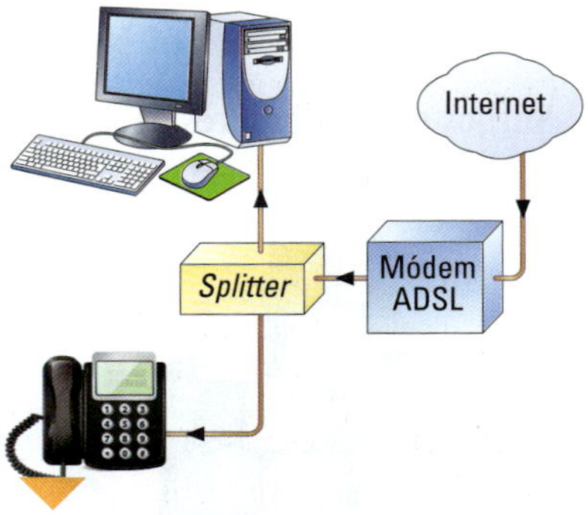

Conexión ADSL. El *splitter* separa la señal de voz de la señal de datos de alta velocidad; además esa señal necesita un módem ADSL. De esta manera, podemos hablar por teléfono al mismo tiempo que navegamos por Internet.

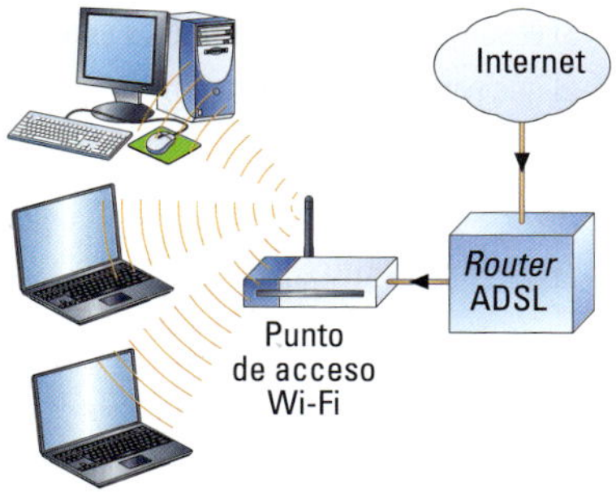

Acceso Wi-Fi. El punto de acceso recibe las señales y las repite sobre la línea que está conectada a Internet mediante una conexión ADSL, cable, etc.

1.1 Conexiones a Internet

Las conexiones a Internet son la forma de conectar el ordenador o un dispositivo móvil con la infraestructura del proveedor de servicios, que tiene ya una red conectada con el resto de las que forman Internet. Se pueden llevar a cabo de distintos modos: a través de la línea telefónica, por cable, mediante dispositivos móviles, Wi-Fi, PLC o vía satélite:

- **Conexión a través de la línea telefónica.** La más utilizada es la **conexión ADSL** (Línea de Abonado Digital Asimétrica), que utiliza el cable de cobre de la red telefónica tradicional para transmitir datos a alta velocidad. Tiene la desventaja de que la navegación es más lenta en horarios pico, cuando muchos usuarios utilizan el servicio simultáneamente. Se lleva a cabo utilizando el rango de frecuencias que no es utilizado por la voz humana. Para separar estas frecuencias se utiliza un dispositivo llamado **separador** *(splitter),* que es un microfiltro con el que la línea telefónica se divide en dos partes: una para la voz (teléfono) y otra para los datos (Internet).

  Además, los proveedores de servicios de ADSL suelen proporcionar un **módem** (modulador / demodulador), que codifica y decodifica la señal en la conexión, y un **enrutador** *(router),* generalmente inalámbrico y con tecnología wifi, que distribuye las conexiones y encamina la información a los distintos dispositivos de una red (doméstica, empresarial, etc.).

- **Conexión por cable.** Utiliza un **cable coaxial de fibra óptica,** similar al de la televisión por cable, que debe ser instalado por la compañía suministradora hasta el domicilio, donde se conecta a través de un cable-módem con una tarjeta de red **ethernet** del ordenador. Permite velocidades de conexión muy altas. Tanto los operadores de cable como los proveedores de servicios de ADSL suelen proporcionar paquetes en los que ofrecen de manera conjunta teléfono fijo, Internet, televisión, etc.

- **Dispositivos móviles.** Incluyen las distintas tecnologías que permiten conectarse a Internet mediante teléfonos móviles y tabletas a través de protocolos de aplicaciones inalámbricas, como **WAP** *(Wireless Application Protocol)* o **i-mode.** Están diseñados para poder navegar a través de las pequeñas pantallas de los teléfonos móviles inteligentes (*smartphone*) y de las tabletas *(tablets computer),* que ofrecen la posibilidad de instalar programas capaces de mejorar la conectividad a Internet. Utilizan navegadores como Opera Mini, Opera Movile, Skyfire, Internet Explorer Mobile, Safari (para iPhone) y Google Android.

- **Puntos de acceso Wi-Fi.** Permiten la conexión inalámbrica de uno o varios ordenadores (también otros dispositivos) mediante ondas de radio a un punto de acceso que, a su vez, debe estar conectado a Internet por otros medios.

- **PLC *(Power Line Communications).*** Esta tecnología aprovecha el cableado eléctrico de cualquier local para intercambiar datos a alta velocidad en una red local, conectada a Internet mediante algún otro tipo de conexión.

- **Conexión vía satélite.** Requiere antena parabólica digital, acceso telefónico a Internet, tarjeta receptora para PC, *software* específico y suscripción a un proveedor de satélite.

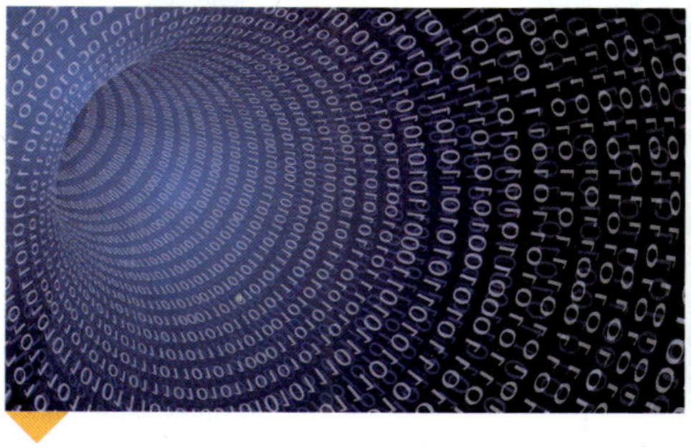

La autopista de la información. Cada día, millones de individuos acceden a Internet, la mayor e inagotable fuente de información que haya existido jamás. Este continuo trasvase de información está cambiando el mundo y la forma de entender las comunicaciones.

4 ¿Qué es una conexión ADSL? ¿Qué elementos son necesarios para la conexión? Describe alguna desventaja de este tipo de sistema de acceso a Internet.

5 ¿Qué tipos de conexiones inalámbricas se utilizan para conectarse a Internet?

2 Principales servicios de Internet

Para muchas personas Internet es una fuente de información, una posibilidad de compartir conocimiento, una manera de comunicarse o simplemente una forma de ocio. Internet ofrece una gran variedad de servicios que aumenta cada día. Debido al dinamismo de la propia red aparecen nuevas aplicaciones y también nuevas formas de utilizar las que ya existen. Entre los más destacados, trataremos los siguientes:

2.1 WWW: World Wide Web o telaraña mundial

Conocida comúnmente como la **web,** es un sistema de distribución de texto, gráficos y contenidos multimedia a través de Internet. De esta manera, la web es una **subred** de Internet y es uno de los servicios más demandados, incluso algunos usuarios confunden esta subred con la propia Internet.

Su funcionamiento se basa en un esquema cliente-servidor. El cliente necesita un *software* específico para poder acceder a la información almacenada en el servidor, que es el **navegador web.** Los servidores constituyen un extenso conjunto de ordenadores distribuidos por todo el mundo, como si fuera un gigantesca telaraña, y ejecutan un programa, llamado servidor web, que proporciona información a los usuarios en forma de documentos, llamados **páginas web,** para lo cual utilizan el **protocolo de transferencia de hipertexto (HTTP).**

> Una **página web** es un documento o información adaptado a la *World Wide Web,* al que se accede mediante un navegador, que contiene, entre otros, texto, imágenes, sonido, videos, animaciones o programas.

Los documentos de las páginas web son **hipertextos.** Esto significa que están formados por conjuntos de bloques de texto interconectados mediante referencias cruzadas o **vínculos** (links), de modo que se pueden leer de modo no secuencial, lo que permite establecer diferentes itinerarios para cada usuario. Estos hipervínculos, a los que se puede acceder con el clic del ratón, pueden ser textos, iconos o marcas, que aparecen resaltados en la página web, y contienen internamente la dirección de otra parte del mismo documento o de otro documento relacionado con el anterior, o incluso la **dirección URL** de otra página de Internet. De esta manera, saltamos de unas páginas a otras: a este proceso de exploración se le llama **navegar** por la web y a sus usuarios, **internautas.**

Los hipertextos que conforman cada página web están basados, generalmente, en lenguajes HTML y XHTML. Estos se complementan con otros, como el JAVA, que permiten convertir los documentos de las páginas web en **hipermedios** (combinan los hipertextos con las aplicaciones multimedia). Son un conjunto de procedimientos que permiten presentar la información de la página web mediante textos, video, audio, mapas, animaciones, etc. y, además, cabe la posibilidad de interactuar con el usuario. Para mostrar estos contenidos activos, los navegadores requieren la instalación de determinadas aplicaciones, denominadas **complementos** o *plugins,* que les aportan nuevas funciones, como Flash, Shockwave, etc.

> Un **sitio web** es una colección de páginas web que están relacionadas entre ellas, ya sea porque tratan de algún tema particular o se dedican a algún propósito específico.

Estas páginas están interconectadas mediante enlaces y, a su vez, pueden estar conectadas con otros sitios web. Para que puedan ser localizados, tanto los sitios como las páginas web tienen asignados unas direcciones virtuales concretas, las **direcciones URL** *(Uniform Resource Locator).* Cada URL es una secuencia de caracteres alfanuméricos que permite al navegador encontrar el sitio o página web correspondiente y mostrarlo de forma adecuada. Una dirección URL no define el tipo de contenido, únicamente indica dónde y cómo encontrarlo.

Observa

Estructura de la URL.

http://www.mecd.gob.es/educacion-mecd/

1 2 3 4

1. Indica el protocolo de acceso al servicio que se va a utilizar (http, ftp, file, news, etc.).

2. Informa al servidor que se intenta acceder a un archivo en formato de página web. No es imprescindible (muchas páginas no la tienen).

3. Especifica la dirección del ordenador, IP o nombre de dominio, al que se quiere acceder (el *host* donde está la página buscada).

4. Indica la ruta de acceso dentro del servidor donde está alojada la página o el nombre completo del archivo al que se pretende acceder.

Portal web. Es un sitio web comercial, como por ejemplo Google.com, que pretende ser la página de inicio del usuario, para lo cual ofrece una serie de servicios: motor de búsqueda, correo electrónico, etc.

6 ¿Qué es un hipertexto? ¿En qué se diferencia de un hipermedio?

7 Describe los elementos que componen la estructura de la URL de una página web.

Wikipedia. Un artículo publicado en *Nature* en el año 2005 indica que esta enciclopedia virtual es casi tan fiable como la Enciclopedia Británica. Sin embargo, es recomendable contrastar siempre la información consultada.

Hashtag. Es una etiqueta, formada por una o varias palabras y precedidas por el carácter almohadilla o gato (#), que sirve para organizar los mensajes sobre un tema concreto. Se suele utilizar en las redes sociales y el uso masivo de mensajes con un mismo *hashtag* determina un tema del momento *(trending topic)*. Las etiquetas *(tag)* también se pueden incluir en los blogs, por ejemplo, para que después se encuentren más fácilmente cuando se busca por palabras clave en los buscadores.

Evolución de la web

La web 1.0 evolucionó hacia la web 2.0, esta lo hará hacia la web 3.0 y, esta, a su vez, posiblemente en el año 2020, dará lugar a la Web 4.0., gracias a la mejora de las conexiones (ADSL, cable, inalámbricas...), de los servidores y de las herramientas de creación de páginas web.

La web 1.0

Era una **web estática.** Sus contenidos se actualizaban muy pocas veces; el visitante solo podía recorrer las páginas para leerlas, sin posibilidad de interactuar con ellas. Tenían un objetivo puramente informativo ya que básicamente daban acceso a texto e imágenes.

La web 2.0

Es una **web social** e **interactiva.** Su objetivo va más allá de compartir información. Se convierte en una expansión del conocimiento, es una web colaborativa y aumenta el número de usuarios que utilizan este servicio. Representa la evolución que se ha venido desarrollando en los últimos años hacia otro concepto de las aplicaciones web, más enfocadas hacia el usuario y más interactivas, participativas y abiertas, donde es posible interactuar con los contenidos que ofrecen, pudiendo borrar, cambiar o añadir información a la ya existente. Este fenómeno social del llamado Planeta Web 2.0 ha contribuido a generar una inteligencia colectiva y se ha popularizado partir de sus aplicaciones más representativas: las ***wikis,*** los **blogs,** las **redes sociales** y los **intercambios multimedia.**

- ***Wikis.*** Son aquellas páginas web corporativas en las que la información puede ser editada, en algunos casos desde el propio navegador, y los propios usuarios pueden eliminarla, modificarla e incluso crearla; en otros casos, con un *software* específico. Hay *wikis* libres donde cualquiera puede hacer sus aportaciones y otras donde se tiene que contactar con el creador del *wiki* para participar. De esta forma se ha conseguido **wikipedia,** una enciclopedia virtual disponible en Internet, así como otros proyectos hermanos, como wikinoticias, wikcionario, wikilibros, wikimedia commons, wikiversidad, wikidata, wikiviajes, etc.
- **Blog, web blog** o **bitácora.** Es un sitio web donde una o varias personas, denominadas blogueros, escriben sus impresiones o ideas sobre los temas más variados: opiniones personales, información cultural, divulgación científica, educación, novedades de libros, etc. Las personas que acceden a él suelen dejar sus comentarios y de esta manera participan activamente y se comunican con los creadores y con otros usuarios del blog: la comunidad *online* de todos los blogueros o *bloggers* constituye la **blogosfera.** Las redes sociales podrían ser consideradas una evolución de los blogs. Algunos blogueros realizan video-blogs o *vlogs*. Muchos de los más influyentes *vloggers* del siglo XXI utilizan YouTube como plataforma para realizar su video-diario.
- **Redes sociales.** Son comunidades de **usuarios** que **intercambian información y conexiones** entre sí. Para ello, utilizan una interfaz de aplicación web o aplicaciones instaladas en distintos dispositivos móviles que mantienen una estructura de tipo cliente-servidor. La teoría de los seis grados de separación, propuesta en 1930 por Frigyes Karinthy en su cuento *Chains,* ha cobrado interés con el uso de las redes sociales. Propone que cada individuo del planeta está conectado con el resto mediante una cadena de no más de seis personas o eslabones. Existen tres tipos de redes sociales: genéricas, profesionales y temáticas.

TIPOS DE REDES SOCIALES	
Genéricas u horizontales	Son las más utilizadas y conocidas. Algunas son Facebook, Google+, Tuenti, Twitter o Instagram.
Profesionales o científicas	El objetivo de estas redes es proporcionar contactos laborales o científicos a sus miembros. LinkedIn, Xing o Researchgate son algunos ejemplos.
Temáticas o verticales	Están basadas en temas concretos y suelen relacionar a usuarios con las mismas aficiones, como Pinterest, Flickr, 500px o Lecturalia, entre otras.

Observa

Algunos elementos de las principales redes sociales:

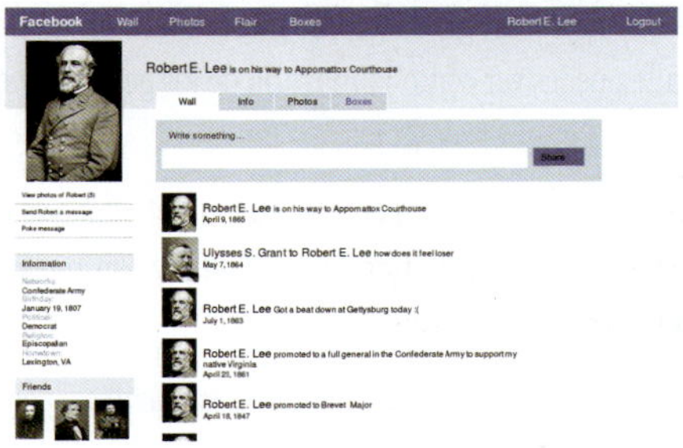

Muro. Es un espacio de cada usuario en el que tanto él como sus amigos pueden dejar mensajes (textos, imágenes, animaciones, etc.) para que se vean.

Filtros. La principal forma de relacionarse en Instagram es a través de la publicación de fotografías cuadradas editadas con filtros fotográficos.

Tweet. Son mensajes de texto que se envían a través de Twitter con una longitud máxima de 140 caracteres. Pueden incluir una fotografía.

Información científica. Algunas redes sociales permiten el acceso a información científica gratuitamente, por ejemplo ResearchGate.

Perfil. En ellas aparece la información del usuario. En Linkedin los usuarios tienen un perfil profesional con su *curriculum vitae.*

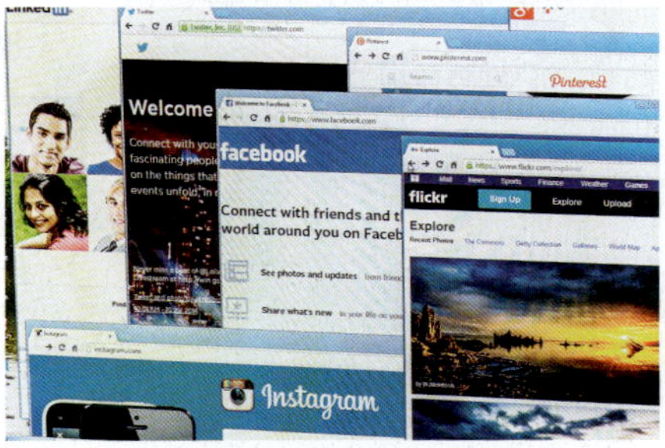

Inmediatez. En numerosas ocasiones las redes sociales proporcionan información en tiempo real de las noticias más relevantes en el mundo.

- **Ventajas de las redes sociales.** Entre otras, destacan las siguientes:
  - Permiten el trabajo en equipo y posibilitan la creación de proyectos originales.
  - Mantienen a los usuarios informados de noticias y acontecimientos. Favorecen el reencuentro y el contacto entre personas alejadas geográficamente.
  - Permiten crear contactos profesionales y proporcionar ventajas empresariales. Un pequeño negocio puede invertir muy poco capital para realizar publicidad mediante las redes sociales.
- **Riesgos de las redes sociales.** Su utilización presenta riesgos, como los siguientes:
  - Pueden conducir al pensamiento único, ya que contribuyen a pensar como los demás (*group think*, pensamiento de grupo). La información de nuestro perfil puede ser consultada por otras personas o empresas; además puede ser utilizada con fines no deseados por terceros.
  - Un usuario puede ser víctima de suplantación de identidad y de ciberacoso; además, las redes sociales pueden ser infectadas por virus y sufrir ataques de *hackers*.
  - Pueden contribuir al fracaso escolar entre los estudiantes que abusan de su utilización y dedican a ellas un tiempo excesivo.

Retroalimentación. Las redes sociales permiten la interacción con otros usuarios y la construcción de conocimientos.

Abuso de las redes sociales. Hay que saber gestionar su uso para que no desencadenen consecuencias negativas.

8 ¿Qué ventajas representa la Web 2.0 respecto a la web 1.0?

9 Justifica el uso de las redes sociales y señala las ventajas que ofrecen y los riesgos que suponen.

En algunos locales se pueden encontrar carteles como este.

Descubre

Las redes sociales están cambiando la forma de comunicarse

En 1995, el director de cine Victor Salva dijo: «Temo el día en que la tecnología sobrepase nuestra humanidad». Y, posiblemente, ese día ha llegado. Cuando caminas por la calle puedes ver cómo la mayoría de los peatones no levantan sus ojos de las pantallas de sus *smartphones*.

En las reuniones de amigos muchas veces todos están absortos en el silencio de sus conversaciones digitales con alguien que está a kilómetros, a metros o a centímetros de ellos. Las reuniones familiares cada vez son menos ruidosas y divertidas porque sus miembros se distraen con sus dispositivos digitales.

La voz, las carcajadas o el llanto de una persona son sustituidos por letras, *clicks* y pantallas capacitivas, pero pantallas sin la capacidad de poder transmitir lo mismo que una mirada o una sonrisa. Internet y los dispositivos móviles han cambiado radicalmente la forma de comunicarnos. Es posible que, en muchos casos, también haya ocasionado que olvidemos la importancia de una caricia.

- Valora, de forma crítica y fundamentada, los problemas de socialización o de excesiva dependencia que pueden llegar a provocar algunos servicios de Internet, como las redes sociales.

- **Intercambios multimedia.** Uno de los logros principales de la Web 2.0 ha sido facilitar una serie de sitios web que permiten almacenar y compartir contenidos multimedia. Los usuarios no solamente consumen dichos contenidos, sino que contribuyen activamente a su producción y su distribución en la web a escala masiva. Son ejemplos, YouTube, Flickr y Odeo:
  - **YouTube.** Los usuarios pueden alojar sus videos y compartirlos; además contiene una gran variedad de clips de películas, documentales de televisión, videos musicales, etc.
  - **Flickr.** Una gran comunidad de usuarios almacenan, comparten o venden fotografías y videos creados por ellos mismos.
  - **Odeo.** Los usuarios pueden mostrar o suscribirse a diferentes *podcasts,* que son archivos multimedia, generalmente de audio en formato MP3 y de video en formato MP4, que se distribuyen mediante un sistema de **redifusión RSS** *(Really Simple Syndication).* Este sistema visita cada cierto tiempo las fuentes, comprueba si hay archivos nuevos que descargarse de Internet y los graba en el ordenador u otro dispositivo. Los *podcasts* también suelen utilizarlos las emisoras de radio para emitir sus programas en diferido.

Inteligencia artificial. Una de las principales características de la Web 3.0 es que pone las bases sobre las que se asienta el desarrollo de la inteligencia artificial, ya que los nuevos programas y aplicaciones deben ser capaces de llevar a cabo razonamientos lógicos.

La Web 3.0

Es una **web semántica,** ya que los dispositivos comprenden el significado de las palabras, y es una **web inteligente,** que reconoce al usuario y se comporta de forma dinámica en función de sus gustos, historial y el estado de ánimo en el que se encuentra, de manera que es capaz de generar nuevas ideas a partir de la información que le proporciona.

La Web 3.0 es una **web ampliada,** donde la inteligencia humana y la de las máquinas puedan trabajar de manera coordinada, en cooperación mutua, de modo que el nuevo *software* sea capaz de organizar la ingente masa de información actual y ofrezca soluciones al usuario, no nuevos problemas.

Es también la **web de la nube,** porque existe la posibilidad de guardar documentos en una de sus subredes, y es una **web de aplicaciones,** puesto que podemos acceder y utilizar *software* sin la necesidad de instalarlo en nuestro dispositivo.

Dado que se puede navegar por las páginas web desde el *smartphone*, la tableta, el portátil, el ordenador de sobremesa, el reproductor de música o el reloj inteligente, la Web 3.0 es una **Web multidispositivo;** además, está asociada a espacios tridimensionales como, por ejemplo, Google Earth: por ello es una **Web 3D.** Y no solo eso, es una **Web Geoespacial** ya que genera contextos en función de la localización geográfica del usuario.

2.2 Correo electrónico

El **correo electrónico** o ***email*** *(electronic mail)* es un servicio de Internet que permite el intercambio de mensajes entre dos usuarios, a cualquier distancia, mediante un sistema de comunicación electrónico.

Es un servicio **asíncrono** puesto que no necesita que los dos usuarios (emisor y receptor del *email*) estén conectados a la red al mismo tiempo.

El funcionamiento es similar al que se utiliza para enviar un correo postal: se necesitan dos usuarios, cada uno con una dirección de correo electrónica propia; un buzón donde depositar las cartas (el servidor) y un medio de transporte (Internet).

Para hacer uso del correo electrónico y que el mensaje llegue hasta el receptor sin confusión es necesario contar con una **dirección *email*,** que consta de tres componentes: 1) identificador o nombre del usuario; 2) el signo @ (at, en inglés); y 3) nombre de dominio o dirección del servidor del correo donde el usuario está dado de alta y tiene su cuenta. El funcionamiento del correo electrónico precisa la colaboración de tres elementos: **cliente de correo electrónico, servidor de correo** y **protocolo de comunicación:**

- **Cliente de correo electrónico.** Es el programa que tiene el usuario en su ordenador y que le permite leer y enviar mensajes de correo electrónico, como Microsoft Outlook, Mail, etc.

- **Servidor de correo.** Es un conjunto de ordenadores distribuidos por la red que reciben en un buzón los mensajes entregados por los agentes de usuario y los envían al servidor de correo del destinatario. Son los encargados de enviar y recibir los correos a través de la infraestructura de la red. Estos servidores pueden ser de pago, suministrados por los operadores que proporcionan el acceso a Internet.

  En estos casos, cabe la posibilidad de que el servidor de correo proporcione un acceso al correo electrónico alojado en una web *(webmail),* sin necesidad de que el usuario instale y configure un cliente de correo en su ordenador. De esta manera puede acceder a sus mensajes desde cualquier ordenador conectado a Internet.

  También existen proveedores de servicio de correo electrónico gratuito, como *Gmail, Outlook* (antiguo *Hotmail*), *Yahoo! mail, Mail.com* etc., que mantienen el correo almacenado en el servidor y lo muestran como si fuera una página *webmail* a la que se puede acceder desde el navegador, como *Gmail*, de Google. El usuario debe abrir una cuenta en estos servidores, tanto si son de pago como gratuitos, y puede acceder a su correo mediante un nombre de usuario y una contraseña.

- **Protocolo de comunicación.** Es un conjunto de normas que regulan el intercambio de correos electrónicos entre ordenadores u otros dispositivos como, por ejemplo, el protocolo **SMTP** (*Simple Mail Transfer Protocol*), que permite la transmisión de un mensaje desde un servidor a otro; **POP3** (*Post Office Protocol*) que marca las normas para que el agente de usuario descargue los correos recibidos desde un servidor remoto; o **IMAP** *(Internet Message Access Protocol),* que permite visualizar los correos de manera remota sin necesidad de descargarlos.

  Cuando escribimos un correo hay dos campos en «Para» que son opcionales, **CC** y **CCO,** que sirven para hacer llegar copias del mensaje a otras personas. Si queremos que estas reciban el correo, además del destinatario, debemos incluir sus direcciones en el campo CC (abreviatura de «con copia»). Pero la **ley de protección de datos** indica que un mismo *email* enviado a varias personas debe hacerse siempre con copia oculta (CCO), con el fin de que el destinatario reciba el mensaje sin que parezcan en él las direcciones de correo de los demás destinatarios.

10 Compara tres proveedores de correo electrónico distintos. Identifica el dominio, los GB de almacenamiento y si poseen un gestor de correo propio en diferentes dispositivos móviles.

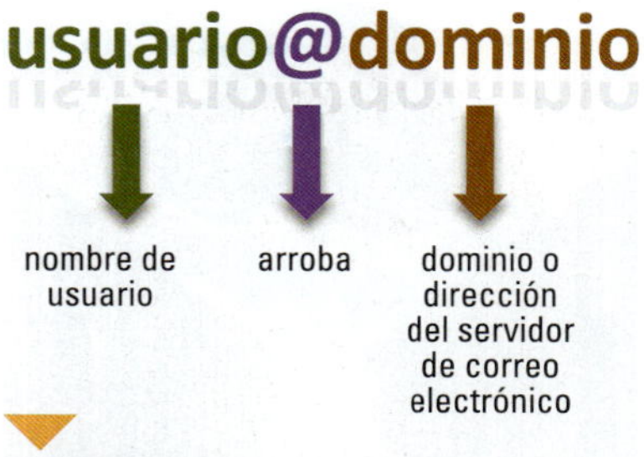

Dirección de correo electrónico.

Cuenta de correo. Para acceder a ella debemos introducir un nombre de usuario y una contraseña.

Consultar el correo electrónico. Podemos entrar en el servidor alojado en una webmail o configurar un gestor de correo en nuestro dispositivo para acceder a él siempre que queramos o que automáticamente reciba los correos.

Almacenamiento en la nube. Cuando guardamos un archivo en la nube, no lo estamos subiendo a Internet, ese lugar «místico» donde hay miles de documentos. Nuestros archivos están siendo almacenados en los servidores físicos de nuestro proveedor de almacenamiento *online*.

¿Lo sabías?

Noticias virales

Son acontecimientos ampliamente difundidos a través de Internet u otros medios electrónicos, que circulan a gran velocidad, por lo que alcanzan gran difusión en muy poco tiempo

Estas noticias tienden a replicarse como los virus y su expansión es independiente de su veracidad. Por esta razón, existe el riesgo de que se conviertan en bulos y generen alerta social.

Por todo esto, cuando leas una noticia tienes que tener en cuenta el medio donde lo haces y debes contrastar la información.

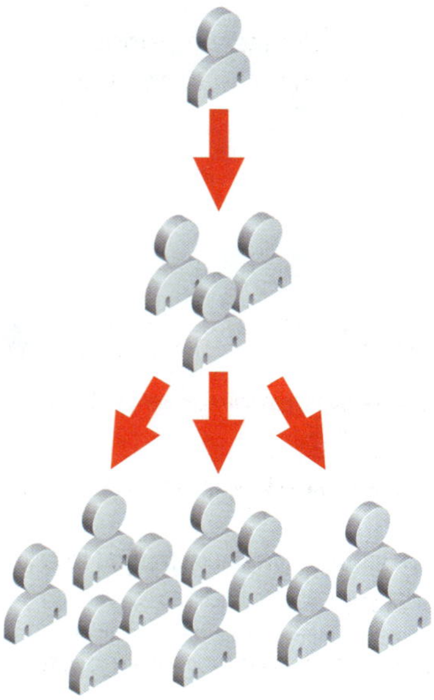

2.3 Almacenamiento en la nube

Una de las capacidades de Internet consiste en la posibilidad de almacenar información en la red. Para ello, se han creado servicios específicos de almacenamiento de archivos que posibilitan al usuario acceder a los datos que tengan en su servidor desde cualquier lugar, en cualquier momento y sin la necesidad de llevar una copia almacenada en un medio físico.

El sistema de intercambio de información es un tipo de comunicación servicio-cliente. Para subir archivos a estos servidores se puede utilizar un *software* instalado en el dispositivo del usuario y hacerlo de manera automática, utilizando un protocolo FTP, o bien a través de la web del proveedor del servicio de almacenamiento.

Es importante conocer la política de privacidad y de propiedad de los servicios contratados, porque puede darse el caso de que un trabajo que nos ha costado meses realizar, puede dejar de ser de nuestra propiedad en el momento en el que se suba a la nube.

PRINCIPALES SERVIDORES DE ALMACENAMIENTO EN LA NUBE	
Dropbox	Ofrece gratuitamente varios GB de almacenamiento. Se puede aumentar esta capacidad de almacenamiento por cada amigo que se haya invitado. Ofrece suscripciones de pago para aumentar su capacidad.
Icloud	El servicio pertenece a Apple. Ofrece varios GB gratuitos con la posibilidad de aumentarlos con una suscripción de pago.
GoogleDrive	Es el servicio de Google. Ofrece gratuitamente varios GB con ampliación bajo una suscripción de pago.
OneDrive	Es la propuesta de Microsoft. También ofrece varios GB gratuitos, con la posibilidad de incrementar la capacidad mediante una suscripción anual.

2.4 Otros servicios de Internet

Día a día aparecen nuevos servicios que permiten obtener el máximo beneficio de vivir en una aldea global en la que se puede tener acceso a la información en todo el planeta. Destacan los siguientes:

- **Chats y mensajería instantánea.** Los **chats** permiten que dos o más usuarios entablen una conversación escrita *on-line*, en tiempo real, mediante el teclado, pero no se pueden enviar fotos ni archivos. La **mensajería instantánea** permite mantener una conversación escrita en la pantalla del ordenador con otras personas y, además, se pueden enviar fotos y archivos y mantener una conversación de voz.

  La mensajería instantánea se ha incorporado en aplicaciones móviles y en servicios web que no necesitan de ninguna aplicación para funcionar, como Facebook_Messenger, Skype, Line, Hangouts, Telegram y Whatsapp.

- **Telefonía IP y videoconferencia.** Son servicios derivados de los **chats** y de la **mensajería instantánea,** basados en el protocolo IP. Gracias a ellos se pueden integrar en una misma red comunicación de datos y de voz. Aunque existen desde finales de la década de 1990, ha sido a partir de la popularización del programa *Skype* cuando se ha empezado a sacar partido de estos servicios para la comunicación. Mediante este sistema se pueden establecer llamadas telefónicas y videoconferencias con distintas personas localizadas en cualquier punto del planeta que tengan conexión a Internet.

- **Redes P2P.** Su término proviene del inglés *peer-to-peer* (red de iguales o red de pares). Se trata de una red en forma de malla en la que no se necesitan ni servidores ni clientes fijos para almacenar la información. Por esta razón, cada ordenador conectado a la red funciona como servidor y cliente de forma simultánea.

  Se utilizan sobre todo para compartir videos, películas y música a través de Internet, lo que genera problemas con los derechos de autor de las obras compartidas. Programas para compartir archivos son *Emule, Kazaa, Ares, BitTorrent*, etc.

- **Mapas.** Existen sitios web, como Google Maps, que ofrecen distintas aplicaciones: mapas desplazables a distintas escalas, imágenes a pie de calle, fotografías por satélite, etc; incluso permite calcular de manera precisa la distancia y la ruta entre dos puntos.

- **Protocolo FTP o de transferencia de ficheros.** Como su nombre indica, sirve para transferir archivos. Está basado en una estructura cliente-servidor. Su objetivo es enviar información desde un dispositivo a otro. Existen dos tipos de FTP: los públicos y los privados. En los públicos no es necesario un nombre de usuario y contraseña para acceder, por lo que normalmente solo se pueden descargar archivos. En el privado habitualmente se pueden subir y descargar. Uno de los programas clientes más utilizados es *FileZilla.*

- **Telnet.** Es un protocolo de red que nos permite acceder a otro ordenador, a través de una red como Internet, para manejarlo remotamente. Se utiliza mucho para arreglar fallos a distancia. **SSH** *(Secure Shell)* es una versión actualizada más segura porque utiliza técnicas de cifrado para que la información viaje de manera encriptada.

- **WeTransfer.** Es una plataforma *online* gratuita que permite subir y descargar archivos de gran tamaño a la nube (textos, fotos, música, presentaciones de video, etc.), donde se almacenan y están disponibles durante un cierto tiempo, luego se borran.

- **Motores de búsqueda.** Conocidos normalmente como buscadores, son sistemas informáticos que permiten a los usuarios buscar archivos almacenados en servidores web. Las búsquedas se realizan mediante la utilización de **palabras clave,** de manera que examinan los archivos y seleccionan aquellos que tienen esas palabras asociadas *(indexadas)* a ellos. Cuando se pide información a un buscador sobre algún tema, algunos buscan únicamente en la web, pero otros lo hacen además en servidores de noticias, de FTP, etc.

Observa

Serendipia por asociación

Gracias a los buscadores, encontrar lo que necesitamos es sencillo y gratuito. Por ello el arte de descubrir cosas sin buscarlas de manera accidental cada día es menor.

Sin embargo, la serendipia puede aparecer cuando un clic nos lleva a buscar donde nunca se nos ocurriría. De esta manera nace un nuevo término para definir el arte de encontrar información de manera fortuita: serendipia por asociación *(embedded serendipity).*

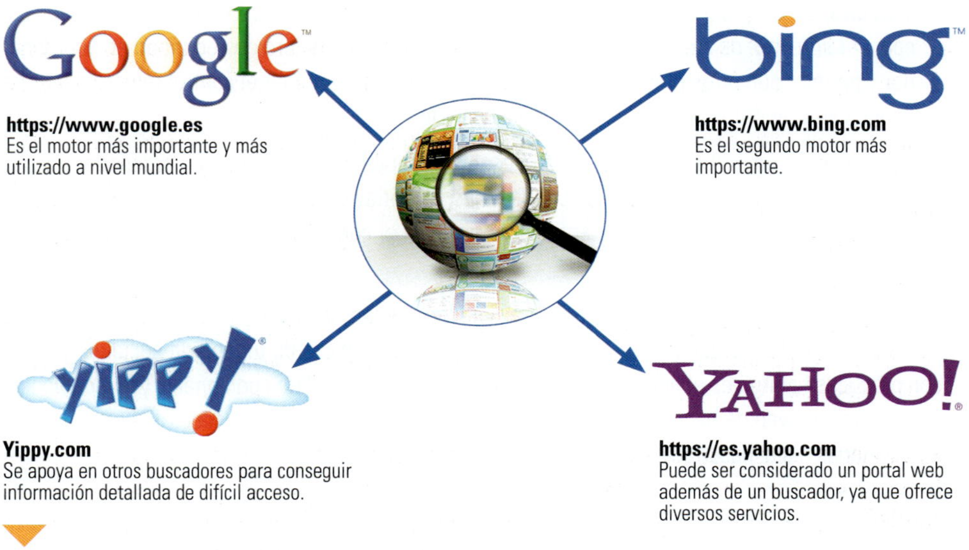

Principales motores de búsqueda.

11 Localiza tres servidores de almacenamiento en la nube. Compara las prestaciones y los servicios que ofrece cada uno de ellos.

12 Identifica dos palabras clave de un tema concreto y realiza una búsqueda en distintos buscadores. ¿Obtienes resultados similares en todos ellos?

GLOSARIO: ALGUNOS TÉRMINOS DE INTERNET

Alias	Nombre que sustituye a otro original. Es un pseudónimo.	***Flaming* o *flame war***	Hace referencia a las batallas dialécticas que acontecen en los foros de Internet.
Ancho de banda	Medida de recursos disponibles para transmitir datos.	**Operador booelano**	Permite enfocar la búsqueda en un motor definiendo la relación entre palabras clave.
Cookies	Procedimiento ejecutado por un servidor que consiste en guardar información del usuario para su posterior utilización.	***Banner***	Imagen, animación o texto con fines publicitarios que habitualmente contiene una determinada página web.
404 Not found	Código que indica al usuario que la página web que busca no se ha encontrado.	***Spam***	Término que se utiliza para referirse al correo no deseado o correo basura.

«Exhibicionismo» en la red. Uno de los usos de las redes sociales por los usuarios es mostrar su día a día. Incluso anunciar cuando se van de viaje y no hay nadie en su casa. Debido a ello han crecido los robos durante las vacaciones.

Ciberdelitos. La criminalidad informática incluye delitos tradicionales como fraude, robo, chantaje y falsificación; además de otras actividades delictivas propias del ámbito informático (ataque a sistemas informáticos, borrado de archivos, etc.).

Piratas informáticos. Son personas que distribuyen ilegalmente copias no autorizadas, con fines lucrativos, sin licencia o sin permiso de su autor, de distintos contenidos: *software*, libros electrónicos, películas, videojuegos, música, videos, etc.

3 Internet: un arma de doble filo

Internet es un reflejo de la sociedad. En la web podemos encontrar cantidades ingentes de información, unas extraordinariamente bellas y útiles y otras que son pura basura. En ella hay personas altruistas y generosas, y otras sin pudor ni ética que utilizan la red como trampa para cazar a sus presas. Algunas de las principales amenazas de Internet son las siguientes:

- **Exposición de datos públicos.** Con el uso de las redes wifi abiertas, en las que la información no está cifrada y no se necesitan contraseñas para conectarse o son simples, se puede acceder a los datos de un usuario de manera sencilla.

  Por esta razón, se debe comprobar la configuración de privacidad de las redes sociales con el fin de disminuir al máximo las posibilidades de que un extraño pueda acceder a nuestros datos; además, se debe tener precaución con la información que proporcionamos en los perfiles que solicitan las distintas páginas web.

- ***Software* malicioso *(malware)*: virus, gusanos, troyanos y *spyware*.** Son programas malintencionados que se infiltran y pueden provocar daños en el ordenador o en la información que contiene, sin el conocimiento ni el consentimiento de su propietario.

  - **Virus.** Es un *software* que se introduce en el ordenador, frecuentemente en los archivos adjuntos del correo electrónico, capaz de multiplicarse y de infectar otros archivos y propagarse a otros ordenadores, a los que puede llegar a inutilizar.
  - **Gusano.** Es un código malicioso diseñado para copiarse a sí mismo numerosas veces y propagarse muy rápidamente, habitualmente mediante el correo electrónico, lo cual enlentece las redes y provoca largas esperas para acceder a las páginas web en Internet.
  - **Troyano.** Es un programa aparentemente inofensivo, que se introduce por distintos medios, como el *software* de descarga gratuita. Es capaz de abrir un agujero de seguridad en el ordenador y permite que otros programas maliciosos lo utilicen para tomar el control remoto del ordenador, capturar datos personales y contraseñas, etc.
  - ***Spyware.*** Es un *software* malicioso que espía y recopila información de un ordenador (identifica las teclas que más se usan, las contraseñas, los sitios visitados en Internet, las cuentas de correo, etc.) y la transmite a una entidad externa sin el conocimiento ni el consentimiento del usuario.

- ***Phising.*** Esta técnica malintencionada consiste en suplantar la identidad de una persona o empresa de confianza, para engañar al usuario mediante técnicas de ingeniería social. Para ello, son prácticas habituales el envío de *emails* para que ingreses tus datos personales y la creación de falsas páginas web de bancos y de empresas de comunicación que, al introducir tus contraseñas, son enviadas a sus desarrolladores para hacer un uso ilícito de ellas.

- ***Botnets.*** Son redes de ordenadores infectados, llamados zombis, que pueden ser utilizados por una persona u organización con fines ilícitos: envío masivo de *spam*, ciberataques, etc.

- **Ciberdelincuencia y ciberdelitos.** Son aquellas acciones ilegales que se realizan por vías informáticas y tienen como objetivo dañar ordenadores, redes de Internet u otros dispositivos. Constituyen uno de los ámbitos delictivos con un mayor crecimiento en los últimos años.

  Según el Ministerio de Interior, la mayoría de las denuncias relativas a delitos informáticos hacen referencia a falsificaciones y delitos contra la propiedad intelectual; amenazas, fraudes y delitos económicos; ataques masivos de *hackers* al sistema de ordenadores de una empresa, delitos sexuales, incitación a la violencia y declaraciones racistas; e interceptación ilícita de comunicaciones y datos de otros usuarios.

  Es tal la magnitud de estas acciones que muchos países han pedido a las Naciones Unidas crear un grupo intergubernamental de expertos para que los combatan.

3.1 Seguridad en Internet y protección de datos: cómo protegerse de las amenazas

Cuando realizamos una compra en Internet introducimos nuestros datos bancarios y personales. Si pertenecemos a una red social hay infinidad de información y fotografías en las que aparecemos. Puede que también estén reflejados nuestros gustos, aficiones, carrera profesional o nuestra dirección de correo electrónico. En los servicios de almacenamiento en la nube están registrados nuestros archivos.

¿Cómo sabemos que toda esa **información** está en un lugar **seguro?** ¿Cómo podemos **minimizar** los **riesgos** para que no se haga un uso malintencionado de nuestros datos? Algunas técnicas y herramientas para protegerse de las amenazas de Internet son las siguientes:

- **Sentido común.** Es la principal técnica para evitar estos peligros. Intenta no navegar en páginas web poco fiables, ni descargar archivos cuyo contenido pueda ser dudoso, ni descargar *software* ilegal, puesto que pueden contener *malware* y amenazas. Evita proporcionar datos bancarios o personales en correos electrónicos poco seguros o en páginas web que no te inspiren confianza.

- **Antivirus.** Es *software* que detecta códigos maliciosos en los dispositivos y los bloquea y elimina. Si no se actualizan pierden gran parte de su efectividad. Existen muchos antivirus gratuitos y otros de pago que se actualizan diariamente. Además de proteger contra los virus también suelen instalar paquetes que proporcionan seguridad frente a *spam, spyware* y otros tipos de *malware*.

- **Cortafuegos o *firewalls*.** Son programas que examinan las conexiones y los archivos que se reciben en los puertos del ordenador y pueden bloquear su entrada en función de las condiciones que se indiquen previamente. También pueden hacer un seguimiento de los últimos ataques recibidos y bloquear los paquetes de información enviados desde algunas direcciones IP concretas.

- **Utilización de conexiones seguras.** Existen protocolos específicos de conexión y transferencia segura que proporcionan altos niveles de protección para evitar el robo de datos. Dos de ellos son el protocolo TSL *(Transport Layer Security)* y el SSL *(Secure Sockets Layer)*. Al entrar en páginas bancarias u otras en las que hay que proporcionar datos personales, en la barra de direcciones del navegador aparece una «s» detrás de «http»: esto significa que la página está utilizando un protocolo de seguridad.

- **Encriptación de datos y contraseña.** La encriptación no es un invento del siglo xx. Ya el emperador romano Julio César utilizaba una codificación simple para proteger sus mensajes más importantes. Básicamente el encriptado consiste en transformar los mensajes, mediante un proceso de cifrado, en un texto sin formato legible a menos que se conozca la forma necesaria para su interpretación. Además de ser recomendable la encriptación, la utilización de contraseñas para proteger el acceso a los dispositivos o a determinados documentos puede aumentar la seguridad de la información almacenada.

- **Recomendaciones de la Agencia Española de Protección de Datos (AEPD).** La AEPD es un ente público independiente cuya finalidad principal es velar por el cumplimiento de la legislación sobre protección de datos personales. En su página web (http://www.apdd.es) publica de forma regular diversos informes y recomendaciones a los usuarios para que mejoren sus niveles de seguridad. Una de las medidas adoptadas por la AEPD consiste en multar a los usuarios que envían correos masivos sin utilizar el campo CCO.

13 ¿A qué problemas de seguridad se enfrenta Internet y qué soluciones se proponen?

14 Describe en qué consisten los delitos informáticos más habituales.

15 ¿Por qué es necesario proteger los datos mediante encriptación y contraseñas?

Derecho al olvido. Es el derecho que una persona tiene para borrar, bloquear o prohibir el acceso a sus datos en Internet.

Observa

Contraseña segura

Para que las contraseñas sean más seguras y difíciles de descifrar deben ser:

- **Secretas.** Guárdalas en un lugar seguro.
- **Robustas.** Deben estar formadas por una combinación de números, símbolos y letras mayúsculas y minúsculas. Por ejemplo: 1$aBuES0.
- **No repetidas.** No utilices la misma contraseña para el acceso a distintas cuentas (correo, redes sociales, eBay, etc.).
- **Cambiadas periódicamente.** Establece una rutina para cambiarlas cada cierto tiempo.

Cuentas *Pay Pal*. Una de las formas más seguras para realizar compras por Internet es utilizar el pago *Pay Pal*. De esta manera no proporcionamos datos bancarios a las tiendas virtuales. Estas cuentas son gratuitas.

Comunicación mediante señales de humo. Es un sistema primitivo de telecomunicación.

4 Tecnologías de la información y la comunicación (TIC)

En 1948 Claude E. Shanon sentó las bases de la **teoría de la información,** una rama de la teoría matemática de la probabilidad y la estadística, que trata **la información** como una magnitud física que se puede medir y está sujeta a un conjunto de leyes. Esta nueva visión ha permitido la **codificación de la información** o **digitalización** en el lenguaje binario, lo que facilita su procesamiento, almacenamiento y transmisión, y también ha favorecido la emergencia de las tecnologías de la información y la comunicación.

Las TIC comprenden un conjunto de tecnologías y herramientas que permiten la digitalización de las señales sonoras, auditivas y de datos (textuales o numéricos), de manera que la información se puede procesar, almacenar, recuperar y presentar en una gran variedad de formatos, con gran calidad y en un breve espacio de tiempo.

Las **tecnologías de la información y la comunicación (TIC)** constituyen un nuevo sistema emergente, resultado de la interacción e interconexión entre los **sistemas de telecomunicaciones,** los **sistemas informáticos** y los **sistemas o medios de comunicación de masas.**

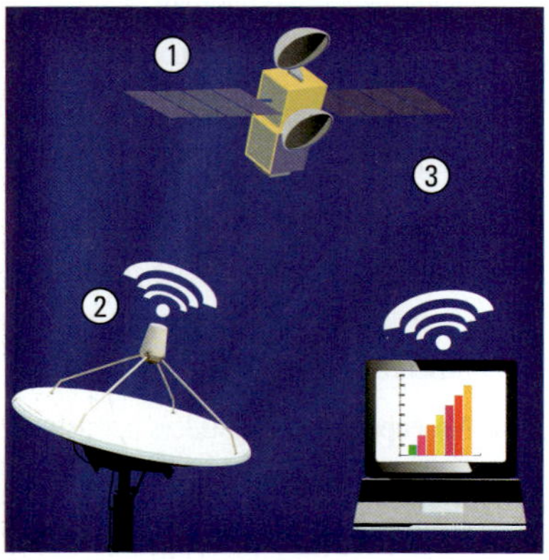

Satélites geoestacionarios. El satélite de comunicaciones (1) debe ser detectado a la vez por el emisor (2) y el receptor (3), por lo que debe estar situado a una altura de unos 36 000 km, ya que esta órbita es geoestacionaria (4) y el satélite se dice que es geosíncrono, de esta manera, su posición en el espacio parece fija para cualquier observador desde el planeta. Existen varios satélites de comunicaciones, como Iridium, Hispasat y Astra.

4.1 Sistemas de telecomunicaciones

Es el conjunto de técnicas que permiten transmitir información a distancia desde un transmisor hasta un receptor a través de un medio o línea de transmisión. Las telecomunicaciones propiamente dichas comienzan con el telégrafo a principios del siglo XIX. Más tarde se desarrollaron la telefonía, la radio, el teletipo y la televisión y, recientemente, se han desarrollado la telefonía móvil y los sistemas de comunicación vía satélite.

Las **redes de comunicación** permiten la comunicación a nivel planetario, como las redes de telefonía y las redes de ordenadores, que son el conjunto de ordenadores interconectados para intercambiar información y compartir recursos como, por ejemplo, Internet. La información que viaja desde unos puntos a otros de estas redes se propaga a través de un **medio** que puede ser **alámbrico** o **inalámbrico.**

Las **redes de comunicación alámbricas,** como la telefonía fija, suelen utilizar cable de cobre o, más modernamente, fibra óptica; mientras que en las **redes inalámbricas,** como la telefonía móvil, la información viaja por el aire o el espacio en forma de ondas de radio y de microondas, mediante sistemas de **comunicación vía satélite.** En estos sistemas la señal (la información) viaja a través del aire y del espacio, en forma de ondas electromagnéticas, desde la antena del emisor hasta un satélite, que hace de repetidor de la señal, y desde aquí hasta la antena parabólica del receptor.

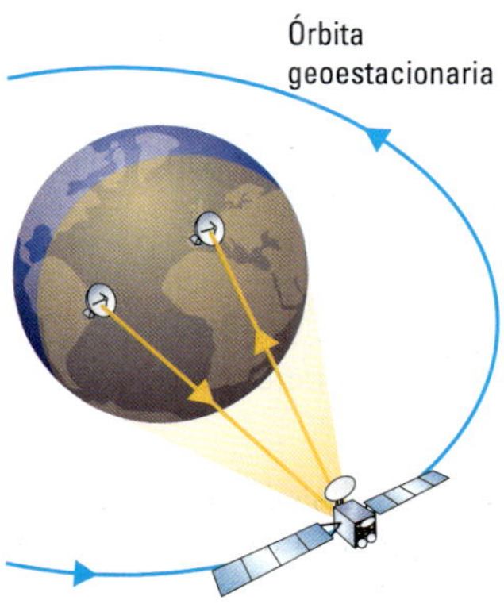

Razona

Para evitar interferencias, los satélites geosíncronos que giran en la órbita geoestacionaria a la misma velocidad que la Tierra (dan una vuelta completa al planeta en 24 horas), deben estar separados entre sí por un ángulo de al menos 2°.

- ¿Cuál es el número máximo de satélites geosíncronos que puede albergar esta órbita?
- ¿Cuándo se dice que una órbita es geoestacionaria?
- ¿Qué tipos de satélites geoestacionarios conoces?

4.2 Sistemas informáticos

Es el conjunto de sistemas científicos y tecnológicos que permiten la automatización de los procesos de captura, procesamiento y comunicación de la información. Por una parte, la microelectrónica permite fabricar componentes electrónicos, como los circuitos integrados, a escala microscópica a partir de materiales semiconductores como el silicio, que son los componentes básicos de los ordenadores (el *hardware*); por otra, los sistemas de programación diseñan el *software* que permite el funcionamiento del *hardware* y su utilización en todos los ámbitos de la vida (informática para la ciencia, la tecnología, la industria, la gestión empresarial, la medicina, la educación, el ocio, el arte, la comunicación, etc.).

Medios de comunicación de masas. Suelen estar concentrados en grandes organizaciones empresariales y, en ocasiones, son utilizados como formadores de la opinión pública y manipuladores de la información en beneficio de sus intereses particulares.

4.3 Sistemas o medios de comunicación de masas

Son un conjunto de sistemas y organizaciones dedicados a difundir amplios contenidos de información a un gran número de individuos repartidos por extensas áreas, tanto a nivel nacional como internacional. Desde que Gutenberg desarrolló la imprenta, la lectura de libros impresos se popularizó poco a poco, y después aparecieron los periódicos y las revistas. Más tarde hicieron su aparición los medios sonoros, como la radio; y, por último, aparecieron los medios audiovisuales, como el cine y la televisión.

Una característica de los medios de comunicación clásicos es que no son interactivos, es decir, el medio emisor comunica un extensa información a un sujeto receptor pasivo sin que este pueda responder, ni comentar, ni modificar ningún aspecto de la información que se le ofrece.

Interactividad. Las TIC facilitan la interacción, a modo de diálogo, entre el ordenador u otro dispositivo y el usuario.

4.4 Principales características de las TIC

Las **TIC** han revolucionado todos los ámbitos de la sociedad. Ha sido tan importante su desarrollo para el conocimiento que se ha formado una nueva cultura tecnológica. Algunas de las principales características de las TIC son:

- **Interconexión.** Debido a la unión de distintas tecnologías surgen nuevas posibilidades tecnológicas. Por ejemplo, debido a la unión del desarrollo de las comunicaciones y de los nuevos dispositivos han surgido las aplicaciones de mensajería instantánea.
- **Interactividad e inmaterialidad.** Permiten la interacción de los usuarios en el proceso de comunicación. Toda la información creada, procesada y enviada por las TIC es inmaterial.
- **Instantaneidad.** Se puede acceder casi en tiempo real a la información desde distintos puntos del mundo alejados miles de kilómetros o, incluso, establecer una conexión en directo entre distintos usuarios.
- **Innovación.** Día a día las TIC evolucionan y proporcionan procesos mejores y más útiles. Por ejemplo, en la década de 1990 los mensajes cortos entre móviles supusieron una revolución en la forma de comunicación entre las personas. Si en ese momento los usuarios hubieran sabido que apenas diez años después tendrían acceso a Internet en su teléfono, cámara para hacer video-llamadas o la posibilidad de enviar mensajes gratuitos utilizando los servicios de mensajería instantánea no se hubieran conformado con hacer llamadas perdidas para confirmar la recepción de un mensaje.
- **Accesibilidad.** Posibilitan, de una forma sencilla, el acceso a nivel mundial al conocimiento y a la información.
- **Diversidad e integración en todos los ámbitos de la vida.** Las posibilidades que brindan las TIC son muy distintas en los diversos ámbitos: medicina, investigación científica, educación, transporte, comercio, etcétera.

16 ¿Qué son las TIC?

17 ¿A qué altura debe situarse un satélite de comunicaciones? ¿Por qué deben girar en órbitas geoestacionarias?

18 ¿Cuáles son las principales características de las TIC y qué cambios están provocando en la sociedad?

Sociedad de la información y del conocimiento. El desarrollo de la imprenta, la invención de la radio, el teléfono y la televisión y, más recientemente, la revolución informática y digital y el uso masivo de las tecnologías de la información y la comunicación (TIC), han contribuido al desarrollo de una nueva cultura planetaria: la sociedad de la información y del conocimiento.

5 La sociedad de la información y del conocimiento

Vivimos inmersos en una masa aplastante de **datos** procedentes del mundo que nos rodea: números, palabras, sonidos, imágenes, etc. Los datos son una abstracción de los objetos, fenómenos y procesos del mundo en el que vivimos y, cuando estos datos son percibidos por nuestros sentidos y luego analizados y procesados mediante el sistema nervioso, se convierten en **información.**

La **información** (oral, escrita, visual, etc.) es un conjunto de datos o códigos que se organizan para formar un **mensaje** sobre un determinado objeto, fenómeno o proceso, a partir del cual construimos el **conocimiento.**

La información se puede almacenar en soportes físicos, se enriquece con el intercambio de ideas y puede ser compartida por varios usuarios a la vez; no se destruye con el uso, aunque puede tener una vida corta cuando se vuelve obsoleta con el paso del tiempo.

Pero información y conocimiento son dos cosas distintas aunque relacionadas. La información es un instrumento del conocimiento; sin información no podemos construir conocimientos y sin conocimientos no podemos alcanzar la sabiduría necesaria para escoger las respuestas más adecuadas ante los retos y las circunstancias que se nos presentan en cada momento. El conocimiento es una creación personal: aprendemos nuevas cosas cuando creamos nuevos conocimientos.

Construimos el **conocimiento** cuando organizamos la información, almacenada en nuestra memoria o procedente de distintas fuentes de nuestro entorno, para resolver problemas y tomar las decisiones más adecuadas para nuestra existencia. Alcanzamos la **sabiduría** cuando conseguimos decidir correctamente cómo, cuándo, dónde y para qué utilizar el conocimiento adquirido.

5.1 La sociedad de la información

La revolución informática y digital. La revolución industrial ha dado paso a la revolución informática y digital. La sociedad industrializada, basada en la obtención y el procesamiento de los recursos naturales, está siendo sustituida por la sociedad de la información, basada en la producción, el almacenamiento, la manipulación y la distribución de ingentes cantidades de información que se propaga a velocidades vertiginosas por todo el planeta.

La proliferación y el uso de las modernas **tecnologías de la información y de la comunicación (TIC)** (prensa, radio, televisión, ordenadores, Internet, telefonía móvil, etc.) ha cambiado la percepción que los seres humanos tenemos de nosotros mismos y de nuestro entorno y ha creado una nueva sociedad, llamada **sociedad de la información,** en la que buena parte de la actividad política, económica, educativa, cultural y recreativa se caracteriza por la producción, el procesamiento y la distribución de la información en grandes cantidades y a gran velocidad.

La **digitalización** de la información y la **revolución informática** permiten producir grandes cantidades de información (escrita, audiovisual, etc.), comprimirla en diversos soportes de almacenamiento (DVD, memoria USB, MP3...) y distribuirla casi instantáneamente, a través de Internet por todo el globo terrestre.

La sociedad de la información nos bombardea con una apabullante cantidad de datos diversos y pone a nuestra disposición un volumen ingente de información de todo tipo que amplía los horizontes del barrio y la ciudad donde vivimos hasta alcanzar dimensiones planetarias.

Los nuevos medios de comunicación se han hecho omnipresentes y, a veces, omnipotentes cuando se concentran en unos pocos consorcios dotados de gran influencia y poder (la información es poder). La comunicación se hace en tiempo real y se ha vuelto casi instantánea: las barreras geográficas se han difuminado.

Los nuevos instrumentos de comunicación, como Internet, permiten que la comunicación sea **interactiva:** ya no somos meros consumidores de información, sino que podemos producir nuestros propios mensajes (chat, *wikis,* redes sociales, blogs, etc.).

5.2 La sociedad del conocimiento

La ingente cantidad de **información** que ofrece la sociedad de la información crece por días y la diversidad de contenidos de todo tipo al que podemos tener acceso es tan abundante que llega a crear desorientación y se vuelve inservible para crear **conocimiento:** demasiada información destruye la información.

La plétora de datos que nos proporciona la sociedad de la información no siempre se traduce en un enriquecimiento personal y en una mejora social. La utilización de las TIC requiere el desarrollo de **habilidades** y **destrezas** individuales, además de políticas sociales y educativas que, por una parte, eviten el agobio y el aturdimiento frente a la apabullante información y, por otra, permitan que los ciudadanos puedan acceder a bajo costo y libremente a la información y utilizarla para construir los conocimientos necesarios para resolver los problemas que se les plantean.

Por esta razón, como sugiere la UNESCO en su informe *Hacia las sociedades de conocimiento,* «la **sociedad mundial de la información** en gestación sólo cobrará su verdadero sentido si se convierte en un medio al servicio de un fin más elevado y deseable: la construcción a nivel mundial de **sociedades del conocimiento** que sean fuentes de desarrollo para todos, y sobre todo para los países menos adelantados...

Un elemento central de las sociedades del conocimiento es la capacidad para identificar, producir, tratar, transformar, difundir y utilizar la información con vistas a crear y aplicar los conocimientos necesarios para el desarrollo humano. Estas sociedades se basan en una visión de la sociedad que propicia la autonomía y engloba las nociones de pluralidad, integración, solidaridad y participación».

La nueva **sociedad del conocimiento** se apoya en las nuevas tecnologías de la información y la comunicación de bajo costo y de fácil acceso, y se caracteriza por una amplia difusión de la información y del saber como elementos clave para el desarrollo humano y económico. En este nuevo modelo de sociedad emergente desempeñan un papel decisivo la **educación,** la **creatividad** y la **innovación.** Según el Libro Blanco de la formación, de la Unión Europea, «la sociedad del futuro será una sociedad que deberá invertir en inteligencia, una sociedad donde se enseña y donde se aprende, donde cada persona podrá construir su propia cualificación profesional, es decir, una sociedad del conocimiento...».

Habilidades y destrezas. Para que la información pueda llegar a convertirse en conocimiento son necesarias habilidades para determinar la información que precisamos en cada momento, destrezas para saber buscarla y encontrarla en cualquier medio (bibliotecas, Internet, DVD, etc.), habilidades para analizarla y valorarla críticamente y, por último, destrezas para utilizarla en la construcción de los conocimientos que necesitamos aplicar para la resolución de los problemas que se nos plantean.

5.3 La aldea global: mundialización y globalización

El término **aldea global** se debe al sociólogo canadiense Marshall McLuhan, uno de los grandes visionarios de la nueva sociedad de la información, que ya comenzaba a despuntar en el año 1967, cuando publicó *El medio es el mensaje.* En este libro afirmaba que los vertiginosos adelantos en las telecomunicaciones transformarían a las diversas sociedades humanas en una sola comunidad, en la que sus habitantes volverían al antiguo estilo de vida de una aldea. En esta aldea global, que se ha convertido en una **aldea digital,** todas las personas estaríamos interconectadas a escala planetaria, nos conoceríamos los unos a los otros y las comunicaciones se realizarían de manera instantánea.

Aunque McLuhan eligió la televisión como ejemplo de aldea global (en esa época aún no existía Internet ni se había producido la revolución informática y digital), sus análisis han proporcionado un marco teórico que facilita la comprensión de la naturaleza de los nuevos **medios de información y comunicación.** Estos, como prolongaciones de las facultades humanas, han revolucionado a la sociedad y han contribuido al desarrollo de los fenómenos de la **mundialización** y la **globalización.**

La aldea global. Profetizada por McLuhan se ha convertido en una aldea digital que requiere una nueva etapa de alfabetización para poder acceder libremente y a bajo costo a la información.

19 ¿Qué relación existe entre información y conocimiento?

20 ¿Cómo se construye la sociedad del conocimiento?

Movimiento antiglobalización. Determinadas ONG, organizaciones sindicales y movimientos ciudadanos ponen de manifiesto la necesidad de afrontar los problemas económicos y sociales derivados de la globalización. Una de las reivindicaciones de estos movimientos es el establecimiento de la tasa Tobin, que es un impuesto para gravar los movimientos de capitales a corto plazo.

Mundialización

Es el resultado más visible de la aldea global profetizada por McLuhan. Los vertiginosos adelantos de las tecnologías de la información y la comunicación, la velocidad o incluso la inmediatez de las comunicaciones y el incremento de los flujos migratorios han contribuido a difuminar las fronteras nacionales y a borrar las barreras existentes entre la dimensión local y la dimensión planetaria, y entre la periferia y el centro.

La **mundialización** hace referencia a la progresiva unificación de las sociedades humanas y a la interrelación e interdependencia de las distintas culturas que afecta a todos los aspectos de la vida de las personas.

Internet ha provocado profundos cambios en la manera de comunicarse y de acceder a la información: la principal función de los medios de comunicación, que consiste en descubrir la información, seleccionarla y analizarla, frecuentemente se ve desbordada por la inmediatez de las redes sociales y de su fuerza viral. El tiempo necesario para la reflexión y el análisis queda atropellado por la noticia viral, propagada por todo el planeta a velocidades vertiginosas.

Internet, un nuevo medio de comunicación con la capacidad de englobar a todos los demás, también está provocando cambios sin precedentes en la manera de aprender. Para unos, permitirá aumentar exponencialmente la capacidad intelectual de las personas. Para otros, la multitarea que implica buscar las noticias, leer el correo, ver videos, consultar enciclopedias, escribir blogs, etc., modela nuestro cerebro y lo adapta para recibir información de manera muy rápida, pero en pequeñas porciones, lo cual puede crear un **espejismo de conocimiento,** pues disminuye la capacidad de concentración y de leer y pensar en profundidad, procesos indispensables para crear conocimiento.

Consecuencias de la mundialización.
Las noticias virales en ocasiones favorecen las *«shitstorms»* o «tormentas de excrementos», que se ensañan con determinadas personas o instituciones (1) y en otras generan el efecto contrario: las *«candystorm»* u olas de apoyo masivo a una persona, causa o institución (2).

Economía globalizada. La globalización ha permitido la aparición de fenómenos como el *crowdfunding* (micromecenazgo). Consiste en un proceso de cooperación colectiva para recaudar dinero y otros recursos con el fin de financiar distintos tipos de iniciativas: edición de libros, realización de películas, construcción de escuelas, etc.

Globalización

Es el nombre que recibe el proceso de mundialización de la **economía,** es decir, la progresiva integración e interdependencia de las economías nacionales en un único mercado mundial. El fenómeno de la globalización guarda una estrecha similitud con el llamado **efecto mariposa** (un concepto de la **teoría del caos),** que sostiene que cualquier acontecimiento sucedido en una determinada parte del mundo puede tener efectos a escala global: «el aleteo de una mariposa en Hong Kong puede desatar una tormenta en Nueva York».

En un mundo globalizado, donde apenas existen ya fronteras ni distancias, todo lo que ocurre, sea bueno o malo, nos afecta a todos (libre comercio internacional, cambio climático, emigración ilegal, flujo y blanqueo de capitales, redes de narcotráfico, etc.). Así, por ejemplo, los flujos de capitales a corto plazo han enriquecido a unos pocos y han arruinado a muchos, ya que la rápida salida y entrada de capitales altera el valor de las divisas y ha creado crisis financieras en países emergentes.

5.4 La brecha digital y la brecha cognitiva

La **sociedad de la información** ha suprimido las distancias espaciales y temporales, pero la **mundialización** todavía es un mito y la **aldea global** es de reducidas dimensiones y no se construye de manera uniforme en todo el planeta.

Las diferencias económicas y sociales que existen en el **mundo real** se trasladan al **mundo virtual:** las desigualdades entre pobres y ricos, las limitaciones de carácter económico y la escasez de infraestructuras que faciliten el acceso a Internet se transforman en los países menos desarrollados en una **brecha digital,** que es la separación existente entre unas personas y otras, dentro de un mismo país, o entre países diferentes respecto del acceso y uso de las nuevas **TIC.**

A esta brecha digital se le superpone una **brecha cognitiva,** pues los países menos desarrollados y con graves carencias sociales y políticas tienen importantes limitaciones educativas, culturales y lingüísticas (el inglés es el idioma mayoritario en las TIC); además, algunos países con graves carencias democráticas limitan el acceso y la libre difusión de la información entre sus ciudadanos. Así, se pueden distinguir dos tipos de países:

- **Inforricos.** Disponen de buenas infraestructuras de telecomunicaciones y tienen acceso a una gran variedad de servicios y de información a un precio moderado, lo que favorece que sus ciudadanos adquieran conocimientos científicos y tecnológicos modernos y actualizados.
- **Infopobres.** Sus infraestructuras de telecomunicaciones son deficientes, incluso inexistentes o muy costosas, por lo que sus ciudadanos permanecen marginados en el analfabetismo digital y no pueden acceder a la información, lo cual les impide adquirir los conocimientos científicos y tecnológicos modernos y actualizados.

Observa

La coincidencia entre el número de ordenadores y los países más desarrollados

La extensión de la red de ordenadores y de Internet no depende de la densidad de población, sino del nivel de vida.

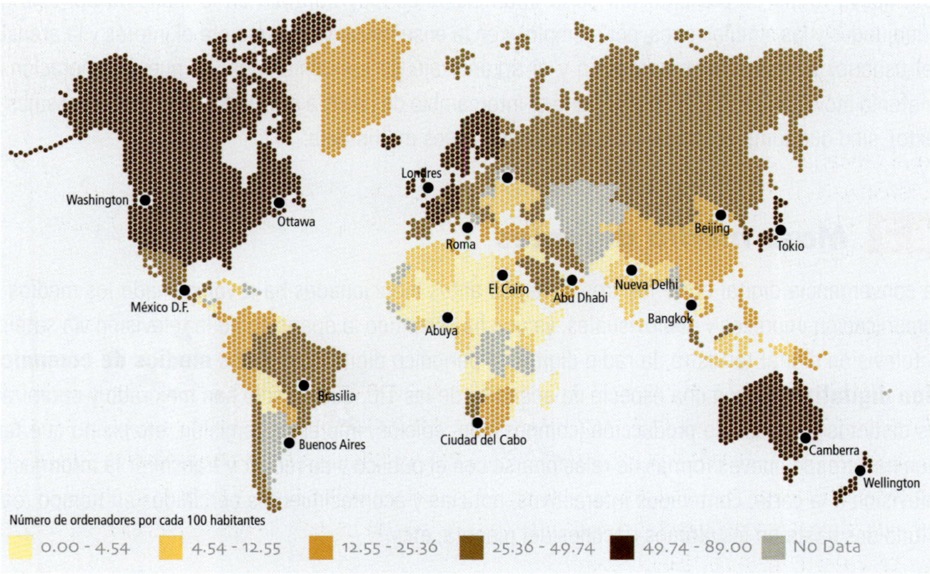

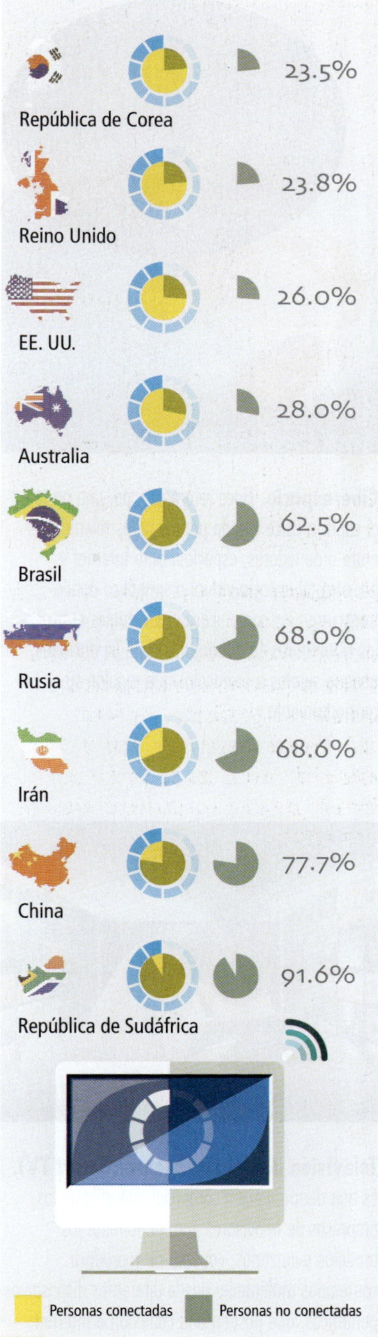

Brecha digital: proporción de habitantes usuarios de Internet. Los países con menor proporción de habitantes con acceso a Internet tienen en común su amplio, restringido o nulo acceso al uso de las TIC.

21 ¿Qué cambios están produciendo en la sociedad Internet y la inmediatez de las comunicaciones?

22 ¿Qué es la brecha digital? ¿Por qué se produce la brecha cognitiva?

Ciberespacio. Hace referencia, por una parte, al espacio físico creado por las redes telemáticas entre ordenadores, especialmente Internet y, por otra, al espacio virtual o simbólico donde transcurren las comunicaciones virtuales entre los cibernautas (o internautas), sin limitaciones, aunque sujetas a protocolos que regulan su funcionamiento.

Televisión digital inteligente (*Smart* TV). Es una denominación comercial que utilizan las empresas de televisores para denominar los modelos avanzados, capaces de reproducir contenidos multimedia desde diferentes dispositivos periféricos, que poseen una conexión a Internet mediante la cual pueden acceder a las redes sociales y a los motores de búsqueda para localizar contenidos en diversas fuentes. Generalmente disponen de sistemas de control por voz y gestos.

23 ¿Qué se entiende por convergencia digital?

24 Haz una breve descripción de los principales *mass media* que están presentes en tu vida y de sus características principales.

6 TIC: multimedia, *mass media* digitales y telemática

Los ordenadores por sí solos son una herramienta muy útil para el ser humano, pero conectados a una red mundial, como es Internet, incrementan su influencia y funcionalidad de forma considerable. Nicholas Negroponte, autor del *El mundo digital,* afirmaba que «la informática ya no se ocupa de los ordenadores sino de la vida misma». En el **mundo digital** de la sociedad de la información se cambia la materia por la energía y el átomo por el bit.

La nueva economía que emerge en esta nueva sociedad ya no está basada exclusivamente en las materias primas proporcionadas por los recursos naturales, sino en los **flujos de información** (saber qué fabrica la competencia, qué quieren los consumidores, dónde se puede comprar y vender, etc.). Surgen nuevas profesiones y se crean nuevos mercados al amparo de la eliminación de las barreras espaciotemporales y a la facilidad de las comunicaciones que nos proporcionan las TIC.

Las **TIC** se caracterizan por la **convergencia digital** de los sistemas de telecomunicaciones, informáticos y de comunicación de masas, cuyas interacciones e interconexiones han dado lugar a los **multimedia,** los nuevos mass media **digitales** y la **telemática.** La **convergencia digital** permite acceder a todos estos medios digitales y telemáticos a través de un único dispositivo, gracias a las vertiginosas transformaciones tecnológicas, sociales, económicas y culturales que han permitido unificar los métodos de captura y acceso a la información así como los sistemas que facilitan su almacenamiento, transformación y distribución.

6.1 Multimedia

Resulta de la interacción entre los sistemas de telecomunicaciones, informáticos y audiovisuales, de manera que sus contenidos informativos —que se presentan mediante una combinación de textos, imágenes, sonidos, animación y video— suelen ser **interactivos,** lo que permite el «diálogo» del usuario con la presentación del contenido multimedia.

Esta nueva forma de presentación de la información es muy utilizada en la industria del ocio (los videojuegos y las simulaciones, por ejemplo) y en la enseñanza, ya que mejora el interés y la atención del usuario, y facilita la comprensión y el aprendizaje de los contenidos. La nueva generación de telefonía móvil digital 4G no solo permite el intercambio de datos a gran velocidad (voz y mensajes de texto), sino que también puede intercambiar mensajes multimedia.

6.2 *Mass media* digitales

La convergencia digital entre los tres sistemas antes mencionados ha revolucionado los medios de comunicación impresos y audiovisuales, ya que ha permitido la aparición de la televisión vía satélite, la televisión digital terrestre, la radio digital, el periódico digital, etc. Estos **medios de comunicación digitalizados** son una especie de apéndice de las TIC, que no solo han mejorado y optimizado los distintos procesos de producción (composición, edición, impresión, emisión, etc.), sino que también han creado nuevas formas de relacionarse con el público y de recibir y transmitir la información: televisión a la carta, contenidos interactivos, noticias y acontecimientos percibidos en tiempo real y difundidos hasta en los últimos rincones del planeta, etc.

Internet tal vez es el fenómeno que ha revolucionado más profundamente el mundo de la comunicación. Esta «telaraña global» es el **soporte** para los medios de comunicación clásicos (prensa, radio y televisión digitales) y, además, por sí misma constituye un **nuevo medio de comunicación** de potencia inigualable. Facilita el acceso a cantidades ingentes de información de cualquier índole, a un costo relativamente bajo en los países desarrollados, mediante el correo electrónico, la telefonía IP, los weblogs, las redes sociales, las videoconferencias, etc.

6.3 Telemática

Resulta de la interacción entre los sistemas de telecomunicaciones con los sistemas informáticos, lo que ha permitido el desarrollo del **módem/*router*** y la tecnología Wi-Fi, que hacen posible la comunicación entre ordenadores, y la aparición de **redes de comunicación.**

Además de las aplicaciones de la telemática a las comunicaciones vía Internet, los sistemas GPS y la mensajería instantánea telefónica, como SMS y WhatsApp, esta disciplina ha desarrollado nuevas aplicaciones en otros campos: el transporte, el comercio (telecompra), el hogar (domótica), la medicina (telemedicina) o la investigación científica como, por ejemplo, la **informática distribuida** y la **bioinformática.**

- **Telemática en el transporte.** Existen empresas que proporciona una aplicación para el teléfono móvil mediante la cual los posibles pasajeros se conectan con conductores de vehículos que ofrecen un servicio de transporte, similar a un taxi. Por otra parte, los modernos sistemas telemáticos de transporte urbano, mediante la localización de la posición GPS de cada autobús, detectan la densidad del tráfico en tiempo real y cualquier desviación sobre el servicio previsto y facilitan información a los pasajeros sobre el tiempo estimado de llegada a las paradas.

- **Telecomercio** o **comercio electrónico.** Existe gran variedad de empresas que ofrecen sus productos o servicios a través de Internet, los cuales se pueden comprar mediante el uso de tarjetas de crédito como forma de pago. En determinados casos es posible el uso del *bitcoin,* que es un tipo de moneda virtual que se utiliza en transacciones económicas directas, sin la necesidad de un intermediario. A diferencia de las monedas y divisas habituales, el *bitcoin* no está respaldado por ningún gobierno ni banco central, por lo que su valor puede experimentar una rápida volatilidad.

- **Telemedicina (e-Salud).** Es medicina a distancia que permite que un equipo médico, apoyado en las TIC, practique cuidados sanitarios y controle la salud de un individuo localizado en un lugar distante, mediante el empleo de medios diagnósticos, terapéuticos y quirúrgicos manejados remotamente. También permite que los profesionales de la medicina se comuniquen entre ellos mediante videoconferencia para debatir diagnósticos o tratamientos.

- **Domótica.** La aplicación de las TIC al hogar permite automatizar la vivienda mediante un conjunto de sistemas que facilitan el ahorro de energía, gracias al control del termostato de la caldera de calefacción, la subida o bajada de persianas y toldos, el apagado y encendido de las lámparas, etc.; gestionan el confort, ya que regulan la temperatura y la luminosidad del ambiente, integran el portero automático con el teléfono móvil o la televisión, etc.; y se encargan de la seguridad del hogar, mediante la activación de las alarmas contra intrusos y de los detectores de fugas de gas, escapes de agua y otros dispositivos similares.

Domótica. Permite el control remoto de las diferentes instalaciones automatizadas de una vivienda.

Bitcoin. Sus usuarios comercian con un cierto anonimato, por lo que esta divisa puede estar implicada en las transacciones económicas del tráfico de drogas y otras mercancías ilegales, el lavado de dinero y la evasión de impuestos.

Telecirugía. El cirujano (1) puede realizar una intervención quirúrgica en un paciente, generalmente poco invasiva, localizado en un lugar distante, mediante el control remoto de un equipo robótico (2).

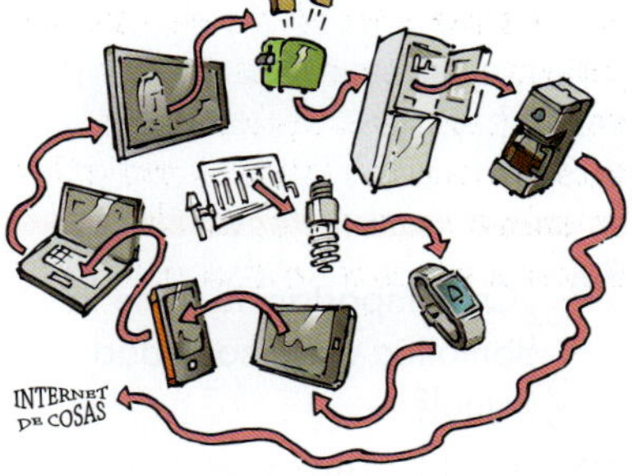

Internet de las cosas. Por una parte, se refiere al uso de Internet para la interconexión digital de los objetos cotidianos. Pero también hace referencia a una nueva manera de organizar la vida, apoyada en la comunicación que proporciona Internet, mediante la creación de comunidades colaborativas interconectadas que comparten información y se relacionan.

Los *big data* en bioinformática. La información obtenida de los diferentes tipos de genomas, procedentes de los miles de instrumentos de secuenciación del ADN en todo el mundo, genera más de 15 petabytes / año de datos genéticos. Las herramientas informáticas del *big data* facilitan el procesamiento y análisis de estas enormes cantidades de datos y permiten establecer relaciones entre ellos con el fin de transformar esa información en conocimiento útil.

- **Telemática en la investigación científica.** Una de las aplicaciones de las TIC es la **informática distribuida** que utiliza la llamada **tecnología *grid*.** Consiste en utilizar una red de ordenadores, conectados a través de Internet, para construir un **superordenador virtual** que acumula la potencia de cálculo de todos los ordenadores conectados para llevar a cabo tareas complejas.

Existen varios proyectos de esta índole, como el proyecto **SETI@home** para la búsqueda de vida extraterrestre, el **proyecto CAG** para la investigación del cáncer o el proyecto **Golem@home** que estudia la robótica evolutiva y la vida artificial.

Otras de las aplicaciones telemáticas de las TIC es **Google *Genomics,*** un nuevo proyecto de Google, basado en la **bioinformática,** que pretende almacenar en sus servidores los mapas del ADN completo de miles de personas, indexados para facilitar su búsqueda. Se trata de un espacio colaborativo en la nube que tiene como objetivo el estudio y la comparación de genomas con el fin de encontrar las mutaciones responsables de numerosas enfermedades, como el cáncer. De esta manera, un usuario podrá introducir su genoma en la nube y Google podrá compararlo con los millones almacenados y formular un diagnóstico de su salud.

Los resultados de la investigación científica, tanto en la biológica actual como en otros campos (astronomía, climatología, etc.), genera una enorme cantidad de datos, cuyo análisis requiere del uso de modernas herramientas que favorecen su tratamiento y su puesta a disposición de la comunidad científica de forma sencilla y en un periodo aceptable de tiempo.

Los datos masivos o ***big data*** es un término que hace referencia al conjunto de herramientas y procedimientos informáticos que permiten la creación, el almacenamiento y el análisis de enormes cantidades de datos, cuyo tratamiento resulta imposible con las herramientas de las bases de datos habituales, ya que superan la capacidad del *software* convencional para procesarlos en un tiempo razonable. Para ello utilizan la tecnología *grid* y los superordenadores de alto rendimiento.

La **bioinformática** es el resultado de la aplicación de las ciencias de la información y la computación al tratamiento de la información generada por la investigación biológica. Algunas de las aplicaciones de la bioinformática son las siguientes:

- **Análisis de imágenes.** Las tecnologías actuales de obtención de imágenes, como son la resonancia magnética, la tomografía axial o la tomografía por emisión de positrones proporcionan imágenes de los órganos cuyo análisis informático es de una gran utilidad para el diagnóstico y el estudio de la evolución clínica de diferentes enfermedades o dolencias.

- **Secuenciación de ácidos nucleicos.** La secuenciación del ADN humano y de otras muchas especies (Proyecto Genoma Humano) ha sido una revolución científica, solo posible gracias al desarrollo de ordenadores cada vez más potentes y al enorme avance de la tecnología informática, que permitieron automatizar un proceso de una enorme complejidad.

- **Bases de datos.** Existen distintas bases de datos en las que los científicos de todo el mundo depositan la información que obtienen con sus investigaciones sobre el genoma humano y de otras especies.

  El acceso a dicha información *online* es gratuito y permite, entre otras actuaciones, obtener datos sobre los cromosomas, genes y proteínas humanos, buscar información sobre el origen genético de numerosas enfermedades o bien comparar una determinada secuencia de ADN o de una proteína obtenida de un microorganismo que se está investigando, para identificar a qué especie corresponde. Entre las bases de datos más importantes del mundo están las siguientes:

  - *National Center for Biotechnology Information* de los Estados Unidos: **http://www.ncbi.nlm.nih.gov/**
  - *The European Bioinformatics Institute:* **http://www.ebi.ac.uk/**

25 ¿Qué importancia tiene la domótica en la sociedad actual?

26 Describe distintas aplicaciones de la telemática en la medicina y en la investigación científica.

27 ¿Qué es la bioinformática? Cita alguna de sus aplicaciones.

- ***Software* y otras herramientas bioinformáticas.** Las webs que alojan las bases de datos del genoma incluyen potentes herramientas informáticas que permiten identificar, comparar o buscar secuencias de ácidos nucleicos o de proteínas, traducir de forma automatizada la secuencia de un ácido nucleico para conocer la secuencia de aminoácidos de la proteína correspondiente, así como muchas otras posibles investigaciones. Estas herramientas tienen una gran utilidad en el estudio de la biología de sistemas, las enfermedades, la genética de poblaciones o la investigación de la filogenia (relaciones evolutivas entre especies).

Observa

Cómo se puede conocer a qué especie corresponde una proteína.

En un laboratorio de microbiología se ha identificado la secuencia de un fragmento de una proteína de un microorganismo desconocido y se quiere conocer a qué especie corresponde. La secuencia es la siguiente, y en ella cada letra corresponde a un aminoácido:

MLKNVEMGVNFYKEFGKLEKQLAKYQSKVLEIKTQ
IKEIKKQYSQAKKDEKKTKNETLQAIKDVESRSNFT
KIDSLDELTNELKREIYA

1. Abrimos la página web del NCBI: http://www.ncbi.nlm.nih.gov/

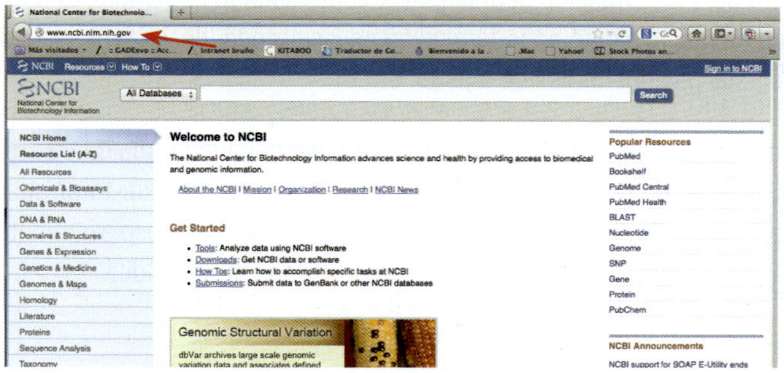

2. Hacemos clic en **Resource List (A-Z),** lo que abre una pantalla con la lista de recursos disponibles ordenados alfabéticamente:

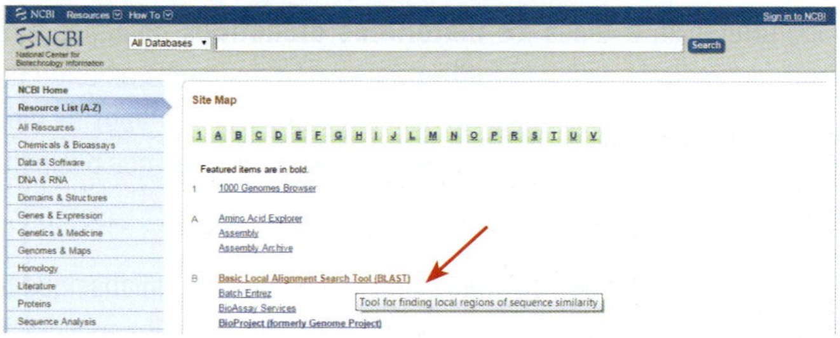

3. Hacemos clic en **BLAST** y, en la pantalla que se abre a continuación, en **protein blast,** puesto que estamos buscando información sobre una proteína:

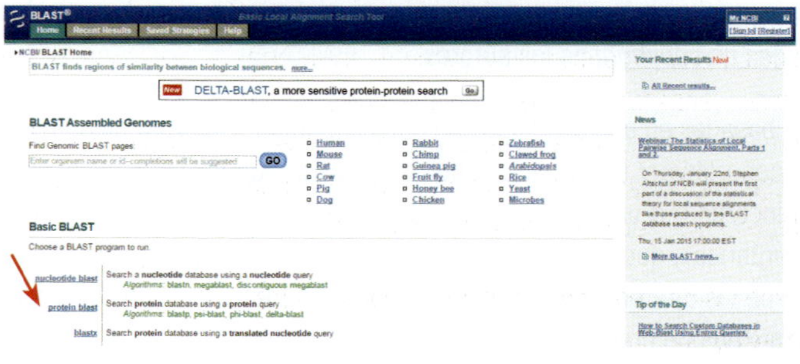

4. Aparece una pantalla en la que existe una ventana en la que se puede introducir la secuencia que estamos investigando:

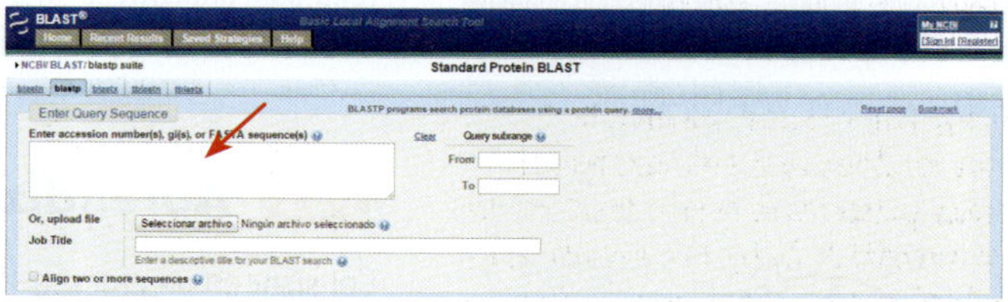

5. Copiamos la secuencia y la pegamos en esa ventana. A continuación hacemos clic en **BLAST** (abajo a la izquierda):

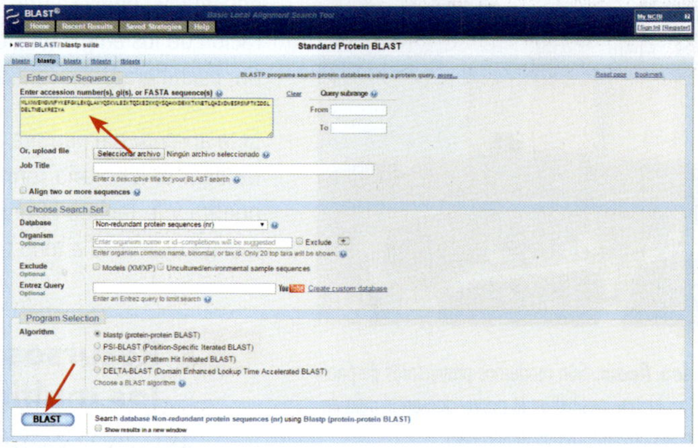

6. Tras unos segundos aparece una pantalla en la que se observan una serie de líneas de color que indican el grado de identidad entre la secuencia introducida y la secuencia propuesta por la base de datos:

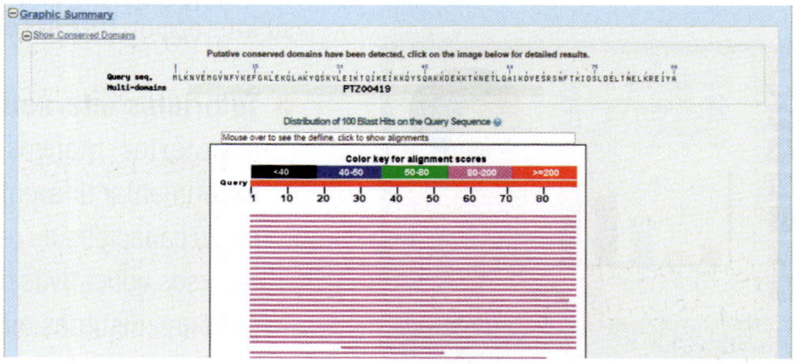

7. Bajando en esa misma pantalla podemos ver que los 90 aminoácidos de ese fragmento de proteína coinciden en un 100 % con una proteína de la bacteria *Helicobacter pylori.* Esa es la especie a la que corresponde la proteína problema.

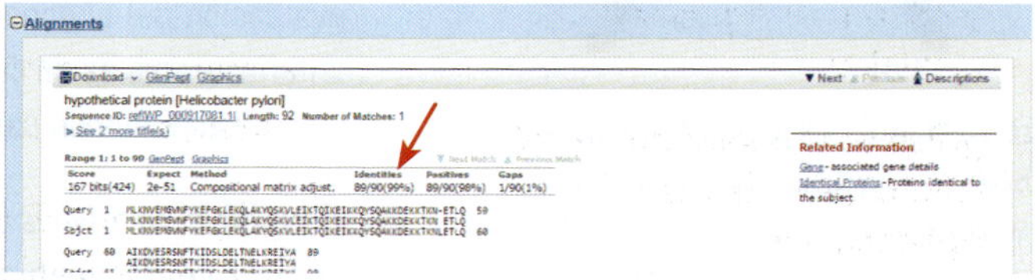

7 Las TIC en la educación

Aula del siglo XXI. La posibilidad de acceder a los dispositivos portátiles, estar conectado a Internet y la forma en que se presentan los recursos configuran las nuevas aulas del siglo XXI.

La integración de las **TIC** en el proceso educativo garantiza la alfabetización digital del alumnado y contribuye a la innovación de las prácticas docentes que facilitan el aprendizaje autónomo de los estudiantes, agilizan la comunicación con sus profesores y el resto de sus compañeros y fomentan la creatividad en un entorno tecnológico avanzado.

Las TIC aplicadas a la enseñanza crean escenarios de teleformación que facilitan la interactividad entre usuarios (alumnado y profesorado) y garantizan el proceso de enseñanza-aprendizaje a distancia (enseñanza electrónica o *e-learning)* en entornos virtuales de autoaprendizaje. Por otra parte, la introducción de estas nuevas tecnologías en el aula contribuye a la creación de una potente fuente de recursos educativos multimedia que mejora el proceso de enseñanza-aprendizaje, y modifica el entorno de trabajo en el aula, haciéndolo más colaborativo.

7.1 Aprendizaje electrónico *(e-learning)*

Video *Beam*. Son modernos proyectores de poco peso (1) que posibilitan la proyección en el aula de diversas presentaciones multimedia.

Consiste en un proceso virtual de enseñanza-aprendizaje y capacitación *online* que se realiza a distancia, de manera interactiva, fundamentalmente mediante Internet. Para ello utiliza los recursos de la web (blogs, correo electrónico, *podcast*, *wikis*, motores de búsqueda, redes sociales, plataformas educativas, etc.). Se utiliza tanto para la formación permanente y continuada (por ejemplo, la preparación de los empleados de una empresa), como en la formación especializada (enseñanza secundaria, bachillerato, universidad, cursos postdoctorales de máster, etc.).

Este aprendizaje permite atención personalizada al alumno, que debe gestionar su ritmo de trabajo y escoger el itinerario formativo más acorde con sus intereses, ayudado por su profesor-tutor que lo orienta y le facilita el proceso de aprendizaje. Además, elimina los horarios y los desplazamientos, facilita el acceso a todo tipo de personas y sus contenidos se actualizan con gran rapidez.

7.2 Recursos para la enseñanza-aprendizaje: los multimedia educativa

La **multimedia educativa** hace referencia a todos los **materiales didácticos** multimedia que **orientan** el proceso de enseñanza-aprendizaje de los **estudiantes** y están realizados en diferentes formatos (texto, audio, imágenes, animación, videos, etc.). Se pueden diferenciar dos tipos de materiales: los que presentan únicamente los contenidos **(recursos no interactivos)** y los que posibilitan su interacción **(recursos interactivos).** Dentro de estos últimos destacan:

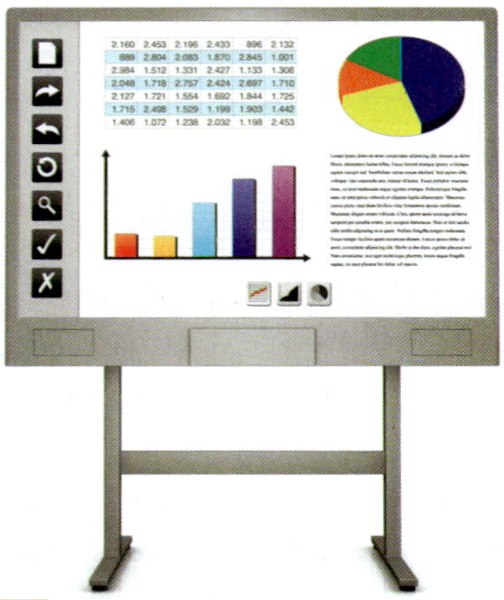

Pizarra digital. Son pizarras, normalmente sensibles al tacto, que combinan el ordenador personal y el proyector multimedia, y permiten la interactividad y la proyección de imágenes y videos.

- **Tutoriales interactivos y libros electrónicos *(eBooks).*** Son presentaciones guiadas que utilizan textos, gráficos, video, audio, animaciones y simulaciones, que permiten a los estudiantes experimentar diferentes situaciones de manera interactiva, adquirir habilidades operativas y mejorar su capacidad de resolución de problemas. Los cursos *online* en abierto ofrecen algunos de estos recursos educativos de forma gratuita en la red a través de licencias como *Creative Commons*, que permiten distintas modalidades de *copyright* de los autores.
- ***Webquest.*** Son actividades basadas en una investigación guiada mediante la utilización de Internet. Promueven el trabajo cooperativo y la autonomía del estudiante, que busca activamente la información, la analiza y la incorpora a un proyecto individual o en grupo. Incluye una matriz de evaluación del alumnado o «rúbrica», que es una tabla de doble entrada donde se describen los criterios y niveles de calidad de las diferentes tareas que se proponen y que han sido superados o no por cada alumno o alumna y en qué grado.
- ***Eduwikis.*** Son *wikis* utilizadas con fines educativos, que han ido sustituyendo poco a poco a las **enciclopedias virtuales,** como aulawiki21, wikaula, kalipedia o wikillerato.

- **Elaboración de actividades didácticas** mediante la utilización de *software* específico como JClic, Hot potatoes o LIM.

- **Publicar contenido educativo en la web.** Existen diversos sitios, como ***slideshare*** (www.slideshare.com), en los se puede subir y descargar contenidos multimedia elaborados por profesores y alumnos mediante una aplicación ofimática. Para ello deben registrarse previamente o bien pueden ser enlazados mediante los perfiles de redes sociales como Facebook.

  Además, extiende el uso de las aulas físicas y virtuales, puesto que cualquier usuario registrado en su base de datos puede tener acceso a los documentos que contiene. La inclusión de hiperenlaces e hiperobjetos dentro de los documentos complementan y amplían la información didáctica.

- **Plataformas educativas.** Son entornos virtuales de aprendizaje en línea que facilitan a profesores y estudiantes el acceso a diferentes recursos multimedia (presentaciones audiovisuales de profesores y alumnos, documentos pedagógicos de apoyo, etc.). Se convierten en el vehículo ideal para la interacción de los distintos usuarios del proceso de enseñanza-aprendizaje. Los componentes de estos entornos virtuales suelen incluir herramientas para elaboración y la publicación de contenidos interactivos en la web, cuestionarios *online,* ejercicios de autoevaluación (tipo múltiple-opción, verdadero/falso y otros).

  Además, disponen de herramientas a través de las cuales se pueden enviar documentos o unidades temáticas, realizar actividades o incluso exámenes. También se pueden establecer foros de debate sobre diversos temas, lo que promueve la participación activa de los alumnos y estimula su aprendizaje. Entre estas plataformas destacan *Moodle* y *Backboard.*

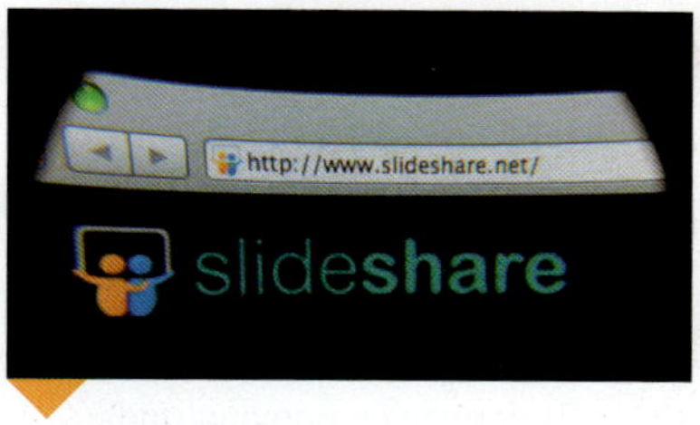

Slideshare. Puede considerarse una red social puesto que permite seguir la actividad de distintos usuarios.

7.3 Modificación del entorno de trabajo en el aula

Debido a la inclusión de las TIC en la educación y a los nuevos recursos que aporta, el entorno de trabajo en el aula se ha visto modificado. No se trata solo de una ampliación del aula física, puesto que se puede tener acceso a los contenidos desde cualquier lugar con conexión a Internet, sino que esta forma de trabajar ha propiciado la autonomía del aprendizaje y la cooperación, interés y creatividad del alumnado:

- **Mayor autonomía del aprendizaje.** El alumnado posee una mayor capacidad de decisión en los temas en los que desea profundizar. De manera autónoma puede adquirir mayores conocimientos y establecer mayores asociaciones entre los que ya posee.

- **Cooperación, interés y creatividad.** El trabajo en equipo adquiere una nueva dimensión al poder trabajar de manera más cooperativa. Así mismo, fomenta la creatividad y el interés del alumno por las distintas materias.

28 ¿Cuál es la principal aportación de las TIC en el proceso de enseñanza-aprendizaje?

29 ¿Qué TIC utilizas habitualmente en tu centro educativo?

Un vistazo hacia atrás...

Respuestas para algunos interrogantes

Internet ha roto las barreras geográficas. Cualquier lugar del mundo es accesible tan solo a unas teclas de distancia.

El desarrollo de los ordenadores personales y dispositivos móviles, unidos a la creación de Internet, ha supuesto un cambio tecnológico y social solo comparable a la invención de la imprenta.

Internet es el detonante de drásticos cambios sociales, al proporcionar una gran variedad de servicios a velocidad vertiginosa y nuevas formas de propiciar el intercambio de experiencias y conocimientos por parte de los usuarios.

Una mirada hacia delante...

Nuevos retos de la aldea global

La presentación de la información en formatos visuales nos lleva a una escala en la que la realidad virtual (reproducción de escenarios virtuales como si fueran reales) es una posibilidad cierta para transmitir información y conocimiento.

Las comunicaciones se orientan hacia servicios de localización y teletrabajo a escala planetaria. Pero hacer reales estos avances, sin que la persona pierda su perspectiva en relación a su cultura local y relaciones interpersonales, es la mayor dificultad.

¿Estarán todas las respuestas a todas las preguntas en Internet?

¿Cómo será el desarrollo de las Web 3.0 y 4.0?

Elaboración de mapas con Google Earth

Google Earth es una potente herramienta de mapas. No solo sirve para consultar un atlas geográfico o físico, sino que también posibilita la creación de mapas con información personalizada.

Vamos a aprender cómo elaborar un mapa personalizado. A partir de este ejemplo puedes elaborar todos los que quieras.

Algunas de las ideas de lo que puedes hacer son: mapa geográfico con los principales elementos del relieve en España, países que han sido sede olímpica de los Juegos Olímpicos modernos, lugares que visitó El Quijote o lugares citados por Federico García Lorca en sus obras.

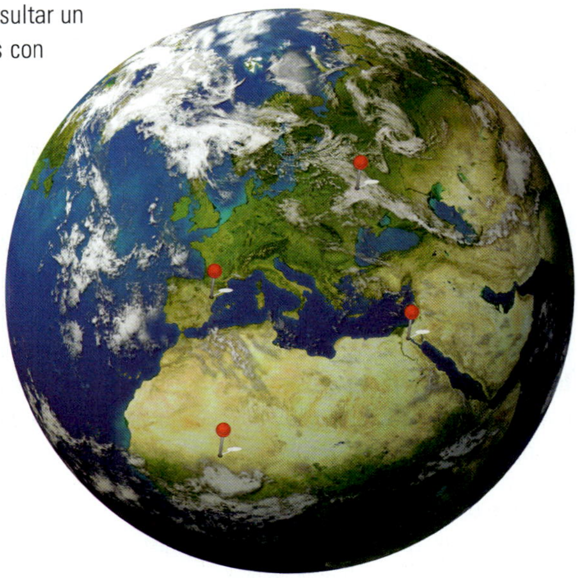

Material necesario

- Ordenador con navegador de Internet.
- Conexión a Internet.
- Cuenta Gmail.

Procedimiento

Según la guía Repsol, los 10 pueblos con más encanto de España son: Baeza en Jaén, Besalú en Girona, Cudillero en Asturias, Frías en Burgos, Hondarribia en Guipúzcoa, Morella en Castellón, Pedraza de la Sierra en Segovia, Ronda en Málaga, Toro en Zamora y Trillo en Guadalajara (http://www.guiarepsol.com/es/turismo/tops/los-10-pueblos-de-espana-con-mas-encanto).

Utilizando Google Earth vamos a localizarlas en el mapa, añadir un marcador y asociar información a este marcador.

1. Accede a Google Maps (https://www.google.es/maps).
2. Identifícate con tu nombre de usuario y contraseña (si no tienes puedes regístrate, es gratuito).
3. Una vez dentro de Google Maps, en la esquina inferior derecha haz clic en una rueda dentada y vuelve a hacer clic en **Tus sitios.** Se abrirá una barra de herramientas a la izquierda de la pantalla.
4. Haz clic en **Mapas** → **Crear mapa** → **Crear un mapa nuevo.** En esta opción también puedes cargar uno que hayas creado previamente.
5. Introduce un título para el mapa, una breve descripción y selecciona su nivel de privacidad: **público,** para que sea accesible a todos los usuarios o **restringido,** para limitar su acceso.
6. En la opción mapa base elige el tipo de mapa que quieres que se muestre; en este caso, **vista de satélite.** Puedes seleccionar también otros, físicos y políticos.
7. Ahora busca la primera de las ciudades, Baeza, que está en Jaén.
8. Cuando la hayas localizado, haz clic en el símbolo **dibujar línea** (tres puntos unidos por una línea) y marca su contorno.
9. Después de haber cerrado el polígono escribe en el campo **título** el nombre de la ciudad (Baeza). Cuando hayas acabado selecciona **guardar.**
10. Puedes modificarla en cualquier momento haciendo clic encima del polígono y haciendo clic en el icono **lápiz.**
11. Añade también un marcador. Para ello haz clic en **marcador** y vuelve a hacer clic en el centro del polígono.
12. Indica de nuevo el nombre, una pequeña descripción de la ciudad y una foto en la caja de información que aparece. Puedes utilizar la información del enlace de la Guía Repsol.
13. Ahora, en la barra de herramientas de la izquierda, puedes seleccionar el color de la línea, el grosor, las propiedades y el color de relleno. Para ello sitúa el cursor del ratón encima del nombre (Baeza) y haz clic en el cubo de pintura a la izquierda.

Aplica el procedimiento

1. Repite este proceso con todas las ciudades.
2. Si haces más pequeño el mapa, verás que tienes 10 marcadores y si pinchas en uno te aparece la información que has introducido previamente.
3. Cada pocos minutos la página guarda los progresos. En la barra de la izquierda indica guardado. Una vez que lo tengas acabado puedes compartirlo, imprimirlo o acceder de nuevo a él a partir del punto 4.

30 Busca información sobre los distintos tipos de *malware* y los problemas que ocasionan y elabora un informe.

31 ¿Sabrías decir si la información que contiene Wikipedia es fiable? ¿Es Internet una fuente de información eficaz y fiable?

32 Accede a un proveedor de mapas a través de tu navegador de Internet. Localiza la ubicación de tu casa. ¿Podrías indicar dos rutas alternativas para llegar hasta tu centro educativo en coche? ¿Cuánto tiempo tardas en cada una de ellas? Si fueras andando, ¿la ruta sería más o menos corta? ¿Tardarías más o menos que en coche?

33 Busca en Internet una página web que contenga un test para comprobar la velocidad de tu conexión a Internet, con ADSL o fibra óptica, y averigua la velocidad real que tienes desde tu casa o desde un ordenador de tu centro y describe cómo lo has hecho.

34 Amplía el glosario de la página 165 con 10 términos más.

35 Intenta encontrar mediante un buscador una forma de conocer la IP desde el dispositivo en el que estás navegando.

36 Realiza un pequeño estudio de mercado comparando los servicios de Internet que proporcionan dos compañías de telefonía distintas en tu ciudad. Puedes estudiar el precio mensual, el ancho de banda, el tiempo de permanencia con el contrato y otros servicios asociados, como llamadas de teléfono o televisión por cable.

37 El siguiente diagrama representa la distribución de usuarios de Internet, de servicios móviles y de línea fija por grupos de ingresos. ¿A qué conclusión llegas, en relación con la brecha digital?

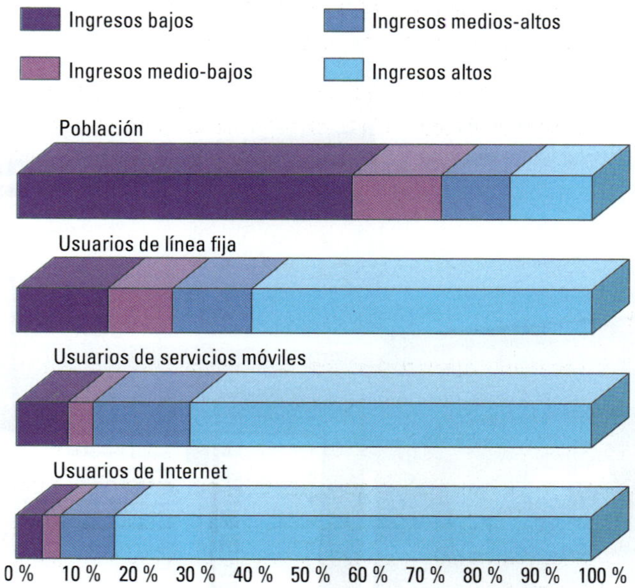

38 Crea tu propio blog utilizando alguna de las páginas que ofrecen este servicio gratuitamente como blogger.com, Wordpress, blogia.com y obolog.com.

39 Si quieres enviar el mismo email a dos amigos que no se conocen entre ellos, ¿en qué campo del mensaje escribirías sus direcciones de correo? ¿Lo harías de manera distinta si se conociesen?

40 Si no tienes un perfil en una red social, créalo. Una vez que lo tengas, comprueba la configuración de privacidad que tienes seleccionada. ¿Qué características tiene? ¿La modificarías?

41 ¿Cuáles de las siguientes direcciones es una IP válida? ¿Por qué?:

www.google.es; usuario@me.com; 111.28.1.100; 122.3.3000.

42 Realiza una tabla de dos columnas. En una indica distintos dominios y en otra su significado.

43 Haz una breve descripción de los principales *mass media* que están presentes en tu vida y de sus características principales.

44 Realiza un pequeño resumen de la evolución de las telecomunicaciones y su influencia en las actuales Tecnologías de la Información.

45 Busca información sobre las principales repercusiones que tiene la piratería en España. ¿Tiene alguna incidencia en la economía nacional? ¿Por qué crees que los gobiernos internacionales intentan combatirla?

46 La película Cadena de favores, de Mimi Leder, producida en el año 2000, está basada en la novela homónima de Catherine Ryan Hyde. Busca y lee su argumento en Internet. ¿Crees que puede representar una red social? ¿Por qué? ¿Tiene alguna similitud con la teoría de los seis grados de Frigyes Karinthy?

47 Busca información sobre la nueva moneda virtual bitcoin. ¿En qué consiste? ¿Cuál es su valor en euros? ¿Dónde se puede utilizar?

48 Identifica cinco ejemplos de páginas web que utilicen protocolos de seguridad para proporcionar una conexión segura a sus usuarios. ¿A quién pertenecen?

49 Crea tu propio *wiki* personal sobre un tema que te interese. Utiliza alguna de las páginas gratuitas que te ofrecen esta posibilidad, como wikiole.com o alguna similar. También puedes crear un *wiki* con fotos en wikifoto.es.

DEBATE Y OPINA

Manifiesto Digital

A medida que Internet crece, también lo hacen los retos tecnológicos y de gobernanza a los que se enfrenta para satisfacer las necesidades de miles de millones de usuarios: accesibilidad, portabilidad, confianza, seguridad, gobernanza, expansión del protocolo IPv6, propiedad intelectual, etc.

En su Manifiesto Digital, la operadora Telefónica propone las siguientes recomendaciones para dar solución a los nuevos retos a los que se enfrente Internet:

«Fortalezcamos la confianza digital a través de una experiencia de Internet segura, capacitando a los ciudadanos para que tengan el control de sus datos personales.

Hagamos posible una Internet accesible para todos estableciendo condiciones adecuadas para la inversión privada en infraestructuras de banda ancha.

Hagamos también realidad la portabilidad de la vida digital para que los consumidores puedan usar sus datos, información y aplicaciones de forma independiente al dispositivo o plataforma en uso.

Promovamos la interoperabilidad de aplicaciones de Internet y servicios de comunicación y mensajería para mejorar la experiencia del usuario y favorecer la competencia.

Incrementemos la transparencia de las condiciones de uso de los servicios de Internet y la diferenciación entre publicidad e información en los resultados de las búsquedas *online*.

Desarrollemos un marco regulatorio justo estableciendo las mismas reglas para los mismos servicios digitales, una regulación inteligente basada en políticas orientadas a resultados y un sistema de supervisión caso a caso, y fomentemos modelos de innovación abierta y estándares abiertos y evitemos que medidas injustificadas para proteger la propiedad intelectual restrinjan los procesos de innovación en la economía digital.

Transformemos los modelos educativos, los procesos de aprendizaje y la enseñanza mediante la adopción de tecnologías digitales y servicios basados en recursos y estándares abiertos, y adaptemos la gobernanza de Internet al nuevo contexto global siguiendo sus principios fundacionales e incluyendo en igualdad de condiciones a todas las partes interesadas».

Decálogo. http://www.digitalmanifesto.telefonica.com/manifesto/decalogo/?lang=es

- Busca información en la web y determina los problemas a los que se enfrenta Internet y las soluciones que se barajan. Elabora un informe y defiende en público tus conclusiones.

WebQuest

Tarea

Busca, analiza, selecciona y contrasta información en Internet. Redacta y presenta un trabajo sobre las principales redes sociales actuales en formato Word/Writer o PowerPoint/Impress. Incluye fotografías, dibujos, gráficos, animaciones, secuencias de video, etc.

Proceso

Reúne información sobre los siguientes temas:

- Edad mínima para registrarse.
- Datos necesarios para registrarse.
- Condiciones de privacidad.
- Personalización de las condiciones de privacidad.
- Tipo de red social y sus características.
- Estructura y opciones de cada red social.
- Resumen de las actividades realizadas en cada red.

Recursos

www.facebook.com
www.tuenti.com
www.flickr.com
www.instagram.com
www.canonistas.com
www.lecturalia.com

«Si usted ha recordado cada una de las palabras que he dicho, su memoria habrá registrado alrededor de 150 000 bits de información. Así, en su cerebro, el orden habrá aumentado unas 150 000 unidades. No obstante, mientras me ha estado escuchando usted habrá convertido unos 300 000 julios de energía (en forma de alimento) en energía desordenada, tal como calor, que cede al aire por convección y sudor. Esto dará lugar a un aumento en el desorden del universo de unas 3×10^{24} unidades, alrededor de 20 millones de millones de millones de veces el aumento del orden producido por el hecho de que usted recuerde mi charla. Creo, por eso, que lo mejor es terminar ahora, antes de que degeneremos en un estado de completo desorden».

Stephen Hawking: Extracto de la conferencia *La dirección del tiempo*, impartida en el CSIC.

Dirección del proyecto editorial
Jesús Hinojal

Autores
Juan Eduardo Panadero Cuartero, Aurora Lozano Montero, Antonio Olazábal Flórez, Alejandro Santos Lozano, Juan Ángel Argüello González y **María del Rosario Fuente Flórez**

Coordinación del proyecto editorial
Estrella Marinas

Coordinación de edición
Roberto Leal

Coordinación de preimpresión
Mar Garrido

Coordinación de diseño
Cristóbal Gutiérrez

Ilustración
Nuria Turiel, Pablo Vázquez, Marta Carreño y **El Ojo del Huracán**

Fotografía
Age Fotostock, Aisa, Antonio Romero, Archivo Anaya, Archivo Bruño, Jesús Maniega, NASA, Prisma y **Shutterstock**

Agradecimientos
Secretaría CITES, Amigos de la Tierra, NASA, Profiles in Science, Irema, Organización Nacional de Trasplantes, Bionor Star Petroleum y **Manuel Quevedo**

Este libro corresponde al primer curso de Bachillerato, asignatura de Cultura Científica, y forma parte de los materiales curriculares del proyecto del Grupo Editorial Bruño, S. L.

Juan Ignacio Luca de Tena, 15
28027 Madrid

ISBN: 978-84-696-0936-1
Depósito legal: M-5903-2015
Printed in Spain

BS007583/1E-4I – 7120087